W0003735

Louise J. Kaplan

Abschied von der Kindheit
Eine Studie über die Adoleszenz

Aus dem Amerikanischen
übersetzt von Hilde Weller

Klett-Cotta

Inhalt

An den Leser 9
Dank 10
Einleitung 11

Teil I
Rückschau:
Erscheinungsformen der Adoleszenz

1 Adoleszenz: Banalisierung und Glorifizierung . . . 27
2 Die »Erfinder« der Adoleszenz:
Jean-Jacques Rousseau und G. Stanley Hall . . . 57
3 Adoleszenz – Stiefkind der Psychoanalyse:
Der Mythos von der Wiederholung 93
4 Der retardierte Primat 118
Biologisches Zwischenspiel: Der Beginn der
Vorpubertät 123

Teil II
Zwickmühlen und Lösungsversuche

5 Liebesdialoge I: Der große Disput des Verlangens
mit der Autorität 135
Biologisches Zwischenspiel: Die Vorpubertät . . . 153
6 Liebesdialoge II: Trauer um die Vergangenheit . . 159
Biologisches Zwischenspiel: Der Wachstumsschub . 174
7 Die Brücke zwischen Liebesdialogen und Narzißmus:
Liebe zum gleichgeschlechtlichen Elternteil . . . 193
8 Narzißmus I: Die autoerotische Exkursion 222
Biologisches Zwischenspiel: Die Pubertät 229
9 Narzißmus II: Ars Erotica und Ruhmesträume . . 254

Teil III
Perspektiven: Das Streben nach Vollkommenheit

10 Magersucht: Eine Form weiblichen Strebens nach Vollkommenheit 295
11 Der Hochstapler: Eine Form männlichen Strebens nach Vollkommenheit 336
12 Die Vermächtnisse der Adoleszenz 376

Anmerkungen 412

Für meine Kinder
Ann und David

An den Leser

Die Anmerkungen, die auf Seite 412 beginnen, betrachte ich als wesentliche Ergänzung der eigentlichen Darstellung, nicht nur als eine Zusammenstellung von Literaturverweisen, wie sie in wissenschaftlichen Abhandlungen üblich sind. Diesen Anmerkungsteil möchte ich Ihnen nachdrücklich ans Herz legen. Bei zahlreichen Passagen werden Sie sich wahrscheinlich fragen: »Woher wissen wir das?« Außerdem werden Sie feststellen, daß es sich bei einigen meiner Beschreibungen von Jugendlichen um eine Zusammenschau handelt, die auf mehrere Quellen zurückgeht. Die Quellen, auf die ich mich in solchen Passagen beziehe, werden in den Anmerkungen nachgewiesen und aufgeschlüsselt. Gelegentlich wird dort auch ein bestimmter Punkt ausführlicher erläutert.

In den Anmerkungen kommt überdies zum Ausdruck, wie sehr ich den vielen Psychoanalytikern, Psychologen, Soziologen, Biologen, Anthropologen, Historikern, Schriftstellern und Sozialkritikern verpflichtet bin, deren Schriften und Werke den Grundgehalt jenes Buches beeinflußt haben, das Sie im Begriff sind zu lesen. Für mich wie auch für die meisten dieser Autoren gilt, daß die Welt, in der wir uns auskennen und von der wir geprägt sind, die moderne westliche Zivilisation mit ihrer spezifischen Sexualität und Moral ist. Einiges von dem, was ich Ihnen an Verhaltensweisen von Jugendlichen vorstellen werde, ist in seiner Gültigkeit sogar noch stärker eingeengt auf einen urbanen Lebensraum, auf Angehörige der Mittelschicht, auf die Kleinfamilie. Nichtsdestoweniger stellen die sexuellen und moralischen Wandlungen, die ich beschreibe, einen *prototypischen* Prozeß dar, der für unsere Spezies als ganze charakteristisch ist. Mein Hauptanliegen war, den Geist jener Dynamik zu vermitteln, die im Zentrum des spezifisch *menschlichen* Übergangs von der Kindheit ins Erwachsenenleben steht.

Dank

Ich danke Aaron H. Esman für seine fruchtbaren Anregungen und seine begeisterte Reaktion in der Anfangsphase meiner Recherchen für dieses Buch. Peter Blos bin ich nicht nur wegen seiner wohldurchdachten Vorschläge zu großem Dank verpflichtet, sondern auch für seine Darstellung der Entwicklung des reifen Ich-Ideals, die einen beträchtlichen Einfluß auf meine Sichtweise jener Umformungen hatte, denen die Moral des Adoleszenten unterliegt. Doch weder Dr. Esman noch Dr. Blos – Psychoanalytiker, die sich selbst in zahlreichen Veröffentlichungen mit der Erfahrung des Heranwachsens beschäftigt haben – sind für meine Deutungen verantwortlich, die mitunter eine ganz andere Richtung einschlagen als die ihren. Ich möchte auch Elizabeth Coleman, der Dekanin der *New School for Social Research* für ihre kollegiale Unterstützung und Ermutigung in den Jahren danken, als ich dieses Buch schrieb. Mein ganz besonderer Dank gilt den Studenten des *Seminar College*, weil sie meinen Theorien zur Adoleszenz niemals zustimmten, wenn sie ihnen gegen den Strich gingen, mir aber begeistert Beifall spendeten, wenn sie ins Schwarze trafen.

Einleitung

Mehr noch als Geburt, Heirat oder Tod ist die Adoleszenz gleichbedeutend mit dem kunstvoll inszenierten Drama des Übergangs von einer Daseinssphäre zur anderen. Sie stellt jenes kritische Stadium im Menschenleben dar, in dem die sexuellen und moralischen Leidenschaften ihrer Erfüllung zustreben und zur Reife gelangen. Am Ende dieser Entwicklung überschreitet der Jugendliche die Grenzen der Familie und tritt in die Gesellschaft ein. Dieses Buch schildert, wie sich das einst machtlose, moralisch unterwürfige Kind zum Schutz- und Gesetzgeber der nächsten Generation entwickelt.

Oft wird die Adoleszenz einfach als ein »schwieriges Alter« angesehen, als eine Zeit, die durch rebellische Zerstörungswut gekennzeichnet ist oder auch bloß das passiv zu erduldende, quälende Übergangsstadium zwischen Kindheit und Erwachsenenleben darstellt. In jüngster Zeit ist es in Mode gekommen, sie als gesellschaftliche Konstruktion, als pure Erfindung zu betrachten, die keiner näheren Untersuchung wert sei. Ich behaupte nun, daß im individuellen Kampf des Jugendlichen um die Versöhnung der genitalen Sexualität mit der moralischen Autorität der sozialen Ordnung die kulturellen und moralischen Hoffnungen unserer Spezies jeweils neu geboren werden. Mit jeder neuen Generation, die bereit steht, das Ruder zu übernehmen und zu neuen Ufern aufzubrechen, eröffnen sich der Gesellschaft bisher unbekannte Ziele und Möglichkeiten.

Möglicherweise überrascht es die Jugendlichen selbst ebenso wie ihre Eltern und Lehrer, wenn sie hören, daß sie – diese ergreifend dünnhäutigen und verletzlichen, diese leidenschaftlichen, impulsiven, sexbesessenen und unglaublich selbstbezogenen Geschöpfe – in Wahrheit mit Feuereifer nach moralischer Glaubwürdigkeit suchen. Vor allem wollen sie ein gewisses Maß an realer Macht über die reale Welt, in der sie leben, erringen und gleichzeitig ihren Idealen und Werten treu bleiben. Eines jener Vermächtnisse, das die Jugendzeit dem Erwachsenen mit auf den Weg gibt, ist der Drang nach ethischer Vervollkommnung.

Im Mittelpunkt dieses Buches steht die Frage, auf welche Weise der einzelne das innere Bild seiner persönlichen Lebensgeschichte konstruiert und welche Rolle die Adoleszenz im Rahmen dieser Konstruktion spielt. Unter dem Gesichtspunkt des chronologischen Ablaufs der Lebensgeschichte fungiert die Adoleszenz als Bindeglied zwischen Kindheit und Erwachsenenalter. Die Erzählung einer Lebensgeschichte ist weit mehr als eine zeitliche Abfolge von Ereignissen, Szenen und Charakteren, bei der Vergangenheit, Gegenwart und Zukunft durch einen linearen Handlungsfaden verknüpft sind. Die Adoleszenz ist eine Zeit aktiver Auflösung, Neugestaltung und Wiederherstellung, eine Phase, in der Vergangenheit, Gegenwart und Zukunft neu gewebt und verflochten werden, mit einem Garn, das aus – nicht notwendigerweise einer chronologischen Ordnung unterworfenen – Phantasien und Wünschen gesponnen ist. Das Jugendalter ist nicht einfach nur ein Zeitraum zwischen der vergangenen Kindheit und dem zukünftigen Erwachsenenalter. Es ist, wie der Anthropologe Bruce Lincoln, ausgehend von seiner Deutung jener Muster, die bei bestimmten Pubertätsriten in die Haut geritzt werden, formulierte, »nicht eine haarfeine Linie zwischen ›dem, was war‹ und ›dem, was noch kommt‹, sondern ein mit Ereignissen und Entwicklungsmöglichkeiten prall gefüllter Erfahrungsraum«.

Mit Hilfe einer verwandten Argumentationslinie, die in vielfältiger Verkleidung das gesamte Buch durchzieht, zeichne ich ein Bild der Adoleszenz als eine Art emotionales Schlachtfeld, auf dem Vergangenheit und Zukunft um die Herrschaft über die erwachsene Persönlichkeit, die Gestalt anzunehmen beginnt, ringen. Während er diesen Kampf zwischen Vergangenheit und Zukunft auszufechten hat, stellt der Jugendliche eine ernstzunehmende Bedrohung der Erwachsenengeneration dar – eine

Bedrohung, der mit allen möglichen Abwehrmaßnahmen begegnet wird: von offener Kriegführung und Unterdrückung bis zu hinterhältigeren Methoden wie Verleugnung, Banalisierung oder gar Nachahmung und Aneignung jugendlicher Vorrechte. Dieser Widerstand gegen die Anerkennung der großen kulturbildenden und moralischen Möglichkeiten der Adoleszenz ist zu erwarten; vermutlich seinetwegen tun wir Erwachsenen uns immer noch schwer, die psychologischen Dimensionen dieses Lebensabschnitts zu erkennen. Es ist eine merkwürdige Tatsache, daß wir heute mehr über das Gefühlsleben und die kognitive Entwicklung von Säuglingen wissen als über Heranwachsende – über diese unsere älteren Kinder, die, gäbe man ihnen Gelegenheit, so beredt über ihre sexuellen und moralischen Schwierigkeiten Auskunft geben könnten. Daß sie sich uns nicht anvertrauen, kann kaum überraschen. Sie üben weise Zurückhaltung, indem sie sich als jene Karikaturen verkleiden, die wir aus ihnen machen. Und es ist für sie genauso schlimm wie für uns, daß sie nur allzu oft diese Persönlichkeitskarikaturen bleiben, die sie eigentlich nur anprobieren wollten.

Als Freud seine Erkenntnisse über die kindliche Sexualität, insbesondere seine Entdeckung des kindlichen Ödipuskomplexes, einer abweisenden und ungläubigen wissenschaftlichen Welt bekanntgab, war es ihm ein besonderes Anliegen, den Nachweis zu führen, daß das Geschlechtsleben des Menschen nicht erst mit der Pubertät oder der Geschlechtsreife beginnt. Wenn es ihm auch in erster Linie darum ging, den Verknüpfungen zwischen den entwicklungsbedingten Ereignissen der Kindheit und dem Seelenleben des Erwachsenen nachzuspüren, so war es doch nie seine Absicht, die einzigartigen sexuellen und moralischen Umwandlungen der Pubertät und ihren Einfluß auf die erwachsene Psyche geringer einzuschätzen. Freud war sich darüber im klaren, daß der schrittweise Übergang von der Kindheit zur moralischen und sexuellen Kompetenz des Erwachsenen kein direkter Weg ist; daß es zwischen Kindheit und Erwachsensein viele Verwandlungen, viele Rückwärts- und Vorwärtsbewegungen gibt, und daß die Pubertät einen entscheidenden Wendepunkt in den komplexen Beziehungen zwischen kindlichem und erwachsenem Seelenleben darstellt. Dennoch hatte der revolutionäre Nachdruck, den Freud auf die Einflüsse der kindlichen Vergangenheit legte, auf lange Sicht die Wirkung, die tiefgreifenden Veränderungen während der Jugendjahre in den Hintergrund treten zu lassen – Veränderungen, die möglicherweise entscheidendere und unmittelbarere Auswirkungen auf die Entwicklung der menschlichen Psyche haben als die Ereignisse der Kindheit.

Sicherlich hat es Psychoanalytiker gegeben, die fortfuhren, auf die grundlegende Bedeutung der Adoleszenz hinzuweisen. So haben beispielsweise Erik Erikson und Peter Blos mit ihren Arbeiten viel dazu beigetragen, daß die besonderen Schwierigkeiten und Lösungsmöglichkeiten des Heranwachsenden heute deutlicher hervortreten. Dennoch hat es den Anschein, als gäbe es immer noch beträchtliche, ja erneute Widerstände dagegen, die Adoleszenz als einzigartigen, unwiederholbaren Lebensabschnitt zu behandeln, der für die Ausformung der erwachsenen Persönlichkeit mindestens genauso wichtig ist wie die Kindheit.

Hier muß ich von meinen persönlichen Erfahrungen mit diesem Widerstand berichten. Kurz nach der Veröffentlichung von *Die zweite Geburt* bemerkte ich bei vielen meiner Kollegen ein eigentümliches Zögern, die Adoleszenz als eine selbständige Entwicklungsphase anzuerkennen. Fast über Nacht, so schien es, war es üblich geworden, sie sich als eine Wiederholung der Loslösungs- und Individuationsphase der Kindheit vorzustellen. Ich war zwar mit der häufig zitierten Arbeit von Ernest Jones (*Some Problems of Adolescence*, 1922) vertraut, in der er die These aufstellte, daß die Adoleszenz eine Neuauflage der infantilen Sexualszenarios sei, die zum Ödipuskomplex hinführen; trotzdem überraschte es mich, wie fest diese Vorstellung in psychoanalytischen Kreisen verwurzelt war. In meinen Veröffentlichungen und bei Diskussionen mit Kollegen vertrat ich wiederholt den Standpunkt, daß die Adoleszenz trotz zahlreicher scheinbarer Ähnlichkeiten mit der Loslösungs- und Individuationsphase keine Wiederholung dieses Abschnitts der Kindheit noch letztlich irgendeiner früheren Entwicklungsstufe sei. Daß gerade ich eine solche Position in dieser Auseinandersetzung bezog, war besonders unangenehm, wurde doch *Die zweite Geburt* vielfach als Beweis für die Wiederholungstheorie der Adoleszenz herangezogen und von mir daher Schützenhilfe für die Verfechter dieser Theorie erwartet. Ich begann mich zu fragen, weshalb die Adoleszenz zum Stiefkind der Psychoanalyse geworden war, und weshalb so viele Psychotherapeuten der verschiedensten Richtungen so sehr darauf beharrten, Heranwachsende – und mitunter sogar Erwachsene – zu betrachten, als wären sie größere, sexuell aktivere Kinder, die sich eben noch einmal von ihren Eltern »loslösen« müßten.

Als ich mich daran machte, der Geschichte dieser Fehldeutung der Jugendjahre nachzuspüren, mußte ich bald feststellen, daß ich zwangsläufig in weitere Verwicklungen geriet. Bei dem Versuch, meine Art der Geschichtsschreibung für die Jahre der Adoleszenz zu finden, drängte sich mir nämlich eine ganze Reihe vielgestaltiger historischer Themen und Entwicklungslinien geradezu auf: die noch relativ junge Geschichte einiger gängiger Ansichten zur Adoleszenz; die Lebensgeschichte jener beiden Männer, die als die »Erfinder« der Adoleszenz gelten; die Geschichte der psychoanalytischen Rekapitulationstheorie; die biologische Entwicklung von der Geschlechtsreife bis zum Ende der Pubertät und schließlich auch jene Muster, welche die evolutionäre Geschichte der menschlichen Spezies prägen. Wenn auch die meisten dieser Themen im vorliegenden Buch nur kurz berührt werden, so brachte mich die Beschäftigung mit ihnen doch ein gutes Stück weiter in dem Bemühen, jene eigentümliche historische Logik zu durchschauen, der das psychische Geschehen der Adoleszenz folgt. Immer wieder wies das Material, das ich während meiner Forschungsarbeit zutage förderte, deutlich darauf hin, daß die Adoleszenz – von einer passiven Rekapitulation der Vergangenheit weit entfernt – ein Lebensabschnitt ist, welcher einer aktiven, äußerst wirkungsvollen Revision des frühen und späteren Kindesalters dient. Nun erkannte ich, daß wir ganz zwangsläufig zu der irrigen Vorstellung gelangen müssen, die kindliche Vergangenheit lebe in ursprünglicher Form im Erwachsenen weiter, wenn wir außer acht lassen, auf welch vielfältige Weise infantile Szenarios im Laufe der Adoleszenz umgewandelt und revidiert werden. Die Adoleszenz ist ebensowenig eine Wiederholung der Vergangenheit wie eine bloße Zwischenstation zwischen Kindheit und Erwachsenenalter. Sie ist vielmehr ein Raum voller Geschichte und Möglichkeiten.

Je tiefer ich mich in diese Untersuchungen versenkte, desto häufiger sehnte ich mich wehmütig nach jenen unschuldigen, weniger abstrakten, vergleichsweise geschichtslosen Jahren der frühen Kindheit. Ganz besonders sehnte ich mich nach der lyrischen Einfachheit jener Zwiegespräche von Mutter und Kind, die mich inspiriert hatten, *Die zweite Geburt* zu schreiben. Auf diese ganz elementare und persönliche Weise gelang es mir schließlich zu verstehen, weshalb es so verlockend ist, sich die Adoleszenz als Wiederholung dieser frühesten zwischenmenschlichen Dialoge vorzustellen.

Glücklicherweise macht die Adoleszenz das, was ihrer abstrakteren psychischen Dynamik an Konkretheit und Einfachheit fehlt, durch intellektuellen Reichtum und moralische Komplexität mehr als wett. Erstaunlich ist allein schon die Vielfalt von Theorien und Meinungsäußerungen, zu denen Sozialhistoriker, Philosophen, Biologen und Psychologen durch das Thema Adoleszenz angeregt werden. Was den Stellenwert der Jugendjahre im Leben des Menschen anbetrifft, so reicht das Spektrum der Meinungen von der These, bei der Adoleszenz handle es sich um eine möglicherweise entbehrliche soziale Erfindung, bis hin zu der Überzeugung, sie stelle eine »zweite Geburt« dar, in deren Verlauf die höchsten moralischen Strebungen voll zur Entfaltung kommen. Letztere Auffassung wurde von Jean-Jacques Rousseau und G. Stanley Hall geteilt, die von den meisten Sozialhistorikern als die Entdecker, wenn nicht gar als die »Erfinder« der Adoleszenz angesehen werden. Daß diese beiden Männer, die sich hinsichtlich ihrer persönlichen Einstellung zur Sexualität und zu Fragen der Moral ja doch stark unterschieden, unabhängig voneinander zu einer Vielzahl ähnlicher Ansichten über die Beziehung von sexueller und moralischer Reife gelangt waren, schien mir einer eingehenden Betrachtung wert. Außerdem stellte sich heraus, daß gewisse Aspekte der Rousseauschen Moralphilosophie mit einer Erkenntnis übereinstimmen, die für mein Verständnis der Adoleszenz von zentraler Bedeutung ist – mit der Erkenntnis nämlich, daß dem jugendlichen Narzißmus bei der Entwicklung des ethischen Empfindens die entscheidende Rolle zufällt. Rousseau spricht davon, daß durch die zweite Geburt in der Adoleszenz die »Selbstliebe« in die »Liebe zur Spezies« umgewandelt werde. So entschloß ich mich, in Teil I dieses Buches den wichtigsten jener historischen Fragen nachzugehen, die mit der Bedeutung der Adoleszenz für die Entwicklung der menschlichen Ethik verbunden sind. In Umrissen skizziere ich die Lebensläufe von Rousseau und Hall, wobei mein Hauptaugenmerk jenen Verbindungslinien gilt, die von ihrer eigenen Entwicklung als Heranwachsende und junge Erwachsene zu ihren späteren Schriften über die Adoleszenz führen. Wenn ich mich mit diesen beiden Männern hier so ausführlich beschäftige, so nicht nur wegen ihrer Vorstellungen von der inneren Logik der Adoleszenz, sondern auch weil ihre Biographien dramatische Beispiele für einige der typischen Zwickmühlen und Lösungsmöglichkeiten dieses Lebensabschnitts liefern. Die Auseinandersetzung mit ihren Ansichten zu Fragen der Sexualität und der Ethik wird in späteren Kapiteln wieder aufgenommen.

In Teil II beschäftige ich mich mit den einzigartigen Zwickmühlen und innovativen Lösungsversuchen der Adoleszenz, wobei ich auf die umfangreiche psychoanalytische Literatur zur Adoleszenz, zur Kindheit und zum Säuglingsalter zurückgreife. Obwohl der Mythos von der Adoleszenz als bloßer Neuauflage der Kindheit in den Köpfen so mancher Kliniker und Theoretiker immer noch herumspukt, lassen doch mit ganz wenigen Ausnahmen, zu denen etwa Ernest Jones zählt, sowohl die klassischen psychoanalytischen Arbeiten als auch die neueren, speziell mit den Jugendjahren befaßten Publikationen eine weitaus subtilere und komplexere Sicht jener Entwicklungsvorgänge erkennen, die zur sexuellen und moralischen Kompetenz des Erwachsenen hinführen. Wie schon in *Die zweite Geburt* habe ich auch im vorliegenden Buch versucht, Fachausdrücke durch alltagssprachliche Wendungen zu ersetzen. Einige technische Termini wie »Libido«, »Narzißmus«, »Über-Ich«, »Ich-Ideal« und »Regression«, die alle auch Nichtfachleuten inzwischen schon recht geläufig sind, haben sich jedoch als unentbehrlich erwiesen bei dem Versuch, die vielschichtige psychische Dynamik der Adoleszenz glaubwürdig darzustellen. Anstelle des schwerfälligen Begriffs »Objektbeziehungen« benutze ich die nicht ganz korrekte, aber gefühlsmäßig ansprechendere Bezeichnung »Liebesdialoge«, die jedoch so verstanden werden sollte, daß sie außer Liebe auch Feindseligkeit, Neid, Eifersucht, Scham und Kummer umfaßt.

Es ging mir in erster Linie darum, das Material, das die psychoanalytische Literatur zur Adoleszenz bietet, zu einem Bild des Jugendlichen zusammenzufügen, das ihn als aktiven, korrigierenden Bearbeiter seiner kindlichen Vergangenheit zeigt. Dementsprechend folgt meine Darstellung nicht der linearen Chronologie des Jugendalters, sondern vielmehr einer thematischen Logik, durch die erkennbar wird, auf welche Weise der Heranwachsende seine Lebensgeschichte konstruiert. Und da viele der emotionalen Szenarios der Säuglingszeit und der Kindheit am Zustandekommen jener Schwierigkeiten, denen sich Heranwachsende typischerweise gegenübersehen, beträchtlichen Anteil haben, sind sie mit dem Hauptthema dieses Buches – der Adoleszenz – stets verwoben.

Die Logik des lebensgeschichtlichen Ansatzes führt uns auf den Weg, den uns auch die psychoanalytische Methode weist.

Diese Methode zeichnet sich dadurch aus, daß verschiedene Ebenen sich gegenseitig durchdringen und beeinflussen: Phantasie und Realität; Vergangenheit, Gegenwart und Zukunft; Innenleben und äußere Wirklichkeit. Im Rahmen dieses Ansatzes zeichne ich ein Bild der Adoleszenz als eine Art Schlachtfeld der Gefühle, auf dem Vergangenheit und Zukunft um ihre jeweiligen Rechte ringen. Wenn er von der Kindheit Abschied nimmt, muß jeder Jugendliche – weitgehend unbewußt, aber auch bewußt – entscheiden, in welchem Maße und in welchen Aspekten er der Vergangenheit gestattet, in die Zukunft hineinzuwirken. Diese Entscheidungen lassen sich nicht über Nacht treffen. Bevor sich die Zukunft Geltung verschaffen kann, kommt es zu vielen Rückschritten. Adoleszenz bedeutet einen Aufruhr der Gefühle, einen Kampf zwischen dem ewigen Wunsch des Menschen, sich an die Vergangenheit zu klammern, und dem gleichermaßen machtvollen Wunsch, zur Zukunft vorzudringen. Ihr Sinn liegt nicht darin, das Vergangene auszulöschen, sondern vielmehr darin, das Wertvolle für immer zu bewahren und von jenen Themen der Vergangenheit Abschied zu nehmen, die der vollen Verwirklichung sexueller und moralischer Potentiale im Wege stehen. Kummer und sehnsüchtiges Verlangen begleiten den Abschied. In dieser Hinsicht ist der Jugendliche ein Trauernder – ein Trauernder jedoch, der zunächst nur verschwommen erkennt, was er verliert. Was er da verliert und was er nur so schwer preisgeben kann, das sind die leidenschaftlichen Bindungen an die Eltern und an jene Dialoge, die einst den Mittelpunkt seiner kindlichen Existenz bildeten.

Die letzten beiden Kapitel dieses Teils, in dem ich mich mit den Schwierigkeiten und Lösungsmöglichkeiten des Heranwachsenden befasse, handeln von den Wandlungen, die der jugendliche Narzißmus durchmacht. Eine dieser Umformungen betrifft die Sexualität – die Selbstliebe wandelt sich zur genitalen Bindung an einen anderen Menschen. Die ersten Liebesbeziehungen des Jugendlichen sind im Kern ganz narzißtisch oder eigennützig; es ist also vor allem die *ars erotica* der Adoleszenz, die – wenn auch auf Umwegen – dafür Sorge trägt, daß aus der Liebe zum Selbst im Zuge der Weiterentwicklung des ethischen Empfindens schließlich die Liebe zur Spezies entsteht. Bei einer anderen Umwandlung greift der Heranwachsende auf die frühesten Augenblicke seiner kindlichen Vergangenheit zurück, als körperliche Omnipotenz die ursprüngliche Erfahrung von Selbstliebe vermittelte. Diese narzißtische Omnipotenz kommt bei Jugendlichen in Form von Ruhmesträumen zum Ausdruck oder auch in dem Gefühl, für immer und ewig im Bereich unendlicher Möglichkeiten zu leben. Träume und Vorstellungen dieser Art müssen eine durchgreifende Wandlung erfahren; sie müssen sich dem Bereich des Machbaren nähern, und sie müssen – so zumindest unsere Hoffnung – in der Fähigkeit des Erwachsenen aufgehen, die kulturelle Entwicklung voranzutreiben, sich ethischen Idealen zu verpflichten und moralische Verantwortung zu übernehmen – kurz, in der Liebe zur Spezies. Hier begegnen wir dem schon recht altersschwachen moralischen Paradoxon, daß das Eigeninteresse des einzelnen mit den Interessen aller anderen Menschen gleichgesetzt wird – der Vorstellung, daß man, wenn man sich selbst gegenüber aufrichtig ist, es auch gegenüber allen anderen sei. Doch wie wir nur allzu gut wissen, ergibt sich moralische Glaubwürdigkeit nicht so mühelos aus dem Eigeninteresse, wie etwa die Nacht des Polonius dem Tag folgt.

Einer der grundlegenden Lehrsätze Freuds lautete: »Was im einzelnen Seelenleben dem Tiefsten angehört hat, wird durch die Idealbildung zum Höchsten der Menschenseele im Sinne unserer Wertungen.« Dieser kühne Satz erlaubt mehrere Deutungen. Eine Interpretation, zu der viele moderne Psychoanalytiker neigen, geht dahin, daß das Ich-Ideal – jener Aspekt des menschlichen Gewissens, der im Laufe der Adoleszenz zur Reife gelangt – seinen Ursprung im primären Narzißmus habe. Obgleich Analytiker Freuds These oft in diesem Sinne interpretieren, wird der Prozeß, der diese ungeheure Wandlung bewirkt, selten befriedigend erklärt. Zu dieser Frage habe ich mit meiner

Deutung des primären Narzißmus Stellung bezogen – mit einer Deutung, die durch die jüngsten Verhaltensbeobachtungen und experimentellen Untersuchungen an Säuglingen sowie durch andere Studien zum Seelenleben der Säuglinge und Kleinkinder gestützt wird. Meine Interpretation lief letztlich darauf hinaus, daß der primäre Narzißmus mit der kindlichen Omnipotenz gleichzusetzen sei.

Der Weg von der frühkindlichen Omnipotenz zu den Ruhmesträumen des Jugendlichen läßt sich recht gut verfolgen, wenn man mit den Wachstumsprozessen und dem Phantasieleben kleiner Kinder vertraut ist. Wenn wir jedoch verstehen wollen, wie sich die Umwandlung jugendlicher Ruhmesträume in kulturelle und moralische Ambitionen vollzieht, wenn wir verstehen wollen, wie die Adoleszenz dieses Ergebnis hervorbringt, das ja für den Menschen in besonderer Weise charakteristisch ist, so müssen wir erheblich tiefer schürfen. Daß diese Umwandlung erfolgt, wissen wir, doch wie sie erfolgt, ist noch immer ein Rätsel.

Wir stehen also vor der Adoleszenz wie vor einem Kunstwerk, das wir erst in seiner letzten Fassung zu Gesicht bekommen; um den Prozeß, der zu der endgültigen Lösung führte, zu rekonstruieren, müssen wir erhebliche interpretative Anstrengungen unternehmen. Ein Aspekt der Umwandlung des jugendlichen Narzißmus in soziale und ethische Verantwortung hat mit der homoerotischen Zuneigung des Heranwachsenden zum gleichgeschlechtlichen Elternteil zu tun. Ein weiterer Aspekt, der uns noch mehr Rätsel aufgibt, betrifft die Selbstliebe, von der einige von uns glauben, daß sie niemals in Liebe zu einem anderen Menschen umgewandelt werde. Ich spreche von jenem »wahren Selbst«, das wir zu erhalten streben, so sehr auch schließlich die Welt des Begehrens vor der Autorität der sozialen Ordnung, in der wir leben, in die Knie gehen mag. Gäbe es keine Adoleszenzphase, ließe man uns keine Zeit, um sexuell und moralisch zu reifen, würden Menschen wie andere Arten geradewegs von der Kindheit ins Erwachsenenleben hineinmarschieren, so wären wir allesamt gehorsame Mitglieder der Gesellschaft und blieben hinsichtlich unserer moralischen und sexuellen Einstellungen für immer auf einer kindlichen Stufe stehen. Genau dies geschieht bei jenen Menschen oder in jenen gesellschaftlichen Situationen, wo die Adoleszenz aus diesem oder jenem Grund ihren Einfluß auf die Neugestaltung der Lebensgeschichte nicht voll entfalten kann.

Im dritten und abschließenden Teil beschäftige ich mich mit einigen Ursachen gestörter Verläufe der Adoleszenzphase, und zwar sowohl aus einem individuell-lebensgeschichtlichen als auch aus einem gesellschaftlichen Blickwinkel. Um dem Leser zu veranschaulichen, welche Formen individuelle Abweichungen von dem Weg zur erwachsenen Fraulichkeit und Männlichkeit annehmen können, stelle ich beispielhaft zwei emotionale Störungen dar, die sich während der Adoleszenz bemerkbar machen, wenn die Liebesdialoge der Kindheit allzu beharrlich sind und ihren Zugriff auf die Gegenwart nicht aufgeben wollen. Zwar treten diese beiden emotionalen Störungen in ihrer reinen Form überaus selten auf, doch gibt es Varianten von ihnen, die uns allen vertraut sind. Die Lösungen, die diese beiden ungewöhnlichen Störungen darstellen – beide haben etwas damit zu tun, daß man sich in der Pubertät mit der Endgültigkeit der Geschlechtszugehörigkeit abfinden muß –, sind in prototypischer Weise »feminin« bzw. »maskulin«. Die Magersucht oder Anorexia nervosa ist eine Eßstörung, die beim männlichen Geschlecht selten vorkommt. Beim »Hochstapler« handelt es sich um ein Zustandsbild, von dem angenommen wird, daß es in seiner voll ausgeprägten Form bei Frauen nicht auftritt. Doch ebenso wie die Eßstörungen sind hochstaplerische Neigungen bei beiden Geschlechtern verbreiteter, als man allgemein annimmt.

Einige der Zwickmühlen, in die man gerät, wenn man zum Schutz- und Gesetzgeber der nächsten Generation heranreifen soll, sind persönlicher Art und nur vor dem Hintergrund der individuellen Lebensgeschichte verständlich. Andere hängen mit der Gesellschaft zusammen, die darauf wartet, diese sexuell und moralisch Wankelmütigen zu empfangen. Und so beende ich den

Abschied von der Kindheit mit einem Kapitel über die sozialen und moralischen Probleme der modernen Zivilisation. Obgleich diese Probleme ein ungeheures Ausmaß angenommen haben, besitzen Eltern und Erzieher, religiöse und politische Vorbilder – als Vermächtnis ihrer eigenen Jugendzeit – die Fähigkeit, Pate zu stehen bei jenen Hoffnungen und Ambitionen, die in der nachfolgenden Generation zu neuem Leben erweckt werden könnten.

Gegen Schluß meiner Darstellung der sexuellen und moralischen Umwandlungen der Adoleszenz stelle ich folgendes fest: »Wenn die Adoleszenz vorüber ist, ist der Charakter des jungen Erwachsenen von den inneren Kämpfen geprägt, die er durchgemacht hat. Er hat seine Kindheit nicht passiv wiederholt, er hat sie aktiv umgestaltet. All seine Strategien, seine Verluste und Niederlagen wie auch seine Triumphe und neuen Lösungen haben der erwachsenen Form ihren Stempel aufgedrückt.« In sehr ähnlicher Weise haben die intellektuellen Probleme, mit denen ich mich im Laufe meines Lebens auseinandergesetzt habe, und meine persönliche Art, mit ihnen umzugehen, das Buch, das Sie zu lesen im Begriff sind, geprägt. Ein anderer Psychologe hätte sich vielleicht stärker auf die kognitive Entwicklung als auf Äußerungen des Phantasielebens gestützt. Es ist durchaus möglich, daß andere weiterhin den unbezähmbaren Einfluß des kindlichen Seelenlebens auf die psychischen Funktionen des Erwachsenen betont hätten; wieder andere hätten vielleicht darauf beharrt, daß es keinerlei Zusammenhang zwischen der Kindheit und der Adoleszenz gebe, und hätten deshalb dem Einfluß der kindlichen Vergangenheit auf das psychische und emotionale Geschehen der Adoleszenz wenig oder gar keine Aufmerksamkeit geschenkt.

Wahrscheinlich ist es auch unvermeidlich, daß eine Autorin, so redlich sie sich auch bemühen mag, den Geist einer intellektuellen Tradition zu vermitteln, an die sie sich gebunden fühlt, ihre Darstellung so gestalten wird, daß letztlich so etwas wie eine Revision dabei herauskommt – jedenfalls wenn sie sich nicht damit begnügt, das Überkommene gehorsam zu wiederholen. Jedes Unternehmen, das über das bereits Vorhandene hinausstrebt, setzt einen Prozeß der Reinterpretation in Gang. Dieser wird niemals eine vollkommen neue Lösung hervorbringen, sondern stets die uralten menschlichen Probleme wieder aufgreifen.

Teil I
Rückschau: Erscheinungsformen der Adoleszenz

1 Adoleszenz: Banalisierung und Glorifizierung

Zwischen den letzten Augenblicken der Kindheit und dem Leben als erwachsene Frau oder als erwachsener Mann liegt jene zwielichtige Lebenszeit, die wir als Adoleszenz bezeichnen. Im Gegensatz zu der sachlichen Unzweideutigkeit des Wortes »Pubertät« – dem biologischen Umstand, daß die Genitalien nunmehr ausgereift sind und somit Zeugungsfähigkeit besteht – klingen, wenn von »Adoleszenz« die Rede ist, all jene Ungewißheiten mit an, die das emotionale und soziale Wachstum begleiten. Über die Existenz der Pubertät gibt es kaum eine Kontroverse. Selbst jene Fachleute, die die Existenz der Adoleszenz in Zweifel ziehen, geben zu, daß Mädchen im Durchschnitt zwischen vierzehn und sechzehn Jahren, Jungen zwischen fünfzehn und siebzehn Jahren in die Pubertät kommen, wobei es Schwankungen von ein bis zwei Jahren geben kann. Wenn es hingegen darum geht, die Phase der Adoleszenz zeitlich einzugrenzen, so gehen die Meinungen erheblich auseinander. Sie kann – wenn es sie denn überhaupt gibt – überall zwischen einer Woche und etwa einem Jahrzehnt dauern, wobei eine lange Adoleszenzphase für die moderne westliche Gesellschaft typisch ist.

Wohl die einzige klare Aussage zum Thema Adoleszenz, auf die sich die Fachleute festlegen lassen, geht dahin, daß es sich dabei um einen psychischen Vorgang handelt, der irgendwie mit der Pubertät zusammenhängt und von Mensch zu Mensch, Familie zu Familie, Gesellschaft zu Gesellschaft, von einer Epoche oder Ära zur anderen, von einem Jahrhundert oder Jahrzehnt zum nächsten variiert. Will man sich unbedingt auf eine Definition einigen, so läßt man das Wort »psychisch« aus.

Wer sich jemals auf die Suche nach einer einheitlichen Theorie der Adoleszenz begeben hat, weiß, daß die sicherste Strategie darin besteht, sich mit diesem unverbindlichen sozialen Relativismus zu umhüllen. Das äußere Verhalten der Jugendlichen ist widersprüchlich und überwältigend in seiner Vielfalt. Entschließt man sich jedoch, die modischen Zweifel an der grundsätzlichen Möglichkeit eines sinnvollen Adoleszenzkonzepts nicht zu teilen, so stellt sich schnell heraus, daß es sich bei den scheinbaren Widersprüchen keineswegs um unüberwindliche Gegensätze handelt. Auch die verwirrende Buntheit des Datenmaterials kann nun nicht mehr überraschen, aus ihr wird dann einfach ein Merkmal, das für das Thema Adoleszenz in besonderer Weise charakteristisch ist – und zugleich eine Aufforderung, weiter nachzuforschen.

Die Fakten der Pubertät bieten einen verläßlichen Halt. Aus Mädchen und Knaben werden Frauen und Männer. Mädchen beginnen zu menstruieren und produzieren bald darauf befruchtungsfähige Eier. Knaben beginnen zu ejakulieren, und nach einigen Jahren wird das Ejakulat befruchtungsfähigen Samen enthalten. Daß Mädchen und Knaben diesen dramatischen Ereignissen selbst eine psychologische Bedeutung beimessen und daß die Erwachsenen um sie herum auf diese körperlichen Veränderungen reagieren, dessen können wir sicher sein.

Es zeigt sich, daß der Mensch auf das Nahen oder den Eintritt der Pubertät auf eine für ihn typische Weise reagiert. Es gibt nämlich eine Form des Reagierens, die sich immer wieder, in jeder Generation, durchsetzt – und zwar mit einer bemerkenswerten Zähigkeit und Widerstandsfähigkeit gegenüber gesellschaftlichen Veränderungen. Zu allen Zeiten, in jeder Phase seiner Geschichte hat der Mensch die Bedrohung wahrgenommen, die diese Übergangsperiode für die Gesellschaft darstellt. Stets gehen dann von der im Wandel begriffenen Welt des Kindes wie auch von der Welt der Erwachsenen vielfältige Anstrengungen aus, die aufkeimende Genitalität für die herrschenden gesellschaftlichen Normen und die sittliche Ordnung – wie immer diese beschaffen sein mögen – nutzbar zu machen. Sexualität und Moral reifen in enger Kopplung, und alles andere wächst um sie herum.

So weit entfernt die Pubertätsriten bei Völkern, die als Jäger und Sammler leben, von unserem Umgang mit der Adoleszenz erscheinen mögen, sie lassen dieselben Themen, Dilemmas, Nöte und Lösungen erkennen.

Zentrales Element der Initiationsriten von Jäger-Sammler-Gemeinschaften ist die Verstümmelung des Körpers, beispielsweise das Ziehen eines Zahnes, das Abhacken des kleinen Fingers über dem letzten Glied, das Abschneiden des Ohrläppchens, das Durchbohren des Ohrläppchens oder der Nasenscheidewand, Tätowierungen, Einritzungen auf dem Gesicht, dem Brustkorb, dem Rücken, auf Beinen und Armen, Herausschneiden der Klitoris, Perforation des Jungfernhäutchens, Einritzung oder Entfernung der Vorhaut. Der menschliche Körper wird wie ein Stück Holz behandelt, dessen Oberfläche zurechtgestutzt, durchbohrt und beschrieben werden kann, dessen unregelmäßige Vorsprünge man wegschnitzen oder so formen kann, daß sie dem entsprechen, was in einer Gesellschaft als männlich oder weiblich gilt.

Die Hautritzungen hinterlassen auf der Körperoberfläche ein unvergängliches Protokoll jener Dilemmas, die das menschliche Dasein hervorbringt. Sie postulieren Gegensätze wie männlich–weiblich, Linie–Kreis, Familie–Gleichaltrige, Vorfahren–Nachkommen und – was am bedeutungsvollsten ist – Vergangenheit–Zukunft. In den Narben lösen sich die Widersprüche gleichsam auf. Beim letzten Gegensatzpaar, Vergangenheit–Zukunft, repräsentiert die Narbe das Hervortreten einer Gegenwart, die Kraft aus der Vergangenheit zieht, während sie die Zukunft erschafft. Die Gegenwart wird nicht als Trennungslinie zwischen »dem, was war« und »dem, was noch kommt« verstanden, sondern als ein Raum voller Geschichte und Entwicklungsmöglichkeiten.

Die Hautritzungen, Amputationen, Beschneidungen und Perforationen stellen dauerhafte Umgestaltungen des Körpers dar.

Sie sind Zeichen der Mitgliedschaft in einer Gemeinschaft von Gleichen, Zeichen der Aufnahme in die Gemeinschaft der Erwachsenen. Auf sehr direkte Art bringen sie die irreversiblen Unterschiede zwischen Mann und Frau zum Ausdruck. Zu den rituellen Initiationen in das Leben einer erwachsenen Frau und eines erwachsenen Mannes gehören typischerweise auch einige vorübergehende körperliche Veränderungen, etwa das Schneiden der Fingernägel, das Ausreißen von Kopfhaar oder das Abschneiden einiger Locken, das Bemalen des Körpers mit Lehm, Menstruationsblut, Samen oder Speichel oder auch das Tragen bestimmter Masken, Kleidungs- oder Schmuckstücke. Ob sie nun für immer gedacht sind oder nur auf Zeit, stets sollen diese körperlichen Veränderungen bewirken, daß die sexuelle Vitalität der Jugendlichen nicht zu einer Bedrohung für die Gemeinschaft wird, sondern ihrer Verjüngung dient.

Im allgemeinen steht der Pubertätsritus beim Mädchen in enger Verbindung zu seiner tatsächlichen physiologischen Geschlechtsreife, die zumindest in einem Punkt unübersehbar in Erscheinung tritt. In vielen Gesellschaften glaubt man, daß ein Mädchen zur Frau werde, sobald es menstruiert. Vergleichbar eindeutige Veränderungen, die anzeigen, daß der Knabe zum Mann geworden ist, gibt es nicht. Bei Knaben ist es nicht ungewöhnlich, daß die Riten mehrere Jahre vor oder nach dem Eintreten jener körperlichen Veränderungen stattfinden, die sie zu Männern machen. In einigen Gesellschaften findet der offizielle Pubertätsritus nur alle vier oder fünf Jahre statt, so daß sich Knaben verschiedener sexueller Entwicklungsstufen und Altersgruppen der Initiation gemeinsam unterziehen.

Ganz gleich, in welchem Alter die rituelle Einführung ins Erwachsenenleben vollzogen wird, ihre Grundbedeutung ist stets dieselbe: Ein Individuum wird von der asexuellen Welt der Kindheit getrennt und mit der Sexualität und moralischen Verantwortung der Erwachsenen vertraut gemacht. Die Erlaubnis, sexuell erwachsen zu werden, ist an die Bedingung geknüpft, sich in die sittliche Ordnung einweisen zu lassen. Bei allen Übergangsriten, besonders jenen, die die Pubertät betreffen, ist der sexuelle mit dem moralischen Bereich eng verflochten.

In den Zeremonien für Knaben wird häufig auf irgendeine Weise die Loslösung von der Welt der Frauen und Kinder thematisiert. Irgendwann innerhalb eines bestimmten Zeitraums wird vom Knaben verlangt, daß er seine emotionale Bindung an die Mutter aufgibt – die um ihn weint. Er ist nun an alle Männer gebunden. Er verzichtet auf Sport und Spiele seiner Knabenzeit wie auf die häuslichen Bindungen an die Mutter. Nachdem die Bande der Kindheit zeremoniell durchtrennt sind, wird der Knabe von einem dazu bestimmten Paten oder einer Gruppe von Lehrern über die Pflichten und die moralische Verantwortung gegenüber seiner Gemeinschaft belehrt.

Bei manchen Stämmen wird der Knabe während seiner Novizenzeit als tot betrachtet. Er wird von seiner gewohnten Umgebung getrennt und eingeschlossen, entweder allein oder mit einer Gruppe Gleichaltriger desselben Geschlechts. Er wird physisch oder psychisch geschwächt, um all seine Erinnerungen an die Kindheit auszulöschen. Geißelungen und andere körperliche Qualen muß er über sich ergehen lassen. Von Palmwein, Tabak oder Meskalin berauscht, verliert er vorübergehend Bewußtsein und Gedächtnis. Seine frühere Persönlichkeit wird ausgelöscht. Gegen Ende dieser Probezeit beginnen die Übergangsriten, die in manchen Fällen Verstümmelungen des Körpers oder seine Bemalung miteinschließen. In der Übergangsphase, die auch als »heilige Zeit« bezeichnet wird, spricht der »Kind-Erwachsene« eine besondere Sprache und nimmt besondere Speisen zu sich. Wochen, Monate oder gar Jahre vergehen, bis man ihn für würdig erachtet, über die Stammesgesetze, Totemzeremonien und die Rezitation von Liedern und Mythen unterrichtet zu werden.

In vielen Gesellschaften gelten Frauen als den Kindern sehr ähnlich. Man glaubt, daß sie der Natur näherstünden, von ihr stärker beherrscht würden und eine engere Beziehung zu ihr unterhielten als Männer. Wenn sich das Mädchen der Pubertät nähert, braucht es daher mit der Kindheit nicht so entschieden zu brechen wie der Knabe. Da die Frau mit den geheimnisvollen Kräften der Natur auf so vertrautem Fuße steht, ist es jedoch unbedingt erforderlich, daß ihre physiologische Geschlechtsreife schnellstmöglich unter Kontrolle gebracht wird. Die weiblichen Übergangsriten führen gewöhnlich dazu, daß das Mädchen an eine Heimstätte gebunden wird, die in den meisten Fällen die ihrer Kindheit ist. Für den Knaben endet die Initiation mit dem Hinaustreten in die öffentliche Sphäre, für das Mädchen mit dem Eingebundensein in die häusliche Sphäre.

Zum Zeitpunkt der Menarche werden Nesseln und Gras in die Vagina eingeführt, um das Bluten zu »verursachen« und das Mädchen in die Frauenrolle zu drängen. Ältere Frauen weisen das junge Mädchen in die Verhaltensmuster ein, die die Gesellschaft menstruierenden Frauen vorschreibt. Das überlieferte Wissen dieser Frauen besteht aus Regeln zur Verhütung von Beschmutzungen – aus sexuellen Tabus, die während der Menstruation eingehalten werden müssen, wie auch aus Vorschriften, die beim Kochen zu beachten sind.

Gewöhnlich wird der Beginn der Menstruation zum Anlaß genommen, das Mädchen zu initiieren, jedoch nicht immer.* Ein Mädchen kann als initiationsreif angesehen werden, wenn seine Brüste sich zu formen beginnen – eine Entwicklung, die der Menstruation um mehrere Jahre vorausgeht. Die Brüste des Mädchens werden mit Fett eingerieben, und um jede Brustwarze wird mit rotem Ocker ein Kreis gezogen. Bei manchen Völkern lernt das Mädchen, dessen Brüste sich zu entwickeln beginnen, wie es seine Schamlippen vergrößern kann, indem es an ihnen zieht, darüber streicht oder pflanzliche Reizmittel wie

---

* An dieser Stelle möchte ich den Leser auf die »Anmerkungen« verweisen. Dort werden nicht nur die Originalquellen aller Daten angeführt, die ich für dieses Buch verwendet habe, sondern auch bestimmte Details ausführlicher erklärt. So beruhen zum Beispiel meine Beschreibungen von Pubertätsriten manchmal auf der Zusammenschau der Riten verschiedener Gesellschaften und manchmal auf den Daten über ein oder zwei bestimmte Gesellschaften.

Gräser oder Blätter in die Vagina einführt. Diese Aufgabe kann auch eine ältere Frau übernehmen, die die Schamlippen dehnt und das vaginale Gewebe an mehreren Stellen leicht einsticht. Eine Frau mit dicken Schamlippen gilt als schön. Die Formung des Mädchens zur Frau soll der Kontrolle ihrer Körperlichkeit dienen, aber auch ihre inneren Eigenschaften verändern. Sie ist eine schöne und gute Frau, wenn sie freundlich, heiter, selbstlos ist und viel zu ertragen vermag.

Wenn das Mädchen heranwächst, werden seine kindlichen Bindungen zwar nicht gewaltsam gelöst, doch wird ihm sehr nachdrücklich klargemacht, daß es sein körperliches Selbst bezähmen muß, um weibliche Tugend zu erwerben. Sein Körper wird mit Einritzungen versehen und verformt. Das Mädchen wird an einem bestimmten Ort im eigenen Haus oder Dorf, in einem Hogan* oder einer abgeschiedenen Kammer eingeschlossen, umgeben von einem Erdwall und bis zur Taille in einen Sandhaufen eingegraben. Um sich von der Kindheit zu lösen, bedarf es keiner räumlichen Trennung. Ähnlich einer Raupe, die in einem Kokon eingeschlossen ist und dort eine stumme, unsichtbare Metamorphose durchmachen muß, ehe sie als Schmetterling aus ihrer Verpuppung davonfliegen kann, so gelangt auch das Mädchen durch Wandlung zur Reife. Dabei wandelt sie auf dem Pfad imaginärer Abenteuer, indem sie sich mit einer mythischen Heldin identifiziert oder eine kosmische Reise unternimmt. Häufig werden in der Metamorphose beide mythischen Muster aktiviert. Doch wie weit die imaginäre Reise auch gehen mag, sie findet in einem Kokon statt – im sicheren Schoß der Familie oder in einer benachbarten Hütte.

In ihrer Identifikation mit einer mythischen Heldin kehrt die

* Der Hogan ist die typische Behausung der Navajo-Indianer. Er besteht aus einem einzigen, achteckigen Raum von höchstens 7,5 m Durchmesser und ist ähnlich wie ein Blockhaus konstruiert; er hat ein kuppelförmiges Dach und wird mit Erde angeschüttet. Die Hogans spielen eine große Rolle im Leben der Navajo, denn nur hier werden die Rituale vollzogen. – Anm. d. Übers.

Initiandin dem Hier und Jetzt den Rücken. Sie betritt die zeitlose Urszene. Ihre Handlungen sind von ewiger Dauer, werden stets erneuert, stets wiederholt. Wie die Heldin, die es verkörpert, ist das Mädchen unendlich schöpferisch und tugendhaft. Was es auch erwirbt oder herstellt, niemals gehört es nur ihm. Es macht sich die charakteristischen Merkmale der mythischen Heldin zu eigen: Fruchtbarkeit und Mut. Seiner Gesellschaft verhilft es aufs neue zu den Gaben der Zivilisation: Korn, Ackerbau und Heilkunst. Seine Initiation kommt der Gesellschaft insgesamt zugute und darüber hinaus dem ganzen Kosmos. Von nun an hat es Anteil an göttlicher Tugend.

Sobald das Mädchen seine kosmische Reise antritt, wird es *symbolisch* aus der Enge seines Heims oder seines Dorfes befreit. Die Beschränkungen der sicheren Welt der Kindheit verlieren ihre Gültigkeit. Seine Reise ist eine Feuerprobe, ein Abstieg in die Unterwelt, ein Wandeln unter oder über dem Meer durch den dunklen Kosmos, eine Begegnung mit allen erdenklichen dämonischen Mächten. Von dieser Reise kehrt das Mädchen völlig verwandelt zurück. Es ist kein unreifes Kind mehr, dessen Tätigkeitsfeld auf häusliche Pflichten beschränkt ist. Es ist eine reife Frau, von der erwartet wird, daß sie die Grenzen der weltlichen Existenz, für die sie fortan bestimmt ist, überschreitet – ein kosmisches Wesen, welches das ganze Universum in sich trägt. Wenngleich sie in das Haus und das Dorf ihrer Kindheit zurückkehrt, bewahrt sie sich für immer die Tugenden und kosmischen Kräfte all derer, die die heilige Reise unternommen haben. Denn die Frauen und Männer, die die Heranwachsende auf dieser Reise begleitet haben, ihren Erzählungen gelauscht, mit ihr gesungen oder getanzt haben, werden mit ihren Augen all das wiedersehen, was sie einst so gut kannten und dann vergaßen.

Ob sie den Übergang ins Erwachsenenleben nun in der Wirklichkeit von Zeit und Raum vollziehen oder eingeschlossen in einen häuslichen Kokon, stets werden pubertierende Knaben und Mädchen als Novizen betrachtet. Der Novize ist eine leere Schiefertafel, in die die Gesellschaft ihre Weisheit eingräbt. Er hat kein Geschlecht, ist namenlos wie ein Stück Holz, ein Klumpen Lehm, eine winzige Staubflocke, er ist bloße Materie, deren Form von der Gesellschaft geprägt wird. In manchen Fällen benehmen sich die Novizen wie Neugeborene, die vergessen haben, wie man geht oder ißt. Sie tun so, als ob man sie alle Verrichtungen des täglichen Lebens neu lehren müßte. Indem sie wieder lernen, sich in der Welt zurechtzufinden, werden sie erwachsen. Unmittelbar vor dem Eintritt ins Erwachsenenleben nehmen Jungen und Mädchen an einer Dramatisierung der Auseinandersetzung zwischen den Generationen teil. Das männliche Szenario sieht Kampf oder Wettstreit vor, der den Bruch zwischen Kindheit und Erwachsensein unterstreicht. Im Mittelpunkt des weiblichen Szenarios steht die Auseinandersetzung mit kosmischen Mächten. Die Novizen erwerben eine neue Identität und häufig auch einen neuen Namen. Das tote Kind ist im Erwachsenen wiederauferstanden.

Alle Riten dieser Art umfassen zwei Trennungen, zwischen denen ein Übergangsstadium liegt. Pubertätsriten beginnen mit der Loslösung von der Kindheit, einer Loslösung, die mit der Aufnahme in einen heiligen Raum einhergeht. Diese sakrale Welt ist ein Zwischenbereich, ein Randbezirk, Ausgang und Eingang zugleich, ein Kokon, ein Erdwall, ein Tor, eine Überfahrt, eine Reise von der Kindheit ins Erwachsenenleben. In diesem heiligen Bereich verschwindet das Individuum zeitweilig – über der Erde vielleicht, unter dem Meer oder in der Unterwelt –, von seinen Verankerungen im Alltagsleben vorübergehend abgeschnitten. Hier wird die Vergangenheit beiseite geschoben, um die Zukunft vorzubereiten. Hier lernt das Kind, daß der Zugang zur Sexualität der Erwachsenen eine Revision der kindlichen Moralvorstellungen erfordert – einer Moral, die sich lediglich auf familiäre Bindungen und die Kameradschaft der Gleichaltrigen stützte. Während er den heiligen Bereich durchquert, erwirbt der Adoleszent Fähigkeiten, die er als Kind noch nicht besaß.

Obgleich sich die Jugendliche nicht daran erinnern mag, was im einzelnen geschehen ist, wird ihr für immer eine Ahnung verbleiben von dem Hunger, der Furcht, dem Kummer und der Einsamkeit, die mit ihrer Loslösung von der Welt der Kindheit verbunden waren. Die Jugendliche begreift, daß ihre Familie nicht mehr ihre einzige Schutz und Sicherheit gewährende Zuflucht ist. Die Zeremonien des heiligen Bereichs stellen durch die Kultur geformte Werkzeuge dar, mit deren Hilfe Gefühlskräfte von der kindlichen Vergangenheit abgezogen werden, um sie emotionalen Identifizierungen und Verankerungen innerhalb der größeren sozialen Gruppe zuzuführen. Später muß es zu einer zweiten Loslösung kommen, diesmal von dem »unwirklichen« heiligen Bereich. Auf diese zweite Trennung folgt dann ein Ritual der Wiederaufnahme, durch das die Gefühle, die mit der physiologischen Seite von Sexualität und Reproduktion verbunden sind, ihrer antisozialen Eigenschaften entkleidet werden.

Es hat nun den Anschein, als ob es der Gesellschaft gelungen sei, die natürlichen Prozesse unter Kontrolle zu bringen, als ob die Riten die Naturkräfte daran hinderten, die soziale Ordnung aus den Angeln zu heben. Unordentlichen Erscheinungen – der ungebärdigen Natur und sozial unzulässigen Bedürfnissen – wird ein Mäntelchen der Ordentlichkeit umgehängt. In den Zeremonien des Wiedereintritts in die Geschichte wird die Autorität der Tradition bestätigt. Der Ritus des Wiedereintritts sorgt dafür, daß die Vorschriften hinsichtlich des Geschlechtslebens, des Gebärens und der Unterweisung der Kinder gehorsam befolgt werden. Dem Individuum werden genau umrissene häusliche, soziale und religiöse Rollen zugewiesen. Nun wird ihm gestattet, an allen rituellen Anlässen – bei Geburt, Heirat, Pubertät und Begräbnis – aktiv teilzunehmen. So ist mit Abschluß der Pubertätszeremonien die Ordnung wiederhergestellt: Das Kind ist zum Ernährer und Gesetzgeber geworden. Die Botschaft lautet, daß zwar ein Drama von bedrohlicher emotionaler Intensität stattgefunden hat, ansonsten aber alles beim alten bleibt.

In den Riten kommt aber auch zum Ausdruck, daß es etwas gibt, das über den persönlichen wie über den gesellschaftlichen

Bereich hinausweist. Indem er am Übergang von einem Seinsbereich in einen anderen teilnimmt, wird selbst der armseligste Mensch zum Zeugen der Probleme der allmächtigen Götter, die zwar den Kosmos regieren, sich aber auch schwertun, ihre Macht, zu erschaffen und zu zerstören, richtig einzusetzen. Der Sterbliche steht vor dem ewigen Dilemma von Tugend, Sünde und ethischer Verantwortung. Das Selbst wurde erweitert, um das Göttliche aufzunehmen. Nun ist das Individuum ein Teil jenes Systems, das den Kosmos regiert.

»Zu allen Zeiten und an allen Orten« – in Konstantinopel, im Nordwesten von Sambia, im viktorianischen England, in Sparta, Arabien, am Amazonas-Nebenfluß Machado, auf Hispaniola, im mittelalterlichen Frankreich, in Babylonien, im Kidepo-Tal, in Karthago, Mohenjo-Daro, Patagonien, Kyushu, Nouakchott, Dresden – wurde die Zeitspanne zwischen Kindheit und Erwachsensein, wie kurz oder lang sie auch sein mochte, mit dem Erwerb von Tugend in Verbindung gebracht, wie auch immer diese in der jeweiligen Gesellschaft definiert wurde. Ein Kind mag gut und gehorsam sein, doch erst im Laufe seiner Reifung zur Frau oder zum Mann erwirbt der Mensch die Voraussetzungen zur Tugendhaftigkeit – die geistigen und körperlichen Fähigkeiten, mit deren Hilfe die gesellschaftlichen Ideale verwirklicht werden können.

Im klassischen Altertum wurden Tugenden wie Klugheit, Mut, Gerechtigkeit, Enthaltsamkeit als Verhaltensweisen angesehen, die der menschlichen Natur durch Übung und Disziplin gleichsam übergestülpt werden konnten. Die christliche Theologie sah in Glaube, Hoffnung und Nächstenliebe Tugenden, die zwar in jedem Menschen – auch im Kind – angelegt sind, doch nur bei erwachsenen Frauen und Männern voll zur Entfaltung kommen können. Etwa im 14. Jahrhundert wurden die klassischen und frühchristlichen Tugenden zu den sieben Kardinaltugenden vereint, die man als Widersacher der sieben Todsünden betrachtete: Klugheit konnte Habsucht zähmen, Mut Unzucht besiegen, Gerechtigkeit Zorn besänftigen, Mäßigkeit konnte

Völlerei überwinden, der Glaube die Faulheit, Hoffnung konnte Stolz verringern, Nächstenliebe Neid mildern.

Das lateinische Wort *virtus*, das »Männlichkeit« oder »Tapferkeit« bedeutet, macht die Verbindung zwischen hoher Moral und der sexuellen Potenz des Mannes offenkundig. *Virtus* erinnert auch daran, daß Tugend (englisch *virtue*), ebenso wie der Prozeß der Adoleszenz, oft ein Privileg ist, welches nur bestimmten Personen zugebilligt wird. In seiner ursprünglichen Bedeutung war *virtus* auf übernatürliche oder göttliche Wesen beschränkt. Allenfalls durch Identifizierung mit einer Gottheit konnte ein Mensch die Macht der Tugend erringen. Tugend ist eine Konstante, ihre Deutungen hingegen schwanken. Keuschheit wird bei jungen Frauen häufig als Tugend angesehen, bei jungen Männern indessen als Mangel an Mut. Von einer unkeuschen Frau heißt es im Englischen, sie sei »of easy virtue«.

Zwar sind Tugend und Ethik keine Synonyme, doch schwingt im Tugendbegriff stets die Vorstellung mit, daß ein Mensch, der diese idealen Eigenschaften besitzt, fähig ist, menschliche Verhaltensweisen kritisch zu beleuchten, die Folgen dieser Verhaltensweisen für andere – für Familienmitglieder, Nachbarn, Kollegen oder die Gesellschaft als ganze – im voraus zu beurteilen und entsprechend dieser Beurteilung zu handeln. Doch wir können nicht davon ausgehen, daß das ethische Empfinden automatisch aus der Tugend hervorgeht. Wie wir wissen, wurden Tugendideale von einer Klasse oder einer Schicht der Gesellschaft aufgestellt, um andere auszuschließen oder zu beherrschen.

Es ist klar, daß die Gesellschaft nicht all jene, die zu Frauen und Männern heranwachsen, gleichermaßen begünstigt oder denselben moralischen Prüfungen unterzieht. Manche Kinder werden dazu ermutigt, den Weg ins Erwachsenenleben ruhig und unauffällig zurückzulegen. Wenn sie aber schon wild sein und sich die Hörner abstoßen müssen, sollen sie es so schnell wie möglich hinter sich bringen und sich dann mit einem konventionellen Erwachsenenleben begnügen – mit oder ohne Tugend und sittliches Empfinden.

Die mit der Vorpubertät verbundenen, wachstumsbedingten Veränderungen können oft ohne erkennbaren Übergangsritus erfolgen, und so geschieht es auch. Pubertätsriten gibt es nicht in allen Jäger-Sammler-Gesellschaften. Bei einigen werden nur die Knaben einer Initiation ins Erwachsenenleben unterzogen, bei anderen nur die Mädchen. In westlichen Gesellschaften, wie auch bei einigen Gemeinschaften von Jägern und Sammlern und in allen antiken Kulturen, wurde eine Zeit des *adolescere*, des Hineinwachsens ins Erwachsenenleben, ursprünglich ausschließlich jungen Männern der oberen Schichten und einigen wenigen intellektuell, religiös, künstlerisch oder anderweitig begabten Mädchen und Knaben zugestanden. Bis zur Emanzipation der Arbeiterklasse und dem Aufkommen von Jugendbewegungen zu Anfang dieses Jahrhunderts verstand man unter einem »Jüngling« im allgemeinen einen gebildeten, finanziell gutgestellten jungen Mann, bei dem man damit rechnen konnte, daß er imstande sein würde, aus den Annehmlichkeiten wie auch aus den Unannehmlichkeiten der Tugend Nutzen zu ziehen. Die Mitglieder der unteren Gesellschaftsschichten wurden, ebenso wie die meisten Frauen, wie gehorsame Kinder behandelt, die gleichsam reflexhaft – ohne in den Genuß einer Übergangsphase zu kommen – zu gehorsamen, pflichtbewußten Erwachsenen heranwuchsen. Die moralischen Kräfte, die sie in der Kindheit erworben haben mochten, würden für das ereignislose, unkomplizierte Erwachsenenleben, das ihnen bevorstand, allemal ausreichen. Mit seiner Tugend – im Sinne von körperlicher wie moralischer Stärke – beschützte der Ehemann seine Frau, der Herr seine Diener, der Ritter seine Damen und Pagen. Heutzutage werden praktisch jedem Menschen zwischen dreizehn und dreiundzwanzig die Vorteile wie auch die Leiden der Adoleszenz zuteil. Eine moderne Gesellschaft zeichnet sich gerade auch dadurch aus, daß in ihr das Recht auf Adoleszenz nicht nur einem auserlesenen Kreis vorbehalten ist, sondern der gesamten jungen Generation zugesprochen wird. Das Bild der Adoleszenz wurde von den Schlachtrufen der Romantiker geprägt: Freiheit, Revolution,

Natürlichkeit, Spontaneität, Idealismus, Emanzipation, sexuelle Freizügigkeit. Es ist nicht verwunderlich, daß Eltern, Erzieher, Theologen und Philosophen einer Freiheit im allgemeinen, besonders aber einer sexuellen Freiheit, die augenscheinlich so einfach zu haben ist, mit einigem Mißtrauen begegnen. Eine Folge dieses Mißtrauens ist jene Form des Umgangs mit Jugendlichen, die man wohl am besten als tolerante Herablassung bezeichnen könnte. Wir können sie vorläufig als unschuldige Opfer betrachten, die machtlos und naiv sind. Früher oder später werden sie jedoch als diejenigen wahrgenommen, die andere zu Opfern machen, als unheimliche, unmoralische und feindselige Wesen, die in das Reich der Erwachsenen einzudringen versuchen.

Nun, da die Adoleszenz der Masse zugänglich und nicht auf Gentlemen und Lords beschränkt ist, sind viele Erwachsene beunruhigt über eine fast schon barbarisch anmutende Horde liederlicher Mädchen und Jungen, die offenbar nichts anderes im Sinn haben, als die Strukturen der Gesellschaft zu zerschlagen. Es fällt schon schwer, in all dem irgend etwas von Tugend zu erkennen. Was den Erwachsenen statt dessen ins Auge fällt, sind deutliche Hinweise auf Stolz, Habsucht, Zorn, Völlerei, Neid, Faulheit und eine ungeheure sinnliche Gier. Vor nicht allzu langer Zeit artete die Feindschaft zwischen Erwachsenen und Heranwachsenden aus gegebenem Anlaß in einen regelrechten Krieg mit Schußwaffen, Messern, Steinen und Tränengas aus. Gewöhnlich werden die Kämpfe zwischen den Generationen jedoch weniger offen und mit subtileren Mitteln ausgetragen.

Ein einzigartiges Merkmal der menschlichen Spezies ist ihre ungeheure geistige Beweglichkeit – eine Eigenschaft, die vor allem dann zum Tragen kommt, wenn es darum geht, mit Furcht fertigzuwerden. Eine Methode ist schlichtes Leugnen. Wir schauen weg und tun so, als geschähe nichts. Eine raffiniertere Version der Verleugnung ist die Banalisierung dessen, wovor wir uns fürchten. Und so erfinden wir die »Teenager«, die Computer-Süchtigen, die Armee der vor sich hindämmernden Faultiere, die während des Schulunterrichts nur eines im Kopf haben: nichts wie nach Hause und vor die Glotze, um die nächste Seifenoper nicht zu verpassen. Eine andere beliebte Banalisierung der Jugend ist das Klischee vom ungehobelten Kerl mit Lederjacke, fettigem Haar und einem Herzen aus Gold. Er weiß vielleicht nicht viel von Grammatik oder Geschichte, aber stellt ihn auf einen Tanzboden, und er verwandelt sich in ein göttliches Wesen. Er hat ihn einfach in sich, den Rhythmus. Und was noch wichtiger ist: Er geht in die Kirche.

Das am weitesten verbreitete Bild ist das des Teenagers, der sich in seinen Sessel lümmelt, Füße auf dem Tisch, stundenlang ins Telefon labernd, umgeben von einem gemütlichen Durcheinander aus ungeöffneten Schulbüchern, Sportkleidung, Haartrockner, Teddybär und Tennisschläger, halbaufgegessener Pizza und Hot dog, Cola-Flasche, Posters von Jagger, Blondie und anderen Superstars, die jeden Quadratzentimeter Wand bedecken, einschließlich der Türen und Schränke. Diese albernen Gören können einem ganz schön auf die Nerven gehen. Aber bald sind sie ja aus all dem herausgewachsen.

Eine andere Technik, Furcht zu verringern, besteht darin, daß man dem Gegenstand der Furcht so ähnlich wie möglich wird. Diese Methode der Identifizierung mit dem Aggressor ist für kleine Kinder ganz natürlich, die Furcht und Neid empfinden angesichts der ungeheuren Macht, die Eltern, Zahnärzte, Polizisten in ihren Augen haben. Deshalb brüllen sie wie wilde Löwen und verkleiden sich als Monster, deshalb verabfolgen sie ihren Puppen, Spielzeugsoldaten, Plüschtieren und Spielzeuglastwagen ungerührt Injektionen.

Erwachsene, die sich von den Roheiten Jugendlicher eingeschüchtert fühlen, können ihrerseits recht laut werden. Außerdem scheinen sich diese beneidenswerten Teenager mitunter sehr zu amüsieren. Nach Beendigung jenes Burgfriedens, der während des zweiten Weltkriegs – als die jungen Männer zwischen siebzehn und sechsundzwanzig im Dienste des Vaterlands zu beschäftigt waren, um eine Herausforderung für die Älteren darzustellen – zwischen den Generationen herrschte, nahmen die Generationsgegensätze eine überraschende Wendung. Die Erwachsenen begannen die Jugendlichen nachzuahmen. Eltern in mittleren Jahren erinnerten sich ihrer sexuellen Gelüste. Sie warfen sich in grellfarbene T-Shirts, in Jeans und enganliegende Overalls und behängten sich mit psychedelischem Schmuck. Sie tänzelten in Diskos herum und konkurrierten mit ihren halberwachsenen Kindern um jugendliche Sexualpartner.

Um von der Jugend nicht ausgestochen zu werden, spielten die Erwachsenen Woodstock. Ein alltäglicher Anblick bei Konferenzen waren Gruppen von Psychologen, Philosophen, Geistlichen, College-Professoren, Ärzten, Sozialarbeitern und Rechtsanwälten, die sich in Sandalen oder barfuß, in den obligaten Jeans, in folkloristischen Röcken und Hemden, mit Stirnbändern und indianischem Schmuck, Gitarre zupfend und ein Mantra auf den Lippen in den Vorhallen, auf dem Rasen oder am Schwimmbecken der verschiedenen Hiltons und Sheratons rekelten. Doch bald war das »Zeitalter des Wassermanns« * vorüber. Im nachhinein begannen sich viele dieser ernüchterten, grauhaarigen, ausgebrannten Älteren jener Karikatur von Jugendlichkeit zu schämen, zu der sie sich selbst gemacht hatten.

Das akademische Leben nahm indessen seinen gewohnten Lauf, trotz Aufruhr, trotz Verwischung der Generationsunterschiede. In Hotelhallen und in ihren persönlichen Gewohnheiten mochten manche Akademiker die heranwachsende Generation, die sie fürchteten und beneideten, imitieren, doch im Universitätsbereich selbst gelang es ihnen durchaus, weiter zu lehren, Vorlesungen zu halten, zu schreiben, zu forschen. Biologen, Sozialhistoriker und Psychologen beschäftigten sich zu jener Zeit mit dem Schlaf, mit zirkadianen Rhythmen, den Gebräuchen des 14. Jahrhunderts, der Rolle der Frau in der Reformationszeit, der Nachkommenschaft von Jane Eyre, mit der Biologie der

* Anspielung auf das Musical *Hair*, das im dritten Jahrtausend, im »Zeitalter des Wassermanns« spielt. – Anm. d. Übers.

Evolution, mit der Rekombination der Gene bei Zellteilungsvorgängen, mit Kopfschmerzen, Geschwüren, Intelligenztests, Macht, Liebe, Kindheit, Adoleszenz. Obschon sich die Wissenschaftler fast überschlugen, um nur ja vorurteilslos zu Werke zu gehen, war es unvermeidlich, daß sie bei der Auswahl ihrer Forschungsmethoden und bei der Darstellung ihrer Resultate von politischen und persönlichen Erwägungen beeinflußt wurden. Das Ergebnis war, zumindest was die Psychologie der Adoleszenz anging, eine exotische Mischung aus verblichener »Wassermann«-Ideologie und einem Rückfall ins Konservative. Verleugnung, Banalisierung und Identifizierung lagen dabei gerade noch unterhalb der Oberfläche. Erst in jüngster Zeit wird ganz unverblümt verkündet, daß es die Adoleszenz möglicherweise gar nicht gibt. Oder vorausgesetzt sie existiert, so ist sie jedenfalls überhaupt nicht das, was wir angenommen hatten. Kaum hatte die Adoleszenz an Boden gewonnen, da machten sich schon viele Leute über sie her, um sie wieder abzuschafffen. Uns, die wir uns nun auf das zweite Jahrtausend zubewegen, ist die Adoleszenz mehr als ein Ärgernis; sie ist offenbar zu einer echten Bedrohung geworden.

Im Juli 1981 las ich im Wissenschaftsteil der *New York Times* folgende Schlagzeile: »Jugendliche weit glücklicher als Erwachsene annehmen.« Vier Tage später folgte die *Times* mit einem Leitartikel, der mit »Adieu, Holden Caulfield« überschrieben war. Dort hieß es: »Die Erwachsenen sind mit der Mär vom leidenden Jugendlichen vollgestopft worden und haben jedes Wort geglaubt. Aber der Jugendliche ... weiß es besser.« Die Untersuchung, auf die sich der Leitartikel bezog, hatte ergeben, daß 85 Prozent aller gesunden Jugendlichen glücklich sind. Der typische Heranwachsende entspricht also keineswegs jenem Bild vom emotional überforderten, revolutionären Hitzkopf, an welches wir uns mittlerweile schon so gewöhnt haben. Jugendliche sind nicht habsüchtig und faul, sondern ehrlich und tatkräftig. Die Veränderungen, die in ihrem Körper vorgehen, flößen ihnen keine Angst ein; im Gegenteil, diese Veränderungen sind ihnen eher angenehm. Eltern lieben ihre Kinder, und die Kinder hegen keine Abneigung gegen ihre Eltern.

Der Bericht in der *Times* gab in allgemeinverständlicher Weise die Ergebnisse von Daniel Offer und seinem Forscherteam wieder. Offer hatte gerade zusammen mit Eric Ostrov und Kenneth I. Howard das Buch *The Adolescent: A Psychological Self-Portrait* vorgelegt. In diesem Buch, das auf ihren früher veröffentlichten Forschungsarbeiten aufbaut, analysieren Offer und seine Kollegen einen Fragebogen zum Selbstbild, den sie an über fünfzehntausend Jugendliche verteilt hatten. Dabei war ihnen offenbar klar, daß es den Wert einer Befragung schmälern könnte, wenn man den Befragten – in diesem Fall also den Jugendlichen – Auskünfte über ihre geheimen Regungen zu entlocken versucht, indem man sie zu Aussagen wie »Dreckige Witze machen manchmal Spaß« oder »Ich glaube, daß ich Realität und Phantasie auseinanderhalten kann« Stellung nehmen läßt. In einem Interview mit dem Reporter der *Times* erklärte Dr. Howard: »Wir haben untersucht, wie Jugendliche sich selbst sehen. Das stand im Mittelpunkt unseres Interesses. Natürlich würde jemand, der *unbewußte* Konflikte ergründen will, dies nicht mit einem Fragebogen tun.«

Dennoch sind Offer und seine Kollegen davon überzeugt, daß sie ein letztlich zutreffendes Bild der Adoleszenz zeichnen. In ihren Augen ist die gängige Vorstellung von Adoleszenz als einer von »Sturm und Drang« geprägten Zeit nichts weiter als ein Mythos, geschaffen von unbefriedigten Erwachsenen, die dem Jugendlichen ihre eigenen Ängste, Träume, Phantasien und Wünsche untergeschoben haben. Die meisten Jugendlichen, so behaupten die Autoren, sind zuversichtlich, glücklich und mit sich zufrieden. Treffend bemerkte ein Rezensent, diese Jugendlichen tönten »wie geklonte Abbilder der offensichtlich gesetzten Persönlichkeiten ihrer Untersucher«. Wie Offer ferner behauptet, nehmen die meisten Jugendlichen jene gewaltigen Herausforderungen, die das Erwachsenwerden mit sich bringt, bereitwillig und gelassen an. Stimmungsschwankungen und Aufbegehren sind Merkmale gestörter, nicht aber normaler Jugendlicher. Normale Heranwachsende bewältigen den Übergang ins Erwachsenenleben mit Gleichmut. Mit ihren Eltern, Geschwistern und Freunden verstehen sie sich prächtig. Sie sind damit zufrieden, wie die Gesellschaftsordnung funktioniert, und wollen nichts verändern.

Offer, Ostrov und Howard stehen mit dieser Revision des Jugendbildes nicht allein. Die früheren Untersuchungen Offers hatten nämlich schon einige Jahre, bevor die *New York Times* das Thema aufgriff, den Startschuß zu weiteren, von Grund auf ähnlich konzipierten Forschungsvorhaben gegeben. Daß sich ein Forschungsergebnis derart rasch verbreitet, ist nicht ungewöhnlich. Ein beliebiges Ergebnis einer weder methodisch noch inhaltlich besonders durchdachten Untersuchung kann schon nach kurzer Zeit als maßgebliches letztes Wort betrachtet werden – vor allem wenn sich aus ihm die dramatische Umkehrung einer zuvor vertretenen Position ergibt.

Mittlerweile hat sich um die Vorstellung, daß die Adoleszenz eine Fiktion sei, die auf eine Schar antiquierter Psychologen und Psychoanalytiker zurückgehe, eine eigene Mythologie gerankt. Manche Wissenschaftler sind in diese Mythologie tiefer eingetaucht als andere. Da gibt es jene, die wie Offer nahe an der Oberfläche bleiben und sich mit dem simplen Nachweis – gewöhnlich in der Form von Fragebogen-Erhebungen an Stichproben von Jugendlichen – begnügen, daß die irregeleiteten Psychologen, Eltern, Lehrer, Dichter und Philosophen Ausmaß und Stärke jener emotionalen Belastung, die mit dem Schritt ins Erwachsenenleben einhergeht, weit überschätzt haben.

Andere bemühen sich, tiefer zu schürfen. Sie stützen ihre Schlußfolgerungen auf subtilere Untersuchungsmethoden, etwa auf klinische Explorationen oder Beobachtungen des tatsächlichen Verhaltens. Solche Forscher behaupten, amerikanische und europäische Jugendliche, vor allem jene der mittleren und oberen Schichten, seien in Wirklichkeit zynische, egozentrische, politisch gleichgültige, schlafmützige Konformisten und hätten mit jenen Idealisten, die wir aus romantischen Romanen und gewissen ähnlich unzeitgemäßen, naiven philosophischen und psychologischen Abhandlungen kennen, nicht das geringste gemein.

Noch ein wenig weiter treiben es diejenigen, welche erklären, der Begriff »Adoleszenz« sei lediglich ein soziales Kunstprodukt. Er sei erfunden worden, um jene Denkgewohnheiten und jene Form von Kinderaufzucht, die unserer städtisch-industriellen Gesellschaft gemäß sind, ideologisch zu untermauern. Durchstöbert man die einschlägige Literatur, so findet man unschwer Material, das diese weitreichende Behauptung – die »Theorie von der Erfindung der Adoleszenz« – bestätigt. Fast ausnahmslos wird auf das Wörterbuch verwiesen. Man belehrt uns, daß es in der deutschen Sprache bis 1940 kein Wort für Adoleszenz gegeben und der Begriff »Pubertät« die biologischen Tatsachen wie auch die emotionalen Begleiterscheinungen des Heranwachsens umfaßt habe. Da das englische Wort *adolescence* nur bis ins 15. Jahrhundert zurückverfolgt werden kann, muß die Erfindung dieses Begriffs damals stattgefunden haben.

Auf die etymologischen Beweise folgt eine Argumentation, die bestrebt ist, die engen Beziehungen zwischen der Erfindung des Adoleszenzbegriffs und den ökonomischen Notwendigkeiten einer industriellen und nachindustriellen Gesellschaft aufzuzeigen. Parallel dazu wird der Schilderung des friedlichen Heranwachsens in Samoa durch Margaret Mead der obligate Tribut gezollt. Eine beliebte Quelle ist Musgroves Untersuchung *Youth and the Social Order*, die ein Kapitel mit dem Titel »The Invention of Adolescence« (Die Erfindung der Adoleszenz) enthält. Musgrove führt die Erfindung auf den naiven politischen und pädagogischen Idealismus Jean-Jacques Rousseaus zurück – eine These, die viele unkritisch übernehmen.

Manche Anhänger der Erfindungstheorie sind sozial engagierte Idealisten, welche die Aufmerksamkeit auf die Widersprüche lenken wollen, die unseren gesetzlichen Regelungen für Kinder und Jugendliche innewohnen. Sie behaupten, daß all das, was angeblich dazu bestimmt war, junge Menschen vor den Zwängen und der Verantwortung zu bewahren, die den Erwachsenen auferlegt sind – die Schulpflicht für Sechs- bis Achtzehnjährige, die Gesetze gegen die Kinderarbeit, der Begriff der Jugendkriminalität –, eine Unterwelt entrechteter Kinder und Jugendlicher hervorgebracht habe, die sich nun als Gefangene eines Gesellschaftssystems sehen, welches als Entschädigung für die verzögerte Gewährung des sexuellen und legalen Erwachsenenstatus Erfolg, Macht und Einkommen verspricht, in Wahrheit aber den meisten Kindern kaum etwas von diesen Vorteilen zuteil werden läßt.

An und für sich betrachtet haben diese Argumente, welche die künstliche Verlängerung der Kindheit mit manchen Unzulänglichkeiten unseres Gesellschaftssystems in Verbindung bringen, einiges für sich. Indem sie solche Verknüpfungen offenlegen, sensibilisieren uns die Wissenschaftler für die beunruhigenden Diskrepanzen zwischen unserem erklärten Ziel, die Kinder zu schützen, und der Unterdrückung, der wir sie insgeheim unterwerfen. Sie haben ganz recht, wenn sie darauf hinweisen, daß die betonte Sorge um die Sicherheit junger Menschen eine verschleierte Methode sein kann, ihr Streben nach Unabhängigkeit zu behindern. Die Jugendlichen selbst wittern die Feindseligkeit hinter der Besorgtheit sehr schnell und reagieren deshalb oft so heftig, wenn wir sie »doch einfach nur beschützen wollen«. Doch indem sie ihre wohlgemeinten Kommentare über soziale Ungleichheit abgeben, um die Banalisierung der Adoleszenz zu begründen, werden diese Kritiker der Gesellschaftsordnung unversehens zu Wortführern eher konservativer, wenn nicht reaktionärer Positionen, wenn es um die Beziehung zwischen menschlicher Natur und Gesellschaft geht.

Die unheilvolle Allianz zwischen Gesellschaftskritik und reaktionärem Menschenbild kommt nirgends so deutlich zum Ausdruck wie in Philippe Ariès' *Geschichte der Kindheit.* Kein anderes Buch wird so häufig zitiert, wenn es darum geht, die Theorie von der Erfindung der Adoleszenz zu stützen. Sozialreformer und reaktionäre Moralisten haben sich Ariès' Forschungsergebnisse mit derselben Begeisterung zunutze gemacht und als schlüssigen Beleg dafür ausgegeben, daß die Erwachsenen vor dem 17. Jahrhundert kaum eine Vorstellung von der Kindheit hatten, geschweige denn auf die Idee kamen, sie über das siebte Lebensjahr hinaus zu verlängern. Doch ganz im Gegensatz zu jenen, die ihn zitieren, hat Ariès niemals behauptet, daß es vor dem 15. Jahrhundert keine Kindheit und keine Adoleszenz gegeben hätte. Er weiß sehr wohl um die mittelalterliche Neigung, das Leben des Menschen in Stufen wie Kindheit, Adoleszenz, Jugend, Alter zu unterteilen. Und obschon er die »Lebensalter-Tradition« zurückweist, weil sie wenig mit dem zu tun habe, was die Menschen tatsächlich als Wachstum empfanden, verfolgt er sie doch zurück bis zu den ionischen Naturphilosophen des sechsten Jahrhunderts vor unserer Zeitrechnung und läßt uns, wenn auch nur in wenigen kurzen Sätzen, wissen, daß er mit den bedeutsamen Altersgruppierungen der Jungsteinzeit genauso vertraut ist wie mit der hellenistischen *paideia*, die »auf einem Unterschied und einem Übergang zwischen der Welt des Kindes und der des Erwachsenen, einer Übergangszeit, die im Zeichen der Initiation oder irgendeiner Form von Erziehung stand« (S. 560), beruhten.

Um seine spektakuläre und provokante These zu unterstreichen, daß sich in der Verhätschelung der Kinder und der innigen Zuneigung, die man ihnen in der Zeit der Aufklärung entgegengebracht hatte, bereits ihre Einkerkerung, ihre Verbannung aus dem wirklichen Leben und ihre Einzwängung in die Grenzen des Klassenzimmers und des Familienkokons ankündigten, spielte Ariès die katastrophale Lebenqualität in der Zeit zwischen dem Untergang des Römischen Reiches im Jahre 476 und dem Beginn der Renaissance im 15. Jahrhundert herunter. In Anbetracht dessen, was wir über das Mittelalter wissen, muten seine munteren Schilderungen jener Jahrhunderte vor der sogenannten Erfindung von Kindheit und Adoleszenz schon einigermaßen seltsam an.

Für den einfachen Mann, dessen Schicksal bei den Kulturvölkern nie sehr rosig gewesen war, hatte es nie zuvor eine solch finstere Zeit gegeben, wie sie das frühe Mittelalter in Westeuropa war. Nach dem 9. Jahrhundert – in der Zeit des aufkommenden Feudalismus und erstarkenden Christentums, in der Zeit des Heiligen Römischen Reiches, des Hundertjährigen Krieges und der Kreuzzüge – trat eine geringfügige Verbesserung der allgemeinen Lebensqualität ein. Andererseits endeten die Kreuzzüge nach Ägypten, Jerusalem und Konstantinopel mit der totalen Ausplünderung der Heiligen Länder und des Byzantinischen Reiches. Der Pest und anderen Seuchen, der Unwissenheit und unvorstellbaren Armut, der Schinderei, dem Hunger und den ständigen Kriegen stand ein Kodex der Ritterlichkeit gegenüber, ein Gemenge aus christlichen und militärischen Tugenden: Frömmigkeit, Ehre, Treue, Tapferkeit und die Keuschheit des jungen Ritters wie der Jungfrau oder verheirateten Dame, der er den Hof machte. Das äußere Drum und Dran des Rittertums blieb bis ins späte Mittelalter erhalten, doch die höfische Liebe verkam rasch zu einem gut getarnten Vorwand für Ehebruch und Promiskuität, während die Tapferkeit in den Dienst barbarischer Kriege gestellt wurde. Abgesehen von jenen Metaphern der menschlichen Existenz, die sich – wie etwa die gotische Architektur, die Universität, der Minnesang oder Dantes *Göttliche Komödie* – über die Sphäre der persönlichen und gesellschaftlichen Brutalitäten erhoben, um das Dasein erträglicher zu machen, abgesehen also von gewissen, nicht zu unterdrückenden kulturellen Bestrebungen stellte das Mittelalter den gewaltsamen Abbruch einer fortschreitenden Entwicklung des Menschen dar und machte die philosophischen, künstlerischen, wissenschaftlichen und moralischen Fortschritte der alten Kulturen, die ihm vorausgegangen waren, fast völlig zunichte.

Hört man indessen Ariès davon erzählen, so war das Leben im Mittelalter ein einziges prunkvolles Fest.

> »Man lebte in Kontrasten: die vornehme Herkunft oder das Vermögen streiften das Elend, das Laster wiederum die Tugend, der Skandal den frommen Lebenswandel. Trotz ihrer grellen Kontraste war solche Buntscheckigkeit nicht überraschend; sie gehörte zur Vielfalt der Welt, die es als Naturgegebenheit zu akzeptieren galt. Ein Mann oder eine Frau von Stande scheute nicht im geringsten davor zurück, im Feiertagsstaat die Elenden in den Gefängnissen, den Spitälern oder auf den Straßen, die unter ihren Lumpen fast nackt waren, zu besuchen. Die Gegenüberstellung solcher Extreme war den einen ebensowenig peinlich wie sie die anderen demütigte« (S. 563).

Ariès' farbenfrohe Mischung aus Laster und Tugend, Skandal und Frömmigkeit vernachlässigt völlig die ethische Dimension des Lebens in der mittelalterlichen Gesellschaft. Er preist Spontaneität und Freiheit des sozialen Umgangs, als könnte man die moralischen Verpflichtungen eines Menschen gegenüber einem anderen außer acht lassen, als wären die Armen schon dadurch viel besser dran, daß sich die Reichen durch ihr Elend nicht in Verlegenheit bringen lassen. In einem späteren Aufsatz, in dem er sich mit der Beziehung zwischen moderner Familien- und Stadtgeschichte beschäftigt, stellt Ariès die offenen Räume und die freie Verfügung über Landbesitz in der mittelalterlichen Welt der Abgeschlossenheit und festungsähnlichen Trennung zwischen privatem und öffentlichem Raum gegenüber, die für unsere modernen Städte charakteristisch sind. In dem jedermann zugänglichen offenen Lebensraum des späten Mittelalters konnte das durchschnittliche Kind ab dem siebten Lebensjahr an allem teilnehmen, worauf der Erwachsene Anspruch hatte. Wenn sich ein kleiner Junge von den Schürzenbändern seiner Mutter löste, »wie ein Tier oder ein Vogel, dann mußte er einen Herrschaftsbereich errichten, einen Ort, der ihm gehörte, und er mußte die Gemeinschaft dazu bringen, ihn anzuerkennen« (S. 227). Natürliche Talente zählten mehr als Wissen. »Es war ein Spiel, bei dem der verwegene, mit Beredsamkeit und dramatischer Begabung ausgestattete Junge im Vorteil war« (S. 227f.). Den übrigen konnte, so müssen wir annehmen, getrost eine randständige, von Not geprägte Existenz zugewiesen werden.

Ariès bemerkt ferner, daß das Gefüge der mittelalterlichen Gesellschaft locker war und viel Raum für Spiel und Bewegungsfreiheit ließ. Auch die Gefühle waren schrankenlos. Sie konnten diffus sein, »sich auf zahlreiche natürliche und übernatürliche Objekte erstrecken – darunter Gott, Heilige, Eltern, Kinder, Freunde, Pferde, Hunde, Obst- und Blumengärten« (S. 229). Wie er bereits in der *Geschichte der Kindheit* ausgeführt hatte, war das Kind bis zur Aufklärung frei wie Saint-Exupérys Kleiner Prinz.

Vom 17. Jahrhundert an wurden dem unbekümmerten, durch nichts eingeschränkten Kind von der besorgten Familie und der Kirche »die Zuchtrute, das Gefängnis, all die Strafen beschert, die den Verurteilten der niedrigsten Stände vorbehalten waren« (S. 562).

Doch wie Ariès sicher bekannt ist, wurden bis zur Aufklärung verrückte Könige und unartige Prinzen – jene also, denen die allerbeste Versorgung zuteil wurde – von ihren »Krankheiten« geheilt, indem man sie bedrohte, in Ketten legte, schlug, auspeitschte, verhungern ließ. Das durchschnittliche Kind, das frei wie ein Vogel ziehen konnte, wohin es wollte, hatte jedenfalls kaum Gelegenheit, sein Los durch Bildung zu verbessern. Seine Chance, das zwanzigste Lebensjahr zu erreichen, war gering. Ariès gibt zu, daß das Dasein kurz und hart war. Aber es war herrlich lebendig.

Gewiß, einige der Behauptungen Ariès' über die Auswirkungen einer überbesorgten Kindesaufzucht werden durch die Geschichte der Kindheit seit dem 17. Jahrhundert bestätigt. Je mehr das Kind verhätschelt und als ein Wesen von höchstem Wert idealisiert wurde, desto stärker vereinnahmten es die Eltern, Erzieher und religiösen Mentoren mit ihren eindringlichen, ambivalenten Botschaften. Im 19. Jahrhundert fiel der Schatten des Calvinismus auf das Familienleben; jedes Kind war unschuldig, wenn es gehorchte, und die Sünde in Person, wenn es vorübergehend in Ungnade fiel. Wie wir wissen, wuchs das Kind der viktorianisch-calvinistischen Epoche zu einem Erwachsenen heran, auf dem die Last einer überidealisierten kindlichen Frömmigkeit lag, zu einem Erwachsenen, der von den unüberbrückbaren Gegensätzen zwischen dem absolut Guten und dem absolut Schlechten gepeinigt und von einem ewig wachsamen Gewissen verfolgt wurde.

Als dann im 20. Jahrhundert Individualität und Selbstverwirklichung zu beherrschenden Werten aufstiegen, lockerte das Gewissen seinen Griff und wich ein Stück weit zurück, um der öffentlichen Meinung, einem allgemeinen Konsensus und einer pragmatischen Moral Platz zu machen. Das Kind und der Jugendliche von heute, denen diese kind-zentrierte Gesellschaft so viel Beachtung schenkt, tragen die vereinte Last eines unsicheren Gewissens und einer grandiosen Selbsteinschätzung – eine trügerische Kombination, die Zynismus, jähe Ernüchterung und Verzweiflung zur Folge hat.

Der Familienkokon, der ursprünglich das Individuum vor den Erniedrigungen des Maschinenzeitalters schützen sollte, wurde zum eisernen Käfig, der seine Insassen behütete, indem er sie vor der sozialen Wirklichkeit außerhalb des Kokons abschottete. Und je stärker die Familie ihre Mitglieder von der Gemeinschaft absonderte, desto stärker drang die Gesellschaft unmerklich, aber stetig in den Kokon ein. Wie Christopher Lasch feststellte, büßte die Familie ihre Funktion als Zufluchtsstätte schließlich ein. Immer mehr ähnelte sie der rauhen Außenwelt. »Die Beziehungen innerhalb der Familie nahmen denselben Charakter an wie anderweitige Beziehungen: Individualismus und eigensüchtige Interessen herrschten selbst in der intimsten aller Institutionen.«

Ariès trifft nicht völlig daneben, wenn er auf die Demütigungen hinweist, die das moderne Leben mit sich bringt. Eindringlich führt er uns in seinen Schriften vor Augen, wie das Auftauchen der Kindheit im westlichen Bewußtsein als ein Symptom jenes Schocks gedeutet werden könnte, den die Moderne ausgelöst hat. Er beklagt die innere Leblosigkeit und spirituelle Entfremdung des modernen städtischen Lebens, die industrielle Expansion, die »von oben« gesteuerte Sozialpolitik, die Arbeitsteilung und all jene neuerschaffenen sozialen Einrichtungen, die für die Zertrümmerung der traditionellen Lebensformen entschädigen sollten: die einzig dem Konsum, der Freizeitgestaltung und der Kindererziehung ergebene moderne Kleinfamilie, die formale Bildung, die Nervenklinik. Den Kalkulationen und kalten Abstraktionen der Moderne stellt Ariès das Magische und Heilige, Sympathie und Gemeinschaft, Spontaneität und Instinkt gegenüber.

Nicht überzeugen kann er am Ende mit seiner Interpretation der psychischen und moralischen Auswirkungen des täglichen Lebens in der mittelalterlichen Gesellschaft. Während er uns eine unbeschwerte Gemeinschaft von Alten und Jungen vorführt, in der alle dieselben Spiele spielten, denselben Lastern und Tugenden, derselben sexuellen Freiheit frönten, nimmt er bewußt in Kauf, daß die damaligen Erwachsenen uns heute einigermaßen kindisch vorkommen müssen. Beiläufig gibt Ariès zu, daß ein solcher Eindruck entstehen könnte, und legt damit den Schluß nahe, daß eine undeutlich abgegrenzte Übergangsphase zwischen Kindheit und Erwachsenenleben ebensogut Erwachsene hervorbringen kann, die kindisch bleiben, wie Kinder, die übergangslos erwachsen werden. Wie Stammesälteste und Psychoanalytiker schon immer gewußt haben, bestehen enge Beziehungen zwischen dem kindlichen Sexualleben und dem moralischen Empfinden des Kindes.

Ariès' beredte Lobpreisung von Freiheit und Klassenlosigkeit riecht nach rechter Agrarpolitik, nach der Hirtenidylle vom ach so glücklichen Sklaven und den guten alten Zeiten auf der Plantage. Jene Gesellschaftskritiker, welche die Universalität der Adoleszenz leugnen, werden – wie Ariès – von den Fraktionen, in die die Moderne selbst wieder gespalten ist, in die Irre geführt – von Fraktionen, die die politischen Kategorien Links und Rechts oft unecht erscheinen lassen. In den gesellschaftlichen und künstlerischen Debatten der Moderne nimmt das westliche Kindheitsbild einen hervorragenden Platz ein, bisweilen als eine Widerspiegelung der verlorenen mittelalterlichen Einheit von Spontaneität, Spiritualität und Instinkt, ein andermal wiederum als Vorbote des sozialen Fortschritts mit seinen Prüfsteinen Rationalität, Gleichheit und Individualität.

Manche Kritiker, die sich mit der Politik der Linken identifizieren, sind soziale Idealisten, eifrig darauf bedacht, den Glauben aufrechtzuerhalten, daß nur die Gesellschaftsstruktur die Persönlichkeit des Kindes formen und den Erwachsenen zu einem rechtschaffenen Bürger machen könne. Für sie ist die menschliche Natur unendlich formbar. Um das psychische Potential zu erweitern, braucht man lediglich die sozialen Strukturen zu modifizieren. Diese Reformer fühlen sich durch biologische Argumente beleidigt. Mit Mißtrauen betrachten sie Formulierungen wie »menschliche Natur«, »Naturgesetze«, »biologische Notwendigkeit«. Sie behaupten, daß es im Dialog zwischen Natur und Gesellschaft die Gesellschaft sei, die die Natur in ihre Schablone presse. In anderen historischen Situationen vollführt die Linke bezüglich dieser Ideale eine Kehrtwendung. Dann preist sie die Tugenden einer angeblichen natürlichen Unschuld und Bewegungsfreiheit, und die Gesellschaft wird zum Feind.

Am anderen Ende des Spektrums stehen die Aufseher der Rechten, die um jeden Preis den Status quo aufrechterhalten wollen. Nichts Neues darf geschehen. Jede etwaige Veränderung muß gelenkt, in die Kanäle der Tradition geleitet werden. Spannungen im Leben des einzelnen dürfen niemals dazu führen, daß die Zahnräder der sozialen Maschinerie nicht mehr ineinandergreifen. Die Biologie ist eine Fessel, eine lästige Sache, die der gesellschaftlichen Beeinflussung in die Quere kommt. Doch mitunter tönt es aus dieser Ecke auch anders, vor allem wenn ein

Teil der Gesellschaft im Begriff steht, das Joch der Tradition abzuschütteln. Dann hören wir: »Die Natur ist gut« und »Instinkte sind unveränderlich und gottgegeben«.

Die Möglichkeit einer ihrem Wesen nach wertvollen Spannung zwischen Natur und Gesellschaft, einer Spannung, die das Individuum vor einer Tyrannei beider bewahren könnte, wird von der sogenannten Linken als reaktionäre Verirrung und von der Rechten als beunruhigendes Anzeichen für einen Umsturz angesehen. Allein schon aus der Tatsache, daß derzeit beide Seiten von der Vorstellung, die Adoleszenz sei eine Fiktion, eine bloße Erfindung der Moderne, gleichermaßen angetan sind, können wir schließen, daß etwas an diesem Übergang von der Kindheit zum Erwachsenenleben äußerst bedrohlich geworden ist.

Der Eintritt der Geschlechtsreife ist eine unzweideutige biologische Tatsache. Was dagegen dunkel und potentiell bedrohlich bleibt, sind die Beziehungen zwischen sexueller und moralischer Reife. Trotz aller Kontroversen über die Existenz der Adoleszenz gibt es einen gewissen Konsens darüber, daß die Pubertät zu einem Konflikt mit den gesellschaftlichen Strukturen führt. Um mit der Herausforderung umgehen zu können, daß junge Menschen im Begriff stehen, sie abzulösen, konstruiert die Generation der Erwachsenen zu allen Zeiten ein soziales Gefüge, das die pubertäre Sexualität institutionalisiert und reguliert. Bemerkenswerter als die angebliche Verschmelzung von Kindheit, Pubertät und Erwachsensein im Mittelalter ist die Tatsache, daß selbst in jenen schrecklichen Zeiten eine Form der Adoleszenz oder des Hineinwachsens ins Erwachsenenleben im ritterlichen Kodex institutionalisiert war, wonach sich ein Knabe stufenweise vom siebenjährigen Pagen zum vierzehnjährigen Knappen und schließlich mit einundzwanzig Jahren zum tugendhaften Ritter entwickelte. Ähnlich abgestufte Verläufe waren bei der Weihe der Novizen und dem Fortschreiten vom Lehrling zum Gesellen und weiter zum Meister im System der Gilden zu beobachten.

Jede menschliche Gesellschaft versucht, sich selbst zu erhalten, indem sie die Adoleszenz erfindet, die sie braucht. Anders ausgedrückt könnten wir auch sagen, daß jede Gesellschaft die Adoleszenz erfindet, die sie verdient, und diese Erfindung dann als etwas Monströses, Heiliges oder Heroisches ansieht. Erwachsene neigen dazu, Mythen über die Bedeutung der Adoleszenz zu schaffen. Welche politischen und persönlichen Einstellungen sie haben mögen, ob sie die Natur preisen oder die Gesellschaft auf den Sockel heben, ob sie sich mit der Jugend identifizieren oder sie herabsetzen – die meisten Erwachsenen halten es für unumgänglich, die erschreckende Vitalität dieser Monstren, Heiligen und Helden zu entschärfen.

2 Die »Erfinder« der Adoleszenz: Jean-Jacques Rousseau und G. Stanley Hall

Wenn Autoren Jean-Jacques Rousseau die Erfindung der Adoleszenz zuschreiben, so gehen sie in der Regel davon aus, daß diese als umschriebener Lebensabschnitt erst seit dem späten 18. Jahrhundert existiert bzw. daß die *moderne* Adoleszenz eine phantasievolle Konstruktion Rousseaus ist, die allmählich ins westliche Bewußtsein eindrang und schließlich zu einer unseligen Mythologie wurde, die Erwachsene den heranwachsenden Kindern überstülpen. In Wahrheit erfand Rousseau die Adoleszenz nicht. Er entdeckte für die moderne Welt die für den Menschen so charakteristische Zwangslage, die sich ergibt, wenn ein Kind nach der sexuellen und moralischen Verantwortlichkeit des Erwachsenen greift. Dieses Dilemma, das bereits vor der Aufklärung von Jäger-Sammler-Gesellschaften und den alten Kulturen erkannt worden war, harrte der Entdeckung.

Viele Fehldeutungen der Rousseauschen Entdeckung lassen sich auf die seit langem bestehende Gewohnheit zurückführen, den Menschen Rousseau mit dem wahren Gehalt seiner Moralphilosophie zu verwechseln. Um die Wende zum 20. Jahrhundert sollte der amerikanische Psychologe G. Stanley Hall die Adoleszenz wiederentdecken und dieselben Spannungen zwischen Sexualität und Moral feststellen, die Rousseau etwa hundertfünfzig Jahre zuvor beschrieben hatte. Hall, ein konservativer, mit puritanischer Ethik aufgewachsener Mann, versäumte ebenfalls, Rousseaus philosophische Vieldeutigkeit und seine bizarre Persönlichkeit auseinanderzuhalten. Er war sich nicht bewußt, daß seine eigenen Entdeckungen bezüglich der Adoleszenz eine unheimliche Ähnlichkeit mit denen des heidnischen Unruhestifters

Rousseau aufwiesen. Rousseau, eine Gestalt, die während ihrer Lebenszeit (1712–1778) und danach eine ganze geistige Bewegung in zwei Lager spaltete, wurde abwechselnd als »genialer Vordenker der Französischen Revolution«, als »Baumeister der Demokratie«, als »echter Sohn Platos«, als der »Vater der Kantschen Moralphilosophie«, der »Geist der Romantik«, der »Lorbeergekrönte der Natur«, als »Verherrlicher des edlen Wilden«, als »Verteidiger der Leidenschaft gegen die göttliche Offenbarung und die Herrschaft der Vernunft« angesehen. Oder wie Madame de Staël über ihn schrieb: »Er erfand nichts, aber er versetzte alles in Aufruhr.« In Übereinstimmung mit den Auffassungen Rousseaus umfaßt das Jugendbild, welches das westliche Bewußtsein seit dem 18. Jahrhundert stets beherrscht hat, als Hauptmerkmale Revolution, sozialen und moralischen Idealismus, Romantik, Natürlichkeit, edle Gesinnung, Wildheit, Leidenschaft – kurz gesagt, »feurige Jugend«.

So sehr aus seinen Schriften der Geist der Adoleszenz ganz unmittelbar zu sprechen scheint, so sehr gilt vielen auch Rousseaus Persönlichkeit als Inbegriff von Sturm und Drang – als Verkörperung jenes naiven Idealismus, der dem gängigen Jugendbild entspricht. Die Neigung, ihn mit jugendlichem Überschwang in Verbindung zu bringen, hat es plausibel erscheinen lassen, ihn eher als eine emotionale Kraft denn als ernstzunehmenden Denker anzusehen und seine unkonventionelle, ungestüme, vagabundenhafte, bohèmeartige Lebensweise mit seinem Werk und dessen innerer Wahrheit gleichzusetzen. Ebenso wie der europäische Adel und die wohlhabende Bourgeoisie (die Rousseau ausgesprochen verachtete), die zunächst von seinen treffenden Formulierungen und Epigrammen, seinen leidenschaftlichen moralischen Zwischentönen, Stimmungen und Empfindungen fasziniert waren, machten sich auch die meisten seiner Leser kaum die Mühe, über die Bedeutung seiner Texte als solche nachzudenken. Die inneren Widersprüche seines Werks wurden unmittelbar auf seine widersprüchliche Persönlichkeit zurückgeführt. Im selben Atemzug lenkten seine Kritiker die Aufmerksamkeit auf die krassen Widersprüche zwischen seinen Lehren von der Würde des Menschen und seiner beklagenswerten Lebensführung.

Sehr wahrscheinlich war Immanuel Kant der einzige Denker des 18. Jahrhunderts, der die philosophische Substanz des Werks von Rousseau zu würdigen wußte. Bis in die dreißiger Jahre unseres Jahrhunderts, als Ernst Cassirer die dynamischen Feinheiten des Rousseauschen Denkens herauszuarbeiten begann, war es unter Interpreten gängige Praxis gewesen, Rousseau weitgehend in der gleichen Weise zu behandeln, wie viele Erwachsene einen aufsässigen, schwierigen Jugendlichen behandeln – mit Scheu, gewiß, und dann auch je nach persönlicher Veranlagung entweder mit Spott oder idealisierender Verehrung, einer Kombination von Reaktionen, die nur zu Banalisierung führen konnte.

Cassirer folgend, haben neuere Interpreten Rousseaus Werk von dem ungestümen Leben befreit, das ihm den Stoff lieferte und ihn inspirierte. Es besteht kein Zweifel, daß seine Werke eine heroische Bemühung um Selbstanalyse und Selbstheilung darstellen, daß er mit der weihevollen Überhöhung der Tugend, die in seinen Schriften zum Ausdruck kommt, jene sexuellen und moralischen Konflikte bearbeitete, die er in seinem eigenen Leben nicht zu lösen vermochte. Nunmehr heißt es, Rousseau sei eines der ersten Opfer der Moderne gewesen – ein Mann, der sich selbst und seiner Gesellschaft entfremdet war. Seine gespaltene Persönlichkeit nahm die Spaltungen des modernen Bewußtseins vorweg. Von den Philosophen der Aufklärung erkannte er als einziger, daß jene Fähigkeiten, die den Menschen vom Tier unterscheiden, die Einbildungskraft und das Streben nach Selbst-Vervollkommnung sind. In diesen Fähigkeiten sah Rousseau unausweichliche Bestandteile der menschlichen Existenz, die zerstören, während sie erschaffen, und korrumpieren, während sie zivilisieren – die Quelle unserer niedrigsten Instinkte wie auch unserer höchsten Tugenden. In der Adoleszenz, wenn die sexuelle Pubertät unserem Streben nach moralischer Vervollkommnung neue Schubkraft verleiht, haben wir nach Rousseau die Chance, jene Gegensätze miteinander zu versöhnen, die der menschlichen Schöpfergabe und dem Wunsch nach Vollkommenheit innewohnen. Die Widersprüche und Mehrdeutigkeiten in den Werken Rousseaus legen Zeugnis davon ab, daß ihm das moralische Dilemma der menschlichen Spezies, jedes einzelnen von uns, nach einer Vollkommenheit zu streben, die wir unvermeidlich als unerreichbar erkennen müssen, zutiefst bewußt war.

Rousseau wurde am 28. Juni 1712 in Genf geboren. Seine Eltern waren Protestanten und gehörten der angesehenen Klasse der *Citoyens* an. Väterlicherseits läßt sich Rousseaus Abstammung bis zum Ur-Urgroßvater zurückverfolgen, der aus Paris emigrierte und in den ersten Tagen der Reformation (1529) in Genf ansässig wurde. Sein Vater Isaac, ein Uhrmacher, soll gewisse typisch französische Eigenarten bewahrt haben. Er war galant, romantisch und amüsierte sich gern. Von Rousseaus Mutter Suzanne wissen wir nur, daß sie die Tochter eines Geistlichen und eine sensible, intelligente Romantikerin war, die neun Tage nach der Geburt von Jean-Jacques starb. Sein einziger, sieben Jahre älterer Bruder lernte das Handwerk des Vaters. Doch nachdem er zuerst seine Mutter verloren hatte und dann von seinem trauernden Vater vernachlässigt worden war, lief er schließlich von zu Hause fort und ließ nie wieder etwas von sich hören.

Trotz seines schweren Kummers hing Isaac ungeheuer an Jean-Jacques, der ihn an seine Frau erinnerte. Jean-Jacques wurde geliebt und vergöttert. Die einfühlsame, freundliche Schwester des Vaters war übermäßig um ihn besorgt. Bis er im Alter von acht Jahren das Haus des Vaters verließ, betreuten ihn seine Tante und sein Kindermädchen Jacqueline, die ihn beide sehr verwöhnten. Sie verhätschelten ihn und erlaubten ihm nicht, mit den Kindern aus der Nachbarschaft zu spielen oder herumzutollen. Nach dem Abendessen las der Vater Jean-Jacques aus dem Bücherschatz der Mutter vor, der aus sentimentalen Liebesgeschichten und historischen Romanen bestand. Nachdem Jean-Jacques lesen gelernt hatte und Mutters Bibliothek erschöpft war, kamen Plutarch, Ovid, Nani und Fontenelle an die Reihe; sein Lieblingsautor war Plutarch.

Gabriel, ein Bruder von Suzanne Rousseau, hatte eine von Isaacs Schwestern geheiratet. Daher hatte Jean-Jacques einige, wie er es nannte, »doppelte Cousins«. Da sein Vater wegen eines Rechtsstreits Genf hatte verlassen müssen, wurde Jean-Jacques im Alter von acht Jahren bei seinem Onkel Gabriel untergebracht. Gabriel schickte ihn bald darauf zusammen mit seinem eigenen gleichaltrigen Sohn Bernard zu dem Pastor Lambercier in das Landstädtchen Bossey.

Rousseau erschienen die beiden Jahre in Bossey in seiner Erinnerung als idyllisch. Er und Bernard waren sich sehr zugetan. Sie studierten gehorsam Latein und den Katechismus sowie »den ganzen Krimskrams . . . mit dem man es unter dem Titel ›allgemeine Bildung‹ zu begleiten pflegt« (I, S. 46). Die Schwester des Pastors, Mademoiselle Lambercier, welche die Knaben mit mütterlicher Liebe behandelte, übte oft auch mütterliche Autorität aus, zunächst mit Drohungen und dann mit verschiedenen Strafen. Einige Male bezog Jean-Jacques heftige Prügel von ihr, doch gab sie diese Form der Bestrafung bald wieder auf. Es ist sehr wahrscheinlich, daß Rousseau die Schläge provozierte, da er sie durch und durch genoß: ». . . denn ich hatte in dem Schmerz und sogar in der Scham eine Art Wollust empfunden, die mehr Lust als Furcht in mir zurückgelassen hatte, sie noch einmal, von derselben Hand bewirkt, zu verspüren« (I, S. 49).

Doch schließlich mochten die beiden Jungen, nachdem sie wegen eines geringfügigen Verstoßes gegen die häusliche Ordnung »ungerecht« bestraft worden waren, die Lamberciers nicht mehr. Bossey, das irdische Paradies, verlor seinen Glanz. Die Jungen verschlossen sich, begannen sich aufzulehnen und zu lügen. Als Onkel Gabriel kam, um sie aus der Obhut der Lamberciers nach Hause zu nehmen, gab es auf keiner Seite Bedauern.

Zwei Jahre später begannen Bernard und Jean-Jacques getrennte Lehren. Sie waren untröstlich ob dieser Trennung. Jean-Jacques kam zu einem Graveur in die Lehre, der »es in sehr kurzer Zeit fertigbrachte, allen Glanz meiner Kindheit zu trüben, meinen liebevollen und lebhaften Charakter abzustumpfen und mich ... auf den wahren Stand eines Lehrlings herabzudrükken« (I, S. 70). Als er auf das sechzehnte Lebensjahr zuging, beschloß Rousseau, auf Wanderschaft zu gehen. Da er ein Mann war, dessen ganzes Leben zum verdichteten Abbild der Adoleszenz werden sollte, kann es nicht überraschen, daß zumindest seine Jugend diesem Bild tatsächlich entsprach.

Seine ersten sexuellen Regungen waren durch Mademoiselle Lamberciers mütterliche Prügel geweckt worden. Diese kindische Perversität sollte sein ganzes Leben lang seine sexuellen Neigungen und Wünsche bestimmen. Jean-Jacques hatte keine Ahnung vom Geschlechtsverkehr. Mit Abscheu hatte er gesehen, wie Tiere sich paaren. Er wußte nichts über den zwiespältigen Kitzel, den ihm die Schläge verschafft hatten. Seine sexuellen Vorstellungen beruhten auf dem, was er gesehen und gefühlt hatte. Doch die Angst davor, das, was er sich vorstellte, auch auszuführen, erhielt ihm sogar noch nach der Pubertät die körperliche Unberührtheit. »Mein erhitztes Blut erfüllte mein Gehirn unaufhörlich mit Frauen und Mädchen, aber da ich wirklich keine Ahnung hatte, was man mit ihnen anfangen konnte, so beschäftigte ich sie in Gedanken aufs seltsamste nach meinem Gefallen« (I, S. 146).

Jean-Jacques war ruhelos, geistesabwesend, verträumt. Er weinte und seufzte. Er sehnte sich nach einer Lust, die er nicht begriff. In seiner brünstigen Verwirrung begann er dunkle Alleen und einsame ländliche Gegenden zu durchstreifen und vor ahnungslosen Mädchen seinen Penis zu entblößen. Schließlich, nach einem »unfreiwilligen Ausbruch«, entdeckte er »jenes gefährliche Ersatzmittel, das die Natur betrügt und junge Männer meiner Art auf Kosten ihrer Gesundheit, ihrer Körperkraft und bisweilen auf Kosten ihres Lebens vor gar vielen Verwirrungen bewahrt ... es gestattet ihnen sozusagen nach eigenem Gefallen über das ganze Geschlecht zu verfügen und ihrer Lust diejenige Schönheit dienstbar zu machen, die sie am stärksten reizt, ohne erst ihre Einwilligung erringen zu müssen« (I, S. 173).

Die Erfüllung brachte Schuld- und Schamgefühle mit sich. In seinen sexuellen Träumereien sehnte er sich nach einer reinen Sinnlichkeit, die Befriedigung und Unschuld verband. Zeitweilig litt er unter Gefühlen der Wertlosigkeit. Dann plötzlich überfielen ihn Allmachtsphantasien und Ruhmesträume. Er wurde von den Widersprüchen zwischen seinem Verlangen nach sexueller Intimität und der Sehnsucht nach Einsamkeit und einem Leben in der Phantasie gequält. All das enthüllt uns Rousseau in seinen *Bekenntnissen*, die er in seinen späten fünfziger Jahren in England schrieb, nachdem er aus Frankreich und dann auch aus seinem »Mutterland« Genf verbannt worden war.

Nachdem er mit sechzehn vor dem Graveur und aus seiner Heimat davongelaufen war, vagabundierte er mittellos in der Schweiz, in Italien und in der Umgebung von Paris herum. Er durchstreifte die Straßen Turins, diente als Lakai in der Villa eines Grafen, bummelte durch Annecy, stahl, bettelte, exhibierte und widerstand den sexuellen Verführungskünsten verschiedener Männer und Frauen, denen er auf seiner Wanderschaft durch Europa begegnete. In einem Anfall religiöser Begeisterung konvertierte er zum Katholizismus.

Zwischen seinem zwanzigsten und neunundzwanzigsten Lebensjahr hielt er sich ab und zu in Les Charmettes auf, dem französischen Landsitz von Madame de Warens, einer zwölf Jahre älteren Frau, die von einem Grafen verführt worden war, ihren Mann verlassen hatte und dann die Geliebte mehrerer Männer gewesen war. Von ihrer ersten Begegnung an war klar, daß Jean-Jacques ihr »Kleiner« sein sollte und sie seine »Mama«. Im Hause von Madame de Warens studierte Rousseau musikalische Komposition, Geometrie, Latein, Astronomie, Philosophie – Plato, Locke, Aristoteles, Descartes. Außerdem wollte Mama verhindern, daß ihr Kleiner der Versuchung erlag, die

Natur zu hintergehen. Sie beschloß, ihn mit seiner Männlichkeit bekannt zu machen – eine Mission, die ganz im Zeichen behutsamer Belehrung stand. Und so fand sich Rousseau in seinen frühen Zwanzigern zum ersten Mal in den Armen einer Frau. War er glücklich? »Nein, ich genoß nur der Lust. Ich weiß nicht, welche unbesiegliche Traurigkeit mir ihren Reiz vergiftete: ich fühlte mich, als beginge ich Blutschändung. Zu zwei oder drei Malen überflutete ich ihren Busen mit meinen Tränen, während ich sie leidenschaftlich in meinen Armen hielt« (I, S. 289). Schließlich, im Alter von neunundzwanzig Jahren und nach einem ausgedehnten, ereignisreichen Hineinwachsen ins Erwachsenenleben, wandte sich Rousseau nach Paris, wo er in der Welt der Musik Ansehen zu erlangen und sein Glück zu machen hoffte.

Alles was er besaß, als er in Paris ankam, waren ein Exemplar seiner komischen Oper *Narcissus*, seine selbsterfundene Notenschrift und fünfzehn Louisdor. Er wurde Musikern, Akademiemitgliedern und Adligen vorgestellt, die sämtlich sein neues System der Notation verwarfen. Es dauerte nicht lange, bis er wieder völlig mittellos dastand. Als er gerade seinen letzten Sou in der Tasche hatte, gab ihm ein Jesuitenpater, der sich mit ihm angefreundet hatte, einen guten Rat: »Da die Musiker und Gelehrten nicht nach Ihrer Pfeife singen wollen . . ., so blasen Sie doch einmal ein wenig anders hinein und versuchen Sie es mit den Frauen« (I, S. 408). Rousseaus ungehobelte Manieren und seine außerordentliche Schüchternheit standen nicht in Einklang mit der Pariser Lebensart. Dennoch gelang es ihm, die Gunst einer adligen Dame zu erringen, die ihm eine Stellung als Sekretär beim neuernannten Botschafter in Venedig verschaffte. Während der achtzehn Monate in Venedig lernte Rousseau die diplomatische Welt in ihrer ganzen Korruptheit kennen – eine Erfahrung, die seine späteren politischen Abhandlungen stark beeinflußte.

Ernüchtert und geläutert kehrte Rousseau im Jahre 1743 nach Paris zurück. Sofort nahm er sein Bohèmeleben wieder auf und bändelte mit einem einfachen Dienstmädchen, Thérèse Levasseur, an, die seine Geliebte wurde und bis ans Ende seiner Tage seine treue Gefährtin blieb. Im Laufe der Jahre gebar ihm Thérèse fünf Kinder. In Anbetracht der idealistischen Thesen Rousseaus zur Notwendigkeit des Stillens, zur natürlichen Art, Kinder großzuziehen, zur Pflicht der Eltern, für die Bildung ihrer Kinder zu sorgen, verweisen seine Kritiker mit Nachdruck auf die Tatsache, daß alle fünf Kinder fortgegeben wurden, in Findelhäusern aufwuchsen und ihre Eltern niemals wiedersahen. Manche Kritiker sehen in diesen Kindesaussetzungen einen Beweis für Rousseaus heuchlerische Moral. Andere betrachten sie als einen Beweis seiner Unehrlichkeit. Ihrer Ansicht nach handelt es sich bei der »Legende von den fünf Kindern« lediglich um die prahlerische Lüge eines eitlen Mannes, der seine Impotenz zu verbergen suchte. Rousseaus Kommentar zu der ganzen Angelegenheit lautete: »Ich will mich darauf beschränken, zu sagen, daß mein Irrtum in dem Glauben bestand, die Tat eines Bürgers und eines Vaters dadurch zu tun, daß ich meine Kinder der öffentlichen Erziehung übergab, da ich sie nicht selber zu erziehen vermochte, und sie dazu bestimmte, Arbeiter und Bauern statt Abenteurer und Glücksjäger zu werden; durch solche Gedanken fühlte ich mich als Mitglied des platonischen Staates« (I, S. 501f.).

Thérèse konnte kaum lesen. Trotz der anfänglichen Bemühungen Rousseaus, ihren Geist zu bilden, gelang es ihr nie, die Uhr zu lesen, die zwölf Monate des Jahres zu nennen und Geld zu zählen. Trotz all ihrer Beschränktheit – »dieses . . . wenn man so will, wirklich dumme Frauenzimmer« (I, S. 468) – lebte Rousseau mit seiner Thérèse so »angenehm wie mit dem schönsten Genius des Weltenrunds« (I, S. 469). Bald war er als aufgehender Stern in der Welt der Musik und der Literatur anerkannt. Eine seiner Opern wurde in Versailles aufgeführt, und mit seiner ersten größeren politischen Abhandlung wurde er mit einem Schlag berühmt. Nun etwa Mitte dreißig, stürzte sich Rousseau, erfüllt von der Unschuld seines Herzens und der Reinheit seiner

Gedanken, in das Leben der Salons – wahrlich der Inbegriff argloser, einer zynischen Erwachsenenwelt hilflos ausgesetzten Jugend. Er war befangen, unbeholfen und sprach stockend; seine Kleidung war ungepflegt (er hatte versucht, den Pariser Modevorschriften zu folgen, gab es aber bald auf), und seine Manieren standen in völligem Widerspruch zu den Gepflogenheiten des Salons. Er wurde geduldet, sogar bewundert, aber als seltsamer Kauz betrachtet. Natürlich war er kein Jugendlicher mehr, als er seine berühmten Abhandlungen zur Reform des Gesellschafts- und Erziehungssystems zu schreiben begann. Er war ein übersensibler, ungeheuer intelligenter, und geistig mutiger Erwachsener, dem nicht nur des öfteren das rechte Maß für seine Überzeugungen abging, sondern auch jeder Sinn für Humor. Der gekünstelte Konversationsstil, die Art, wie sich die Philosophen, Intellektuelle wie er, beim Adel anbiederten – dies alles widerte ihn an.

Die Philosophen der französischen Aufklärung – unter ihnen Montesquieu, Diderot, Voltaire – saßen nicht im Elfenbeinturm. Sie waren Männer der Tat, verfaßten Schmäh- und Propagandaschriften. Ihnen ging es darum, mit ihren revolutionären Ideen unmittelbar auf das gesellschaftliche und religiöse Glaubenssystem ihrer Zeit einzuwirken. Mit Ausnahme von Diderot hatten die Philosophen für Rousseau nicht viel übrig. Obwohl er mit ihnen eine Weltsicht teilte, die auf eine Neubewertung aller religiösen, ethischen und politischen Systeme hinauslief und auf der Annahme beruhte, daß die Wahrheit in den Naturgesetzen und dem Gebrauch der Vernunft liege, standen Rousseaus Persönlichkeit und seine Auffassung von der menschlichen Natur im Gegensatz zu ihren fundamentalen Überzeugungen.

Seinem Temperament nach war Rousseau ein Einzelgänger, der Einsamkeit und ländliche Umgebung der Gesellschaft der Menschen und dem Leben in der Stadt vorzog. An seiner ungeheuren Popularität war abzulesen, daß sein Widerwille gegen gekünsteltes Benehmen den Geist der folgenden Jahrzehnte bestimmen sollte. In England, Deutschland, Italien und Frankreich kamen Inspiration und Gefühl in Mode, eine Vorliebe für verwilderte Gärten und die unberührte Natur galt bald als chic. In dieser Hinsicht war Rousseau den anderen Philosophen voraus, die im allgemeinen die »rationalen« Aspekte der Aufklärung verfochten. Es war Rousseau, der die Aufklärung ins Zeitalter der Romantik führte.

Bei den Philosophen der französischen Aufklärung war Rousseau verfemt; sogar Diderot brach schließlich mit ihm. Diderot war Atheist. Er lehnte Rousseaus beharrlichen Deismus, seinen Glauben an die Werke Gottes, ab. Doch im Grunde war es Rousseaus scheinbarer Primitivismus, der ihn abstieß.

Im Jahre 1749, als er ein enger Freund Diderots war und noch große Hoffnungen hegte, die Achtung der ihm Ebenbürtigen zu erlangen, gewann Rousseau den Preis der Akademie von Dijon für seinen Aufsatz *Über Kunst und Wissenschaft*. Er war nun berühmt trotz seiner Botschaft, die einen Angriff auf Kunst und Wissenschaft darstellte: »In dem Maß, in dem unsere Wissenschaften und Künste zur Vollkommenheit fortschritten, sind unsere Seelen verderbt worden« (III, S. 15). Es wurde bekannt, daß diese Abhandlung, einer plötzlichen Inspiration ähnlich, einer religiösen Bekehrung zu verdanken war. Die Art, wie Rousseau diese Erleuchtung beschrieb, trug zu seinem Ruf als ewiger Jüngling bei. »Plötzlich fühlte ich mich geblendet von tausend funkelnden Lichtern; Unmengen lebhafter Vorstellungen drangen mit solcher Kraft und so verwirrend auf mich ein, daß ich in eine unaussprechliche Erregung geriet. Ich verbrachte dort eine halbe Stunde in einem solchen Zustand der Aufgeregtheit, daß ich, als ich mich erhob, entdeckte, daß meine Weste ganz von Tränen durchnäßt war; es war mir vollkommen unbewußt, daß ich sie vergossen hatte. Ach, wenn ich nur ein Viertel von dem, was ich unter jenem Baum sah und fühlte, hätte niederschreiben können, mit welcher Klarheit hätte ich alle Widersprüche unserer gesellschaftlichen Situation darstellen können; mit welcher Einfachheit hätte ich gezeigt, daß der Mensch von Natur aus gut und nur von Institutionen verdorben ist.«

Einige Jahre später bewarb sich Rousseau zum zweiten Mal um den Preis der Akademie. Diesmal gewann er ihn nicht. Sein *Diskurs über die Ungleichheit,* eine weithin mißverstandene Abhandlung, die als Lobgesang auf den »edlen Wilden« betrachtet wurde, war in Wahrheit ein Angriff auf den Mißbrauch des Privateigentums und eine Geschichte der menschlichen Spezies. Hier malte Rousseau das Bild des Wilden als eines Unschuldigen, dessen Bedürfnisse durch den Instinkt und das einfache Familien- und Stammesleben befriedigt werden konnten. Erst das Aufkommen des Privateigentums führte zu Krieg, Mord und Elend – zu diesen dem Wilden noch gänzlich unbekannten Übeln, die zum universalen Schicksal der Menschheit werden sollten.

Trotz seiner nostalgischen Sehnsucht verlor Rousseau niemals die Tatsache aus den Augen, daß es für den Menschen keinen Weg zurück zum Naturzustand gibt. Er verabscheute zwar die damalige Gesellschaftsordnung; doch wies er auch beharrlich darauf hin, daß die Natur nicht rückwärts gehe. Seine Schriften sind eine einzige Klage über die Kluft, die sich zwischen den höchsten Strebungen der Natur und der sozialen Ordnung auftut. Er beschreibt die Seele des zivilisierten Menschen als ein Königreich, das in sich gespalten ist – seiner wahren Natur untreu und für die Gesellschaft nutzlos. Ein Mensch, der sich nicht mehr selbst treu ist *(amour de moi),* kann auch kein wahrer Erdenbürger sein. Nachdem Voltaire Rousseaus Aufsatz über die Ungleichheit erhalten hatte, bedankte er sich bei ihm für sein »neues Buch gegen die menschliche Rasse« und fügte hinzu, dieser Essay habe in ihm den Wunsch geweckt, auf allen vieren zu gehen, doch sei ihm dies leider nicht möglich, da er diese Gewohnheit vor mehr als sechzig Jahren aufgegeben habe.

Rousseaus Buch *Emil oder Über die Erziehung,* das zu seiner Verbannung führte, gilt allgemein als »die einflußreichste pädagogische Abhandlung, die je geschrieben wurde«. Dieser Huldigung fügen einige Pädagogen und Philosophen eilig hinzu: »und die schlimmste« und »die praxisfernste«. In *Emil* »erfand«

Rousseau die Adoleszenz. Um der Zensur durch die Pariser Behörden zu entgehen, veröffentlichte Rousseau *Emil* und sein Werk *Der Gesellschaftsvertrag* in Amsterdam. Aber bereits 1762 wurden einige Exemplare nach Frankreich geschmuggelt, und schon bald wurden beide Bücher in den vornehmen Pariser Kreisen gierig verschlungen. Kaum hatte *Emil* die Pariser Bücherstände erreicht, da entfesselte er schon einen Sturm. *Der Gesellschaftsvertrag* und *Emil*, beide in den vorausgegangenen vier Jahren geschrieben, sind aus demselben philosophischen Holz geschnitzt. Doch während *Der Gesellschaftsvertrag* nur ein leichtes Beben auslöste, erschütterte *Emil* die Fundamente Europas. Die Wut, die das Buch hervorrief, traf Rousseau wie ein Schlag.

Am 8. Mai 1762 wurde in Paris ein Dekret gegen den Autor von *Emil* und sein Werk, insbesondere gegen seine unorthodoxe Religionsauffassung erlassen. Der Erzbischof von Paris verdammte *Emil*, und auch die Sorbonne und das Parlament von Paris drückten ihre Mißbilligung aus. Alle erreichbaren Exemplare wurden beschlagnahmt und verbrannt. Man forderte die Todesstrafe für den Autor oder zumindest seine Einkerkerung. Aber Rousseau durfte nach Genf »entfliehen«.

Was Rousseau nicht begreifen konnte, war, daß gerade der Anklang, den *Emil* weithin fand, ihn so gefährlich machte. Die Einfachheit, die anrührende Sentimentalität, die idyllische Sicht der menschlichen Natur, der allegorische Stil, die faszinierenden Epigramme und Paradoxa waren genau das Richtige, um die Phantasie der herrschenden Klassen und der wohlhabenden Bourgeoisie Europas gefangenzunehmen. Mit *Emil* traf Rousseau das Denkgebäude der Enzyklopädisten, die sich als Vorkämpfer für Vernunft und wissenschaftliches Vorgehen verstanden, an seinem Nerv. Die Vernunft war die fundamentale Prämisse der Aufklärung, und Voltaire galt als die Inkarnation dieser Leitidee des Jahrhunderts. Es hieß: »Italien hatte die Renaissance, Deutschland hatte die Reformation, aber Frankreich hatte Voltaire.« Nebenbei genoß Voltaire den Ruf, ein kleinlicher, boshafter, rachsüchtiger Snob zu sein, der auch vor Unlauterkeiten nicht zurückschreckte, wenn es für ihn von Vorteil war. Mißgünstig und neidisch beobachtete er jeden, der ihm seinen Platz im Rampenlicht der Öffentlichkeit streitig machen konnte. Rousseau mußte ihn zwangsläufig in jeder Hinsicht herausfordern. Voltaire soll die anderen Enzyklopädisten dazu überredet haben, mit der staatlichen Zensur zusammenzuarbeiten, als diese *Emil* an den Pranger stellte und Rousseau als Ketzer brandmarkte. Voltaires *Sentiments des Citoyens*, ein Angriff auf Rousseau, war der Tiefpunkt seiner Laufbahn. Darin bezeichnete er Rousseau als Antichristen, als aufrührerischen, gewalttätigen Verrückten, der die Todesstrafe verdiene. So reichten sich Vernunft und christliche Offenbarung die Hand, um Frankreich von Irrationalität und Leidenschaft zu säubern.

Voltaire selbst war zweimal in der Bastille eingekerkert und lebte später lieber im Exil, als seine Überzeugungen zu verleugnen. Auch Diderot verbrachte einige Zeit im Gefängnis. Nahezu jeder Schriftsteller der Aufklärung mußte erleben, daß seine Artikel und Bücher verboten oder verbrannt wurden. Selbst Verleger und Buchhändler konnten zu Gefängnis verurteilt werden. Das Ungewöhnliche am Fall Rousseau war, daß er es fertigbrachte, sich Feinde in allen Lagern zu schaffen. Nicht nur die orthodox Religiösen, zu denen auch der Adel zählte, fühlten sich von ihm angegriffen, sondern auch die Enzyklopädisten, die, wie einige behaupten, heimlich gegen ihn hetzten.

Genf, Rousseaus Heimat, erwies sich als grausame Stiefmutter. Die Genfer deuteten den *Gesellschaftsvertrag* als Angriff auf ihr politisches System. Schon wenige Tage nach seiner Ankunft verbannten sie Rousseau aus der Stadt, verboten den *Gesellschaftsvertrag* wie auch *Emil* und festigten damit seinen Ruf als Held und Märtyrer. Nachdem er einige Monate zusammen mit Thérèse in der Schweiz herumgewandert war, nahm er die Einladung David Humes an, bei ihm in England zu wohnen. Der Weg dorthin führte über Paris, wo er sich mit Hume traf. Statt belästigt zu werden, wie er befürchtet hatte, wurde er gefeiert und bewundert. Hume bemerkte: »Voltaire und alle anderen werden von ihm in den Schatten gestellt.«

Emil, ein allegorischer Roman in fünf Büchern, ist nach mehreren thematischen Aspekten strukturiert. Die Themen, die darin abgehandelt werden, entsprechen den ersten fünf Büchern von Platos *Staat*. Rousseaus Thesen zum Verhältnis von Natur und Erziehung sind einerseits eine Huldigung an die griechische Klassik, andererseits aber auch eine Erwiderung auf jene moralischen und gesellschaftlichen Forderungen Platos, die er für ungerecht oder überzogen hielt. Emil, das Individuum, vergleicht Rousseau mit der idealen Polis, wie sie von Plato im *Staat* beschrieben wurde, und stellt dann den Verlauf von Emils Kindheit und Jugend als das Ideal einer möglichen, letztlich aber nie ganz erreichbaren Vervollkommnung des Menschen dar.

Indem er den Menschen als ein Wesen beschrieb, das sich entwickelt, wies Rousseau der Geschichte eine zentrale Rolle für das Verständnis der Art, der Gesellschaft, des Individuums zu. Das historische Prinzip sollte entscheidend werden für die politische Philosophie so unterschiedlicher Denker wie Hegel und Marx, de Tocqueville, Comte, Spencer, Mill und natürlich Darwin und Freud. Der *Diskurs über die Ungleichheit* ist eine Geschichte der menschlichen Spezies und eine Entwicklungsgeschichte der Gesellschaft. *Emil* ist die Geschichte des Individuums; hier beschreibt Rousseau, wie sich der einzelne über fünf Stufen von der Geburt bis zur späten Adoleszenz entwickelt, und empfiehlt für jede dieser Entwicklungsstufen bestimmte Erziehungsmethoden. Als er *Emil* schrieb, vermied er absichtlich die traditionelle Form einer metaphysischen oder moralischen Abhandlung. *Emil* richtet sich ausdrücklich an Väter und Mütter und darüber hinaus natürlich auch an all jene, denen die Verbesserung der Kindererziehung am Herzen liegt.

Das Erste Buch, das die Kindheit von der Geburt bis zum zweiten Lebensjahr umfaßt, ist für Mütter bestimmt. Rousseaus leidenschaftliche Ermahnungen, die Säuglinge selbst zu nähren, statt sie Ammen zu überlassen, löste bei den Frauen der oberen

Klassen geradezu eine Stillmanie aus. »Wenn sich jedoch Mütter dazu verstünden, ihre Kinder selber zu nähren, so werden sich die Sitten von selbst erneuern und die natürlichen Regungen erwachen. Der Staat wird sich wieder bevölkern ...« (II, S. 19). Rousseau sprach sich auch für die Abschaffung von Wickelbändern aus und empfahl, das Gehen und Sprechen zu angemessener Zeit – niemals unter Zwang – lernen zu lassen.

Mit seiner charakteristischen Neigung zur Inkonsequenz verkündete Rousseau diese praktischen Reformen auf eine idealistische, lebensferne Art und Weise. So überträgt derselbe Rousseau, der die Mütter zum Stillen ihrer Kinder ermahnt, Emils Erziehung nicht Mutter und Vater, sondern einem Hauslehrer, einem jungen Mann mit »jungenhaften Neigungen«, der den Wunsch hegen soll, seinen Schüler fünfundzwanzig Jahre lang ohne irgendeine Entlohnung zu betreuen. Was den Schüler betrifft, so zeichnet hier Rousseau das Bild eines Sohnes aus gutem Hause, reich, von robuster Gesundheit und durchschnittlicher Begabung, in einem gemäßigten Klima – vorzugsweise in Frankreich – geboren und *Waise* (Hervorhebung von mir, L. K.). Der Erzieher wählt eine Pflegerin aus, die ihm zur Hand geht, eine Frau von gutem Ruf, freundlich, geduldig und sauber, die bereit ist, so lange bei Emil zu bleiben, wie er sie benötigt. Dann wendet Rousseau dieses Ideal auf das praktische Leben an und erklärt, daß Vater und Mutter sich als natürliche Erzieher und Pfleger verstehen sollten. Genauso wie die idealen Mentoren Emils sollen auch Eltern ihre gesamte Erziehungsarbeit darauf ausrichten, die Natur des Kindes zur Entfaltung zu bringen. Der Schoß der Familie ist der einzig angemessene Ort für die frühe Erziehung des Kindes. Danach ist es die Pflicht des Vaters, für die Bildung und Erziehung seiner Kinder zu sorgen.

Mit zwölf Jahren erhält die Waise Emil bisweilen Briefe von seiner Mutter und seinem Vater. Und er beantwortet sie. Diese Rousseausche Unlogik störte keinen seiner bewundernden Leser, während seine Kritiker ganze Karrieren auf dem Nachweis solcher Fehler aufbauten. Rousseau, der sich der Ungereimtheiten in seinen Schriften wohl bewußt war, bittet den Leser von *Emil*: »Man möge mir diese scheinbaren Widersprüche verzeihen. Wenn man es überlegt, kommt man von selber darauf. Ich ziehe den Widerspruch dem Vorurteil vor« (II, S. 72).

Im Zweiten Buch über das zwei- bis zwölfjährige Kind lernt Emil nur das, was seinen fünf Sinnen zugänglich ist. Seine moralische Erziehung beschränkt sich auf das, was im täglichen Leben von Nutzen ist, etwa daß man anderen keinen Schaden zufügt und das Privateigentum anerkennt. Im Dritten Buch über das Knabenalter vom zwölften Lebensjahr bis zur Pubertät wird Emil darüber belehrt, wie man lernt. Hierbei wird Rousseau nicht müde, über das Lernen aus Büchern herzuziehen. Doch er macht eine Ausnahme: *Robinson Crusoe* – ein Buch, das er als unerläßlichen Lesestoff für Jungen dieses Alters betrachtete. Der Erzieher weckt in Emil eine Liebe zum Lernen um seiner selbst willen. Emil wird nicht in den Wissenschaften unterrichtet, aber er lernt, den Wert und die Eigenart der verschiedenen Künste zu beurteilen. Daneben erlernt er ein Handwerk – die Tischlerei –, damit er arbeiten und eine Familie ernähren kann, wenn die Zeit kommt: »Sie ist sauber, nützlich und kann im Hause ausgeübt werden. Sie hält den Körper genügend in Bewegung und verlangt Geschicklichkeit und Kunstsinn. Sind auch die Formen der Werkstücke zweckbestimmt, so sind doch Schönheit und Geschmack nicht ausgeschlossen« (II, S. 200).

Es war Rousseaus Absicht, daß das Vierte Buch, das der eigentlichen Phase der Adoleszenz (vom fünfzehnten bis zum zwanzigsten Lebensjahr) gewidmet war, seine entscheidenden Theorien zur Erziehung und Moralentwicklung enthalten sollte. Das Fünfte Buch, die Endphase der Erziehung Emils (zwanzigstes bis vierundzwanzigstes Lebensjahr), handelt von seiner Werbung um Sophie, von den Reisen und politischen Studien, die ihn auf das Leben eines erwachsenen Mannes vorbereiten, und von seiner Eheschließung mit Sophie. Es trägt den Titel »Sophie oder die Frau« und beginnt mit einer Beschreibung der idealen Erziehung von Mädchen. Die Grundsätze, auf denen

Sophies Erziehung beruht, unterscheiden sich radikal von jenen, die für Emils Erziehung gelten. Besonders kritisch stand Rousseau Platos Vorschlag in *Der Staat* gegenüber, daß Männer und Frauen dieselbe Erziehung erhalten sollten. »Da er in seinem Staat die Einzelfamilie abgeschafft hat und nicht mehr wußte, was er mit den Frauen machen sollte, machte er gezwungenermaßen Männer aus ihnen« (II, S. 391). Dem Versuch Platos, die Familie aufzulösen und den Eros aus dem politischen Bereich zu verbannen, hält Rousseau leidenschaftlich entgegen: ». . . als ob es nicht natürlicher Beziehungen bedürfte, um konventionelle Bande zu knüpfen! als ob die Nächstenliebe nicht das Prinzip wäre für die Liebe, die man dem Staat schuldet! als ob nicht durch das kleine Vaterland der Familie das Herz an das große anschlösse! als ob nicht der gute Sohn, der gute Ehemann, der gute Vater den guten Bürger ausmachten!« (II, S. 392).

»Sophia« bedeutet im Griechischen Weisheit. Und Sophies Weisheit und Tugend beruhen darauf, daß sie nicht frei ist, daß sie kein unabhängiges Urteil fällt, daß sie Einschränkungen akzeptiert, daß sie sich der öffentlichen Meinung fügt. Da der sexuellen Aktivität des Menschen keine instinktiven Grenzen gesetzt sind, muß die Frau zudem mit der Aufgabe betraut werden, die sexuelle Erregung des Mannes zu zügeln. Um diese offensichtlich ungleiche Behandlung der Geschlechter zu rechtfertigen, erklärt Rousseau die fundamentalen Unterschiede zwischen Mann und Frau zum »Naturgesetz«. Sodann macht er ausgiebigen Gebrauch von seinem Talent für haarsträubende Paradoxa und versichert, er beharre ganz absichtlich auf den naturgegebenen Ungleichheiten, um Männer und Frauen von den künstlichen Unterschieden zu befreien, die oft durch die gesellschaftlichen Gegebenheiten verursacht würden.

Sophies Erziehung ist dazu bestimmt, die Familienmoral zu stärken und die natürlichen Empfindungen des Kindes zur gesellschaftlichen Ordnung in Beziehung zu setzen. Indem die Frauen ihre Kinder selbst pflegen und unterrichten, legen sie den Grundstein für die moralische Erziehung der menschlichen

Spezies. In diesen frühesten Banden zwischen Mutter und Kind gesellt sich der natürlichen »Selbstliebe« des Menschen zum ersten Mal ein Verlangen nach Gemeinschaft mit anderen bei.

Das entscheidende Stadium in Emils Erziehung ist das vierte. Das Vierte Buch ist dreigeteilt; es handelt von der Zeit vor der Geschlechtsreife, vom Glaubensbekenntnis des »savoyischen Vikars« und von der Phase, die unmittelbar auf die Pubertät folgt. Nach Rousseaus Plan soll die sexuelle Befriedigung Emils so lange hinausgeschoben werden, bis er sich die Grundlagen der Tugend und des sittlichen Empfindens angeeignet hat. Nach Rousseau kennt der Präadoleszent kein moralisches Bewußtsein, sondern nur primitive Regungen, die mit Selbstliebe, Selbsterhaltung und dem eigenen Lustempfinden zusammenhängen.

Bis zur Adoleszenz hat Emil »nur natürliche, rein physische Kenntnisse. Er kennt nicht einmal das Wort Geschichte und weiß nicht, was Metaphysik und Moral bedeuten. Er kennt die wesentlichen Bezüge zwischen den Menschen und den Dingen, weiß aber nichts über die moralischen Beziehungen von Mensch zu Mensch« (II, S. 208). Teilhabe am gesellschaftlichen Leben, die damit verbundenen Tugenden und die Fähigkeit, über die Natur nachzudenken, sind vor der Adoleszenz nicht möglich. In der Pubertät ist der junge Mensch erstmals sexueller Leidenschaft fähig und damit auch der Hochschätzung jener moralischen Passionen, die ihn in Beziehung zu seiner Gattung treten lassen. Die Adoleszenz ist die Zeit, in der sich die natürlichen Empfindungen des Mitleids, der Freundschaft und Großherzigkeit auf einen größeren Kreis ausdehnen, die Zeit, Verständnis für die menschliche Natur und die Mannigfaltigkeit des menschlichen Charakters zu entwickeln, die Zeit, Einsicht in die Stärken und Schwächen des Menschen zu gewinnen und die Geschichte der Menschheit zu studieren. An diesem Punkt kann die moralische Erziehung Emils beginnen.

Da Rousseau Emil bis zur Adoleszenz dem Einfluß von Büchern und religiöser Unterweisung entzog, wurde seine pädagogische Philosophie verständlicherweise dahingehend aufgefaßt, daß sie sowohl die Vernunft als auch die Autorität der Kirche untergrabe. Doch es war das »Glaubensbekenntnis«, das die Philosophen der französischen Aufklärung und die Kirche am meisten verletzte. Für einige Enzyklopädisten bestanden die Irrlehren des Vikars darin, daß er die Existenz Gottes bejahte und materialistische Thesen herabsetzte. Aus der Sicht der Kirche handelte es sich um schwerwiegendere Ketzereien. Rousseaus Gott hatte eine gefährliche Ähnlichkeit mit der Natur, und die Glaubensartikel des Vikars ermutigten zu freiheitlichem Denken – die Möglichkeit eingeschlossen, daß manche rechtschaffenen Männer es sogar vorziehen könnten, überhaupt nicht an Gott zu glauben. Und als ob das noch nicht genug wäre, schien die Liebe zu Gott, dem Schöpfer, in perverser Weise durch Narzißmus und sexuelle Leidenschaft besudelt.

Es war Rousseaus Überzeugung, daß Vernunft und Gewissen erst dann miteinander harmonieren können, wenn die sexuellen Leidenschaften ausgereift sind. Daß ein Kind spontan gut ist, bedeutet noch lange nicht, daß es über ein moralisches Bewußtsein verfügt; erst in der Pubertät kann sich die Fähigkeit zum bewußten, sittlichen Handeln voll entfalten.

Die Naturgesetze, sagt Rousseau, schieben die sexuelle Reife hinaus, um die moralische Sensibilität zu erhöhen. Und selbst nach Abschluß der Pubertät sollten sich die Sexualtriebe nicht sofort auf ein Sexualobjekt richten. »Das erste Gefühl, dessen ein wohlerzogener junger Mann fähig ist, ist nicht die Liebe, sondern die Freundschaft. Die erwachende Vorstellungskraft belehrt ihn zunächst, daß es seinesgleichen gibt: die Gattung erregt früher sein Interesse als das Geschlecht« (II, S. 221).

Rousseaus Plan war es, den Eros dafür einzuspannen, die Ausbildung der natürlichen Empfindungen, insbesondere des Mitgefühls für die Mitmenschen, voranzutreiben.

Konnte der Erzieher der Natur zunächst ihren Lauf lassen und Emils kindliche Leidenschaften allein mit Hilfe sanfter Überredung im Zaume halten, so muß er nun, mit dem Nahen der Geschlechtsreife, die Rolle eines entschlossenen Steuermanns übernehmen. Er muß all seine Kraft und Weisheit aufbieten, um Emil durch die trügerischen Gewässer zu geleiten. Rousseau veranschaulicht die nahende Pubertätskrise mit dem Bild eines Schiffes, das mächtigen und möglicherweise überwältigenden Wellen preisgegeben ist. Er ermahnt den Erzieher, nun niemals das Steuer aus der Hand zu geben. An dem Punkt, wo die formale Erziehung in den meisten Fällen endet, beginnt für Emil die gezielte Hinführung zu Moral und Vernunft. Bevor er zum Mann wird, muß er lernen, selbst ein Steuermann zu sein – ein Erzieher und Gesetzgeber. »Bis jetzt warst Du nur scheinfrei; du hattest nur die unsichere Freiheit eines Sklaven, dem man noch nichts befohlen hat. Nun sei wahrhaft frei! Lerne dein eigener Herr zu sein! Befiehl Deinem Herzen, mein Emil, und Du wirst tugendhaft sein« (II, S. 490). Der in der Gemeinschaft lebende, tugendhafte Mann ist freier, als er es im Naturzustand je gewesen wäre, denn nun kann er auf der Grundlage einer echten, moralischen Freiheit handeln. Er lebt entsprechend den von ihm selbst erlassenen Gesetzen.

Die Beziehungen zwischen sexueller Leidenschaft und Tugend beruhen auf der Unterscheidung, die Rousseau zwischen Selbstliebe und Eigenliebe macht. »Die Selbstliebe ist ein natürliches Gefühl, das jedes Tier dazu veranlaßt, über seine eigene Erhaltung zu wachen, und das, im Menschen von der Vernunft geleitet und durch das Mitleid modifiziert, die Menschlichkeit und die Tugend hervorbringt«. Die Eigenliebe hingegen ist »nur ein relatives, künstliches und in der Gesellschaft entstandenes Gefühl, das jedes Individuum dazu veranlaßt, sich selbst höher zu schätzen als jeden anderen, das den Menschen all die Übel eingibt, die sie sich wechselseitig antun« (II, S. 369). Im Naturzustand gibt es keine Eigenliebe.

Sobald der Jugendliche die Geschlechtsreife und die Fähigkeit zu geschlechtlicher Liebe erlangt, muß mit den der Eigenliebe innewohnenden Gefahren gerechnet werden – Neid, Eifersucht und Haß. Im unschuldigen Naturzustand kann die Selbstliebe widerspruchslos existieren. Aber diese Unschuld ist keine Tugend. Ein Mann, eine Frau ist wahrhaft tugendhaft, wenn es ihm oder ihr gelingt, den Widerspruch zwischen angeborener Selbstliebe und gesellschaftlich geprägter Eigenliebe aufzulösen. Die aus der Eigenliebe hervorgegangenen Ungerechtigkeiten könnten, wie Rousseau glaubte, durch die Wechselseitigkeit der geschlechtlichen Liebe gemildert werden – durch jene besondere Zuneigung, die es Mann und Frau ermöglicht, die Unterschiede zwischen ihnen ohne Neid, Eifersucht oder Haß zu tolerieren.

Emils Adoleszenz ist demnach eine »zweite Geburt«. In der Adoleszenz »erwacht der Mensch wahrhaft zum Leben», und »nichts Menschliches ist ihm fremd«. Die sexuellen Leidenschaften der Adoleszenz sind die Antriebskräfte, die ihn die Eigenliebe überwinden und die Liebe zur Menschheit finden lassen. Das Erwachen des Geschlechtstriebes bildet die wahre Grundlage der Beziehung des Menschen zu seiner Art und »aller Regungen seiner Seele«.

Die These, daß die Adoleszenz eine zweite Geburt sei, wurde der amerikanischen Öffentlichkeit erstmals um die Jahrhundertwende in dem Buch *Adolescence. Its Psychology and Its Relations to Physiology, Anthropology, Sociology, Sex, Crime, Religion and Education* vorgetragen. G. Stanley Hall, der Autor dieses umfassenden, zweibändigen Werkes, war der erste Präsident der Clark Universität. Er war es, der Freud und zahlreiche andere europäische Gelehrte zu Gastvorlesungen einlud, um amerikanische Hörer, Wissenschaftler wie Laien, mit den wissenschaftlichen und intellektuellen Themen bekanntzumachen, die damals in Europa im Schwange waren. So kam es, daß Freud im Jahre 1909 die Botschaft der Psychoanalyse in die Neue Welt trug. Hall genoß den Ruf eines zukunftsorientierten Mannes.

Er nannte die Adoleszenz »die letzte große Welle« menschlichen Wachstums, eine Welle, die »das Kind relativ hilflos – so als habe es eine zweite Geburt durchgemacht – ans Ufer der Männlichkeit oder Weiblichkeit schleudert« (Bd. 1, S. 48). Hall wie Rousseau sahen in der Adoleszenz den Ausgangspunkt einer höheren Stufe der Menschheit: ». . . für jene prophetischen Seelen, die an der Zukunft des Menschengeschlechts interessiert und begierig sind, es voranzubringen, ist die Adoleszenz die Fundgrube, in der sie nach Zielen wie nach Wegen suchen müssen. Wenn die Menschheit jemals eine höhere Stufe erreicht, so wird dies nicht durch irgendeinen Entwicklungsanstieg während einer späteren Lebensphase geschehen, sondern durch eine vertiefte Reifung in der Adoleszenz, die der Hoffnungsquell des Menschengeschlechts ist« (Bd. 1, S. 50).

Hall sah in der Adoleszenz weit mehr als ein erforschenswertes wissenschaftliches Thema. Er glaubt, daß sich die Ergebnisse dieser Forschung auf alle Bereiche des sozialen Lebens anwenden ließen. Wie Rousseau, der verkündete, daß die »zweite Geburt« der Adoleszenz in der Geburt der Tugend gipfele, sagte auch Hall: »Die Adoleszenz ist eine Neugeburt . . ., denn die höheren und im engeren Sinne menschlichen Eigenschaften werden jetzt geboren« (Bd. 1, S. XIII). Und noch einmal zeigt sich seine Nähe zu Rousseau, wenn Hall den Schluß zieht, daß es die Phase der Adoleszenz ist, die dem Individuum die Möglichkeit bietet, eine höhere Stufe des moralischen Empfindens zu erklimmen – die Stufe der Liebe zur menschlichen Spezies insgesamt wie auch zu den auf der *Scala naturae* darunter angesiedelten Arten. Hall wie Rousseau kämpften für die Versöhnung der Sexualität mit jener Form des Daseins, die sie als höchsten und edelsten Ausdruck menschlicher Tugend betrachteten.

Diese Überlegungen zur Beziehung zwischen Adoleszenz und menschlichem Schicksal würzte Hall mit puritanischer Ethik. Obgleich er selbst, wenn es um Kindheit und Jugend ging, als hoffnungsloser Romantiker angesehen wurde, beklagte er die zu seiner Zeit weitverbreiteten sentimentalen Ansichten über die Adoleszenz, die sich in hohem Maße auf die üblichen Fehldeutungen der Lehren Rousseaus stützten. Hall wäre wohl erstaunt, wenn nicht schockiert gewesen, hätte man ihm die Gemeinsamkeiten vor Augen geführt, die sich zwischen seinen eigenen Anschauungen und denen Rousseaus ergeben. In seinem Werk *Adolescence* nimmt er kaum Bezug auf Rousseau, und wenn, dann nur um auf Rousseaus jugendlichen Überschwang hinzuweisen. Er mißbilligte Rousseaus unbedachte Erziehungsreformen und hielt ihm »seine frühreifen Empfindungen erotischer Wollust, die aber *ohne jede Sünde* waren« (Bd. 1, S. 587; Hervorhebung von mir, L. K.), vor. »Eine neurotische Jünglingshaftigkeit zieht sich weithin durch Rousseaus Leben« (Bd. 1, S. 588). Hall hatte den Verdacht, daß in Rousseaus Darstellung der Jugend »ein Anflug bewußter Schmeichelei« (Bd. 2, S. 374) enthalten war. Allzu angestrengt wirkten die Bemühungen Emils, sich jene gezierten, gekünstelten Wendungen anzueignen, die dem Geschmack der Erwachsenen im 18. Jahrhundert entsprachen. Hall lehnte auch Rousseaus Verherrlichung des edlen Wilden ab. Kurzum, wie so viele andere Rousseau-Interpreten, die ihr Urteil auf Äußerlichkeiten gründeten, nahm auch er Rousseau nicht ernst. Er verwechselte den Mann mit seinem Werk. Er machte sich nicht die Mühe, die dynamischen Konflikte, die den Kern der Rousseauschen Moralphilosophie bilden, zu erforschen – Konflikte, die in der Tat seinen eigenen nicht ganz unähnlich waren.

Daß diese beiden Pädagogen und Moralphilosophen zu einer Reihe ähnlicher Schlußfolgerungen über die Rolle der Adoleszenz im Menschenleben gelangten, ist natürlich noch kein Beweis für die Gültigkeit ihrer Theorien. Was die Beschäftigung mit diesen Männern für einen Leser von heute so verlockend macht, ist nicht die Frage, ob sie in bezug auf diesen oder jenen Aspekt der Adoleszenz recht oder unrecht hatten. Interessant ist vielmehr, daß beide Männer gerade aufgrund ihres eigenen Kampfes um die Aussöhnung sexueller Leidenschaften mit moralischer Sensibilität die Bedeutung der Adoleszenz erkannten: als ein Prozeß, der dem Leben des einzelnen eine andere Richtung zu geben vermag, einerseits, und als Möglichkeit, das sittliche Bewußtsein der gesamten Menschheit weiterzuentwickeln, andererseits. Beide, Rousseau und Hall, erfaßten intuitiv die dynamischen Spannungen, die Pubertätsritualen innewohnen, und sie nahmen einige der Fragen vorweg, die in der neueren psychoanalytischen Forschung eine große Rolle spielen, insbesondere die Frage nach der Beziehung zwischen Narzißmus und Ethik. Die Vorstellung, daß das Früheste im Menschenleben – primäre Liebe, primärer Narzißmus, der Beginn des Selbstgefühls – im Laufe der Adoleszenz in das Höchste umgewandelt werden könnte – in das Ich-Ideal, in das desexualisierte Gewissen, welches uns ermöglicht, die Spezies zu erhalten, gerade so, wie wir einst unseren Narzißmus bewahrten –, dies ist eine These, die in einigen modernen psychoanalytischen Schriften auftaucht, ohne jedoch weiter entwickelt zu werden.

Blickt man auf das breite Spektrum menschlicher Möglichkeiten – hinsichtlich der Erbanlagen, der Kindheitserfahrungen, der Lebensführung wie auch des Sterbens –, so stehen diese beiden Männer, die sich den Ruhm teilen, die Adoleszenz »erfunden« zu haben, ganz offensichtlich an den entgegengesetzten Enden. Doch wenn sie das unausweichliche Dilemma jedes Menschenlebens mit der Adoleszenz als dem entscheidenden Wendepunkt beschreiben, dann sprechen sie dieselbe Sprache.

Wie Rousseau beschloß Hall gegen Ende seines Lebens, seine Bekenntnisse niederzuschreiben. *The Life and Confessions of a Psychologist*, geschrieben in seinen späten siebziger Jahren und 1923 – dem Jahr vor seinem Tode – veröffentlicht, beginnt mit seinem Stammbaum. Er wurde am 1. Februar 1844 auf der Farm seines Großvaters mütterlicherseits in Ashfield, Massachusetts, geboren. Seine Urgroßmutter mütterlicherseits war Abigail Alden, eine direkte Nachfahrin von John Alden, einem der Unterzeichner des Mayflower Compact. »Ich bin demnach«, schreibt Hall darin, »einer der Abkömmlinge von John und Priscilla Alden in der achten Generation« (S. 23). Dabei läßt es Hall nicht bewenden. Der Name seiner Mutter, Beal, wird bis auf John Beal zurückverfolgt, der im Jahre 1399 in England starb. Philologisch betrachtet, sinniert Hall, gehe der Name auf das alte »Baal« zurück, was »Herr« bedeutet. Oder vielleicht auch auf Wilhelm den Eroberer oder die Druiden. Auf väterlicher Seite wird der Name Hall durch neun Generationen zurückverfolgt bis zu John Hall, der 1630 im Alter von einundzwanzig Jahren von Coventry nach Charleston, Massachusetts, kam. Über zehn Generationen führt die väterliche Ahnenreihe zu James Gorham, der 1550 in England geboren wurde. Hall schließt daraus: »Rechne ich neun Generationen zurück (zwei Eltern, vier Großeltern, acht Urgroßeltern usw.), so komme ich in der neunten Generation rein theoretisch auf 512 Vorfahren, die alle in gleichem Maße wie jene, die namentlich ermittelt werden konnten, zu meiner psychogenetischen Ausstattung beigetragen haben. Von den übrigen ist nichts bekannt« (S. 26). Diese unbekannten Vorfahren, mutmaßte Hall, könnten Verbrecher oder Taugenichtse, andererseits aber auch königlichen Geblüts gewesen sein.

Abigail, seine Mutter, war das vierte Kind und die jüngste Tochter einer Familie mit sieben Kindern, und sie war das einzige Mädchen, das eine höhere Bildung anstrebte. Sie war der Liebling ihres Vaters, eines frommen Geistlichen, dem sie gefühlsmäßig und geistig näher stand als ihre Mutter, die eine weltlich gesinnte Frau ohne jeden Kontakt zum religiösen Leben war. Der Mann, den Abigail heiratete, Granville Bascom Hall, war grundverschieden von ihrem Vater, den sie sehr verehrt hatte. Bei Granville war die Religion für den Sonntag reserviert. Er führte das kärgliche Leben eines armen Farmers. Wie alle männlichen Vorfahren Stanleys auf väterlicher Seite, die Farmer, Matrosen oder Zimmerleute gewesen waren, arbeitete Granville mit den Händen. Er war »zufrieden mit einem einfachen Leben und anständig, ob mit oder ohne Frömmigkeit« (S. 82). Stanleys Vater war aufbrausend, ohne Herzlichkeit und engstirnig; für ausgefallene Manieren und Frömmigkeit hatte er wenig übrig. Was er hochhielt, das war »Grips«, der, wie er betonte, in erster Linie der Arbeit zugute kommen sollte – durch die Erfindung von Maschinen oder die Entwicklung neuer landwirtschaftlicher Methoden. Er trat auch dafür ein, diese geistige Fähigkeit durch Lesen und eine höhere Schulbildung zu entwickeln.

Beide Eltern hatten den Ehrgeiz, ihren drei Kindern jene Bildungsvorteile zukommen zu lassen, die ihnen selbst versagt geblieben waren. Neben der Bewirtschaftung der Farm galt Granvilles und Abigails Hauptsorge ausschließlich ihren drei Kindern. Stanleys Bruder wurde Pastor, seine Schwester Lehrerin an höheren Schulen.

Mit vierzehn Jahren erstieg Stanley den Gipfel des nahegelegenen Mount Owen. Überwältigt von dem herrlichen Ausblick, der sich ihm dort – 500 Meter oberhalb des umliegenden Landes – bot, raste, taumelte er umher und warf sich ins Gras. In diesem Augenblick und an dieser Stelle beschloß er, nicht Farmer zu werden. Er würde in der Welt etwas gelten. Er gelobte, nicht eher auf diesen Berg zurückzukehren, als bis er sich einen Namen gemacht hatte. »Es war ein Entschluß, ein Schwur, ein Gebet, ein Ideal oder Lebensplan, alles durcheinander . . .«

Während seiner ganzen Kindheit hatte Stanley Angst vor seinem Vater, und in der Adoleszenz betrachtete er ihn mit einem gewissen Ressentiment. Sympathie und Wärme dagegen fand er bei seiner liebevollen Mutter. Sie war seine Vertraute in nahezu allen Dingen, und Stanley zählte darauf, daß sie das reizbare Temperament des Vaters besänftigte. Abigail hatte ein sonniges, ausgeglichenes Wesen und fürchtete sich vor Disharmonie und Streit. Sie war das »ausgleichende Moment« (S. 65) gegenüber den ungestümen, groben Verhaltensweisen des Vaters. Stanleys Eltern redeten sich stets sehr würdevoll mit »Frau« und »Mann« an. Im Rückblick auf sein Leben versicherte Stanley Hall stolz: »Alles in allem würde ich meine Knabenzeit nicht mit der irgendeines anderen Jungen, den ich kenne, tauschen wollen« (S. 85). Wenn er dann von seinen Eltern spricht, bekennt er: »So schwer es für sie selbst auch war, für mich war es, wie ich glaube, ein Glücksfall, daß sie arm waren, dürftig lebten und mit den unerbittlichen Realitäten des Lebens schwer zu kämpfen hatten« (S. 85). Was seine pubertäre Feindseligkeit gegenüber dem Vater anging, so war diese, wie Stanley meinte, die Grundlage seiner späteren Unabhängigkeit gegenüber Autoritäten. Andererseits wurde sein Streben nach intellektueller Unabhängigkeit und sein Aufbegehren gegen Zwang »durch die vorherrschenden ambivalenten Gefühle des Respekts, ja sogar der Furcht vor ihm« (S. 86) in Schranken gehalten. Wenn wir nach Halls *Confessions* urteilen dürfen, hegten seine Eltern eine tiefe Zuneigung zueinander und waren allen ihren Kindern in aufopfernder Liebe zugetan. Doch der eisige puritanische Wind, der das Klima im Hause Hall bestimmte, ließ Bekundungen von Freude, Zuneigung oder gar Sexualität nicht zu. Bei den Halls hießen die Genitalien nur »der schmutzige Ort« (S. 131). Als Stanley in die Schule kam, war er entsetzt über die Obszönitäten der »Stadtkinder«, die nicht nur unbekümmert über diese Körperteile redeten, sondern sie auch vorzeigten, verglichen und mit homosexuellen Praktiken, mit Fellatio, Onanie und Sodomie herumexperimentierten. Ab und zu wurde Hall gegen seinen Willen in das Geheimnis der französischen Karten eingeweiht, die wie harmlose Leuchtbildchen aussahen, bis man sie gegen das Licht hielt. Auf der Farm war Stanley täglich mit der Sexualität von Tieren konfrontiert. Eine seiner Aufgaben hatte er als »Buchhalter« ihrer Zeugungsaktivitäten zu erfüllen. Er sah, wie die Geschlechtsteile der Böcke krapprot gefärbt wurden, und mußte dann kontrollieren, ob die Geschlechtsteile aller weiblichen Schafe von den Böcken gerötet worden waren. Es gehörte auch zu seinen Pflichten, seinem Onkel zu assistieren, der in der Nachbarschaft als Experte für die Kastrierung von Schweinen, Lämmern, Kälbern und Fohlen galt.

Während der Adoleszenz wurde Hall von sexuellen Vorstellungen ebenso sehr bedrängt wie Rousseau. Einerseits sexuellen Vorgängen im Übermaß ausgesetzt und andererseits der puritanischen Moral verpflichtet, von der sein Elternhaus durchdrungen war, beschäftigte den jungen Stanley nichts so sehr wie die Sündigkeit der Sexualität. Onanie und Erethismus, die Erregbarkeit der Körperorgane – in diesem Fall der Genitalien, sollten zu zentralen Gegenständen seiner wissenschaftlichen Untersuchungen werden. Doch während der Adoleszenz war Stanleys Furcht vor der Masturbation so stark, daß er »einen Apparat zusammenbastelte und Bandagen anlegte, um Erektionen zu verhindern« (S. 132). Durch die Predigten des Pfarrers am Sonntagmorgen war ihm eingebleut worden, daß alle, die sich dieser unverzeihlichen Sünde hingaben, mit einer abscheulichen Krankheit geschlagen werden konnten – höchstwahrscheinlich, stellte er sich vor, mit Lepra, die ihm die Nase wegfressen würde, vielleicht sogar mit Idiotie.

Abgesehen von gewissen Gesellschaftsspielen, bei denen geküßt werden durfte – was Stanley ausgesprochen abstoßend fand –, hatte er nie ein Mädchen geküßt, bevor er mit achtundzwanzig Jahren Professor in Antioch wurde. Er beschreibt es so: »Ich hatte es als Junge immer mehr mit Jungens zu tun und als Mann mit Männern, denn während der ganzen Zeit, die ich in Williston und Williams verbrachte, und auch noch während meiner beruflichen Ausbildung in New York, habe ich niemals einer jungen Dame meine Aufwartung gemacht oder gar mehr als die flüchtigste Bekanntschaft mit einer solchen gehabt« (S. 135).

Hall bewahrte sich seine sexuelle Reinheit und seine idealisierende Distanz zu Frauen bis zu seinem zweiten Aufenthalt in Berlin, wo er sich – nunmehr Mitte dreißig – nacheinander in zwei Mädchen verliebte. »Sie weckten Fähigkeiten, die bis dahin tief geschlummert hatten oder unterdrückt worden waren, und mein Leben erschien mir dadurch reicher und sinnvoller. Wenn ich Leidenschaft empfand, so wuchs in mir auch die Kraft, sie zu mäßigen und zu beherrschen; deshalb habe ich in Zusammenhang mit alldem niemals ein Bedauern empfunden, sondern nur ein Gefühl der Erweiterung meiner Seele« (S. 221). Mit dem Erwachen des Eros, so schien es ihm, vermochte er Sünde und Tugend tiefer zu erfassen. Er wurde zu einem glühenden Verfechter der Theorie, daß sexuelle Leidenschaft von wesentlicher Bedeutung für das Erlangen wahrer Tugend sei.

Kurz nach seinen ersten erotischen Begegnungen heiratete Hall Cornelia Fisher, eine intelligente, sensible Frau, die sehr seiner Mutter glich. Sie hatten zwei Kinder, Robert Granville und Julia Fisher. Etwa zehn Jahre später, als Hall Präsident der Clark Universität war, wurden Cornelia und Julia durch einen häuslichen Unfall im Schlaf getötet. Eine Gaslampe war unbemerkt angedreht, aber nicht angezündet worden. In seinen *Confessions* schüttete Hall über alle möglichen Dinge sein Herz aus – Masturbation, Eros, seine religiöse Hingabe an die Wissenschaft, die Beziehung zu den Eltern, die politischen Demütigungen an der Universität. Über den tragischen Tod seiner Frau und seiner Tochter schweigt er.

Hall blieb sein Leben lang Puritaner. Doch nachdem sein im Verborgenen schlummernder Sinn für das Weltliche in der lockeren, gemütlichen Atmosphäre der Berliner Cafes einmal an die Oberfläche gekommen war, schlief er nie mehr ganz ein. Was immer pulsierte, gewöhnliche Stimmungen transzendierte oder die Sinne beflügelte, war gut, mochte es Euphorie oder Erethismus sein (zwei seiner Lieblingsworte).

Selbst angesichts der damals herrschenden puritanischen Maßstäbe kam Halls volle Anerkennung des Eros reichlich verspätet. Seine Leidenschaft für die Philosophie und die Wissenschaft zeigte sich jedoch schon, als er achtzehn Jahre alt war. Am Williams College studierte er bei Mark Hopkins, der ihn in die Ästhetik, Logik, Psychologie und Philosophie einführte, ihn mit Locke, Berkeley, Descartes, John Stuart Mill und Kant bekanntmachte. Obgleich Hopkins' Lebensphilosophie und Menschenbild einen evolutionären Anstrich hatten, wies er jede geistige Nähe zu Spencer oder Darwin weit von sich. Zwar geriet Hall schließlich in Widerspruch zu fast allen Ansichten von Hopkins über die menschliche Natur, doch hielt er stets jene intellektuellen Grundhaltungen in Ehren, die er von Hopkins übernommen hatte, insbesondere die Überzeugung, daß das edelste Studienobjekt des Menschen der Mensch sei.

Nachdem er Williams verlassen hatte, bemühte er sich ernsthaft, dem Wunsch seiner Mutter zu entsprechen und die geistliche Laufbahn einzuschlagen. Hall trat ins Union Theological Seminary ein. Glücklicherweise erkannte Henry Ward Beecher, den er während seines Aufenthalts in New York kennengelernt hatte, seine mangelnde Begeisterung für die konventionelle Theologie und seine beachtliche Begabung für die Philosophie. Mit dem Segen Beechers und tausend Dollar, die ein wohlhabender Freund Beechers zur Verfügung gestellt hatte, trotzte er mutig seiner bestürzten Familie und fuhr nach Deutschland, um Philosophie zu studieren. Dort überließ er sich ungehemmt dem, was er seine »wilden Wahlfächer« nannte: Theologie, Physiologie, chirurgische Anatomie, Aristoteles, Ägyptologie. Nach einigen Monaten gelang es ihm, seinen wissenschaftlichen Erethismus unter Kontrolle zu bringen und sich auf Aristoteles, Hegel und lutherische Theologie zu konzentrieren.

In Deutschland von der positivistischen Philosophie beeinflußt, war Hall zu der Überzeugung gelangt, daß das metaphysisch-theologische Stadium des menschlichen Denkens überwunden werden müsse. »Doch das einzig umfassende erkenntnistheoretische System, das ich mir mit Begeisterung und Hingabe zu eigen machte, war das der Evolution, welches keinen Deut weniger auf die Seele als auf den Körper des Menschen angewendet werden konnte. Dies war gewachsener Fels. Darwin, Haeckel und vor allem Herbert Spencer schienen mir das fortgeschrittenste Stadium menschlichen Denkens zu repräsentieren« (S. 22).

In der Mitte seines Lebens galt Hall als einer der einflußreichsten amerikanischen Psychologen, dessen Bedeutung vielleicht nur von der eines William James überragt wurde. Er begann seine akademische Laufbahn als Professor von hohem Rang an der Johns Hopkins Universität, wo er das erste amerikanische Laboratorium für experimentelle Psychologie einrichtete und die American Psychological Association sowie das *American Journal of Psychology* gründete. Acht Jahre später wurde er zum ersten Präsidenten der Clark Universität ernannt. Von dort aus lud er Freud und zahlreiche andere europäische Psychologen und Philosophen zu Vorlesungen vor amerikanischem Publikum ein. Dort nahm er auch die wissenschaftlichen Untersuchungen über kindliches Denken wieder auf, die er zehn Jahre zuvor an der Johns Hopkins Universität begonnen hatte. Die erste einer langen Reihe entwicklungspsychologischer Studien, die von der Clark Universität kommen sollten, erschien 1894 und hatte die Wut zum Gegenstand. Von da an bis zum Jahre 1915 wurden von Hall und seinen Schülern mindestens 194 Forschungsberichte über Kinder und Jugendliche veröffentlicht, und zwar zu so verschiedenen Themen wie Puppen, Ängste, Gewohnheiten, Kirchenmusik, Puzzlespiele, moralische Defekte, Kitzeln, Schuleschwänzen, Gottesdienst, Hitze und Kälte, Humor, Selbstlosigkeit, Blumen, Licht und Dunkelheit, den Mond, Zuneigung, Menstruation, Aberglauben, die Seele, Starrsinn, Neid, Eifersucht, Ehrgeiz, Scham, Gerechtigkeit, Freude, Kummer, Gewissen.

Während seiner ganzen Laufbahn als Forscher hing Hall seinem »Wilden-Wahlfach-Stil« an, mit dem er begonnen hatte – eine Geisteshaltung, wegen der ihn manche als »Playboy der westlichen Gelehrtenwelt«, andere als »unverbesserliches *enfant terrible* der Psychologie« bezeichneten. Dieser Kritik hielt Hall entgegen: »Ich möchte lieber ein Narr sein von der Art Parsifals, der auf Pfaden umherirrt, welche klügere Männer ängstlich meiden würden, als ein braver Parteigänger, unfähig, das wahrhaft Gute unvoreingenommen zu sehen, das von all denen geleistet wird, die zur Bereicherung der Menschenseele beitragen, die so viele Kammern und so viele Eingänge hat« (S. 9).

Wegen seines Interesses an der Psychoanalyse und seines Rufs nach mehr Offenheit im Umgang mit der Sexualität des Jugendalters wurde seinen Schriften und seiner Person ein *odium sexualis* angeheftet. Diesem ernsten Mann, der in seinen persönlichen Beziehungen kühl und reserviert blieb, wurden alle möglichen sexuellen Schandtaten unterstellt. Als tiefreligiöser Mensch, dessen Buch *Jesus the Christ in the Light of Psychology*

(1917) sein Mitgefühl für die Leiden Christi und der ganzen Menschheit offenbar werden ließ, wurde Hall noch bei seinem Begräbnis verurteilt, weil er die Kirche herabgewürdigt habe. Kurz nach der Veröffentlichung des Jesus-Buches erklärte ihm ein enger Freund unumwunden, es wäre besser gewesen, er wäre gestorben, als eine derart gotteslästerliche Abhandlung zu schreiben.

Hall erlangte auch den Ruf, der »Darwin der Seele« zu sein – eine Zuschreibung, welche er nicht zu verdienen glaubte, aber stolz akzeptierte. In seiner ekstatischen Hingabe an die Mysterien und Schönheiten der Evolution hatte Hall Zuflucht vor den Starrheiten der puritanischen Ethik gefunden. »Als ich es in meiner Jugend zum ersten Mal hörte, muß ich wohl auf der Stelle von dem Wort ›Evolution‹ hypnotisiert worden sein, das Musik in meinen Ohren war und mir besser im Munde zu liegen schien als jedes andere« (S. 357). Hall blieb der Religion, die er für sich entdeckt hatte, treu. Die Universität wurde seine Kirche. Die wissenschaftliche Forschung war die höchste Berufung des Menschen, die höchste Lust, deren »edle Seelen fähig sind«.

Halls Jugendbild beruhte auf evolutionsbiologischen Vorstellungen, die mit Puritanismus durchsetzt waren. Sein Verständnis der Darwinschen Lehre war stark von den evolutionären Rekapitulationstheorien beeinflußt, die damals in Europa und Amerika im Schwange waren. Als Anhänger der Rekapitulationsidee war Hall überzeugt, daß jede Stufe der menschlichen Entwicklung – frühe und späte Kindheit wie auch Adoleszenz – die Wiederholung eines Stadiums in der Evolution der Menschheit darstellte. Die Säuglingszeit und die Kindheit weisen Analogien zu frühen Stufen, die Adoleszenz zu späteren Stufen der Menschheitsentwicklung auf; die Entwicklung während der Adoleszenz erinnert an »eine Phase von Sturm und Drang in uralter Zeit, als man sich aus überkommenen Verankerungen losriß und eine höhere Stufe erklomm« (Bd. 2, S. 94). Geht man davon aus, daß die Adoleszenz den Abschluß der ontogenetischen Entwicklung bildet, so müßten sich in ihr – nach der Rekapitulationstheorie der Evolution – die letzten Fortschritte der Phylogenese widerspiegeln. Hall, der auch ein Anhänger Lamarcks war, glaubte, daß Eigenschaften, die in der Adoleszenz erworben werden, über das Soma auf die nächste Generation übertragen werden können. Nach Halls Auffassung sind die Jugendlichen die großen Enthüller der Menschheitsvergangenheit und die großen Propheten der Zukunft. Sie sehnen sich nach einer verlorenen Idee, fast so, »wie Pflanzen von der Sonne träumen«. Doch mit ihren Idealen und ihrer ästhetischen Empfindsamkeit zeichnen sie das prophetische Bild jenes »superanthropoiden Wesens, zu dem der Mensch einst werden soll« (Bd. 2, S. 95). Halls pädagogische Strategien leiteten sich von diesen evolutionären Vorstellungen ab. Es käme entscheidend darauf an, behauptete er, die Phase der Adoleszenz zu verlängern, damit die Menschheit von der letzten Weiterentwicklung des Intellekts, der Religion und der Ethik profitieren könne.

Praktisch gesprochen bedeutete dies, daß »jede Funktion, die zur Heiratsfähigkeit beiträgt«, in ihrer Entwicklung gehemmt werden mußte. Wie Sir Galahad sollte der Jugendliche nach strenger Keuschheit »der Phantasie, des Herzens und des Körpers« streben. In diesen Einschränkungen lag die wahre Tugend des einzelnen ebenso begründet wie die Höherentwicklung der gesamten Menschheit. Hall war sich der Intensität des Geschlechtstriebs beim Heranwachsenden voll bewußt. Er hob deshalb auch die innige Verbindung zwischen erotischer und göttlicher Liebe hervor. Die Erregungen der einen (der erotischen) könnten – durch »Ansteckung« – zur Inspiration für die andere werden. Die Jugend ist der ideale Zeitpunkt für religiöse Bekehrung.

Als der ganz weltliche Mensch, der er auch war, beklagte Hall die Romantisierung des sogenannten edlen Wilden, der nach seiner Auffassung keineswegs der von Rousseau beschriebene »Unschuldige« war. Als Puritaner rang er mit der unmoralischen Haltung der »höheren« gegenüber den »niedrigeren Rassen«. Der von ihm entworfene Universitätslehrplan umfaßte auch Missionierungsarbeit bei den »niedrigeren Rassen« und deren Psychologie; in seinen Augen waren sie in vieler Hinsicht Kinder oder, »genauer gesagt, Jugendliche von der Größe Erwachsener... Ihre Fehler und Tugenden sind die von Kindern und Jugendlichen« (Bd. 2, S. 649). Wenn die Heranwachsenden die Saat sind, aus der die Zukunft erwächst, so könnte mancher wilde Stamm die Brutstätte des »Superanthropoiden« sein. Das letzte Kapitel von Halls *Adolescence* ist der Pädagogik der »adoleszenten Rassen« gewidmet. Diese Völker, die damals zwei Fünftel der Erdoberfläche bewohnten und nahezu ein Drittel der Menschheit ausmachten, wurden von den wenigen »zivilisierten Nationen« unterjocht. Hall verglich die Beziehung zwischen Zivilisierten und Wilden mit dem Prozeß der Ausrottung des großen Alks, des Büffels, des Wildesels, des Mammuts, des Rhinozeros, des irischen Elchs – mit jenem Prozeß also, durch den der Mensch zum Herrn der Tierwelt wurde und damit den Weg zerstörte, auf dem er emporgestiegen war. Sieht der Zivilisierte in den niedrigeren Rassen nichts weiter als Unkraut, welches »aus dem Garten des Menschen entfernt werden muß«, so zerstört er das Kostbarste auf der Welt: »Rassen und Stämme von großer Mannigfaltigkeit und Buntheit, voll neuer Zeugungskraft für unser Menschengeschlecht« (Bd. 2, S. 651).

Hall war überzeugt, daß die besten Seiten der Menschheitsgeschichte noch nicht geschrieben waren. Die adoleszenten Rassen könnten, wie er meinte, »die Erben all dessen sein, was wir besitzen, und mit den ewig wachsenden Ressourcen der Welt zum Guten wie zum Bösen vielleicht einmal in der gleichen Weise umgehen, wie wir heute ihre frühen Entwicklungsstufen beeinflussen – denn sie sind die Kinder und Jugendlichen der Welt« (Bd. 2, S. 748). So schließt Halls großartige Abhandlung über die Adoleszenz.

Wie die meisten Wissenschaftler um die Wende zum zwanzigsten Jahrhundert setzte Hall irrtümlicherweise den Geist des Wilden mit dem des Kindes in eins – eine Gleichung, die der westlichen Mentalität geläufig war, lange bevor die These, in der Ontogenese wiederhole sich die Phylogenese, ihr wissenschaftliche Gültigkeit verlieh. Wenngleich Hall wegen seiner gönnerhaften Haltung gegenüber den »Wilden« Tadel verdient, so war doch sein ganzes Werk durchdrungen von einer ethisch begründeten Sorge um das Schicksal des Menschen wie auch aller tierischen Arten. Und indem er den einzigartigen Beitrag herausstellte, den das Jugendalter zum Fortschritt der menschlichen Spezies leistet, wurde er tatsächlich zum Neuentdecker jener universalen Dilemmas, die von Rousseau beschrieben wurden und auch in den sogenannten »primitiven« Pubertätsriten zum Ausdruck kommen. Wenn in der Adoleszenz die genitale Sexualität mit der moralischen Autorität der sozialen Ordnung versöhnt wird, so liegt darin stets auch eine Chance, die höchsten ethischen Potentiale des Menschen zur Entfaltung zu bringen.

Die meisten westlichen Entwicklungspsychologen hielten auch weiterhin an der Theorie fest, daß die Ontogenese die Phylogenese wiederhole. Sie glaubten, daß das Menschenkind die phylogenetische Entwicklung der menschlichen Spezies wiederhole, indem es in den drei ersten Lebensjahren von einem kleinen Primaten zu einem kleinen Wilden heranreift. Diese antiquierten Vorstellungen von menschlicher Evolution und individueller Entwicklung erfreuen sich in manchen akademischen Bereichen, einschließlich dem der Psychoanalyse, noch immer großer Beliebtheit, was bedauerlicherweise dazu geführt hat, daß der besondere Beitrag der Adoleszenz zur Herausbildung einer ethisch bestimmten Existenz verdunkelt wurde.

3 Adoleszenz – Stiefkind der Psychoanalyse

Der Mythos von der Wiederholung

Heutzutage werden die Jugendlichen von vielen Erwachsenen als sittenlose Barbaren oder »hirnlose Teenager« angesehen, die ihre unbeholfenen und unangenehmen Manieren jedoch bald wieder ablegen werden. Andere wieder sind überzeugt, daß Jugend gleichbedeutend sei mit Göttlichkeit, und ahmen daher die mächtigen Götter nach, die sie zugleich fürchten und beneiden. Moderne Sozialwissenschaftler erzählen uns, diese sogenannte Adoleszenz sei weiter nichts als eine Erfindung von zwei romantischen Idealisten: Jean-Jacques Rousseau und G. Stanley Hall. Es hat den Anschein, daß manche Psychoanalytiker dieselbe Scheu vor den Jugendlichen hegen wie alle anderen. Verleugnung, Banalisierung und Identifizierung sind keineswegs gewöhnlichen Eltern und elitären Sozialwissenschaftlern vorbehalten. So bedauerlich diese gängigen Einstellungen gegenüber Jugendlichen sind, noch beklagenswerter ist, daß die meisten Therapeuten, wenn sie die Wahl hätten, am liebsten überhaupt nicht mit Jugendlichen arbeiten würden. Bisweilen schiebt man technische Probleme vor: »Man läßt sie am besten in Ruhe, bis sie mit sich selbst ins reine gekommen sind. Sie würden doch nur agieren und nicht richtig mitmachen.« Oder man kommt direkt zur Sache mit Vergleichen wie: »Es ist, als liefe man neben einem Schnellzug her« oder »Die Adoleszenz ist wie ein unaufhörlich speiender Vulkan, dessen Ausbrüche verhindern, daß die Erdkruste fest wird«. Denselben Therapeuten macht es gar nichts aus, kleine Kinder und Erwachsene zu behandeln. Es muß da etwas vor sich gehen, was die Therapeuten vor den Jugendlichen zurückschrecken läßt.

Mit Fug und Recht kann wohl gesagt werden, daß die Adoleszenz zum Stiefkind der Psychoanalyse geworden ist. Als Freud seine Erkenntnisse über die kindliche Sexualität, insbesondere seine Entdeckung des kindlichen Ödipuskomplexes, einer widerstrebenden und ungläubigen wissenschaftlichen Welt vortrug, geschah dies zum Teil, um zu zeigen, daß das Sexualleben des Menschen nicht erst mit der Pubertät oder der Geschlechtsreife beginnt. Dabei lag es Freud gänzlich fern, die Bedeutung jenes Beitrags zu schmälern, den die einzigartigen sexuellen und moralischen Umwandlungen der Pubertät zum Seelenleben des Erwachsenen leisten. Der revolutionäre Nachdruck, mit dem Freud auf die Durchschlagskraft der kindlichen Vergangenheit hinwies, hat jedoch die ungeheuren Veränderungen, die während der Jugendjahre eintreten, für lange Zeit aus dem Blickfeld gerückt – Veränderungen, die möglicherweise einen entscheidenderen und unmittelbareren Einfluß auf die Entwicklung der menschlichen Psyche haben als die Ereignisse der Kindheit.

Indem Freud an gewissen weitverbreiteten Fehldeutungen der Darwinschen Theorie festhielt, trug er selbst unwissentlich zur psychoanalytischen Vernachlässigung der Adoleszenz bei. Als Ernest Jones ihm den Titel »Darwin der Seele« verlieh, war ihm höchstwahrscheinlich nicht bewußt, daß amerikanische Wissenschaftler diese Ehre bereits dreißig Jahre zuvor G. Stanley Hall erwiesen hatten. Mit dieser Geste machte Jones auf die der Evolutionstheorie verpflichteten Strömungen aufmerksam, die in der Psychoanalyse von Anfang an lebendig waren. Tatsächlich sind jene beiden evolutionären Gedanken, welche die Psychoanalyse nachhaltig geprägt haben – die These von der Vererbbarkeit erworbener Eigenschaften und das biogenetische Gesetz von der Wiederholung der Phylogenese in der Ontogenese – nicht eigentlich darwinistisch. Erstere These stammt natürlich von Lamarck. Die Begriffe »Ontogenese« und »Phylogenese« gehen auf Ernst Haeckel zurück, auf jenen deutschen Zoologen des 19. Jahrhunderts, der auch die Lamarcksche These unter seinen Studenten verbreitete. Sehr viele europäische und amerikanische Wissenschaftler, einschließlich Freud und Hall, hatten bei Haeckel oder einem seiner Schüler studiert. Haeckel hatte mithin enormen Einfluß auf die Verbreitung der Evolutionslehre und wirkte auf die Art und Weise, wie sie weitergegeben und interpretiert wurde, letztlich entscheidender ein als Darwin selbst.

Jones behauptet, es sei Freud und nicht Darwin gewesen, dem es schließlich gelang, die Evolutionslehre mit Religion und Moral in Einklang zu bringen. Jene Theologen, die dem Evolutionsgedanken wohlwollend gegenüberstanden, hatten sich zu einem Standpunkt durchgerungen, den sie für einen strategischen Kompromiß hielten: Der Körper des Menschen mag sich über Jahrmillionen hinweg herausgebildet haben, nicht aber seine Seele. Denn es war Gottes Wille, dem menschlichen Körper eine Seele hinzuzufügen, auf daß sich der Mensch von den übrigen Geschöpfen unterscheide. Freud dagegen erklärte, es sei gar nicht nötig, das Übernatürliche zu beschwören, um Evolution und Moral miteinander zu versöhnen. Anstelle des Übernatürlichen beschwor Freud Lamarck. Er hatte erkannt, daß die Erfahrungen des Ichs nicht an die nächste Generation weitergegeben werden können. Und das Es – Aufbewahrungsort all dessen, was vererbt werden kann, und Kern des Unbewußten – wird von der Außenwelt nicht erreicht, außer durch Kontakt mit dem Ich. Trotz dieser Einschränkungen beharrte Freud darauf, daß Erfahrung vererbt werden könne, sofern bestimmte Voraussetzungen gegeben seien: »Die Erlebnisse des Ichs scheinen zunächst für die Erbschaft verloren zu gehen, wenn sie sich aber häufig und stark genug bei vielen generationsweise aufeinanderfolgenden Individuen wiederholen, setzen sie sich sozusagen in Erlebnisse des Es um, deren Eindrücke durch Vererbung festgehalten werden. Somit beherbergt das erbliche Es in sich die Reste ungezählt vieler Ich-Existenzen, und wenn das Ich sein Über-Ich aus dem Es schöpft, bringt es vielleicht nur ältere Ichgestaltungen wieder zum Vorschein, schafft ihnen eine Auferstehung.« Auf diese Weise bewahren die erhabensten Religionen und moralischen Ziele der Menschheit die Verbindung mit der archaischen Vergangenheit.

Für unsere Darstellung der moralischen Umwandlungen des Jugendalters ist jedoch weniger Freuds Eintreten für die These von der Vererbbarkeit erworbener Eigenschaften relevant, als vielmehr seine einzigartige Auffassung von der Entwicklung des individuellen Gewissens. Seine Äußerungen zu dieser Frage lassen sich so verstehen, daß das Gewissen (Ich-Ideal, Über-Ich) aus dem angeborenen Kern des Selbst hervorgeht, um dann vom erlebenden Selbst (Ich) übernommen und in eine moralische Autorität umgewandelt zu werden. »Was im einzelnen Seelenleben dem Tiefsten angehört hat, wird durch die Idealbildung zum Höchsten der Menschenseele im Sinne unserer Wertungen.«

Hier steht meine Auffassung in Einklang mit dem Freudschen Denken. Wie ich bereits angedeutet habe und später noch genauer ausführen werde, entfaltet sich während der Adoleszenz aus der frühesten »Selbstliebe« das Höchste – die »Liebe zur Spezies«. Von weit stärkerem Einfluß als Lamarcks Doktrin war Haeckels Lehre von der Wiederholung, die von der Mitte des 19. Jahrhunderts an bis in die dreißiger Jahre unseres Jahrhunderts der Embryologie, Physiologie, Morphologie und Paläontologie als Ordnungsprinzip diente. Die Theorie, daß die Ontogenese die Phylogenese wiederhole, hinterließ ihre Spuren nicht nur in der Psychoanalyse, sondern auch in der Literatur, Kunst, Erziehung, Geschichtswissenschaft, Anthropologie, Atomphysik, Kriminologie. Eine der unglücklicheren Konsequenzen, die sich aus der Wiederholungstheorie ergaben, war die Gleichsetzung des Kindes mit dem Primaten, die des Primaten mit dem Wilden, die des Wilden mit dem frühen Primitiven, die des Primitiven mit dem Kind. Diese Gleichsetzungen enden schließlich in einem heillosen Durcheinander: Kinder der »höheren Rassen« durchlaufen Stadien der »wilden Rassen«; Erwachsene der »niedrigeren Rassen« sind wie weiße Kinder; die »niedrigen modernen Rassen« entsprechen den primitiven Stadien des weißen Mannes; Kinder sämtlicher Rassen sind wie erwachsene Primaten usw. Häufig werden auch bestimmte kriminelle Typen und Frauen in die Gleichsetzungskette aufgenommen:

»... das Kind steht infolge seiner Organisation natürlicherweise dem Tier, dem Wilden und dem Kriminellen näher als der Erwachsene«;

»... der Atavismus des Verbrechers, dem jede Spur von Scham und Mitleid fehlt, kann weit über den des Wilden hinausgehen, ja, bis zum Tier reichen«;

»... vielleicht können sich alle Menschen an eine Phase der Jugend erinnern, in der sie Heldenverehrer waren, das Bedürfnis nach einem starken Arm verspürten und gerne zu einem mächtigen Freund aufschauten, der ihnen wohlgesinnt war und ihnen helfen konnte. Das ist das weibliche Stadium des Charakters.«

Viele Anhänger Freuds waren vom biogenetischen Wiederholungsgesetz begeistert und sind es noch. Zur pauschalen Anerkennung der Evolutionsbiologie durch Psychoanalytiker bemerkte ein Zoologe im Jahre 1917 großzügig: »Nirgendwo sonst tritt der Mut der Psychoanalytiker klarer zutage als bei ihrer Anwendung des biogenetischen Gesetzes. Sie benutzen dieses große biologische Schlagwort des 19. Jahrhunderts mit einer Unerschrockenheit, daß dem schüchternen Biologen des 20. Jahrhunderts der Atem wegbleibt.«

Der Einfluß der Wiederholungsdoktrin auf Freuds Entwicklungstheorie und klinische Praxis wirkt heute noch nach – wenn auch auf oftmals sehr subtile Weise. So gehört es zu den Grundprinzipien der Analyse, daß der Patient in der Übertragungsbeziehung zum Analytiker die Traumen der Kindheit wiederholt, erinnert, durcharbeitet und dadurch schließlich bewältigt. In der Übertragung werden *tatsächlich* Elemente der Kindheit reaktiviert, und die Interpretation einer solchen Wiederbelebung der Vergangenheit in der Gegenwart kann die Therapie sicherlich ein gutes Stück weiterbringen. Doch leider wird das Wiederholungsprinzip häufig viel zu wörtlich genommen. Einige Therapeuten gehen davon aus, daß ein erwachsener Patient seine kindliche Vergangenheit – so wie sie war – erneut durchlebt. Was in der Übertragungssituation reaktiviert wird, wird als genaues Abbild der kindlichen Vergangenheit mißdeutet, so als hätten in der Zeitspanne zwischen vier und vierundzwanzig Jahren keinerlei historische Umwandlungen stattgefunden.

Viele lassen sich von der nahezu unerschütterlichen Überzeugung leiten, daß es bei der Behandlung erwachsener Patienten in erster Linie darauf ankomme, auf welche Weise sich die kindliche Vergangenheit in der Gegenwart widerspiegelt. Die Adoleszenz dagegen wurde bis vor kurzem in den Fallberichten nur selten, wenn überhaupt, erwähnt. Solche Berichte vermittelten den Eindruck, der betreffende Patient sei unmittelbar von der Kindheit ins Erwachsenenleben eingetreten. Wenn die Jahre der Adoleszenz in der therapeutischen Situation überhaupt einmal zur Sprache kamen, dann wurden sie stets als Wiederholung der Kindheit betrachtet.

Der Mythos von der Wiederholung erhielt seinen Beglaubigungsstempel von Ernest Jones, einem der einflußreichsten Hüter der psychoanalytischen Lehre. In seiner dreibändigen Freud-Biographie werden – so brillant und kenntnisreich sie geschrieben ist – gewisse Aspekte des Freudschen Denkens, die einer kritischen Würdigung bedurft hätten, wie heilige Kühe behandelt. Bisweilen gibt Jones den Sinngehalt der Freudschen Schriften durchaus überzeugend wider; doch an anderen Stellen gelingt ihm dies nicht und er nimmt die Dinge allzu wörtlich.

In seiner Arbeit *Some Problems of Adolescence* zählt Jones scharfsinnig die verschiedenen Merkmale auf, die Erwachsene von Kindern unterscheiden: Erwachsene ziehen ihre sexuellen Regungen von den Eltern ab und wenden sie Fremden zu; bei Erwachsenen ist die Fähigkeit zu lieben stärker als der Wunsch, geliebt zu werden, »besonders beim männlichen Geschlecht«; die Psyche des Erwachsenen funktioniert in stärkerem Maße als integriertes Ganzes, woraus eine bessere Koordination zwischen den verschiedenen psychischen Komponenten resultiert; Charakterzüge wie Unternehmungslust, Verantwortungsgefühl und

Selbstvertrauen treten beim Erwachsenen deutlicher hervor, wiederum »entschieden ausgeprägter beim männlichen Geschlecht« (S. 396). Wie erklärt Jones diese tiefgreifenden Veränderungen gegenüber den kindlichen Formen des Liebens, Denkens und Verhaltens? Wiederholung ist das Prinzip:

> »Doch bevor diese wichtigen Veränderungen stattfinden können, muß das Übergangsstadium der Adoleszenz durchlaufen werden, und dies geschieht auf hochinteressante Weise. *In der Pubertät kommt es zu einer Regression in Richtung Kindheit, zurück bis zur allerersten Phase, und der Mensch durchlebt noch einmal, wenngleich auf einer anderen Ebene, die Entwicklung, die er in den ersten fünf Lebensjahren durchmachte.* Da diese Korrelation zwischen Adoleszenz und früher Kindheit die zentrale These ist, auf die ich in dieser Arbeit Ihre Aufmerksamkeit lenken will, möchte ich noch etwas ausführlicher auf sie eingehen. Ich würde dieser Korrelation erhebliche Bedeutung zumessen, da sie den Schlüssel zu vielen Problemen der Adoleszenz liefert. Von einer anderen Warte aus betrachtet bedeutet dies nämlich, daß das Individuum im zweiten Lebensjahrzehnt jene Entwicklung rekapituliert und erweitert, die es während der ersten fünf Lebensjahre durchgemacht hat, so wie es während jener fünf Jahre die jahrtausendealte Erfahrung seiner Ahnen und in der pränatalen Phase die Millionen Jahre seines urzeitlichen Erbes wiederholt«
> (S. 397 f.; Hervorhebung von mir, L. K.).

Im weiteren hebt Jones zwar hervor, daß jene Rekapitulation, welche in der Adoleszenz stattfindet, keine identische Wiederholung der früheren Entwicklung sei. Aber am Ende gelangt er doch zu einer Beschreibung der Adoleszenz, in der die Wiederholungsformel beibehalten wird: »Die Adoleszenz rekapituliert die Kindheit, und die besondere Art und Weise, in der eine bestimmte Person die notwendigen Entwicklungsstufen der Adoleszenz durchläuft, wird in einem sehr hohem Maße durch den Verlauf der kindlichen Entwicklung bestimmt« (S. 399). Jones nimmt Bezug auf die Stadien, die von der Autoerotik über die anale, die narzißtische und die homosexuelle Erotik schließlich zur Heterosexualität – zur Bindung des Kindes an den gegengeschlechtlichen Elternteil – führen. Gewiß, regressive Elemente, die an diese frühen Entwicklungsstufen gemahnen, sickern während der Adoleszenz ein. Wir werden aber sehen, daß die Pfade der Regression und der Weiterentwicklung nicht so geradlinig und gut markiert sind, wie Jones' Darstellung den Leser glauben machen könnte.

Überdies spricht Jones von der Wiederholung, als sei sie ein reflexhafter Vorgang, als gehöre sie eben zu den unabänderlichen Tatsachen des Lebens. Er erforscht nicht die besonderen Beweggründe oder Dilemmas, die einen Jugendlichen veranlassen können, zeitweilig in eine psychologische Vergangenheit zurückzukehren. Wir werden mit der ziemlich unbefriedigenden Schlußfolgerung abgespeist, daß der Weg von der Kindheit ins Erwachsenenalter über eine schlichte Wiederholung der Kindheitsgeschichte wiederholt werde. Wohl mahnt uns Jones zur Entwicklung seien, in welcher wiederum die gesamte Menschheitsgeschichte wiederholt werde. Wohl gemahnt uns Jones zur Vorsicht, wenn er die Wiederholung »auf einer anderen Ebene« ansiedelt, doch ist dies letztlich nichts weiter als ein Zugeständnis an die nicht zu verleugnenden Fakten: in der Adoleszenz ereignet sich tatsächlich etwas Neues.

In Anbetracht ihrer immer differenzierteren Haltung gegenüber theoretischen, entwicklungspsychologischen und klinischen Fragen ist es schon erstaunlich, daß viele Psychoanalytiker an dem Glauben festhalten, die Adoleszenz sei eine Rekapitulation der Kindheitsereignisse. Spätestens in den fünziger Jahren wurde offenkundig, daß die Adoleszenz zum Stiefkind der Psychoanalyse geworden war und die irreführenden Haeckelschen Thesen womöglich nur Rationalisierungen tieferliegender Widerstände darstellten. Bei der Behandlung von Erwachsenen war es, wie gesagt, seit jeher üblich, die Kindheit des Patienten zu rekonstruieren, doch es gelang Analytikern nur sehr selten, Erlebnisse aus der Jugendzeit wiederzuerwecken. Einige Analytiker begannen dieses verwirrende Phänomen zu erforschen. Dabei entdeckten sie, daß die Analytiker die Neigung des Patienten, sich gegen das »Erwachsenwerden« zu wehren, unterstützten, indem sie ihnen erlaubten, sich an die Dynamik zwischen »hilflosem Kind« und »allmächtigem Analytiker« zu klammern. Eine hochangesehene Analytikerin bemerkte in diesem Zusammenhang: »Der Patient liefert uns eine Fülle von infantilem Material und ständig mehr davon in verschiedenen Formen und Assoziationen, selbst wenn die Kindheitsgeschichte bereits recht gut rekonstruiert und wiedererlebt worden ist. Hartnäckig klammert er sich an infantiles Material« (S. 311). Weshalb neigen Psychoanalytiker so sehr dazu, dem Patienten auf dieser Flucht in die Kindheit zu folgen? »Man kann darüber lächeln, wenn ein kleines Kind sich ungeniert aggressiv verhält, doch die Aggression eines Adoleszenten äußert sich weitaus beunruhigender, quälender und mitunter in unerträglicher Form« (S. 312).

Im Gegensatz zum Säugling und zum kleinen Kind, in deren Augen die Eltern vollkommene, allmächtige Wesen sind, wissen Jugendliche sehr genau, daß Erwachsene nicht omnipotent sind. Sie ahnen, daß sie vielleicht sogar genauso verletzlich sein könnten wie sie selbst. Diese Erkenntnis, die zugleich den Glauben des Jugendlichen an seinen eigenen Wert erschüttert, ist ein wichtiger Faktor, wenn es darum geht, sein Gewissen zu bezähmen und ihm eine flexiblere und humanere Einschätzung von sich selbst und anderen zu ermöglichen. Bis zu dieser Krise der moralischen Autorität beruht die Selbstliebe des Jugendlichen weitgehend darauf, daß er an der Macht seiner Eltern teilhat. So ist die Erkenntnis, daß die Eltern verletzbar sind, gleichbedeutend mit einer narzißtischen Kränkung, welcher der Heranwachsende mit dem Versuch begegnen wird, das Bild der allmächtigen Mutter und des allmächtigen Vaters wiederzubeleben. Dies ist der Grund, weshalb junge Heranwachsende mit der für sie typischen Inkonsequenz den Erwachsenen einerseits an den Kopf werfen, daß sie wert- und machtlos seien, andererseits aber von heftiger Angst befallen werden, wenn ihre Anschuldigungen schließlich dazu führen, daß sich dieselben Erwachsenen zu primitiven Gegenreaktionen hinreißen lassen. Der Jugendliche verdammt seine Eltern wegen ihres nicht ganz tadellosen Verhaltens, um sie im nächsten Augenblick wieder als allmächtig anzusehen: »Sie sind unverletzlich. Also kann ich sie beschimpfen, quälen und jede Aggression ausagieren, ohne daß ich mich schuldig fühlen oder mir Vorwürfe machen muß« (S. 315). Es ist kein Wunder, daß Therapeuten erwachsene Patienten nicht dazu ermutigen wollen, ihre jugendlichen Emotionen in vollem Umfang wiederzubeleben. Zumindest in der Theorie würden wohl die meisten Analytiker der These vom Stiefkindstatus der Adoleszenz zustimmen, denn mittlerweile wird dieses Thema auf internationalen Kongressen, bei Podiumsgesprächen und in theoretischen und klinischen Abhandlungen des öfteren zur Sprache gebracht. Analytiker geben zu, daß die Wirkung ihrer therapeutischen Bemühungen erheblich gesteigert würde, wenn sie der Revision der Kindheit in der Adoleszenz mehr Aufmerksamkeit schenken würden. Die Notwendigkeit einer bewußteren Auseinandersetzung mit der Rolle der Adoleszenz wird klar erkannt, und dennoch bleibt der emotionale Widerstand bestehen. Die Adoleszenz wird weiterhin als ein feststehendes Muster angesehen, als eine Zwischenstation zwischen Kindheit und Erwachsensein oder als Wiederholung der Kindheit.

In den letzten dreißig Jahren hat der Rekapitulationsgedanke in der Psychoanalyse durch Margaret S. Mahlers Entdeckung der Phasen und Subphasen der Mutter-Kind-Beziehung während der ersten drei Lebensjahre neuen Auftrieb erhalten – eine Entwicklung, die den psychoanalytischen Zugang zur Adoleszenz noch mehr verschüttet und der Mahlerschen Theorie von Loslösung und Individuation sehr geschadet hat. Nun treten die Verfechter der Wiederholungstheorie mit dem Schlachtruf an: »Die Adoleszenz ist eine zweite Loslösungs- und Individuationsphase«, eine Wiederholung der ersten drei Lebensjahre, obwohl natürlich »auf einer anderen Ebene«.

An dieser Stelle lohnt sich aus mehreren Gründen eine Abschweifung zu den Befunden Mahlers. Ihre Arbeit ist für Therapeuten und Theoretiker jeder psychologischen Ausrichtung von umfassender und aktueller Bedeutung, doch werden ihre Erkenntnisse in zunehmendem Maße als ein auf die Adoleszenz unmittelbar übertragbares Entwicklungsmodell gedeutet und damit im Grunde mißbraucht. Das ist bedauerlich, weil Mahlers Theorie, richtig angewendet, nicht nur ein tieferes Verständnis der Adoleszenz verspricht, sondern auch eine rühmlichere Version analytischer Entwicklungsprinzipien bietet als die Wiederholungstheorie. In die Darstellung einer Lebensgeschichte gehen stets die *miteinander verwobenen* Legenden aus Säuglingszeit, früher Kindheit, Latenzphase, Adoleszenz und Erwachsenenleben ein. Daher möchte ich im folgenden die Phasen und Subphasen von Loslösung und Individuation umreißen, insoweit sie die Schwierigkeiten und Lösungen der Adoleszenz durchsetzen und beeinflussen.

Mahlers Studien zum normalen Verlauf der Loslösungs- und Individuationsphase ergaben sich aus ihrer Theorie des symbiotischen Ursprungs der menschlichen Bindungsfähigkeit. Ihre Arbeit mit bestimmten schwer gestörten Kindern, die unfähig schienen, eine befriedigende symbiotische Beziehung herzustellen oder von einer bemutternden Person emotional zu profitieren, und die dann auch nicht die notwendigen Schritte zur Loslösung von der Mutter tun konnten, veranlaßten Mahler nachzuforschen, mit Hilfe welcher Schritte normale Kinder aus der Symbiose heraustreten. Zum menschheitsgeschichtlichen Erbe, zur angeborenen Ausstattung des durchschnittlichen Neugeborenen gehören Empfindungen und Reaktionen, die es ihm ermöglichen, sich auf Dinge einzustellen oder nicht, sich erregenden Ereignissen zuzuwenden oder sich von ihnen abzukehren. Noch bevor das Neugeborene die symbiotische Bindung an den Menschen herstellt, der es versorgen und mit der Welt vertraut machen wird, kann es wählen, auf welche Reize es reagieren und welche es ignorieren will. In den ersten – meist etwa sechs – Lebenswochen gilt das Interesse des menschlichen Neugeborenen vornehmlich dem, was in seinem Körper vorgeht. Nur flüchtig achtet es auf das, was in der Außenwelt geschieht. Doch in diesen Momenten lebhafter Aufmerksamkeit ist es erstaunlich differenzierter Wahrnehmung fähig. Es zeigt deutliche Vorlieben für bestimmte visuelle und akustische Eindrücke. Der Klang der mütterlichen Stimme kann einen hungrigen, vier Wochen alten Säugling sogar dazu bringen, daß er aufhört zu saugen und mit Ohren, Augen und Nase die Quelle dieser wundersamen Laute zu finden versucht, die ihm bald wunderbarer und erregender erscheinen werden als die sinnlichen Empfindungen der Zunge und der saugenden Lippen an der Brustwarze oder die köstlichen Gefühle, die er verspürt, wenn sein Verdauungstrakt gefüllt wird.

Sobald der Säugling aus dem Niemandsland, das sich zwischen dem fetalen und dem menschlichen Dasein erstreckt, hinaustritt, beginnt er sich an die Mutter anzuschmiegen, bis sein Körper sich den Umrissen ihres Körpers vollkommen anpaßt. Ihre hingebungsvolle Pflege und sein Verlangen nach Kontakt mit ihr locken ihn in den ersten zwischenmenschlichen Dialog. Aus der Sicht des Säuglings gibt es keine Grenzen zwischen ihm und der Mutter. Die Mutter und er bilden eine symbiotische Einheit, die sich innerhalb einer gemeinsamen Umgrenzung bewegt – eine dem Mutterleib ähnliche Membran gefühlsmäßiger Verbundenheit. In dieser Verschmelzung erlebt der Säugling vollkommene Wonne, eine Vereinigung mit dem Universum. Weshalb sollte irgend jemand in Versuchung geraten, diesem Zustand vollkommener Harmonie zu entfliehen?

Genau dieselben angeborenen Empfindungen und Reaktionen, die dem fetusähnlichen Neugeborenen das Gefühl gaben, seine innere und äußere Umwelt absolut zu beherrschen, drängen ihn nun, sich Bildern und Klängen zuzuwenden, Abstand von der Mutter zu suchen, die Welt außerhalb der Mutter-Kind-

Membran zu entdecken. Dieses primäre Selbstgefühl (primärer Narzißmus), das jeder Beziehung zu anderen vorausgeht, bewahrt den Säugling davor, einfach an der Brust einzuschlafen und von der Welt, die nicht von seiner Haut umschlossen wird, keinerlei Kenntnis zu nehmen. Vom ersten Atemzug an lebt in jedem von uns der Drang, ein Selbst in der Welt zu werden – in der Lebendigkeit unserer angeborenen Wachstumskräfte, in der Vitalität unserer stärker werdenden Muskeln, in unseren sehenden Augen, unseren hörenden Ohren, unseren ausgestreckten Händen. Nach den beiden Anfangsstadien des Niemandslands und des Einsseins, die ihren Brennpunkt eher im Inneren hatten, kommt nun also der von Mahler entdeckte Loslösungs- und Individuationsprozeß in Gang. Er dauert etwa vom dritten Lebensmonat bis zum Alter von zweieinhalb bis drei Jahren. Auf die Phasen und Subphasen dieses Prozesses beziehen sich Analytiker und andere Psychologen, wenn sie von einer Wiederholung des Loslösungs- und Individuationsstadiums in der Adoleszenz sprechen.

Loslösung und Individuation bestehen aus zwei miteinander verwobenen Strängen: zum einen aus dem Strang der Individuation, der mit Wachstum, Muskelkraft, Gedächtnis, Wahrnehmung, Realitätsbewußtsein, Eigenständigkeit und Sprache, mit Geisteskräften und mit dem Selbstgefühl zu tun hat; zum anderen aus dem Loslösungsstrang, der die affektive Bindung des Kindes an seine Mutter betrifft – es nähert sich ihr, entfernt sich von ihr, zieht Grenzen zwischen sich und der Mutter, lernt die Bedingungen von Liebe und Haß kennen, überträgt etwas von seiner angeborenen Kraft auf die Mutter im Austausch für die Erfahrung von Sicherheit, Liebe und Wertschätzung; es entdeckt, daß es nicht eins ist mit der Mutter, und lernt, diese schwierigste aller unausweichlichen Tatsachen des Lebens zu akzeptieren.

Nach dem Dialog des symbiotischen Einsseins wird sich das Kind allmählich der Existenz seiner Mutter als einer Erscheinung da draußen, in der Welt, bewußt. Mit vier bis fünf Monaten beginnt es sich von der Mutter zu differenzieren. Ihre Gegenwart beleuchtet seinen Weg zu der kleinen Welt der Familie außerhalb ihrer gemeinsamen psychischen Membran. Die erste Subphase ist die der *Differenzierung*.

Wenn das etwa acht Monate alte Kind Fremden mit argwöhnischer Neugier begegnet, wenn es sich rutschend oder krabbelnd in unbekanntes Gelände wagt, um alsbald wieder auf Mutters Schoß emotional »aufzutanken«, wenn es sich auf seinen abenteuerlichen Expeditionen immer wieder durch Blickkontakt mit der Mutter »rückversichert«, so gibt es uns damit zu verstehen, daß es in bezug auf die Loslösung noch recht vorsichtig ist. In dieser Phase des *frühen Übens* wird das Kind von seiner Individuationsenergie gedrängt, seine angeborenen Kräfte zu erproben; gleichzeitig wird es aber durch seine affektive Bindung an die Mutter in Schach gehalten, die verhindert, daß die Gäule mit ihm durchgehen. Mit etwa zwölf Monaten bewegt es sich schon viel mutiger von der Mutter fort. Das Krabbelkind stellt sich auf die Füße und läuft davon. Damit beginnt die *eigentliche Übungsphase*. Mit diesen Schritten – wenn es auf seinen eigenen Füßen davonspaziert – erreicht die Körper-Seele des Krabbelkindes den Gipfel der Vollkommenheit. Die Welt gehört ihm, und er ist der mächtige Eroberer all dessen, was ihm vor Augen kommt. Das Krabbelkind hat ein Liebesverhältnis mit der Welt und kann vorübergehend alles vergessen, was mit der Mutter zusammenhängt – vorausgesetzt, sie läßt es nicht zu lange allein, denn dann weicht seine heitere Stimmung einer tiefen Trübsal, einer stillen Trauer um den idealen Zustand des Selbst, der mit der Mutter verschwand. Solange sich die Mutter in den Kulissen aufhält, führt der große Akrobat selbstsicher seine Kunststücke vor: Er wirbelt im Kreis herum, läuft auf den Zehenspitzen, springt, klettert, macht große Augen, stößt Rufe aus. Er ist fröhlich und erfüllt von seiner Großartigkeit und wundersamen Allmacht.

Daß es selbst und die Mutter zwei getrennte Wesen sind, kann das Kind auf dem Höhepunkt dieses glücklichen Lebensabschnitts noch nicht begreifen. Seine Fröhlichkeit beruht zum Teil auf der Illusion, daß die Welt die Mutter sei – daß ihre Gegenwart die ganze Welt erfüllt. Erst mit etwa achtzehn Monaten, wenn zu seiner Körper-Seele ein noch unvollkommen denkender Geist tritt, wird dem Kind voll bewußt, daß seine Mutter ein eigenes, von ihm getrenntes Leben hat. Dann steht es vor der *Wiederannäherungskrise.*

Es wird in Aufruhr versetzt. Die gehobene Stimmung der vorangegangenen Monate ist auf einmal verflogen. An ihre Stelle treten Enttäuschung, Wut und Traurigkeit. Weinerliche Ausbrüche von »Nein« und »Mein« gellen durchs Haus. Das achtzehn bis vierundzwanzig Monate alte Kind erwartet, daß seine Mutter überall ist, doch wenn sie kommt und es in den Arm nehmen will, stößt es sie von sich. Stürmische Temperamentsausbrüche und jähe Stimmungsumschwünge von überschwenglicher Freude zu tiefem Gram verdrängen die vertrauensvolle Fröhlichkeit des Liebesverhältnisses mit der Welt. Sobald ihm seine Getrenntheit bewußt wird, erlebt sich der starke, allmächtige Eroberer des Universums als klein, verwundbar, hilflos und ohnmächtig. Die ohnehin schon vorhandene Neigung, die frustrierende Mutter als nur-böse und die befriedigende Mutter als nur-gut wahrzunehmen, wird verstärkt. In ähnlicher Weise besetzt das Kleinkind der Wiederannäherungsphase sein eigenes Selbst, je nach Stimmungslage, mit absolut guten oder absolut schlechten Merkmalen. Oftmals kann es auch geschehen, daß die schlechte, nicht-gute Seite die Oberhand gewinnt und während der gesamten Wiederannäherungsphase dominiert. Es wird für das Kleinkind fast unmöglich, ein kohärentes Selbstbild oder eine kohärente Vorstellung von seiner Mutter oder seinem Vater zu bewahren.

Das Kind möchte zur bedingungslosen Wonne des symbiotischen Einssein zurückkehren, kann nun aber das Bewußtsein seiner Getrenntheit und das damit verbundene überwältigende Verlangen, seinen Körper und seine Seele als sein Eigentum zu beanspruchen, nicht mehr auslöschen. Es beginnt jetzt nach den

Bedingungen der wirklichen Liebe zu fragen und erleidet viele Rückschläge, Niederlagen und Demütigungen. Doch schließlich lernt es, daß es möglich ist, ein getrenntes Selbst zu sein, ohne auf das Gefühl von Gutsein und Ganzheit verzichten zu müssen; es lernt, daß es Anspruch auf seine eigene Seele und seinen eigenen Körper erheben und sich dennoch die Liebe seiner Eltern erhalten kann. Dieses anfängliche Bewußtsein von Getrenntheit und Identität wird sich das durchschnittliche Kind mit etwa drei Jahren angeeignet haben. Auf dem Weg zu diesem Meilenstein der kindlichen Entwicklung leistet jede Phase des Loslösungs- und Individuationsprozesses ihren spezifischen Beitrag zur Formung der kindlichen Persönlichkeit. Zu diesen Beiträgen gehören die Organisation der oralen und analen Komponenten der Sexualität, die Differenzierung des sensomotorischen Verhaltensrepertoires, der Spracherwerb, die Ausdehnung seines Gefühlsbereichs, eine breitere Palette von Stimmungen und Gefühlen und ein erstes Bewußtsein von Recht und Unrecht. Wenn sich Loslösung und Individuation auf eine durchschnittlich befriedigende Weise vollziehen, werden dadurch moralische und sexuelle Wandlungen in späteren Entwicklungsphasen – etwa in der Adoleszenz – erleichtert. Gestalten sich andererseits die Dialoge von Loslösung und Individuation unangemessen oder ungenügend, so werden sie die Bewältigung späterer Entwicklungsschritte durchsetzen und verzerren. Doch selbst bei solchen weniger günstigen Verläufen handelt es sich, wie wir noch sehen werden, nicht um eine bloße Neuauflage von Loslösung und Individuation.

Gleichwohl kann man begreifen, weshalb die Fachleute in den Arbeiten Margaret S. Mahlers den Schlüssel zum Verständnis jener Wiederholung sahen, von der sie annahmen, daß sie die Dynamik der Adoleszenz bestimme. Äußerlich betrachtet scheinen die Stadien des Übergangs von der Kindheit zum Erwachsenensein den Stationen der ersten Reise vom Einssein zum Getrenntsein in allen Einzelheiten zu gleichen. Die Versuchung, vom Kind auf den Jugendlichen zu schließen, war unwiderstehlich. Der Hunger des Heranwachsenden nach den Ekstasen der vollkommenen Liebe erinnert an die Symbiose. Seine Neigung, auf Wanderschaft zu gehen und die Welt zu erforschen, um dann zum emotionalen Auftanken wieder zur Heimatbasis zurückzukehren, läßt uns unweigerlich an die frühe Übungsphase denken. Das egozentrische Hochgefühl des älteren Jugendlichen, seine übersteigerten Einschätzungen der Umwelt wie der eigenen Kräfte gemahnen in der Tat an das Liebesverhältnis des Kleinkindes mit der Welt während der eigentlichen Übungsphase. In seiner Launenhaftigkeit, seinem Negativismus und seinen Trauerreaktionen, in der Art, wie er seine Jugendlichkeit auftrumpfend zur Schau stellt, scheint der Heranwachsende die typischen Verhaltensweisen der Wiederannäherungsphase zu wiederholen. Dazu folgendes:

»Die Dynamik der Individuation in der Adoleszenz weist überraschende Parallelen zu dem von Mahler und ihren Mitarbeitern beschriebenen Prozeß auf ... es ist gut möglich, daß die tiefgreifenden strukturellen Umgestaltungen, die während der Adoleszenz stattfinden, den Vorgang der ursprünglichen Strukturbildung wiederholen.«

»... die frühe Adoleszenz ist ein zweites Stadium der Omnipotenz – ein junger Mensch dieses Alters hat das Gefühl, daß er alles tun kann, daß das Selbst nur-gut ist ...«

»... der Stimmungsabfall, den Mahler und ihre Mitarbeiter beim älteren Kleinkind in der Übungsphase beobachtet haben, wenn es sich der Abwesenheit der Mutter bewußt wird, spiegelt sich häufig in der vielfach beschriebenen Launenhaftigkeit und Reizbarkeit des Adoleszenten wider, der mit der relativen Objektlosigkeit und Selbstentleerung fertigzuwerden versucht, die seine Bemühungen um Abnabelung begleiten.«

»Natürlich kann man von einem normalen Kind in der Latenzphase oder der Präadoleszenz und seinen Eltern nicht behaupten, daß sie sich in einem symbiotischen Zustand befänden, welcher dem der ersten fünf Lebensmonate des Kindes gleiche. Dennoch bleibt die Tatsache bestehen, daß sich – zumindest in unserer Kultur – offensichtliche Verhaltensparallelen aufzeigen lassen zwischen dem Prozeß des Heranwachsens und dem normalen Loslösungs- und Individuationsprozeß mit seinen verschiedenen Subphasen, wie ihn Mahler beschrieben hat.«

Wenn durch die genitale Reife eine erneute Identitätssuche und eine Höherentwicklung des Moralbewußtseins ausgelöst werden, so heißt das noch lange nicht, daß dieses für die Adoleszenz spezifische geistige und emotionale Geschehen als Wiederholung der ersten *Loslösungs-* und *Individuationsphase* aufgefaßt werden kann. Vor diesem Trugschluß hat auch Peter Blos ausdrücklich gewarnt – jener Psychoanalytiker, der als erster von der Adoleszenz als einer »zweiten Individuation« sprach. Wie Mahler nahm es Blos mit der Unterscheidung zwischen »Loslösung« und »Individuation« sehr genau. Die Individuation als fortlaufender Wachstumsprozeß von der Geburt bis zum Erwachsensein unterliegt zwei großen Entwicklungsschüben, dem einen während der ersten drei Lebensjahre, dem anderen während der Adoleszenz. Die Individuation in der Adoleszenz, bei der es um die Aussöhnung von Genitalität und Moral geht, ist von der »Loslösung und Individuation« der Kindheit grundverschieden. »Loslösung und Individuation« ereignen sich nur einmal im Leben, und zwar in den ersten drei Lebensjahren; es handelt sich dabei um nichts weiter als um jenen Entwicklungsvorgang, bei dem das Kind allmählich die Grenzen zwischen dem eigenen Selbst und dem seiner Mutter erkennt und anerkennt.

Wie Biologen, Sozialwissenschaftler, Stammesälteste – wie wir alle, wenn wir ehrlich sind – fühlen sich manche Psychoanalytiker wohler, wenn sie mit Blick auf die Adoleszenz sagen können, es habe zwar ein Drama von großer Eindringlichkeit stattgefunden, in Wirklichkeit sei aber nichts Neues passiert.

So sehr Rousseau von seiner Neigung, alles Natürliche zu idealisieren, und von seinen romantischen Visionen des edlen Wilden beherrscht wurde, so sehr war ihm auch bewußt, daß die

Natur nicht rückwärts geht. Im *Zweiten Diskurs*, hundert Jahre vor der *Entstehung der Arten* niedergeschrieben, betrachtete er die menschliche Natur bereits von einem außerordentlich modernen evolutionären Standpunkt aus. Es gibt jene, die, wie Claude Lévi-Strauss, sagen würden, in Rousseaus Darstellung des Fortschreitens von der Natur zur Kultur seien die zentralen Problemstellungen der heutigen Anthropologie im Grunde schon enthalten. Doch da Rousseau die Tierarten und die »wilden Menschenrassen«, über die er schrieb, nicht aus eigener Anschauung kannte, war er gezwungen, sich auf Berichte über Afrikareisen aus dem 16. und 17. Jahrhundert und auf die Schriften von Wissenschaftlern seiner Epoche zu stützen. Er übertrieb daher die moralische und intellektuelle Unschuld der »wilden Rassen«. In ähnlicher Weise beruhte sein Wissen über die Kindesentwicklung – obschon für das 18. Jahrhundert beachtlich weit fortgeschritten – im wesentlichen auf seinen persönlichen Erinnerungen, seinen Erfahrungen als Hauslehrer und auf seiner gewissenhaften Lektüre der Erziehungsreformen Lockes, die er im großen und ganzen ablehnte, da dieser in Zwang und Vernunft die Grundpfeiler der Kindererziehung sah. So unterschätzte Rousseau die Roheit der kindlichen Moral wie auch die Komplexität jener narzißtischen Strukturen, die sich in Zusammenhang mit den Beziehungen des Kindes zu seinen Eltern herausbilden. Dennoch erkannte er als erster Philosoph des Abendlandes, daß die Geschlechtsreife den Menschen zu einer *neuen* Geburt führt, durch welche der Gegensatz zwischen eigennützigen Interessen und den Pflichten gegenüber der Gemeinschaft entschärft werden könnte. Denn mit dem Erwachen der genitalen Leidenschaften kann sich ein Moralbewußtsein entwikkeln, das über blinden Gehorsam gegenüber den Gesetzen der Vernunft hinausführt.

Sogar Hall, der sich ja wie kaum ein anderer für die Wiederholungstheorie stark machte, wies – wenn er von der zweiten Geburt sprach – darauf hin, daß in der Adoleszenz bis dahin nicht zum Ausdruck gekommene angeborene Merkmale hervortreten, die sich, sofern sie mit der nun reifer gewordenen Sexualität in Einklang gebracht werden, zum edelsten und fortgeschrittensten Teil der menschlichen Natur entwickeln können.

Auch Freud, obgleich von den Evolutionstheorien Haeckels in die Irre geführt, hob in seinen Äußerungen zur Pubertät die offenkundigen geistigen und emotionalen Fortschritte hervor, die mit der Reifung der inneren und äußeren Genitalien einhergehen. Bis zur Pubertät sind Hautoberfläche, Augen, Mund, Anus neben den noch unreifen Genitalien die wichtigsten erogenen Zonen. Nach der Pubertät müssen die kindlichen erogenen Zonen dem Primat der Genitalien untergeordnet werden. Diese lustspendenden Körperzonen und die mit ihnen verbundenen Phantasien tragen dann zur Vorlust bei. Die Erregungen, die sie hervorbringen, fördern beim Mann die Erektion, bei der Frau die Befeuchtung der Vagina. Freud betonte die tragische moralische Dimension dieser Unterordnung der kindlichen Sexualität. Ein Thema, mit dem er sich immer wieder beschäftigte, war die inverse Beziehung zwischen Zivilisation und Kultur einerseits und freier sexueller Entfaltung andererseits. Am Ende der Adoleszenz wird die Erfahrung, daß die Sexualität nicht jene vollkommene Befriedigung zu schaffen vermag, nach der wir uns sehnen und an die wir uns aus der Kindheit erinnern, als unvermeidliche Folge der Zivilisation, als unabänderliche Tatsache des Lebens erkannt. Doch schafft die Versöhnung der Genitalität mit den Anforderungen der Zivilisation dann auch die Grundlage für hervorragende kulturelle Errungenschaften.

Obschon Freud oft wie ein echter Haeckelianer sprach, indem er primitive, wilde, infantile und neurotische Mentalität gleichsetzte, unterschied er gelegentlich zwischen infantilen und primitiven psychischen Funktionsweisen: »Das primitive Seelische ist im vollsten Sinne unvergänglich.« Der primitive Geist stellt nicht die Vergangenheit wieder her als genaue Replikation der ursprünglichen, unreifen Zustände; er erschafft vielmehr in gegenwärtigen Phantasien jene uralten Sehnsüchte neu, die durch nachfolgende Entwicklungsprozesse verschleiert, abgeschwächt und revidiert wurden. Was sich beispielsweise in Träumen Bahn bricht, sind nicht kindliche, unreife Funktionen, sondern primitive Denkweisen, welche die Gegenwart mit den vielen Schichten der Vergangenheit unablässig durchsetzen. Im Gegensatz zum »primitiven Seelischen« unterliegen infantile Formen einer ständigen Revision. In seinen Darstellungen der menschlichen Existenz hebt Freud immer wieder hervor, daß es niemals eine direkte Vorwärtsbewegung zu einem endlichen Ziel gibt. Die psychische Weiterentwicklung ist ein mühsames Geschäft und schließt immer gewisse Rückwärtsbewegungen ein. Dort, wo sich Freud als Kliniker mit den Interaktionen zwischen Vorwärts- und Rückwärtsbewegungen beschäftigt, folgt seine Darstellung einer Logik, die weitaus komplexer und scharfsinniger ist als die These bloßer Repetition oder Rekapitulation.

Im Verlauf der psychischen Entwicklung, insbesondere an jenen kritischen Punkten, wo überkommene Methoden der Organisation von Erfahrung im Lichte neuer Aufgaben revidiert werden müssen, sind vorübergehende Rückwärtsbewegungen jederzeit zu erwarten – ja, sogar erwünscht. Neue Möglichkeiten des Denkens, Fühlens, Phantasierens und Handelns werden nicht in voll ausgereifter Form erworben. Ebensowenig wie wir erwarten, daß ein Kind über Nacht entwöhnt werden kann, erwarten wir von einem Jugendlichen, daß er ohne Kampf, ohne Kummer, ohne Angst und ohne einen gewissen Rückfall in die Vergangenheit auf die Kindheit verzichtet. Diese Entwicklung geht nur schrittweise voran und ist stets mit Rückfällen, Versuch und Irrtum verbunden.

In der Adoleszenz kommt es nicht zu einer Regression der gesamten Persönlichkeit. In manchen Punkten mag der Jugendliche recht primitiv erscheinen, in anderen lediglich etwas unreif und kindlich, in wieder anderen Punkten erwachsener und verantwortungsbewußter als je zuvor. Einige Grundthemen des Seelenlebens – zum Beispiel die frühesten Liebesdialoge zwischen Mutter oder Vater und dem Kind – üben einen äußerst machtvollen regressiven Druck aus. Dieser Druck kann so stark sein, daß er *primitive* Formen des Liebens und Hassens wachruft, vor allem dann, wenn vergangene Szenarios nicht adäquat bewältigt wurden oder frühere Traumen nicht überwunden werden konnten. Aber selbst in diesem Fall kann man nicht sagen, der Jugendliche verhalte sich wie ein Kind; denn wenn das Kind unreife Verhaltensweisen an den Tag legt, verhält es sich schließlich nur seinem Alter gemäß. Ein Kind in der Wiederannäherungskrise benimmt sich nicht primitiv, sondern eben einfach wie ein Kind, das eine normale Entwicklungskrise zu bewältigen hat. Wenn sich dagegen ein Jugendlicher wie ein Kleinkind in der Wiederannäherungskrise benimmt, ist er auf eine primitive Funktionsweise regrediert. Er stellt nicht die Vergangenheit wieder her, wie sie tatsächlich war; vielmehr durchsetzt die Vergangenheit die Gegenwart, und der Jugendliche bedient sich einer primitiven Funktionsweise, um eine gegenwärtige Krise durchzuarbeiten und zu bewältigen.

Hinsichtlich mancher Aspekte des Seelenlebens verläuft die Regression des Jugendlichen weniger dramatisch. Sie ist dann – so lästig sie für Eltern und Lehrer sein mag – für alle, auch für die Jugendlichen selbst, weit weniger erschreckend. Was in diesen Fällen vorübergehend rückgängig gemacht wird, sind nur die allerjüngsten Entwicklungsschritte. Jene in die Zivilisation hineinführenden Entwicklungslinien, welche noch die späte Kindheit beherrscht haben, brechen nun zu einem Großteil zeitweilig ab. Die mechanischen und konkreten Formen intellektueller Meisterschaft wie Auswendiglernen, Sammeln, Einordnen, die den Eltern und dem Kind einstmals so viel Vergnügen bereiteten, scheinen ebenso zu verschwinden wie Ehrlichkeit, Gehorsam, Anständigkeit, Sauberkeit, kindliche Ehrfurcht. Wenn diese unreife Form intellektueller Äußerungen und der ehrerbietige Anstand, die auf einer kindlichen Unterwerfung unter die Autorität beruhen, in der Adoleszenz gleichsam stillgelegt werden, so geschieht dies nicht, um sie für immer auszulöschen, sondern um sie einer Revision zugänglich zu machen. Zehn Jahre später werden sich diese intellektuellen und moralischen

Errungenschaften – wenn alles gut geht – den abstrakteren intellektuellen und moralischen Fähigkeiten des Erwachsenen, dem dann die Funktion des Ernährers und Gesetzgebers für die nachfolgende Generation zufällt, unterordnen.

Die Vorteile dieser Regression liegen vor allem in einer Lockerung von Kontrollen und in einer Entgrenzung des Seelenlebens. Alte Sehnsüchte, Phantasien und Wünsche werden aus ihren Schlupfwinkeln hervorgelockt. Weshalb ist dies wünschenswert? Wenn die Vergangenheit in der Gegenwart wieder zugänglich ist, kann sie umgeformt und neu interpretiert werden. In der Adoleszenz bietet sich die Möglichkeit auszuwählen, was fortgesetzt werden und was in der Vergangenheit verbleiben soll. So trägt die Revision der Adoleszenz dazu bei, sicherzustellen, daß sich das Erwachsenenleben nicht in der Wiederholung der Vergangenheit verzehrt. Wir achten die Vergangenheit und geben ihr ihren rechtmäßigen Platz neben Gegenwart und Zukunft, aber wir erlauben ihr nicht, zu dominieren und das Neue unter ihre Gewalt zu bringen.

Während der Adoleszenz erwarten wir – wie in allen wichtigen Übergangsphasen des menschlichen Lebens – einen Zusammenprall zwischen Vergangenheit und Zukunft. Deutlich verweisen die Hautritzungen, die Bestandteil vieler Pubertätsriten sind, darauf, daß Vergangenheit und Zukunft zunächst im Widerstreit liegen; die Narbe steht dann für das Hervortreten eines gegenwärtigen Augenblicks, der von der Vergangenheit zehrt, während er die Zukunft erschafft.

Um ins Erwachsenenleben einzutreten, macht der Jugendliche Exkursionen in die Vergangenheit. Doch diese rückwärtsgewandten Exkursionen sind ebensowenig linear, wie die Vorwärtsbewegungen geradeaus gerichtet sind. Jugendliche tauchen in die Vergangenheit ein, weil die sexuellen und moralischen Probleme, denen sie nun gegenüberstehen, den Verzicht auf jene Aspekte der Vergangenheit verlangen, die den Übergang ins Erwachsenenleben behindern würden. Der wichtigste Anstoß für die »Wiedergeburt« des Jugendlichen ist der Wunsch, die Zukunft zu erobern, doch dies wird erst möglich, nachdem die Vergangenheit nochmals aufgesucht, erinnert und revidiert worden ist.

Aus psychologischer Sicht ist die Adoleszenz in der Tat jene »zweite Geburt«, die von Rousseau und Hall entdeckt wurde. Nachdem er den Mutterleib verlassen hat, erlebt der Säugling die erste psychische Geburt – eine Geburt, aus der ein Individuum hervorgeht, das über ein kohärentes Selbstgefühl und eine eigenständige Identität verfügt. Die zweite psychische Geburt – der Eintritt ins Erwachsenenleben – bringt jene innovativen Lösungen hervor, in denen das menschliche Streben nach Vervollkommnung zum Ausdruck kommt. Wenn wir nur nach oberflächlichen Erscheinungen urteilen, entgeht uns völlig die dramatische Revision des Innenlebens und mithin das, was die Adoleszenz im Kern ausmacht. Die unter der Oberfläche liegenden Empfindungen können wir nur dann entziffern, wenn wir Zugang zu einer Methode haben, die das Oberflächliche ins Wesentliche übersetzt. Eine solche Untersuchungsmethode muß geeignet sein, den Verflechtungen von äußerer Erscheinung und innerem Wesen nachzuspüren und zu entschlüsseln, wie der einzelne seine Lebensgeschichte konstruiert, revidiert und wieder rekonstruiert. Die Psychoanalyse ist eine solche Methode, denn sie befaßt sich mit dem Zusammenspiel von sexueller und moralischer Existenz, von Phantasie und Realität, von Vergangenheit und Gegenwart.

In den neunziger Jahren des vorigen Jahrhunderts studierte Freud die erwachsene Psyche und entdeckte dort die Markierungen des kindlichen Daseins – die infantile Sexualität und den infantilen Ödipuskomplex. Er arbeitete mit Erwachsenen und entdeckte die Kindheit. Einige seiner Nachfolger erforschten die Kindheit und erfuhren schließlich sehr viel mehr über das Erwachsensein. Freud ging bei der Konstruktion einer Lebensgeschichte ausschließlich retrospektiv vor; erst in jüngster Zeit wird die Möglichkeit diskutiert, eine Lebensgeschichte auch prospektiv – mit Blick auf die Zukunft – zu konstruieren. In welcher

Beziehung diese beiden Versionen einer Lebensgeschichte zueinander stehen, ist noch nicht klar. Die Adoleszenz ist das Bindeglied zwischen Kindheit und Erwachsenenleben. Wenn wir den sexuellen und moralischen Wandlungen dieses Lebensabschnitts nachgehen, werden wir zu einem besseren Verständnis jener verwirrenden Logik gelangen, die lebensgeschichtliche Berichte kennzeichnet.

4 Der retardierte Primat

Menschliche Evolution und individuelle menschliche Entwicklung verlaufen nach gänzlich anderen evolutionären Prinzipien als den von Haeckel verkündeten, die dann Legionen von Anthropologen, Kriminologen, Dichtern und Psychoanalytikern übernommen haben. Retardierung, nicht Wiederholung ist die Quintessenz der menschlichen Evolution.

Unter den Tieren nehmen wir eine hervorragende Stellung ein. Wir gehören zu jener Ordnung von Säugetieren, den Primaten, die sich durch ihre Neigung zu wiederholten Geburten einzelner Nachkommen, durch intensive elterliche Fürsorge, lange Lebenszeiten, späte sexuelle Reife und ein komplexes, weitverzweigtes Sozialleben auszeichnen. Aus diesem gemeinsamen Primatenerbe leitet sich ein Merkmal ab, durch das sich der Mensch von allen anderen Primaten unterscheidet: eine außerordentlich langsame, verzögerte Entwicklung. Genau diese Retardierung, diese Entwicklungsverzögerung hat es uns ermöglicht, auf der Stufenleiter der Natur ganz nach oben zu steigen und die Herrschaft über alle anderen Geschöpfe zu erringen. Unsere langanhaltende biologische und psychologische Hilflosigkeit, die bis weit ins dritte Lebensjahr hineinreicht, verstärkt das Band zwischen Eltern und Kind und schafft damit die Grundlage für ein Bewußtsein von der Kontinuität der Generationen. Im Gegensatz zu anderen Primaten reißen diese Bindungen nach Eintritt der Geschlechtsreife nicht ab.

Weil die endgültige Differenzierung der Hirnfunktionen und die sexuelle Reife bis ins zweite Lebensjahrzehnt hinausgezögert werden, hat der Mensch die Möglichkeit, von einer verlängerten Lehrzeit in der Kindheit zu profitieren, die ihn für ein Leben in der Zivilisation vorbereitet. Weil wir jahrzehntelang lernen, wie wir uns zu verhalten haben, statt einfach mittels instinktiver Verhaltensschablonen auf Umweltreize zu reagieren, sind wir sehr viel weniger darauf angewiesen, uns in einer unveränderlichen Umwelt zu bewegen. Wir können unsere Umwelt manipulieren, ja sogar radikal verändern, um damit unsere emotionalen und intellektuellen Interessen voranzubringen.

Es ist diese durch nichts zu unterdrückende Jugendlichkeit, die uns die Kraft gibt, uns bis zum Greisenalter aktiv und kreativ mit unserer Umwelt auseinanderzusetzen. Beharrlich forschen, untersuchen, erfinden und entdecken wir. In dieser Hinsicht gleichen die Menschen aller Zeiten, Gesellschaftsordnungen und Lebensalter viel eher den Schimpansenbabys als dem gesetzten, starr angepaßten erwachsenen Schimpansen, der sich vom fünften oder sechsten Lebensjahr an kaum noch verändert. Menschenkinder gleichen keineswegs erwachsenen Schimpansen, wie die Anhänger der Wiederholungstheorie glaubten, sondern menschliche Erwachsene gleichen den Schimpansenbabys. Wie ein Schimpansenbaby, das wenigstens einige Jahre hindurch die Wohltaten einer hinausgezögerten Entwicklung genießt, lechzen wir danach, etwas Neues zu lernen. Unser Geist ist flexibel, und wir sind sehr neugierig. Wir können der Versuchung nicht widerstehen, neuartigen Dingen auf den Grund zu gehen, unsere Nase überall hineinzustecken, in allen Ecken und Winkeln des Universums herumzustöbern. Das Schimpansenbaby erreicht nach seinen abenteuerlichen, flexiblen Anfängen rasch den Reifezustand. Sein Gesicht verliert die menschenähnlichen jugendlichen Züge. Der ganze Kopf zeigt nun die für den erwachsenen Schimpansen typischen Proportionen: die Stirn relativ klein und rückwärtsgeneigt, Kiefer und Schnauze dagegen groß und vorstehend. Die geschlechtsreife Schimpansin findet bald einen Gefährten und gebiert Junge.

Abgesehen davon, daß sie genau wie ihre Mutter ihr Baby zu halten und zu nähren weiß und es in seiner Entdeckerfreude tolerant unterstützen kann, wird sie wohl mit dieser emotional nichts mehr verbinden. Ihr Baby wiederholt alles, was sie einst tat, und zwar auf fast genau dieselbe Weise. Jede Generation kehrt an den Anfang zurück. Nichts verändert sich.

Wir Menschen erleben zwei große Wachstumsschübe: einen im frühen Kindesalter und einen zweiten im Alter von elf/zwölf bis fünfzehn/sechzehn Jahren – in der Vorpupertät. Dazwischen liegt eine relativ ruhige Periode, in der sich fast der ganze Körper vom Wachsen erholt, während das Gehirn weiter reift. Dieser Lebensabschnitt wird im allgemeinen als Kindheit, manchmal auch als Latenzphase bezeichnet.

Das zweiphasige Wachstum und die damit einhergehende Verzögerung der Geschlechtsreife stehen in direkter Beziehung zu dem außergewöhnlich langen Zeitraum, der dem menschlichen Gehirn zu seiner Reifung zur Verfügung steht. Bei jenen Säugetieren, deren Gehirn rasch seinen endgültigen Reifezustand erreicht, etwa den Katzen und Nagern, folgt die Geschlechtsreife unmittelbar auf eine sehr kurze Kindheit von nur wenigen Wochen oder Monaten. Unter dem Aspekt der Evolution wäre es für jedes Lebewesen von Nachteil, Nachkommen zu zeugen, bevor sein Gehirn und sein Nervensystem soweit ausgereift sind, daß es den sozialen und elterlichen Aufgaben seiner jeweiligen Art gewachsen ist.

Beim Menschen haben jene Hirnregionen, die für höhere kognitive Funktionen, wie sie das menschliche Zusammenleben erfordern, zuständig sind, die Möglichkeit, sich zu entwickeln und zu differenzieren, bevor diejenigen Teile des Gehirns, welche die sexuellen Reifungsprozesse steuern, auf ein biologisches Signal hin ihr erwachsenes Funktionsniveau erreichen. Es scheint, als sei es von der Natur so vorgesehen, daß sich die intellektuellen und sexuellen Fähigkeiten nacheinander entfalten, damit die Kontinuität des Soziallebens, auf das ja jede Spezies – vom niedrigen Nagetier bis hin zum potentiell ethisch empfindenden Menschen – angewiesen ist, gewahrt bleibt. Das für den Menschen so typische zweiphasige Wachstum bietet den Mädchen und Jungen Gelegenheit, in der Familie und in der Gruppe kooperieren zu lernen und sich mit den Sitten und Gebräuchen der Gesellschaft vertraut zu machen, bevor sie gezwungen sind, den komplexen Anforderungen der Genitalität, des sexuellen Wettbewerbs, der

Zeugung und den lang dauernden Elternpflichten ihrer Spezies gerecht zu werden.

Die physischen Manifestationen der Vorpubertät – das schnelle Wachstum der Knochen und Muskeln, die Reifung der Genitalien, das Hervortreten und die Entwicklung sekundärer Geschlechtsmerkmale wie etwa der Brüste und Schamhaare – sind in den meisten alten Kulturen und in einigen Jäger-Sammler-Gesellschaften beobachtet und mitunter auch genau beschrieben worden. Doch lange Zeit blieb der biologische Unterbau des pubertären Entwicklungsschubs in geheimnisvolles Dunkel gehüllt.

Gegen Ende des 19. Jahrhunderts entdeckten westliche Biologen, daß die Geschlechtshormone Östrogen und Testosteron an der Reifung der Geschlechtsorgane wie der sekundären Geschlechtsmerkmale beteiligt sind. Sie verstanden aber noch nicht, wodurch die Sekretion dieser Hormone zu einem ganz bestimmten Zeitpunkt ausgelöst wird, noch wußten sie, welche Faktoren für den zeitlichen Ablauf jener biologischen Vorgänge verantwortlich sind, die schließlich zur Geschlechtsreife führen. Erst während der letzten dreißig Jahre ist die Wissenschaft den komplexen hormonellen Interaktionen auf die Spur gekommen, die Beginn, Verlauf und Abschluß der Pupertät regulieren. Und selbst jetzt bleiben noch Fragen offen. Wodurch die hormonellen Veränderungen, welche die Pubertät in Gang setzen, letztlich ausgelöst werden, harrt noch einer präzisen Erklärung. Auch tappen wir fast völlig im dunkeln hinsichtlich der Frage, wie oder warum die Pubertät an einem bestimmten Punkt endet.

Schamanen und Stammesälteste müssen mit der Aufgabe, das Kind ins Erwachsenenleben zu führen, ohne all diese Detailkenntnisse fertigwerden. Wir dagegen sind aufgeklärt. Die zentralen physiologischen Komponenten, die Zeitpunkt und Verlauf von Vorpubertät und Pubertät kontrollieren, sind uns bekannt. Trotzdem ist unser Wissen noch immer lückenhaft und oberflächlich. Die Sprache, der wir uns gegenwärtig bedienen, um den Beginn der Vorpubertät zu beschreiben, ist in ihrer Vagheit entlarvend. Sie bietet uns ein Modell an, das aus negativen und positiven Rückkopplungsschleifen mit »Signalen«, »Schaltungen«, »Auslösern« und »Reglern« besteht. Wissenschaftler reden selbstsicher von »kortikalen Befehlen«, die »den Hypothalamus in Bewegung setzen«, ohne über den genauen Charakter dieser Vorgänge viel zu wissen. Aber es ist das Beste, was sie zur Zeit zu bieten haben. *

Grundsätzlich funktioniert der Rückkopplungsmechanismus folgendermaßen: Während der gesamten frühen und späten Kindheit reagiert der Hypothalamus außerordentlich sensibel auf die dämpfend wirkenden Hormone, die von den noch unreifen Hoden und Eierstöcken ausgeschieden werden. Die Gonaden selbst können nicht zur Reife gelangen, bevor sie von speziellen Hormonen der Hypophyse dazu angeregt werden. In der Kindheit verhindert der Hypothalamus, daß die Hypophyse diese gonadotropen Hormone ausschüttet. Sobald er ein Signal erhält, daß Körper und Gehirn des Kindes weit genug ausgereift sind, um dem Übergang von der Kindheit ins Erwachsenenleben gewachsen zu sein, zeigt der Hypothalamus der Hypophyse »freie Fahrt« an.

---

* Seit einigen Jahren wird die Hypothese diskutiert, daß das Hypophysenhormon CASH (cortical androgen stimulating hormone) als Regulator von Nebennierenandrogenen wirke, die ihrerseits eine Veränderung der hypothalamischen Sensibilität auslösen. Ein weiteres, in größerem Umfang akzeptiertes Modell beruht auf der Entdeckung, daß die Zirbeldrüse, eine winzige Drüse im Zentrum des Gehirns, Melatonin ausscheidet. Die Melatoninsynthese verringert sich, wenn die Kinder älter werden. Man nimmt an, daß das Melatonin die Ausreifung der Genitalien bis zur Pubertät hinauszögert, indem es die Ausschüttung von Sexualhormonen hemmt. Das Absinken der Melatoninproduktion wäre dann der Auslöser, der die Vorpubertät in Gang setzt.

Biologisches Zwischenspiel: Der Beginn der Vorpubertät

Der Marschbefehl für die Vorpubertät kommt vom *Hypothalamus* – jenem Teil des Gehirns, der den Boden des zwischen Großhirn und Hirnstamm gelegenen Zwischenhirns bildet. Der Hypothalamus reguliert die vegetativen Funktionen des menschlichen Organismus. Trotz seiner vitalen Bedeutung beträgt sein Anteil am Gesamtgewicht des menschlichen Gehirns nur ein Dreihundertstel, und er ist etwa so groß wie eine Mandel.

Der Hypothalamus ist nicht nur mit der unmittelbar darunter gelegenen Hypophyse eng verbunden, sondern auch mit der Großhirnrinde. Ihm kommt also die Funktion einer integrierenden Schaltstelle zwischen Nerven- und Hormonsystem zu. Der wichtigste Kontrollmechanismus des gesamten endokrinen Systems beruht auf einer negativen Rückkopplungssituation, bei der ein erhöhter Hormonspiegel im Blut die weitere Ausschüttung dieses Hormons hemmt. Die Releasing-Hormone des Hypothalamus, die auf nervöse Reize an anderer Stelle des Körpers reagieren, sorgen dafür, daß das gestörte Gleichgewicht rasch wieder hergestellt wird. Sobald den Hypothalamus die »Botschaft« erreicht, daß das Kind bereit ist, erwachsen zu werden, schaltet er seinen »Gonadostat« herunter und reagiert weniger sensibel auf die dämpfende Wirkung von Östrogen und Testosteron. Er synthetisiert dann das Gelbkörperhormon, das die Hypophyse zur Ausschüttung von Gonadotropinen anregt und damit den Startschuß zur sexuellen Reifung gibt.

Die Hypophyse oder Hirnanhangdrüse, die allen anderen Drüsen übergeordnet ist, weil deren Sekretion durch ihre Ausschüttungen stimuliert wird, gehört als einzige Drüse teilweise zum Gehirn. Sie ist ein kirschgroßes Oval, das aus zwei Läppchen besteht. Der hintere Lappen, der eine Verlängerung des Hypothalamus darstellt, wirkt nicht unmittelbar auf das Geschehen während der Vorpubertät ein. Der Vorderlappen wird über ein Netzwerk feinster Blutgefäße ebenfalls vom Hypothalamus gesteuert und sezerniert mindestens sieben Hormone, von denen vier in enger Verbindung mit den Reifungsvorgängen der Pubertät stehen: das Wachstumshormon, das follikelstimulierende Hormon (FSH), das luteinisierende Hormon (LH) – auch interstitielles zellstimulierendes Hormon (ICSH) genannt – und das adrenokortikotrope Hormon (ACTH), welches die Ausschüttungen der Nebennierenrinde kontrolliert, einer endokrinen Drüse, die ebenfalls eine aktive Rolle bei der Vorpubertät spielt. Bei der Frau stimuliert FSH die Ovogenese und die Bildung von Östrogen. LH löst die Ovulation aus und regt die Produktion von Progesteron, dem anderen »weiblichen Hormon«, an. Beim Mann ist die Ausschüttung von FSH Voraussetzung für die Spermatogenese, und ICSH stimuliert die Zellen, die zwischen den Samenkanälchen der Hoden liegen, Testosteron, das »männliche Hormon«, zu produzieren. ACTH aktiviert die Nebennierenrinde, die etwa dreißig Hormone produziert, darunter Androgene und Östrogene bei beiden Geschlechtern. Die Nebennieren sind etwa fünf Zentimeter lang und liegen oberhalb der Nieren. Nebennierenandrogene stimulieren das Wachstum der Scham- und Achselhaare bei Frauen wie bei Männern. Die kleinen Östrogenmengen, die von den Nebennieren ausgeschüttet werden, lösen gewisse verweiblichende Veränderungen aus, etwa die Entwicklung eines Busenansatzes bei Mädchen und Jungen in der Vorpubertät. Die wichtigsten verweiblichenden und vermännlichenden Veränderungen der Vorpubertät gehen von den Östrogenen der Ovars und dem Androgen der Hoden, dem Testosteron, aus. Dabei findet jedoch ein ständiges Wechselspiel, ein ständiges Ausbalancieren mit den Östrogenen und Androgenen der Nebennieren statt, welche die Hauptverantwortung für den pubertären Wachstumsschub bei beiden Geschlechtern tragen. Die sogenannten Sexualhormone können also, je nachdem welche Zellverbände sie beeinflussen, auch als Wachstumshormone wirken.

Die männlichen Keimdrüsen entwickeln sich in der Bauchhöhle und steigen dann zu beiden Seiten des Penis allmählich in den außerhalb des Leibes gelegenen Hodensack herab, wo sie von den Samenleitern gehalten werden. Das Absinken der Hoden ist normalerweise vor Beginn der Vorpubertät abgeschlossen. In den Hoden befinden sich etwa achthundert geschlängelte Kanälchen, die mit samenproduzierendem Keimepithel ausgekleidet sind. Zwischen den Samenkanälchen liegen die interstitiellen oder Leydigschen Zellen, welche, vom ICSH reguliert, Testosteron produzieren. In der frühen und späteren Kindheit stimulieren geringe Testosteronmengen aus den noch unreifen Hoden und Androgene aus den Nebennieren das Absinken der Hoden. Nach dem Einsetzen der Vorpubertät steigen diese Hormonausschüttungen an und eine allgemeine Vermännlichung kommt in Gang: Penis, Prostata und die anderen männlichen Zeugungsorgane wachsen und die sekundären männlichen Geschlechtsmerkmale entwickeln sich.

Den Hoden entsprechen bei der Frau die Eierstöcke. Beim Fötus liegen die Eierstöcke in der Bauchhöhle nahe den Nieren. Sie sinken allmählich in das Becken ein, verbleiben jedoch anders als die männlichen Keimdrüsen innerhalb des Leibes. Außerdem vergrößern sie sich während der Vorpubertät nur geringfügig. Die etwa pflaumengroßen Eierstöcke besitzen eine Rindenschicht, in der die Eifollikel mit den weiblichen Keimzellen liegen. Man nimmt an, daß etwa 500 000 Eizellen bei der Geburt angelegt sind. In den Eierstöcken junger Mädchen befinden sich zahlreiche noch unreife Follikel, von denen sehr viele niemals ganz ausreifen. Sie schrumpfen und verschwinden schließlich. Die verbleibenden Follikel gelangen in der Pubertät zu voller Entwicklung; die in ihnen enthaltenen Eier können befruchtet werden. Drei oder vier Jahre bevor die Ovulationszyklen regelmäßig ablaufen, beginnen die Eierstöcke beträchtliche Östrogenmengen auszuschütten. Ovarielle Östrogene stimulieren zusammen mit Nebennieren-Östrogenen das Wachstum der Klitoris, der Vulva, des Uterus und anderer weiblicher Geschlechtsorgane; sie fördern die Entwicklung der sekundären weiblichen Geschlechtsmerkmale und verstärken ganz allgemein die Weiblichkeit. Im Zusammenspiel mit dem luteinisierenden Hormon regulieren dann Östrogen und Progesteron aus den Eierstöcken den monatlichen Zyklus von Ovulation und Menstruation.

Der reife Rückkopplungsmechanismus aus Hypothalamus, Hypophyse und Keimdrüsen wird vermutlich erst dann in Gang gesetzt, wenn Körpergewicht und -größe, Stoffwechsel, zerebale Differenzierung und andere Wachstumsfaktoren das Signal geben, daß das Kind bereit ist, ins Erwachsenenleben einzutreten.

Sobald der Hypothalamus das »Bereitschaftssignal« erhält – von einem anderen Teil des Gehirns oder vielleicht von einem auf das Gehirn einwirkenden Hypophysenhormon –, synthetisiert er einen Faktor, der im Hypophysenvorderlappen die Produktion von LH auslöst. Kurz darauf beginnen die Keimdrüsenhormone die biologischen Vorgänge der Vorpubertät zu regulieren, die zur Geschlechtsreife und zur endgültigen Geschlechtsdifferenzierung führen. Außerdem leiten die Keimdrüsenhormone zusammen mit den Androgenen und Östrogenen der Nebennieren und dem hypophysären Wachstumshormon jenen Wachstumsschub ein, von dem beinahe sämtliche Organe, Knochen und Gewebe des Körpers erfaßt werden.

Einmal in Gang gesetzt, sind die Prozesse des körperlichen Wachstums, die dem Kind zur Statur des Erwachsenen, zu genitaler Reife und endgültiger Geschlechtsdifferenzierung verhelfen, irreversibel, es sei denn, es treten so seltene Umstände wie Magersucht, Hirntumoren oder bestimmte hormonale Störungen ein. Was auf der Blaupause des Reifungsplanes skizzenhaft schon vor der Geburt festgelegt war und in den ersten Monaten der extrauterinen Existenz nur geringfügig modifiziert wurde, nimmt nun Gestalt an. Die physischen Konturen des Erwachsenen, zu dem wir heranreifen, werden erkennbar. Dieser körperliche Reifungsprozeß vollzieht sich auf spezifisch menschliche Weise – typisch menschlich sind dabei nicht nur die Genitalien, die sekundären Geschlechtsmerkmale, das Größenverhältnis von Schädel zu Kiefer, von Rumpf zu Beinlänge, typisch menschlich sind auch all die individuellen Verschiedenheiten bezüglich Erwachsenenstatur, Schambehaarung, Schulterbreite, Brustform, Fettverteilung, Stoffwechsel und Herzrate, die das Wechselspiel zwischen biologischen Gegebenheiten und Umweltfaktoren hervorbringt.

Das psychische Selbst, welches schließlich in Erscheinung tritt, ist vielschichtiger, seine Entstehung schwerer nachvollziehbar. Weder biologische Gegebenheiten noch gesellschaftliche Einflüsse noch die emotionalen Szenarios der frühen und späten Kindheit spielen hierbei eine ausschließliche oder entscheidende Rolle. In der Psychologie des Menschen gibt es keine linear ausgerichtete Kausalität. Vergangenheit und Gegenwart überschneiden sich.

Gegenwärtige Zustände können über die Auswirkungen der Vergangenheit entscheiden und tun es oft. Wie sehr und auf welche Weise kindliche Erfahrungen und Prägungen einen Einfluß auf das Erwachsensein ausüben, hängt weitgehend von den Lösungen ab, die in der Übergangsphase der Adoleszenz gefunden werden.

Da wir Menschen so überaus flexibel und erfindungsreich sind, können wir die Zwangslagen und Zwickmühlen, denen wir uns allesamt gegenübersehen, mit Hilfe einer Vielzahl faszinierender und oft auch entwaffnender Verhaltensweisen in Szene setzen. Die Maskeraden der Adoleszenz sind so vielgestaltig wie die *comédie humaine* selbst: Da haben wir die beschützte Frau einer Jäger-Sammler-Kultur, deren kosmische Reise ins Erwachsensein im Hogan ihrer Familie stattfindet, da haben wir auch den erotisch frühreifen Rousseau, den Spätzünder Hall, den keuschen Galahad, den göttlichen Tänzer in der Lederjacke, den von den Posters seiner Superhelden und -heldinnen umgebenen Teenager, den schlafmützigen Konformisten, den sorglosen Pizzakauer, den, der einzig um der Rebellion willen rebelliert, das Blumenkind. So unterschiedlich sie auch erscheinen mögen, alle Kinder, denen eine Adoleszenz, eine Zeit des Heranwachsens eingeräumt wird, stehen vor denselben Problemen, die es zu bewältigen gilt, bevor sie erwachsen werden. Wenn sie im psychologischen Sinne erwachsen werden wollen, müssen die Jugendlichen die Einsamkeit, die der herzzerreißende »Abschied von der Kindheit« mit sich bringt, durchstehen. Um zu einer erwachsenen Identität zu gelangen, müssen sie ihre neu erwachten genitalen Wünsche mit den moralischen Forderungen der Gesellschaft, in der sie leben, in Einklang bringen. Und wenn manche der Heranwachsenden bei diesem Handel eine Möglichkeit finden, das moralische Erbe der Kindheit zu modifizieren, dann haben sie neue Lösungen des ewigen Widerstreits zwischen Autorität und Verlangen geschaffen – dann haben sie uns alle ein Stück weiter gebracht. Nicht alles bleibt beim Alten; wir kehren nicht jedesmal ganz an den Anfang zurück. Der Reifungsplan der Vorpubertät stellt sicher, daß wir eine Zukunft haben. Er ebnet die Wege, die schließlich zu Neuerungen führen. G. Stanley Hall verstand es so, daß sich in der Adoleszenz »die Schleusentore für das Erbe unserer Ahnen, das wir in uns tragen, auftun ... es ist eine entscheidende Phase für die Neuordnung all unserer ererbten Kräfte. Leidenschaften und Wünsche erwachen zu kraftvollem Leben, doch geht damit in der Regel die Entwicklung von Fähigkeiten einher, die der Kontrolle und der Zügelung dienen und letztlich die Oberhand behalten«. Die Kindheit ist das Reservat der Vergangenheit. Die Adoleszenz eröffnet neue Möglichkeiten und neue Lösungen. In Anlehnung an Paul Ricoeurs Betrachtungen zum Unterschied zwischen Traum und Kunst könnten wir sagen: Die Kindheit ist das Reich, das uns in Träumen erscheint, welche die Vergangenheit zurückrufen. Die Adoleszenz dagegen gleicht eher einem Kunstwerk, einem vorwärtsgerichteten Symbol der persönlichen Synthese und der Zukunft der Menschheit schlechthin. Wie ein Kunstwerk, das uns den Weg zu neuen Entdeckungen ebnet, eröffnet uns auch die Adoleszenz neue Horizonte, indem sie Energien mobilisiert, die ursprünglich in die Vergangenheit investiert wurden.

Der Reifungsplan der Kindheit stellt sicher, daß das menschliche Neugeborene zum Liebesdialog mit einer betreuenden Person fähig ist, und hält dadurch die Kontinuität der menschlichen Spezies aufrecht. Dieser Dialog setzt sich – mitunter auch gegen widrigste Umstände – durch, wann immer ein durchschnittliches Baby in eine durchschnittliche Familie hineingeboren wird. Der Liebesdialog zwischen Mutter und Kind verwandelt ein psychisch hilfloses Kind, das nichts anderes kennt als schrankenlose Selbstliebe, in ein soziales Wesen. Aus dem selbstzufriedenen Wonnezustand des primären Narzißmus wird der menschliche Säugling in die Liebespartnerschaften gelockt, die zum Sicherheitsnetz seiner Existenz werden. Der Liebesdialog wird lebenswichtig für ihn; er wird stärker ersehnt und schafft mehr Befriedigung als Nahrung und Wärme. Die despotische Macht der moralischen Autorität entstammt jener Zeit der ersten psychischen Geburt, als das körperliche und seelische Überleben vollkommen vom Schutz und der Anerkennung der Eltern abhing. Furcht vor Verlust des Dialogs kann feige, untertänige Kinder aus uns machen – weshalb das menschliche Gewissen so weitgehend ein Instrument des *Status quo* ist. Sein Widerstand gegen Veränderung ist unbarmherzig. Es bewahrt die Vergangenheit.

Die Adoleszenz bietet Gelegenheit zur Überprüfung und Wandlung jenes archaischen Gewissens, welches aus Überresten der infantilen Liebesdialoge besteht: aus wachsamen Augen, verbietenden Stimmen, Forderungen nach Vollkommenheit. Am Ende der Adoleszenz mögen die wachsamen Augen ein bißchen freundlicher blicken, und die »Nein« sagende Stimme wird dann vielleicht weniger hart klingen. Doch die bedeutungsvollste all jener Veränderungen, die sich in der Adoleszenz vollziehen, ist die Bezähmung der Ideale, an denen ein Mensch sich selbst mißt.

Im Laufe dieses Mäßigungsprozesses lernt der Jugendliche seinen Eltern zu verzeihen, daß sie in Wirklichkeit weniger mächtig sind, als er sie einst eingeschätzt hatte. Ferner besteht die Möglichkeit, daß der übersteigerte Narzißmus des Heranwachsenden, vornehmlich seine Allmachts- und Ruhmesträume, von der eigenen Person abgelöst und in gesellschaftliche Ideale umgewandelt wird. Aus Selbstliebe kann nun Liebe zur Spezies werden. Leise flüsternd erteilt das auf die Zukunft ausgerichtete Gewissen die Erlaubnis, über das Sicherheitsnetz unserer gewöhnlichen und endlichen Existenz hinauszugreifen. Der Kampf um die Revision der Vergangenheit kann ohne tiefgreifende Umwälzungen des Seelenlebens nicht entschieden werden. Jede Phase der Adoleszenz – Vorpubertät, Pubertät, das späte Jugendalter – leistet ihren besonderen Beitrag zur Lösung jener inneren Schwierigkeiten, die jeden Heranwachsenden umtreiben. Wie kann ich das genitale Verlangen mit den Geboten des Gewissens vereinbaren? Wie kann ich mir die wunderbaren Liebesdialoge, die exquisiten Leidenschaften der Kindheit bewahren und dennoch meine genitale Vitalität und meine Zukunftsorientierung behaupten?

Das Drama nimmt seinen Lauf. Die Vorpubertät ist der erste Akt. Biologisch gesehen bereitet die Vorpubertät auf den Eintritt der Geschlechtsreife vor. Sie umfaßt die Zeit (11 bis 14 Jahre) zwischen den ersten Anzeichen von Merkmalen des erwachsenen Körpers, etwa Schambehaarung und Busen, und der Fähigkeit, reife Eizellen bzw. Samen zu produzieren. Gesellschaftlich betrachtet kündigt sie die Notwendigkeit an, der Kindheit Lebewohl zu sagen. Während der Pubertät (15 bis 18 Jahre), dem zweiten Akt, kommen die biologischen Veränderungen zum Abschluß, die aus dem kindlichen Körper einen erwachsenen Körper machen. Nun ist die Geschlechtsidentität festgelegt. Von den Jugendlichen wird erwartet, daß sie sich in ihrem sexuellen Verlangen von dem engen Kreis ihrer Familie weg zur Gemeinschaft hin orientieren. Sie müssen auf die Idealisierung der Eltern verzichten – auf eben jene Idealisierung, die es ihnen einst ermöglichte, sich sicher, mächtig und absolut geliebt zu fühlen. Das Drama erreicht seinen Höhepunkt.

Das späte Jugendalter, das mit achtzehn, neunzehn Jahren beginnt, bringt dann die Lösung. Dieser letzte Akt wird weniger direkt von physiologischen Vorgängen beeinflußt und ist daher in stärkerem Maße kulturellen Deutungen und Überformungen ausgesetzt als Vorpubertät und Pubertät. Doch unabhängig davon, ob die Jugend bis ins vierte Lebensjahrzehnt hinein verlängert oder auf einen einmaligen Ritus der Eingliederung verkürzt wird – eine Lösung des Widerstreits zwischen individuellem Verlangen und moralischer Autorität muß gefunden werden. Die Physiologie der genitalen Sexualität und der Zeugungsfähigkeit wird ihres antisozialen Potentials entkleidet und in den Dienst der gesellschaftlichen Ordnung gestellt.

Dieser zeitliche Ablauf bildet ein Gerüst, mit dessen Hilfe der grobe Handlungsfaden des Dramas recht gut erkannt werden kann. Eine rein chronologische Betrachtungsweise wird jedoch der komplexen Erzählstruktur, die diesem Drama zugrunde liegt, nicht gerecht. Wie bei jeder Erzählung kann auch hier die ausschließliche Konzentration auf den manifesten Ablauf der Geschichte von den Inhalten ablenken, welche uns die eigentliche Bedeutung des Dramas enthüllen könnten. Was die Adoleszenz betrifft, so kehren ihre charakteristischen Probleme – der Abschied von der Kindheit, die Verlagerung des Verlangens, die Versöhnung von Verlangen und Autorität – immer wieder von neuem ins Zentrum des Geschehens zurück, und zwar von dem Moment an, wo sich der Vorhang hebt, bis das letzte Wort gesprochen ist. Obgleich in jedem Akt ein solches Dilemma in den Vordergrund gerückt wird, interagieren sie die ganze Adoleszenz hindurch nach Prinzipien, die einer linearen Logik trotzen.

Der Weg, den wir einschlagen, zwingt uns, zunächst einigen bedeutsamen Konstanten menschlicher Erfahrung nachzugehen: Verlangen, Liebesdialog und Autorität. Der Liebesdialog des Menschen entspringt dem Verlangen, und sobald der Liebesdialog anhebt, muß das Verlangen beschränkt werden. Die Regeln, nach denen beschränkt wird, liefert die Autorität. Gesetzmäßigkeit kommt ins Spiel. Bald entdecken wir, daß der Narzißmus das Verlangen überlagert und seinen Tribut fordert. Wie das Verlangen dem Hunger nach Liebesdialog unterzuordnen und der

Narzißmus dennoch aufrechtzuerhalten ist – diese Frage steht im Mittelpunkt der kindlichen Existenz. Von den Umwandlungen der Adoleszenz wird nicht nur das infantile Verlangen erfaßt, sondern auch die während der Kindheit gültige moralische Autorität *und* der kindliche Narzißmus.

Wie wird nun die Selbstliebe – »die Quelle aller dieser unserer Leidenschaften, der Ursprung aller übrigen, die einzige, die mit dem Menschen geboren wird und ihn niemals verläßt, solange er lebt« – in die Revision der Adoleszenz miteinbezogen? Was hat es mit jener angeborenen Form von Narzißmus auf sich, die dem Verlangen vorausgeht und sich nach ganz eigenen Regeln zu entwickeln scheint? Steht sie auf der Seite des Verlangens? Der Autorität? Könnte es sein, daß die Selbstliebe den nährenden Untergrund der ethischen Existenz bildet? Schon möglich. Doch nach Rousseaus Verständnis bringt Selbstliebe allein noch kein ethisches Empfinden hervor. Zur Quelle der Tugend wird sie erst im Kontext des großen Disputs zwischen Verlangen und Autorität. Die Legenden, die sich darum ranken, wie wir in unsere Liebesdialoge eintreten, wie wir sie verlieren, betrauern, wiederaufnehmen und unsterblich machen, bieten einen Zugang zum Seelenleben der Jugendlichen. Ein anderer Weg führt uns durch das Reich des Narzißmus und der typisch menschlichen Widersprüche zwischen Selbst- und Eigenliebe. Und während wir diesen verschlungenen Pfaden folgen, fragen wir uns: »Wird das Drama enden wie *Hamlet*? Wird die tiefgreifende Umwälzung einer individuellen Existenz wie eine echte Tragödie damit enden, daß die Übriggebliebenen der nachfolgenden Generationen die Scherben zusammenräumen und dann die alte Ordnung wiederherstellen? Oder wird es wie in jenen Komödien, die das Leben preisen, damit enden, daß die Liebenden und die Narren das letzte Wort haben?«

Teil II
Zwickmühlen
und Lösungsversuche

5 Liebesdialoge I: Der große Disput des Verlangens mit der Autorität

Ein jäher Wachstumsschub wirft den Jugendlichen der Zukunft entgegen. Eine Welle frischer Vitalität, von der jede Neigung, jedes Interesse erfaßt wird, bricht die Strukturen der Vergangenheit auf und ebnet den Weg zu neuen Lösungen. So unerbittlich diese Kräfte den Jugendlichen vorantreiben, so stark hält ihn eine Gegenmacht zurück: Die Kindheit läßt sich nicht abschütteln. Sie beharrt auf ihren archaischen Begierden und fordert, daß sie weiterhin regieren.

Doch in der Pubertät – gerade dann, wenn die Genitalität den archaischen Begierden der Kindheit endlich zu Diensten sein könnte – stößt der Jugendliche auf das Inzesttabu, welches eine Umgestaltung des sexuellen Verlangens erzwingt. Bis zu diesem Zeitpunkt sind die Eltern die primären Objekte der sexuellen Wünsche und Sehnsüchte des Kindes; sie sind, wie unvollkommen sie auch sein mögen, Heilige in seinen Augen. Sie gewähren ihm Schutz. Und durch ihre Macht erlebt sich das Kind selbst als mächtig. Nach der Pubertät müssen diese Eltern als Objekte des Verlangens aufgegeben werden, ebenso wie die kindlichen Idealisierungen, die ihrer Macht als Schrein dienten.

Mit dem unwiderruflichen Verzicht auf die Liebesbeziehungen der Kindheit ist ein langanhaltender und schmerzlicher Widerstreit der Gefühle verbunden. Verschärft wird dieser Widerstreit durch die willkürlichen Forderungen eines noch unsicheren Gefühls dafür, was erlaubt ist, wo die Grenze zwischen Recht und Unrecht verläuft und mit welchen Strafen bei moralischen Verfehlungen zu rechnen ist. Zu Beginn der Adoleszenz ist das Gewissen noch nicht ausgereift; seine Bedingungen sind noch absolut. Es befiehlt weiterhin Gehorsam gegenüber den idealisierten Eltern, auf die sich seine eigene außerordentliche Macht gründet. Dieses Gewissen besteht auf totaler sexueller Enthaltsamkeit. Wenn das Schulkind den Geboten seines Gewissens folgte, würden seine kindlichen Bindungen auch im Jugendalter noch fortdauern, und es gäbe keinen Platz für seine genitalen Wünsche. Damit der junge Mensch erwachsen werden kann, muß man ihm gestatten, ein Mensch mit vollentwickelten Genitalien zu werden, der zeugungs- bzw. gebärfähig ist. Und der Jugendliche muß der Tatsache ins Auge sehen, daß die Eltern nicht die allmächtigen Götter sind, die er einst in ihnen sah.

Die Pubertät stellt daher einen Anreiz dar, das sexuelle Begehren aus dem familiären Raum nach außen zu verlagern und die moralische Autorität einer Überprüfung zu unterziehen. Wenn eine Leidenschaft von einem Bereich auf einen anderen übertragen werden muß, wenn moralische Prioritäten – sei es von der Gesellschaft oder vom Individuum selbst – neu gesetzt werden müssen, so gehen damit stets gewaltsame Veränderungen einher. Die Frage ist, ob die Revolution, die hier stattfindet, Vernichtung oder Umwandlung bedeutet.

Wenn ein Kind erwachsen wird, steht der gesellschaftliche *Status quo* auf dem Spiel. Die Älteren bekommen Angst – und aus gutem Grund. Die Jugendlichen sträuben sich gegen Einschränkungen ihres persönlichen Freiraums, und die Risiken, die sie dabei eingehen, bedrohen die Tradition. Mit ihrer eindringlichen physischen und psychischen Präsenz erscheinen die Heranwachsenden wie wandelnde Symbole für Fruchtbarkeit und neues Leben. Nicht wir, sondern sie bringen künftige Generationen hervor. Werden sie uns hinter sich zurücklassen, wie wir unsere Eltern hinter uns ließen? Werden sie uns vergessen, uns in adrette Seniorensiedlungen abschieben? Werden sie uns in den Staub treten, während sie zu neuen Ufern aufbrechen? Tun wir deshalb nicht besser daran, sie unten zu halten, sie zu geißeln, im Familienkokon einzuspinnen, ihre Körper nach unserem Bild von Männlichkeit und Weiblichkeit zu formen, ihnen die

Stammesgesetze einzubleuen und auf diese Weise sicherzustellen, daß sie sich der Macht der Älteren beugen?

Wie schnell vergessen wir unsere eigene Jugendzeit. Heranwachsende sind gar nicht so felsenfest entschlossen, die Vergangenheit auszulöschen, wie wir uns das einbilden. Zudem sind die Einflüsse der Vergangenheit stärker als wir vermuten. Jedem energischen Anlauf, die Kindheit hinter sich zu lassen, steht das sehnsüchtige Verlangen gegenüber, zurückzugehen und in die Leidenschaften der Kindheit erneut einzutauchen. Unsere frühesten Liebesdialoge widerstehen beharrlich jeder Bewegung in die Zukunft. Jugendliche können keine neuen Welten erschaffen, bevor sie eine Möglichkeit gefunden haben, die Vergangenheit mit der Zukunft zu versöhnen. Bei dem Versuch, das Wertvolle zu erhalten und dennoch die infantilen Formen der Liebe zu überwinden, gerät das Innenleben in Aufruhr.

Die Liebesbindungen der Kindheit wirken ständig bedrängend auf die Gegenwart ein. Sobald der Jugendliche die erdrückende Vergangenheit spontan und freudig abgeschüttelt hat, holt sie ihn schon wieder ein, fordernd, verführend, herzerweichend – ohne daß ihm dies alles ganz bewußt wäre. Seiner Hochstimmung folgt ein verwirrendes Gefühl von Kummer und Gram.

Wenn wir Menschen unsere Gefühle einmal an ein Zuhause, an einen geschätzten persönlichen Besitz oder – vor allem anderen – an einen anderen Menschen gehängt haben, fällt es uns schwer, davon zu lassen. Wir stellen eher unsere Eigeninteressen hintan, wir gefährden eher unser Leben, als daß wir loslassen, was wir einst liebten. Lieber würden wir am Rande eines aktiven Vulkans oder auf einem Stück Land leben, das alljährlich von einem Taifun heimgesucht wird, als jenen riskanten Wohnsitz aufzugeben, den wir unser Zuhause nennen. Weil die Liebesbindungen der Kindheit in einem Lebensabschnitt geknüpft wurden, in dem wir von ihnen völlig abhängig waren, haben sie eine ungeheure Macht über uns, welche die jeder anderen Gefühlsbeziehung übersteigt.

Es ist nur zu begreiflich, daß das Kind in der frühen Kindheit

– an dieser kritischen Nahtstelle der Generationsfolge, wo es sich in seiner verletzlichsten Phase befindet – diejenigen Personen am heftigsten begehrt, die es umhegen und schützen. Die Befriedigung der zwei Grundbedürfnisse nach Nahrung und nach Triebabfuhr verknüpft sich bald mit dem Hunger nach Beziehungen zu anderen, dem sexuellen Hunger, der *Libido*.

Die Libido ist nicht angeboren, sie entwickelt sich im Rahmen des Dialogs zwischen Mutter und Kind. Menschliche Liebesdialoge gehen aus dem Verlangen hervor, aus den ewig wiederkehrenden Zyklen von Lust, Erwartung und Erfüllung. Ohne Bindung an eine geliebte Person gibt es für den Menschen keine Möglichkeit, dieses Verlangen zu befriedigen. Ist eine solche Bindung einmal hergestellt, so kommt es auch zu Beschränkungen, Versagungen, Enttäuschungen, zu Unterbrechungen und Trennungen – zu einer gewissen Gesetzmäßigkeit, die das Wo, Wann und Wie der Befriedigung regelt.

Charakteristisch für uns Menschen ist, daß wir bei unserer Geburt eigentlich noch gar nicht existieren. Es ist dann die uns bemutternde Person, die uns in unsere spezifisch menschliche Existenz förmlich hineinlockt, indem sie unseren angeborenen Drang, gesäugt, gehalten, gewiegt, liebkost zu werden, befriedigt. Doch diese gewährende Person erweist sich zugleich auch als versagend, sie setzt dem Verlangen Grenzen und rationiert die Befriedigung. In diesem Sinne ist die Mutter der erste Gesetzgeber. Es wäre vielleicht für den Säugling einfacher, wenn die Situation lediglich erforderte, daß Befriedigung gegen Gehorsam getauscht würde. Die Lage ist jedoch komplizierter. Der Säugling kann diesen allmächtigen Gesetzgeber, von dem seine Existenz abhängt, nicht kontrollieren oder besitzen. Die Mutter kommt und geht, wie es ihr gefällt. Sie erlaubt das Eindringen der Außenwelt. Sie unterbricht die wunderbaren Liebesdialoge, die wichtiger sind als ein voller Magen. Der Säugling wird daran gemahnt, daß er nicht immer gehalten werden, daß er ins Nichtsein zurücksinken kann.

Und so beginnt der große Disput des Verlangens mit der

Autorität: Von der Aufnahme des Dialogs zu seinem Abbruch, vom Nähren zur Entwöhnung, vom Einssein mit der Mutter zur Trennung von ihr, vom ersten Erwachen genitaler Sehnsüchte zur Demütigung der ödipalen Niederlage zieht sich durch die ganze Kindheit eine Legende, die davon handelt, wie Liebesobjekte gefunden werden, wie sie verlorengehen und schließlich wiederentdeckt werden.

Lieben heißt auch, Bedingungen hinnehmen. Bereitwillig erfüllen wir diese Bedingungen, weil wir das Ausmaß unserer Begrenzungen, unserer Abhängigkeit, Hilflosigkeit und Verwundbarkeit erahnen. Die Liebe zum anderen ist trotz all ihrer Versagungen und Einschränkungen das Sicherheitsnetz der menschlichen Existenz. Es ist nun einmal eine unabänderliche Tatsache, daß diejenigen, nach denen wir zuerst hungern, für uns auch die ersten Repräsentanten von Autorität sind. Von Anfang an sind sie die Vermittler von Aufschub, Recht und Ordnung. Sie sind die verbietenden Stimmen, die wachsamen Augen. Sie halten das Verlangen in Schranken, bestimmen über die Erfüllung nach Grundsätzen, die für das Kind geheimnisvoll sind. Doch weil diese mächtigen Autoritäten auch das Sicherheitsnetz seiner Existenz sind und weil sein Hunger nach dem Dialog mit ihnen lebenswichtiger ist als Nahrung oder Wärme, unterwirft sich das Kind ihren Forderungen. Allerdings nicht kampflos. Nicht ohne den Versuch, das eigene Selbst zu schützen – jenes verschwommene, noch gestaltlose Etwas, das es als Mittelpunkt seines Daseins betrachtet. Und nicht ohne einen gewissen Groll darüber, daß es einen Teil seines Selbst opfern muß.

Das entscheidende Kapitel des kindlichen Liebesdialogs betrifft das Schicksal des ödipalen Verlangens. In diesem Kapitel geht es darum, daß die zwei Personen umfassenden, dyadischen Liebesdialoge der frühen Kindheit zu Nebenschauplätzen eines weitaus komplexeren Szenarios werden. * Das Kleinkind erlebt

---

* Dieses Szenario tritt auch in seiner negativen oder homoerotischen Form in Erscheinung. Siehe Kapitel 7.

sicherlich ebenso Augenblicke des Hasses und des Neids auf seine Eltern wie Augenblicke inniger Liebe. Doch erst das Aufkommen des ödipalen Verlangens spannt es in ein Dreieck aus Liebe und Haß ein, das ihm die Auseinandersetzung mit sexueller Begierde, mit Eifersucht, Ambivalenz und Schuld aufzwingt. Während es seinen eigenen kleinen, bemitleidenswert unzulänglichen Körper mit der Größe und Gewandtheit von Vater und Mutter vergleicht, steht es vor der Demütigung der ödipalen Niederlage. Zu seinem eigenen Schutz und zum Schutz des Familienlebens muß das Drama stets damit enden, daß die ödipalen Wünsche des Kindes unerfüllt bleiben. Es erlebt nun zum ersten Mal, daß Verlangen nicht nur rationiert und dosiert, sondern vollkommen verboten wird. Bisher wurde der Drang zu saugen, zu schlucken, gehalten, liebkost, gewiegt zu werden, befriedigt, wenn auch unter gewissen Auflagen wie »nicht so sehr«, »an dieser Stelle«, »zu jener Zeit«. In ähnlicher Weise stoßen die sexuellen und aggressiven Leidenschaften, die im Zusammenhang mit dem kindlichen Drang stehen, Urin und Kot auszuscheiden oder zurückzuhalten, auf elterliche Erziehungsmaßnahmen, auf Antworten, die Anerkennung oder Tadel zum Ausdruck bringen. Jene Begierden jedoch, die mit den erotischen Empfindungen verbunden sind, welche von der unreifen Klitoris, der Vulva und den inneren Geschlechtsorganen des jungen Mädchens ausgehen, finden kein Ventil, werden unter keiner Bedingung zugelassen und bleiben daher ohne Liebesobjekt, an das sie sich binden könnten. Seine geheimnisvollen genitalen Begierden kann das Kind nur auf Phantasiebilder von sich selbst und den Eltern richten. Das Verlangen ist von jeglicher Wechselseitigkeit abgeschnitten; es lebt nur in Phantasien.

Gegen Ende der Kindheit haben die Phantasien schließlich eine so verschleierte Form angenommen, daß es den Anschein hat, als seien sie nun auch aus dem Bewußtsein verbannt. Gesetz und Ordnung des Familienlebens sorgen dafür, daß das Kind, wenn es um genitale Wünsche geht, zum Außenseiter wird. Die wirkungsvollste Demütigung des Kindes besteht aus der niederschmetternden Erkenntnis, daß es, gleichgültig wie geschickt, gehorsam, freundlich oder klug es auftreten mag, an all den geheimnisvollen Freuden, Lauten, Gerüchen, an den Körpererkundungen, dem Schauen und Angeschautwerden nicht teilhaben darf und *kann*. Die Köstlichkeiten des heftigen Verlangens, die in seiner Phantasie hinter jenen verschlossenen Türen genossen werden, sind ihm verwehrt. Und wenn die Erwachsenen vor seinen Augen Zärtlichkeiten austauschen, wenn sie sich küssen, umarmen, berühren und Blicke austauschen, so fällt dem Kind dabei die Rolle eines untätigen, armseligen Zuschauers zu.

Im ödipalen Szenario erreichen die kindlichen Legenden vom Verlust libidinöser Objekte ihren Höhepunkt. Andererseits gewinnt das Kind in diesem Szenario auch etwas hinzu: Im Austausch für seinen Verlust macht es sich eine gewisse innere Autorität zu eigen, über seine Wünsche selbst zu bestimmen. Dieser Neuerwerb ist das bedeutungsvollste Ergebnis des kindlichen Disputs zwischen Verlangen und Autorität. Es handelt sich dabei um jenen Teil des menschlichen Seelenlebens, der seine Kraft aus Abwesenheit, Entwöhnung und dem Entzug des Liebesdialogs bezieht, um jene Autorität, welche die Regelhaftigkeit und Gesetzmäßigkeit des Familienlebens repräsentiert. Daraus entwickelt sich dann derjenige Aspekt der kindlichen Psyche, den wir Über-Ich oder Gewissen nennen. Das Kind unterwirft sich seinen Befehlen. Es zügelt seine Begierden und verzichtet auf seine genitalen Wünsche zugunsten einer stärkeren Bindung an die Eltern und einer umfassenderen Identifikation mit ihnen. Der Preis, den das Kind für die Teilhabe an der Allmacht der elterlichen Autorität bezahlt, besteht darin, daß es seine Begierden in Einklang mit der gesellschaftlichen Ordnung bringt. Diese verinnerlichte Autorität bleibt bis zur Pubertät relativ unangetastet.

Wir würden eigentlich erwarten, daß die sich entwickelnde Fähigkeit, das Verlangen im Zaume zu halten, zu einem energischen Gegenspieler des sexuellen Hungers werde, zu einem wertvollen Verbündeten des Jugendlichen im Kampf gegen die andrängende Vergangenheit. Das ist aber nicht der Fall. Jene Funktionen, die mit dem *Gewissen* und mit *Beobachtung* verbunden sind, wie auch die infantilen Formen von *Idealisierung*, die das Über-Ich bilden, ketten den Heranwachsenden ebenso machtvoll an die Vergangenheit wie die infantilen Formen des Verlangens.

In der Funktion der *Beobachtung* tritt der wachsame Blick des Über-Ichs zutage – Niederschlag der Erfahrung, daß man beobachtet und mit verdammenden Blicken kritisiert wurde. Das *Gewissen* zeugt ausnahmslos von der Strenge und Grausamkeit einer »Nein« sagenden Stimme, von primitiven Vorwürfen, Verurteilungen und Verboten. Selbst die frühkindlichen *Idealisierungen*, geboren aus infantilem Narzißmus und übertragen auf das Sicherheitsnetz gegenseitiger Liebe, sprechen noch die Sprache von Hingabe und Unterwerfung; selbst in den Idealen, an denen sich das Ich mißt und deren Vollkommenheitsgebot es erfüllen möchte, klingt noch eine von Hilflosigkeit und Verwundbarkeit geprägte Kindheitsgeschichte nach.

Zweifellos gehört die Entwicklung eines Moralbewußtseins unabdingbar zum menschlichen Dasein. Um am gesellschaftlichen Leben teilzunehmen, muß das Kind seine Begierden im Zaume halten. Seine Moral ist jedoch im Grunde ein Produkt eben dieser Gelüste. Das Über-Ich verschlingt, prüft, führt in Versuchung, quält. Es erscheint in unseren Träumen als drohende Erniedrigung, Verbannung, Kastration, Hungertod – als der furchtbare Schatten des Gottes Hiobs, der vor allem anderen Unterwerfung fordert. Die Moral der Kindheit spiegelt die ersten Identifizierungen des Kindes wider – jene, die zu einer Zeit entstanden, als sein Selbstgefühl und seine Fähigkeit, die Umwelt zu beurteilen und zu enträtseln, noch schwach ausgeprägt waren. Zu jener Zeit projizierte das Kind seine ungezähmten, heftigen Begierden auf die Bilder, die es sich von Vater und Mutter machte. Das kindliche Über-Ich ist ein Reservoir infantiler Wünsche und Ängste. Seine Strenge entspricht der Intensität des Verlangens, dessen Einschränkung ihm obliegt.

Obgleich die manifesten Inhalte des Über-Ichs gesellschaftlichen Vorschriften entsprechen, folgt es in seiner gnadenlosen Strenge keinem realen – elterlichen oder sozialen – Modell. Das Über-Ich eines kleinen Kindes wird in erster Linie nach dem elterlichen Über-Ich geformt, welches seinerseits nur zu einem geringen Teil wirklich erwachsen werden konnte. So muß man das Über-Ich als Werkzeug der Tradition, als Vehikel jener zählebigen Einstellungen verstehen, die sich von Generation zu Generation unverändert fortpflanzen. Weit entfernt davon, als Verheißung für die Zukunft zu gelten, wird das Über-Ich oft als ein unzeitgemäßer Aspekt der menschlichen Psyche empfunden.

Während der Adoleszenz gewinnt die Legende vom Verlieren und Wiederfinden der Liebesobjekte neue Schwungkraft und Dringlichkeit. Indem der Jugendliche die alten Liebesdialoge aufgibt und neue entdeckt, fügt er der Geschichte des großen Disputs zwischen Verlangen und Autorität ein neues Kapitel hinzu. Das wichtigste Ergebnis der Adoleszenz ist die Zähmung und Neuordnung des frühkindlichen Verlangens unter der Schirmherrschaft reifer Genitalität. Gezähmt wird in der Adoleszenz aber auch das infantile Über-Ich. Verlangen und Autorität verbindet eine innige Partnerschaft. Sie bilden die beiden Pole der menschlichen Existenz. Die Umwandlung des einen zieht die Umwandlung des anderen zwangsläufig nach sich.

In der Latenzphase zwischen früher Kindheit und Adoleszenz wird das Verlangen gleichsam in der Schwebe gehalten, damit sich das Kind die Fertigkeiten und Wissensbestände, die Regeln und Umgangsformen der Gemeinschaft, in der es lebt, ungestört aneignen kann. Aus dem Familiennest begibt es sich in eine Welt von Lehrern und Gleichaltrigen, wo man ihm jene Manieren beibringt, die ihm eine zivilisierte Lebensweise ermöglichen. Es schärft sein Gedächtnis und seine Wahrnehmung und vervollkommnet seine Fähigkeit, die wahrgenommene Realität zu beurteilen. Seine Methoden, die Unterschiede zwischen Realität und Phantasie zu erkennen, verfeinern sich. In der Latenzphase gelangen die Abwehrfunktionen, die gleichzeitig die Autorität beschwichtigen und das Verlangen unter Kontrolle halten, nach und nach zu zuträglicheren Kompromissen zwischen Einschränkung und Ausleben. Die Abwehr wird beweglicher und offener gegenüber neuen Einflüssen. Doch die Stimme der Autorität bleibt auch weiterhin im wesentlichen eine verbietende, »Nein« sagende, welche alle Äußerungen des Verlangens strengstens überwacht. Kinder im Latenzalter sind angepaßt und gehorsam, sie gedeihen in einer von Ordnung und Regelmäßigkeit geprägten Umwelt. Individuelle Leidenschaften werden den unpersönlichen Loyalitäten des Gruppenlebens untergeordnet. Kinder in diesem Stadium sind pflichtgetreue Bürger eines wohlgeordneten Utopia.

Es mag überraschen, daß die Angepaßtheit des Schulkindes mit einer Utopie in Verbindung gebracht wird. Wir sind gewöhnt, uns den Heranwachsenden als Vordenker idealer Gesellschaften vorzustellen. Gewiß, Heranwachsende sind Visionäre. Sie sind es, die das Hypothetische und Abstrakte dem Realen und Konkreten vorziehen. Selbst der schlafmützige Konformist des Mittelstandes, dem die Welt gerade so gefällt, wie sie ist, wird sich als Heranwachsender in stärkerem Maße mit idealen und zukünftigen Möglichkeiten befassen, als er es als Kind je getan hat. Weshalb dann diese Verknüpfung zwischen Utopismus und den Jahren der Latenz? Idealstaaten wie Utopia sind selbst eine eigentümliche Mischung aus Zukunftsvision und konformistischer Gesellschaft. Zur Bezeichnung einer idealen Gesellschaft wurde das Wort »Utopia«, welches »Nirgendwo« bedeutet, erstmals von Thomas Morus in seinem Buch *Utopia* aus dem Jahre 1515 verwendet. Dieses Buch gab einem ganzen literarischen Genre seinen Namen.

Die Tradition utopischer Phantasien in der abendländischen Literatur geht in Wahrheit auf Platos *Staat* zurück. Platos Gesellschaft war ein hierarchisches Klassensystem; Morus' Gesellschaft dagegen war klassenlos. Dennoch war es Plato, der Morus und alle nachfolgenden europäischen Verfasser utopischer Schriften am nachhaltigsten inspirierte. Die Schöpfer dieser imaginären Gesellschaften sind stets Kritiker einer bestehenden Gesellschaftsordnung. Die von ihnen konstruierten idealen Gemeinschaften sollen in der Regel als Korrektiv einer bestehenden Ordnung verstanden werden: *Der Staat*, *Utopia*, Rousseaus *Gesellschaftsvertrag*, Thoreaus *Walden*, Skinners *Walden II*. Utopische Entwürfe können aber auch die Form einer gezielt überspitzten Karikatur der bestehenden Ordnung annehmen und auf diese Weise Gesellschaftskritik zum Ausdruck bringen, wie etwa die anti-utopischen Utopien in Samjatins *Wir*, Huxleys *Schöne Neue Welt*, in Orwells *1984* und Burgess' *Uhrwerk Orange*. Diese sogenannten »nicht-utopischen« Romane sind im Grunde verstohlene Spitzen gegen das gesamte utopische Genre. Sie lenken unsere Aufmerksamkeit auf den unterschwelligen Totalitarismus der »guten« Idealstaaten. Obgleich Plato wie Morus leidenschaftliche Visionäre waren, ist in den von erdrückenden Zwängen geprägten Gesellschaften, die sie entwarfen, für Leidenschaft kein Raum. Die visionären Aspekte von *Utopia* entstammen dem geistigen Klima, das zu Morus' Zeit herrschte. Die Vorstellung, daß man das Imaginäre und Nicht-Wirkliche benutzen könne, um reale Probleme zu lösen, war eine Neuerung des 16. Jahrhunderts. Von dieser Strömung wurde sogar die Mathematik erfaßt, wo erstmals von negativen, irrationalen, imaginären *numeri ficti* – von fiktiven Zahlen – die Rede war. Auf diesem Hintergrund ist der Titel *Utopia* – Nirgendwo – zu verstehen.

Inhaltlich handelt es sich bei Morus' Zukunftsentwurf jedoch um eine Rückkehr in die Vergangenheit. Morus, der im Grunde ein tiefreligiöser Mensch mit asketischen Zügen war, konstruierte seine ideale Gesellschaft nach klösterlichen Prinzipien. Sein Utopia ist ein wehmütiger Rückblick auf das mittelalterliche Ideal, ein einziges großes Kloster, in dem alle Menschen nach der Regel des heiligen Benedikt leben. Jedermann verbringt den Tag damit, gute Taten zu vollbringen. Die Bevölkerung lebt in einer kooperativen Gemeinschaft, die viel Ähnlichkeit mit einer Pfadfindertruppe hat. Aktivitäten wie »Spielen«

und »Würfeln«, bei denen man seinen Charakter verdirbt und obendrein noch Zeit vergeudet, sind verpönt. Die Kleidung ist einfach und für alle gleich – der Tracht der Franziskanermönche zum Verwechseln ähnlich.

Idealstaaten wie Utopia sind, seien sie nun der idealen Polis Platos oder der imaginären Inselgemeinde Thomas Morus' nachgebildet, zunächst einmal nichts als Schimären – Hirngespinste, Träume, Sehnsüchte. In die Realität umgesetzt erweisen sie sich dann jedoch als übersteigerte Versionen eines Gefühlslebens, das als typisch für Kinder im Latenzalter gilt. Selbst jene ewigen religiösen Utopien nach Art des »verirrten Wallfahrers«, bei denen es doch angeblich einzig darum geht, das wahre Selbst wiederzufinden und zu verwirklichen, können, sobald sie institutionalisiert sind, nicht umhin, individuelle Leidenschaften zu unterdrücken und konventionelle, kulturell vorgestanzte Formen des Zusammenlebens zu zementieren. Rousseau, dessen Schriften reichlich mit utopischen Visionen durchsetzt sind, war sich der Spannungen zwischen dem Ideal des individuellen Selbst und dem Ideal des gemeinschaftlichen Selbst sehr wohl bewußt. In den Widersprüchen Rousseaus tritt die Zwiespältigkeit des utopischen Entwurfs beispielhaft zutage. Was geschieht mit der Individualität in der Utopie von der Gemeinschaft? Wie können wir unser Verlangen nach persönlicher Authentizität mit unserer Sehnsucht nach Gemeinschaft in Einklang bringen?

Rousseau wußte, daß persönliche Leidenschaften nicht unbedingt in Widerspruch zu bürgerlichem Verantwortungsbewußtsein stehen müssen. »Unsere Leidenschaften«, erklärt er in *Emil*, »sind die wichtigsten Werkzeuge zu unserer Erhaltung.« Die sexuellen Leidenschaften, die Emil in der Adoleszenz umtreiben, öffnen ihm das Herz für die übrige Menschheit. »Solange die Empfindsamkeit auf das Individuum beschränkt bleibt, haben seine Taten keinen moralischen Charakter. Erst wenn sie über sich hinauswirkt, beginnt er zu fühlen und bekommt den Begriff von Gut und Böse, der ihn wahrhaft zum Menschen und zu einem unabtrennbaren Teil seiner Gattung macht.« Rousseau, der in seinen eigenen utopischen Entwürfen platonischen Idealismus mit pastoraler Romantik verband, nahm Anstoß an der Leidenschaftslosigkeit des Lebens im *Staat*. Kritisch stand er Platos Bestrebungen gegenüber, Bürgersinn und Gruppenloyalität dadurch zu erzeugen, daß familiäre Bindungen aufgelöst und Geschlechtsunterschiede verwischt werden.

Von seltenen Ausnahmen abgesehen, werden die individuellen Leidenschaften in den »guten« wie in den »schlechten« Utopien als Feinde des Gemeinschaftslebens dargestellt. Das Familienleben und die Leidenschaften, die es hervorbringt, werden zu Recht als Einflüsse betrachtet, von denen ein wohldurchdachtes Utopia nur unterminiert werden kann. In Huxleys *Schöne Neue Welt* wird die individuelle Liebe mit einem Erlaß bekämpft, die Promiskuität vorschreibt. Während bestimmter festgelegter Stunden soll sich jeder mit jedem, der gerade des Weges kommt, paaren. Als kluge und absolut notwendige Maßnahme zur Unterstützung dieser wahllosen Sexualität wird die Mutter-Kind-Beziehung abgeschafft. Babys werden im Reagenzglas gezeugt oder geraubt, um in einer Umgebung großgezogen zu werden, die nicht von Mutterliebe verseucht ist. In dem sowjetischen Roman *Wir* werden Kinder künstlich hergestellt. Die Bürger tragen alle die gleiche Uniform, Nummern ersetzen Namen. Als Lehrer werden Roboter eingesetzt. Dichter und alle anderen, die sich nicht ins Gemeinschaftsleben einfügen, werden in einer Maschine liquidiert, die vom »Wohltäter«, dem obersten Herrscher, kontrolliert wird. Geschlechtsverkehr ist erlaubt, romantische Liebe hingegen verboten.

In seiner »guten« Utopie *Der Staat* empfiehlt Plato den Herrschenden, die Aufnahme sexueller Beziehungen zu manipulieren, um die Rasse zu verbessern. Die Aufzucht der Kinder obliegt der Gemeinschaft. Alle Verbindungen zwischen Kindern und Eltern werden ausgelöscht. Diejenigen, welche von Leidenschaften und körperlicher Erregung beherrscht werden – darunter alle Arbeiter, Bauern, Händler und Handwerker –, gehören dem niedrigsten Stand an. Die Regierungsgewalt liegt in den Händen der Philosophen, weil als der beste Teil der Menschheit jener gilt, der sich ganz der Weisheit und dem Lernen widmet.

Erziehung und Umerziehung sind zentrale Themen utopischer Phantasien. Moralische Lektionen, die den Menschen jeden Tag aufs neue eingetrichtert werden, untermauern Morus' *Utopia*. Dabei gehen die Lehrer verständnisvoll und sanft vor. In »schlechten« Idealstaaten, wie etwa in *1984*, sind die Erziehungsmethoden streng. Die Helden werden der Folter unterworfen, wenn sie nicht die richtigen Antworten geben. Die Phantasie wird operativ entfernt. Welche Methode auch angewandt wird – freundliche Überredung, Gehirnwäsche, Folter oder körperliche Verstümmelung –, die Lernenden stehen unter ständiger Aufsicht der Erziehungsinstanzen. Die Bürger werden von Philosophenkönigen, sanften Lehrern, Fernsehschirmen, Robotern oder dem Großen Bruder überwacht. Die Erzieher sind allgegenwärtig, ihre Aufmerksamkeit läßt nie nach. Ein hoher Wert wird dem Erwerb von Wissen beigemessen. Doch die Zensur des gedruckten Worts, insbesondere der Dichtung, ist eine Hauptstütze utopischer Gesellschaften. Shakespeares Werke werden unter Verschluß gehalten, Schriftsteller in die Verbannung geschickt.

Utopische Gesellschaftsentwürfe sind Legenden, die den Weg des Menschen in die Zivilisation beschreiben. Obgleich sie als Zukunftsvisionen – oder Antivisionen – daherkommen, spiegeln sie in Wahrheit stets die Vergangenheit wider. Sie beschwören jenes reale Kindheitsereignis wieder herauf, als dem Kind befohlen wurde, auf seine familiären Leidenschaften zu verzichten, um ein gehorsames Mitglied der Gesellschaft zu werden. Bei diesem Ereignis handelt es sich nicht um den Abschied des Heranwachsenden von der Kindheit, um die heroische Anstrengung, das kindliche Gewissen weiterzuentwickeln und die Leidenschaften und Liebesaffären der frühen Kindheit hinter sich zu lassen. Dieses Ereignis ist vielmehr die ödipale Vertreibung und der damit verbundene Eintritt in das weitere soziale Umfeld. Die Tabuisierung der romantischen Liebe, der Wert, der auf Erziehung und die Funktion des Lehrers gelegt wird, das Gefühl, ständig überwacht zu werden, die Unterdrückung der Individualität, die Zensur, das Verbot der Poesie – all das sind keine phantastischen, wirklichkeitsfremden Visionen. Vielmehr liefert uns die utopische Ordnung in ihrer restriktiven Strenge ein exaktes Bild des unreifen kindlichen Gewissens.

Selbst in der angenehmsten schulischen und häuslichen Umgebung schafft sich das Kind der Latenzzeit sein eigenes Gefängnis. Es ersinnt Routinetätigkeiten und Zwangsrituale, um das Verlangen zum Schweigen zu bringen. Die alles erstickende Überwachung, die in der utopischen Phantasie eine so große Rolle spielt, entspricht weniger dem Verhalten wirklicher Lehrer und Eltern als vielmehr der Beziehung des Kindes zu seinem eigenen Gewissen. Die Vorstellung, daß die Roboter und »Wohltäter« alles sehen und alles wissen, ist ein Überbleibsel der frühkindlichen Version von Autorität, die nun im Gewissen des Kindes der Latenzzeit beheimatet ist. Das Schulmädchen wird von seinem Gewissen mit quälenden Bildern von Gefangennahme, Arrest, Folter, Verbannung, Vernichtung und Verstümmelung heimgesucht.

Schulkinder schaffen sich ihre eigenen Regeln und passen sich von selbst an. Am sichersten fühlen sie sich, wenn die Freizeit rationiert und dosiert wird. Sie tragen gern Uniformen und mißbilligen persönliche Eigenarten: Abweichung ist das Kennzeichen des Außenseiters.

Spiele auf dem Schulhof, von Kindern erfunden und von Generation zu Generation weitergegeben, verherrlichen das Konventionelle und zementieren die Gruppenloyalität. Wenn sich das Kind der Latenzphase mit Gleichaltrigen zusammenschließt und in der Gruppe beobachten kann, wie andere mit Regeln umgehen, fällt es ihm leichter, sein unerbittliches Gewissen zu besänftigen. Was das Kind mit Gleichaltrigen verbindet, sind das Ritual und die Anpassung, und nicht die Leidenschaft wie beim Jugendlichen. »Ich bin nicht allein«, »Ich gehöre zu einer

Gruppe«, »Gemeinsam befolgen wir die Regeln«. Die typischen Spiele der Latenzzeit verlaufen in eingefahrenen Gleisen, lassen der Individualität keinen Raum. Die Handlung ist festgelegt, die Rollen erstarrt. Utopien handeln – in immer neuen Versionen – davon, wie das Leben sein könnte, wenn wir von der Kindheit geradewegs ins Erwachsensein hineinmarschierten. Philippe Ariès' Idylle von der homogenen Gesellschaft des Mittelalters erinnert stark an das Treiben auf dem Schulhof – nur daß in seiner Version auch die Erwachsenen diesen Ort bevölkern. Würden wir den Schulhof nie verlassen, hätten wir eine Zivilisation ohne Kultur. Brav würden wir die konventionellen Regeln befolgen und gehorsam an erstarrten Handlungsmustern, traditionellen Umgangsformen und unpersönlichen Loyalitäten festhalten. Unsere Gefühle wären diffus, sie würden sich in gleicher Weise auf Eltern, Freunde, Hunde, Obstgärten und das Übernatürliche verteilen. Und wie Gesellschaftstheoretiker wissen, funktionieren utopische Idealstaaten am wirkungsvollsten, wenn es gelingt, dem Familienleben vor dem Schulalter den Garaus zu machen. Oder noch besser gleich bei der Geburt – wenn irgend möglich, sogar noch früher. Würde das Verlangen überhaupt nicht geboren, dann hätte die Autorität leichtes Spiel.

Ist all das nicht letztlich eine »utopische« Version der Kinderjahre? Wie die meisten Eltern, Lehrer und alle, die schon einmal durch die Tore des Schulhofs gespickt haben, wissen, ist das Schulkind nicht nur das fügsame, konventionelle Geschöpf, als welches es uns oft erscheint. Seine Leidenschaften mögen sozialisiert und verdrängt worden sein, zerstört sind sie nicht. Das Kind der Latenzzeit wehrt sich tapfer gegen den Durchbruch des Verlangens. Dennoch wird es gelegentlich von nagendem Neid verzehrt. Rachsüchtige Feindseligkeit überkommt es, wenn es daran erinnert wird, daß es der Außenseiter ist, der aus dem Paradies vertrieben wurde. Außerdem nährt es insgeheim seine kindlichen Sehnsüchte. Einer der Gründe, weshalb während der Latenzphase an Konventionen und Abwehrmaßnahmen so starr festgehalten wird, liegt darin, daß das Verlangen ständig an die Oberfläche drängt. Einmal geboren, kämpft es um seine Rechte. Die Großen Brüder und Wohltäter wissen genau, womit sie es zu tun haben.

Das Verlangen kann gezügelt und zum Verstummen gebracht werden, aber es ist immer da – als etwas stets Gegenwärtiges, das unaufhörlich seinen Tribut fordert. Es behauptet sich auf ungeheuer erfindungsreiche Art, indem es sich in immer wieder veränderter Verkleidung Ausdruck verschafft. Das Begehren benutzt gewundene Pfade. Es lernt, mit Engelszungen zu sprechen, sich zu verstellen, sich ins Gegenteil zu verkehren, zeitweilig in Vergessenheit zu geraten oder auch vorzugeben, daß es zu einer anderen Person gehört. Es beschwichtigt die Autorität durch absoluten Gehorsam, um alsbald auf neue und überraschende Weise zu rebellieren. In der Tat kann Gehorsam zu einer Variante des Trotzes werden. Das Verlangen versteckt sich und wartet auf eine günstige Gelegenheit, aufzutauchen, durchzubrechen, hereinzustürmen und das Regiment zu übernehmen. Wenn das Verlangen zu schauen verboten wird, kann es sich bereitwillig damit begnügen, angeschaut zu werden. Oder es wird auf das Schauen und Angeschautwerden gänzlich verzichtet, wenn dafür selbstbewundernd gesagt werden kann: »Ich bin besser und stärker als jene, die es nötig haben zu schauen. Daraus mache ich mir ja eigentlich gar nichts. Es gibt nichts, was ich sehen oder wissen möchte.«

Im Wegschauen, in den stummen Wünschen, im Reich der Phantasie, in den Tagträumen und den Träumen der Nacht ist die Gegenwart des Verlangens spürbar. Wenngleich die Kinder im Klassenzimmer und auf dem Spielplatz den Regeln Folge leisten, sind sie in ihrer Phantasie emsig damit beschäftigt, die Demütigungen der ödipalen Niederlage rückgängig zu machen. Sie erfinden einen Familienroman, in dem die Liebesdialoge der frühen Kindheit wieder aufleben und der unglückliche Schluß abgeändert ist. In diesem Roman, den sich das Kind ausdenkt, wird es aus seiner wirklichen Familie gewaltsam entführt und zeitweilig bei irgendwelchen ganz gewöhnlichen, nicht so reinlichen, ungeduldigen, zänkischen, aber freundlichen Bauern untergebracht. Seine leiblichen Eltern, zu denen es eines Tages zurückkehren wird, sind edel, stark und fürsorglich – bedeutende Menschen von strahlender Vollkommenheit. Sie sind den ärmlichen Eltern, bei denen es jetzt zu leben gezwungen ist, in jeder Hinsicht weit überlegen. Es sind diese gewöhnlichen Ersatzeltern, die es von den Genüssen der Erwachsenen ausschließen. Und sie sind es auch, die es durch ihre Verstöße gegen die Moral und ihre unvollkommene Kontrolle von Leidenschaft und Begehren enttäuschen. Sie haben sich gegen das Kind verschworen, um die Tatsachen von Sexualität und Geburt zu verdrehen und vor ihm zu verbergen.

Aber seine echten Eltern, denen es als Säugling geraubt wurde, würden ihm ihre uneingeschränkte Liebe schenken. Sie würden ihm all die magischen Geheimnisse offenbaren, all die magischen Worte erklären. Sie wären vollkommen und allwissend. Der Glanz ihrer Allwissenheit und Allmacht würde das Kind überstrahlen. Seine irdischen Eltern sind gut genug, verschrammte Knie zu verbinden und Essen zu kochen, die Sehnsucht des Kindes gilt jedoch den himmlischen Eltern, die ihm von früher vertraut sind. Es bleibt ihm die Hoffnung, daß es sein Leben in der Obhut seiner wahren Familie noch einmal ganz von vorn beginnen wird. Eines Tages wird es in den Garten Eden zurückkehren, wo es als Engelskind seinen Platz auf dem Schoß einer Madonna hatte, wo es das angebetete Baby der Herrscher eines Weltreichs war.

Das Mädchen im Latenzalter hat seine Verurteilung zu dem eintönigen, farblosen Leben, das es jetzt führt, nicht wirklich akzeptiert. Wie Aschenputtel wartet es auf den Tag, an dem es sich das silberne Gewand der Prinzessin anlegen wird, die es in Wahrheit ist. Der kleine Junge stellt sich vor, daß er den bösen König schlagen, den Klauen der Hexe entkommen und den Drachen besiegen wird, er hofft, den Weg aus dem Labyrinth und aus dem Kerker seiner leidenschaftslosen Existenz zu finden.

In den Familienromanen und Tagträumen der Schulkinder

tritt die gewaltige Anziehungskraft der frühkindlichen Wünsche und Idealisierungen zutage. Gäbe es keine Adoleszenz, blieben wir ewige Schulkinder, die sich heimlich romanhafte Lebensläufe ausdenken und dadurch ihr kindliches Verlangen ständig von neuem anfachen. Dann wären wir wie jene braven Bürger, die immerzu überwacht werden müssen.

Wenn es während der Latenzzeit relativ still wird um das Begehren, so haben die Kinder einige Jahre lang Zeit, die Ausdrucksformen und Verschleierungen ihres Verlangens zu vervollkommnen und sich damit vertraut zu machen, wie die Autorität beschwichtigt werden kann. Mit dem Fortschreiten der Vorpubertät werden einige Beschränkungen der Latenzphase hinfällig. Aber auch das Verlangen wandelt sich, läßt sich zähmen. Bald hat sich das Kind die meisten jener sozialen und intellektuellen Fertigkeiten angeeignet, welche die Gesellschaft, in der es lebt, von ihm erwartet. Immer wichtiger werden dem Kind seine Beziehungen außerhalb des Familiennests. Diese außerfamiliären Loyalitäten lernt es nun einzuschätzen. Wenn die pubertären Veränderungen das bevorstehende Erwachsenwerden ankündigen, ist der Jugendliche in der Lage, auf eine ganze Palette von Fertigkeiten und Verhaltensweisen zurückzugreifen, die er sich in den Jahren der Latenz angeeignet hat. Die Übergangsphase der Adoleszenz wird er mehr oder weniger als zivilisierter Mensch bewältigen.

Biologisches Zwischenspiel: Die Vorpubertät

Die Begriffe Pubertät und Vorpubertät leiten sich wörtlich von Haarflaum ab, von jenen zarten Haaren, die auf den Blättern und Stengeln blühender Pflanzen und an bestimmten Körperteilen von Tieren – vornehmlich Insekten – wachsen. Wenn es um das Wachstum des Menschen geht, kann sich das Wort *pubes* auf das Schamhaar oder auf jene Körperregion beziehen, die von

Schamhaar bedeckt ist. *Os pubis* bezeichnet das Schambein, welches die Außenwand des Beckens bildet. Der Begriff *Pubertät* verweist auf den Eintritt der Geschlechtsreife, also auf den Zeitpunkt, von dem an eine Befruchtung möglich ist. Die ersten Anzeichen eines erwachsenen Körpers werden vier oder fünf Jahre vor der Ausbildung von befruchtungsfähigen Eiern oder Samen sichtbar.

Beim Mädchen kündigt sich die Vorpubertät mit Veränderungen in den Brüsten und mit dem ersten feinen, flaumigen Schamhaar an. Kurz bevor diese sichtbaren Veränderungen eintreten, ist im Alter von etwa zehneinhalb bis elf Jahren eine leichte Erhebung der Brustwarzen festzustellen.

Die eigentliche Knospung der Brust besteht darin, daß Brust und Brustwarze zusammen einen kleinen Hügel bilden. Damit geht eine leichte Vergrößerung des Brustwarzenhofes einher. Die rosa Farbe von Brustwarze und Warzenhof wird allmählich dunkler, und es sammelt sich Fett in der Brust an. Schließlich hebt sich die Brustwarze vom Warzenhof und der Brust ab und wird fest. Sie ist dann besonders empfindlich für taktile und andere sensorische Reize.

In der Vorpubertät nimmt der Umfang der Brust ganz erheblich zu; der Abstand der Brüste voneinander erhöht sich proportional zur Wölbung des Brustkorbs. Es gibt zahlreiche Varianten dieses Abstands sowie der Form und endgültigen Größe der Brust.

Die offenkundigste Veränderung der männlichen Geschlechtsorgane besteht darin, daß der Penis an Dicke und Länge um etwa die Hälfte zunimmt. Während der Vorpubertät wächst er von durchschnittlich 5 cm auf bis zu 10 cm an. Dem Wachstum des Penis geht die Vergrößerung der Hoden um etwa ein Jahr voraus; sie ist das erste äußerlich sichtbare Zeichen der männlichen Vorpubertät.

Das Hodenwachstum ist vorwiegend auf die Vergrößerung der etwa achthundert stark gewundenen Samenkanälchen zurückzuführen, die den Hauptteil der Hoden ausmachen. Vor der

Vorpubertät sind diese Kanälchen klein, mit einer einzigen Schicht undifferenzierter Zellen ausgefüttert, die wiederum von wenigen inaktiven Spermatogonien – Ursamenzellen – durchsetzt sind. Wenn der Junge etwa zehn oder elf Jahre alt ist, entwickelt sich in der Ausfütterung der Hodenkanälchen das Keimepithel. Mit der Vergrößerung der Samenkanälchen und der Zunahme der Ursamenzellen werden die Hoden etwa dreimal so groß und schwer wie vor dem Eintritt der Vorpubertät. Einige Jahre später kommt die Spermatogenese in Gang: Die Ursamenzellen entwickeln sich weiter zu Sertoli-Zellen und Samenmutterzellen, aus denen schließlich dann reife Samenfäden entstehen. Die zwischen den Samenkanälchen gelegenen interstitiellen oder Leydigschen Zellen nehmen ebenfalls nach Größe und Anzahl zu. Obwohl es noch einige Jahre dauert, bis die Leydigschen Zellen vollkommen ausgereift sind, beginnen sie Testosteron auszuscheiden, wenn der Junge etwa zwölf Jahre alt ist, und leiten zusammen mit den Androgenen der Nebennieren das Wachstum des Penis, des Hodensacks, der Prostata, der Samenbläschen und der Cowperschen Drüsen ein.

Der Hodensack wird doppelt so groß wie vor der Vorpubertät. Seine Haut rötet sich und verändert ihre Beschaffenheit; war sie vormals glatt und fest, so wird sie nun faltig und schlaff. Mit fortschreitender Pubertät nimmt das Skrotum einen noch dunkleren, bräunlichen Farbton an.

Die Schambehaarung zeigt sich bei den Jungen meist etwa mit dem Beginn des Wachstums der Genitalien – gelegentlich etwas früher oder später. Beim Mädchen beginnt das Schamhaar gleichzeitig mit der Ausformung der Brust zu wachsen, mitunter auch etwas früher. Die Behaarung der Schamgegend setzt bei den Jungen mit etwa zwölf Jahren ein, bei den Mädchen mit etwa elf Jahren – im allgemeinen ein bis zwei Jahre vor der ersten Menstruation.

Die ersten Schamhaare sind nur leicht pigmentiert, ihre Farbe ist gewöhnlich gelblich-braun. Sie sind glatt oder ganz leicht gelockt und wachsen zunächst nur sehr spärlich, hauptsächlich um die Peniswurzel herum und an den äußeren Schamlippen. Sobald das Haar dunkler, kräftiger und lockiger wird, breitet es sich über die ganze Schamgegend aus. Struktur und Farbe des Schamhaars erlangen allmählich ihre endgültige Ausprägung, aber es bedeckt eine erheblich kleinere Fläche als beim Erwachsenen. Es kann sich bis auf die Innenseite der Oberschenkel ausdehnen, jedoch nicht die Beckenmittellinie hinauf oder oberhalb der Basis des umgekehrten Dreiecks. Im allgemeinen verteilt sich das Schamhaar bei beiden Geschlechtern bis zur eigentlichen Pubertät nach dem horizontalen oder »weiblichen« Muster.

Etwa ein Jahr nach dem ersten Erscheinen der Schambehaarung beginnen auch im analen Bereich Haare zu wachsen, die im allgemeinen feiner als die Schamhaare sind. Kurz danach fangen die Achselhaare an zu sprießen, zunächst spärlich und dünn, dann aber dichter, lockiger und etwas grober.

Gleichzeitig mit dem Achselhaar beginnt auch das Gesichtshaar zu wachsen, und zwar in einer bestimmten Abfolge und nach einem bestimmten Muster: zunächst seitlich an der Oberlippe, dann über die gesamte Oberlippe, dann am unteren Teil der Wangen und entlang der Mittellinie unterhalb der Unterlippe. Beim Mann wächst es zuletzt seitlich vom Kinn und an dessen unterem Rand. Diese Behaarung verbindet sich mit dem Haar um den Mund und auf den Wangen zum Bart. Bei der Frau erstreckt sich dieser Gesichtshaarwuchs in der Regel allenfalls auf die Region oberhalb der Oberlippe.

Selten ist der männliche Bartwuchs abgeschlossen, bevor das Schamhaar seine letzte Entwicklungsstufe erreicht hat. In diesem letzten Stadium weitet sich die Schambehaarung aus und bildet eine Linie in Richtung auf den Nabel. Das Kopfhaar breitet sich um die Ohren herum aus. Die Körperbehaarung beginnt um die Brust herum, an Beinen, Armen, Brustkorb und Rücken. Bei Männern kann das Körperhaar bis ins vierte Lebensjahrzehnt hinein weiterwachsen.

Die offensichtlichsten Anzeichen der Vorpubertät sind die

Scham- und Achselhaare bei beiden Geschlechtern, die Entwicklung der Brust beim Mädchen und das Wachstum von Skrotum, Hoden und Penis beim Knaben. Beim Mädchen erfolgen weniger offenkundige, aber entscheidende geschlechtsspezifische Veränderungen der Größe und Struktur von Schamlippen, Vagina und Klitoris. Auch beim Knaben entwickelt sich ein Busenansatz, der sich aber im weiteren Verlauf der Vorpubertät wieder zurückbildet.

Die Jungen zeigen einen stärkeren Körperhaarwuchs, sie werden größer, bekommen breitere Schultern, stärkere Muskeln und eine tiefere Stimme. Bei den Mädchen vergrößert sich der Durchmesser des Beckens, und in Hüften, Schenkeln, Waden und Brüsten wird Fett gespeichert. Ebenso wie Scham-, Achsel- und Körperbehaarung werden diese Merkmale insofern als sekundäre Geschlechtsmerkmale angesehen, als sie durch Sexualhormone oder geschlechtsspezifische Hormonausschüttung stimuliert werden, für die sexuellen oder Fortpflanzungsfunktionen aber nicht von wesentlicher Bedeutung sind. Sie tragen allerdings entscheidend dazu bei, erotische Gelüste und genitales Verlangen zu wecken.

Mit der sexuellen Reife erwacht der Hunger nach dem genitalen Liebesdialog. Gleichzeitig kehren die unterdrückten ödipalen Phantasien der Kindheit in mannigfaltiger Verkleidung zurück und drängen auf Wiederherstellung ihrer Oberherrschaft. Das Inzesttabu, welches ursprünglich das kleine Kind davor bewahrt hatte, vorzeitig mit erwachsener Sexualität in Berührung zu kommen, etabliert sich nun in der Seele des Jugendlichen.

Während es früher passiv hingenommen wurde, verhindert das Tabu nunmehr *aktiv* die Erfüllung des genitalen Verlangens. Es schafft Probleme, mit denen jeder Jugendliche irgendwie fertigwerden muß. »Soll ich auf meine genitalen Wünsche verzichten und der Vergangenheit treu bleiben, oder soll ich mein genitales Liebesverlangen von meiner Familie abwenden und die Loyalitäten und Idealisierungen der Kindheit aufgeben?« Vor die Wahl gestellt, in nicht-genitaler, infantiler Weise an die Eltern gebunden zu bleiben oder sich zu ihrer genitalen Vitalität und ihrer Hingabe an die Zukunft zu bekennen, werden sich die meisten Jugendlichen dazu entschließen, die Vergangenheit aufzugeben.

Dieser Entschluß wird jedoch nicht von heute auf morgen in die Tat umgesetzt. Der Kampf darum, Libido oder sexuellen Hunger von den Eltern abzulösen, ist langwierig und schwierig. Das Verlangen wird jede Gelegenheit ergreifen, sich wieder an die alten Szenarios zu heften. Die Vergangenheit läßt sich so leicht nicht abschütteln. Andererseits spricht die Realität eine klare Sprache. Sie verschafft sich auf der körperlichen Ebene mit Nachdruck Gehör. Der wachsende Körper mit sprießenden Schamhaaren, größer werdenden Genitalien, Samenerguß und Menstruationsblut kündet von reifer Sexualität und den Möglichkeiten der Fortpflanzung. Die Realität verkündet ihre Botschaft durch einen vehementen Aufruhr im endokrinen System – durch hormonelle Signale, die zu erwachsenem genitalen Verlangen ebenso ermutigen wie zu genitalen erotischen Phantasien. Die Gesellschaft, die sich dagegen wehren muß, daß ihre Interessen durch die anhaltenden Leidenschaften der Kindheit gefährdet werden, vermittelt in subtiler, aber entschiedener Weise, daß sie Verletzungen des Inzesttabus nicht duldet.

Jedesmal, wenn sich alte Wünsche und Phantasien wieder Geltung verschaffen, besteht die Realität darauf, daß der sexuelle Hunger von den Eltern losgelöst wird. Die Realität untergräbt die Idealisierungen, welche durch die Liebesdialoge der frühen Kindheit geschaffen wurden. Während der gesamten Adoleszenz werden die Forderungen der Realität fortgesetzt auf beträchtlichen Widerstand stoßen. Doch in der Regel verläuft der Übergang von der Kindheit ins Erwachsenenalter so, daß die Achtung vor der Realität langsam aber sicher den Sieg davonträgt.

6 Liebesdialoge II: Trauer um die Vergangenheit

Wenn ein Jugendlicher den Übergang von der Kindheit zum Erwachsensein bewältigen soll, so setzt dies eine besondere Art der Libidoverschiebung voraus. Die alltäglichen Verschiebungen, die im Traum wie im Wachzustand auftreten als Verschiebung von einem Gefühl auf ein anderes, von einer Person auf eine andere, von einem zeitlichen Rahmen auf einen anderen, sind vorübergehend und leicht rückgängig zu machen. Die Verschiebung, um die es in der Adoleszenz geht, betrifft hingegen ausschließlich inzestuöse Wünsche und ist *irreversibel*: Sie strebt in ihrer Bewegungsrichtung von den Eltern weg. Diese besondere Form der Verschiebung wurde etwas unbeholfen als »Wegverlegen« (Katan, 1937) bezeichnet, um zu unterstreichen, daß das sexuelle Begehren, hat der Jugendliche die Libido einmal von den Eltern abgezogen, ein für allemal umgelenkt wird – gewöhnlich auf eine Person des anderen Geschlechts, die nicht unmittelbar zur Familie gehört. »Wegverlegen« umfaßt mehr als Verschiebung. Das sexuelle Begehren macht dabei eine Wandlung durch: Aus inzestuöser Sehnsucht wird erwachsenes genitales Verlangen.

Jenes Begehren, das einstmals den infantilen Bildern von Vater und Mutter galt, wird in zweifacher Hinsicht wegverlegt: im Hinblick darauf, daß es sich nun in genitales Verlangen verwandelt, wie auch im Hinblick auf die geliebte Person, der dieses Verlangen gilt. Letztendlich muß der Heranwachsende mit seinen genitalen Sehnsüchten zurechtkommen. Wenn er Zugang zur Genitalität erlangen will, so kommt es entscheidend darauf an, daß es ihm gelingt, sein sexuelles Verlangen von den Bildern seiner Eltern (und Geschwister) abzulösen. Bevor er sichergehen kann, daß die Eltern nicht zum Objekt seiner genitalen Sehnsüchte werden, muß er verhindern, daß sein Verlangen offen zum Ausdruck kommt. Sobald er die eigentliche Pubertät erreicht hat, stürzen ihn die widersprüchlichen Gebote des Inzesttabus in tiefste Verwirrung. Gelingt es nicht, das sexuelle Verlangen abzuwehren, könnte es wirklich zum Inzest kommen. Und doch muß, wenn das Kind jemals erwachsen werden soll, die genitale Sexualität früher oder später zum Durchbruch kommen.

Aus der Sicht der Erwachsenen wirkt der Heranwachsende oft wie ein Wilder, den das Verlangen fast zum Wahnsinn treibt. Erwachsenen fällt es schwer zu begreifen, daß die »Verrücktheit« der Jugendlichen das Ergebnis eines mit höchstem Einsatz geführten unbewußten Kampfes gegen alle Formen des Verlangens ist. Viele der befremdlichen, bizarren Verhaltensweisen Heranwachsender sind offene Manifestationen dieses im Untergrund geführten Kampfes. In der Bekämpfung seines Verlangens wendet der Jugendliche verschiedene Verteidigungsstrategien oder Abwehrformen an, die für diese Lebensphase typisch sind und unmittelbar das Problem des Wegverlegens betreffen.

Eine dieser Möglichkeiten, das Verlangen zu zügeln, ist körperliche Askese. Im allgemeinen spielt sich der Kampf allerdings so ab, daß Enthaltsamkeit und Nachgeben miteinander abwechseln. Auf Essensverweigerung und akribisches Einhalten von Diätvorschriften folgen Anfälle von Freßsucht oder ausgeklügelte Essensrituale. Mal weigern sich die Jugendlichen, überhaupt zu schlafen, dann wieder bleiben sie tagelang im Bett liegen. Mal verweigern sie jede Körperpflege, dann wieder zeigen sie ein geradezu verzehrendes Interesse an der Verschönerung ihres Körpers, an kosmetischen Produkten, den neuesten Pflegemitteln; Stunden verbringen sie vor dem Spiegel, um ihren Körper zu inspizieren, Haare auszuzupfen, Aknecremes aufzutragen.

Manchmal dominiert die Askese. Es gibt Jugendliche, die wochen-, mitunter monatelang nur so viel essen, daß sie gerade noch existieren können; sie weisen Fleisch, Fisch, Eier, Milch, Nachspeisen, Kartoffeln und Teigwaren zurück und bringen es fertig, mit einer wenig verlockenden, spartanischen Rohkost – mit Bohnen und Weizenkeimen etwa – auszukommen. Sie schlafen nachts nur ein bis zwei Stunden, kleiden sich in eine Art Büßergewand und baden entweder überhaupt nicht oder sind im Gegenteil ständig damit beschäftigt, sich von Schmutz und Körpergerüchen zu befreien. Diese Jugendlichen führen einen kompromißlosen Kampf gegen körperliche Genüsse.

Bei vielen Heranwachsenden zeigt sich der totale Krieg gegen das Verlangen in einer weniger auffälligen Form, nämlich in der Kompromißlosigkeit ihres Denkens und ihrer Einstellungen. So wird das, was im Kopf abläuft, vor den schmutzigen Versuchungen des Körpers geschützt. Der Glanz des Ideals bleibt ungetrübt von Praxis und Notwendigkeit. Man liebt oder man haßt. Der Gedanke, Gegensätze auszugleichen oder eine Versöhnung entgegengesetzter Standpunkte zuzulassen, ist unerträglich.

Allerdings sind diese kompromißlosen Abwehrhaltungen im Laufe der Adoleszenz auch gewissen Schwankungen unterworfen. Die Balance zwischen dem Streben nach Lust und der Notwendigkeit zur Beschränkung, der Ausgleich zwischen widerstreitenden Wünschen, ein gutes Zusammenspiel zwischen Körper und Geist, eine gewisse Anpassung hoher Ideale an praktische Notwendigkeiten – das sind Ziele, die kein Mensch jemals vollkommen erreicht. Doch wer erwachsen werden will, muß in der Lage sein, diese Kompromisse zu ertragen. Aus ihnen entwikkeln sich schließlich jene intellektuellen und emotionalen Ziele, auf die ein ethisch empfindender Mensch – ihre potentielle Unerreichbarkeit klar vor Augen – zeitlebens zustrebt.

Dem Kampf des Jugendlichen gegen sein Verlangen haftet etwas Schmerzliches an. Die Vitalität seines wachsenden Körpers und das Erwachen genitaler Sehnsüchte lassen den Heranwachsenden ahnen, daß das bedrohlich Fremde nur allzu menschlich ist. Die Erfahrungen, die er mit seinem Körper macht, inspirieren ihn dazu, in der großen menschlichen Komödie mitzuspielen – und zwar in den unterschiedlichsten Rollen. Doch es gibt noch andere Stimmen: die der frühen Kindheit und der Latenzzeit, welche Verzicht, Opferbereitschaft, Gehorsam fordern. Wenn der Heranwachsende über die engen Grenzen des Schulhofs mit seinen trostlosen Verbotsschildern, mit seinem »Du sollst« und »Du mußt« hinauswachsen soll, wenn er an den Erfahrungen teilhaben will, die das Leben jetzt für ihn bereithält, muß das Verlangen siegreich sein. Doch wie sehr sich auch der Jugendliche mit seinen bewußten Wünschen und Absichten der Zukunft zuwenden mag, so lange, bis jene entscheidende Verschiebung vollzogen ist, muß er den Kampf gegen das Verlangen fortsetzen.

Diese Schlacht gegen das Begehren ist aber nicht die einzige Verteidigungsstrategie, auf die der Jugendliche zurückgreift. Vieles in seinem Verhalten spiegelt noch eine andere Kategorie der Abwehr wider, die darauf abzielt, die leidenschaftlichen Bindungen des Kindes an seine Eltern zu lösen. Die wichtigste Strategie im Kampf um die Ablösung von den Eltern besteht darin, das sexuelle Verlangen auf Personen außerhalb der Familie zu verlagern. Die Ablösung von den Eltern kann ganz undramatisch verlaufen, indem der Jugendliche die Vergangenheit nach und nach, Schritt für Schritt aufgibt. Wenn aber die durch inzestuöse Wünsche geweckte Angst übermächtig wird, dann ist er unfähig, eine solche gemächliche und immer auch von Scheitern bedrohte Form der Ablösung auszuhalten. In diesem Fall muß er zu spektakuläreren und direkteren Strategien Zuflucht nehmen – zu schnell wirksamen Hauruckmethoden, die zwar kurzfristig die Angst mildern, doch auf lange Sicht selten erfolgreich sind.

Die geradlinigste Methode, inzestuöses Verlangen auf ein anderes Ziel zu verschieben, ist die Flucht. Der Jugendliche reißt sich plötzlich von der Familie los und läuft weg – tatsächlich oder bildlich gesprochen. Das Fliehen vor dem Liebesverlangen nach und in der Familie hinterläßt in ihm jedoch eine unerträgliche Sehnsucht nach einer Liebespartnerschaft. Nach der Flucht wird er sich deshalb so schnell wie möglich in eine heftige, leidenschaftliche Liebesbeziehung stürzen. Da er aber, wenn er sich nun Hals über Kopf verliebt, die inzestuösen Sehnsüchte nur einfach umlenkt – nicht aber auslöscht –, bleiben die alten Wünsche und Liebesdialoge so bedrängend wie zuvor. Sie werden in anderen Schlafzimmern mit Menschen ausagiert, die in ihrer äußeren Erscheinung und ihren Einstellungen das genaue Gegenteil der Eltern zu sein scheinen, in Wahrheit aber ein verschleierter Elternersatz sind.

Man muß nicht gleich das Elternhaus verlassen, um sich vor den Ängsten zu schützen, die das inzestuöse Begehren auslöst. Vielen Jugendlichen ist es möglich, ihre Libido nach außen zu lenken, ohne ihr Zuhause verlassen zu müssen. Obwohl ihre Übertragungsmethoden maßvoller und subtiler sind, können sie genauso verzweifelt sein wie jene Altersgenossen, die tatsächlich von zu Hause weglaufen. Auch sie sehnen sich nach einer sofortigen Verschiebung des sexuellen Begehrens, genauso wie diejenigen, die keinen anderen Ausweg sehen, als dem Elternhaus zu entfliehen. Auch sie hungern nach Liebespartnerschaften, auch sie stürzen sich Hals über Kopf in Liebesbeziehungen zu Elternersatzfiguren. Das junge Mädchen auf der Flucht ist unerhört einfallsreich. Es kann seinem Verlangen auf vielerlei Arten Ausdruck verleihen: indem es einen idealisierten Führer anschwärmt, indem es ein Liebesverhältnis zu einem gleichaltrigen Jungen eingeht oder auch indem es einer Freundin bedingungslos ergeben ist. Und auch die Gruppe der Gleichaltrigen kann zum Ziel seines Liebesverlangens werden. Sehr oft nimmt die Flucht die Gestalt der »Vernarrtheit« in eine Frau an, die altersmäßig etwa zwischen der Generation der Mutter und der des Mädchens steht.

Wenn es dem Heranwachsenden gelingt, sein Begehren von der Familie abzuziehen, kann er die Werte der Eltern um so leichter abschütteln und all das von sich weisen, wofür sie stehen. Endlich hat er sich von ihrer »erstickenden Liebe« befreit. Er hat sie jeder Bedeutung entkleidet und ist nun bereit, als nicht zahlender, grober und rücksichtsloser Mieter im Elternhaus zu bleiben.

Wird das Liebesverlangen auf ein anderes Objekt übertragen, so ist dies gewöhnlich Ausdruck einer allmählichen Ablösung, wie sie für die Mehrzahl der Jugendlichen typisch sein dürfte. Dies kann aber auch Anzeichen dafür sein, daß das Inzestdilemma in pathologischer Weise umgangen - gleichsam kurzgeschlossen - wird. Es ist schwer abzuschätzen, inwieweit leidenschaftliche Bindungen außerhalb der Familie als Stationen auf dem Weg zur notwendigen und angemessenen Wegverlegung anzusehen sind oder als krankhafte Symptome. Sind die neuen Liebesbündnisse abrupt, extrem, übersteigert, scheint der Partner bezüglich seiner Werte, seines Äußeren und seiner Gesellschaftsschicht den Eltern diametral entgegengesetzt, dann ist anzunehmen, daß diese Libidoverschiebung einen überstürzten Rückzug darstellt und die längerwährenden Leiden und Ängste einer schrittweisen Ablösung vermieden werden.

Ist die abwehrbedingte Flucht vor den Eltern extrem und nicht nur vorübergehend, kann dies weitere nachteilige Folgen haben, insbesondere für den noch nicht entschiedenen Kampf des Jugendlichen gegen das Verlangen. Hat man den Eltern und ihrer Autorität erst einmal jeden Wert abgesprochen, dann sind alle zuvor verbotenen Gelüste erlaubt. Diese Zügellosigkeit des Verlangens kann zu Promiskuität oder zu verschiedenen Formen von Jugendkriminalität führen. Wenn der Jugendliche auf der Flucht vom Glück begünstigt ist, wenn er sich instinktiv wohlwollenden Menschen anschließt oder Gruppen, die nicht-kriminelle gesellschaftliche Werte vertreten, dann mag er den Rückzug aus dem Familienleben überstehen, ohne daß seine Persönlichkeit allzuviel Schaden nimmt. Dennoch bleibt die Gefahr des Inzests bestehen. Die mit dem inzestuösen Verlangen verbundenen Konflikte und Ängste werden ins Erwachsenenleben hineinreichen und ihre Schatten auf Ehe, Elternschaft und die Beziehungen zu Kollegen werfen. Eine andere Möglichkeit, die Eltern zu »beseitigen«, besteht darin, Liebesverlangen und kindliche Abhängigkeit in Haß, Verachtung, Hohn und Aufruhr umzuwandeln. Indem Jugendliche ihre Gefühle ins Gegenteil verkehren, können sie sich der Täuschung hingeben, nicht länger von der Liebe und dem Schutz der Eltern abhängig zu sein. Endlich haben sie sich von ihnen befreit. Doch durch all diese verzweifelten Umkehrungen verstricken sie sich nur noch stärker in das Netz der Familie. Die Flucht hat demgegenüber wenigstens den Vorteil, daß der Heranwachsende aus der Liebespartnerschaft Lust gewinnen kann, während durch die Umkehrung des Liebesverlangens in Haß und zwanghafte Gehorsamsverweigerung nichts als Feindseligkeit, Leid und Schmerz für alle Beteiligten entstehen. Die Umkehrung verewigt das Bedürfnis, sich durch ständig verstärkte Abwehrmaßnahmen vor der Inzestangst zu schützen. Außerdem kann die Strategie der Umkehrung schmerzlichere und pathologische Entwicklungen in Gang setzen.

Selbst der feindseligste Jugendliche wird nicht in der Lage sein, seine gegen die Eltern gerichteten destruktiven Wünsche zu ertragen. Er stellt sich statt dessen vor, daß die Eltern ihn hassen, und glaubt, sie seien darauf aus, ihn zu schikanieren und zu vernichten. Dem Jugendlichen erscheint die ganze Erwachsenenwelt und alles, was sie repräsentiert, als eine einzige, gegen ihn gerichtete Schikane. Er zieht sich immer mehr in sich selbst zurück. Er verstrickt sich immer tiefer in seinen Haß auf seine Familie und ist dadurch immer weniger bereit, sein Liebesverlangen auf die Welt außerhalb der Familie zu lenken.

Eine andere Variante des Umschlags in Haß kann dazu führen, daß die den Eltern geltenden destruktiven Wünsche sich gegen das eigene Selbst richten. Der Heranwachsende, der diesen Weg wählt, wird statt der absehbaren Phasen von Kummer und Verzweiflung, die eine normal verlaufende Ablösung mit sich bringt, extreme und langanhaltende depressive Reaktionen zeigen. Selbstbeschuldigungen sowie schlimme Formen von Selbsterniedrigung und Selbstverletzung sind häufig Ergebnis dieser Umkehrungsreihe: Das in Haß verkehrte Liebesverlangen wird zu heftigem Selbsthaß. Selbstmordgedanken und -phantasien sind ein typischer Ausdruck dieses Selbsthasses, und manchmal werden sie in die Tat umgesetzt, nicht aus dem Wunsch heraus, mit dem Leben Schluß zu machen, sondern als Flucht vor noch tieferreichendem Selbsthaß.

Die Strategie mit den weitreichendsten pathologischen Folgen ist die völlige emotionale Hingabe an die Eltern. So jämmerlich und mitleiderregend sie ist, kann sie doch zum letzten Bollwerk des Jugendlichen gegen das inzestuöse Verlangen werden. Hier wird das Inzestdilemma gelöst, indem der Jugendliche auf das früheste Stadium in der Geschichte des Verlangens, auf das Stadium des Liebesdialogs, regrediert, als es noch keine Grenzen zwischen dem Selbst und dem anderen gab. Der Jugendliche gibt seine ganze Seele hin, all das, was er sich an einzigartigen, harterkämpften Charaktermerkmalen erworben hat, alle wesentlichen Prägungen seines Selbst, die er als Kern seines Wesens betrachtet. Er gibt die eigene Persönlichkeit auf und wird zur Karikatur von Mutter oder Vater oder zu einer Mischung aus beiden. Im Grunde verschmilzt er mit einer infantilen Version dessen, was sie sind, und existiert nicht mehr als eigenständige Person. Wenngleich eine solche Wiederherstellung der Symbiose die Wirkung hat, daß der Körper von genitalem Verlangen befreit und die Seele von allen Bedingungen und Konflikten erlöst wird, die mit der Liebe zu einem anderen Menschen verbunden sind, so bedeutet sie doch die Zerstörung lebendiger emotionaler Beziehungen und den Verlust geistiger Gesundheit. Ein Heranwachsender wird sich mit allen verfügbaren Mitteln gegen eine solche völlige Auflösung seiner Persönlichkeit wehren. In der Zwickmühle zwischen Inzest, der den Ausschluß aus der menschlichen Gemeinschaft nach sich zöge, einerseits und emotionaler Kapitulation, die ein Hineinstürzen ins Nichts bedeutet, andererseits kann der Selbstmord als wohltätige Lösung empfunden werden.

Die Mehrzahl der Heranwachsenden strebt jedoch weniger extremen Lösungen zu. Gewöhnlich setzen die Jugendlichen die verfügbaren Verteidigungsstrategien – körperliche Askese, kompromißloses Denken, Verschiebung des Liebesverlangens und Umkehrung von Liebe in Haß – zu verschiedenen Zeiten und in verschiedenen Kombinationen ein, um die Angst vor dem Inzest zu lindern. Während sie unter Anfällen von Selbsthaß leiden, lehnen sie zugleich alles ab, was ihre Eltern repräsentieren. Und es gibt immer wieder Augenblicke, in denen sie ihren Konflikten dadurch zu entfliehen versuchen, daß sie Körper und Seele den Eltern überantworten. Hin und wieder werden sie von erschreckenden Gedanken an Selbstmord heimgesucht, und selbst der durchschnittliche Heranwachsende sieht in seinen Eltern von Zeit zu Zeit nur die »Unterdrücker«, die ihn ständig drangsalieren.

Im günstigsten Fall gelingt es dem Jugendlichen schließlich, das zu bewahren, was an den familiären Liebesdialogen wertvoll ist, und gerade so viel davon zurückzuweisen, daß Raum für neue Möglichkeiten bleibt. Der Liebespartner des jungen Menschen wird dann etwas Altes und etwas Neues zugleich repräsentieren. Dagegen begünstigen mißlungene Ablösungen eine Partnerwahl, die sich an der vollkommenen Ähnlichkeit oder Unähnlichkeit mit dem elterlichen Urbild orientiert. In diesen Fällen ist das Stereotyp zu einer unabdingbaren Voraussetzung der genitalen Liebe geworden. Partielle, nicht vollständig gelungene Wegverlegungen sind das übliche: Der durchschnittliche Erwachsene bleibt bei seiner Liebeswahl etwa auf halbem Wege stehen, das heißt, der Versuch, das Verlangen vom inzestuösen Objekt abzuziehen, ist zwar nicht vollständig gescheitert, aber auch nicht ganz geglückt. Ein wichtiges Merkmal optimaler oder mindestens halbwegs gelungener Lösungen besteht darin, daß der Heranwachsende fähig ist, seine sexuellen Wünsche zu akzeptieren und seine moralischen Überzeugungen zu bewahren, selbst dann, wenn ihm ein angemessener Platz in der Gesellschaft vorenthalten wird. Anders dort, wo die Wegverlegung total mißlingt.

Das Mißlingen der Wegverlegung kündigt sich gewöhnlich während der eigentlichen Pubertät durch Plötzlichkeit, Intensität und Überzogenheit der für die Adoleszenz typischen Abwehrformen an. Die verschiedenen Spielarten mißlungener Wegverlegungen lassen sich in drei große Gruppen unterteilen. Die harmloseste Form ist jene, bei welcher der Jugendliche seinen Kampf gegen das Verlangen so erfolgreich geführt hat, daß nahezu alle sinnlichen und erotischen Neigungen ausgerottet sind. Nur zärtliche, liebevolle Regungen dürfen weiterbestehen. Nachdem das Verlangen nunmehr besiegt ist, kann der Jugendliche unbesorgt an die familiäre Vergangenheit gebunden bleiben. Der Inzest konnte vermieden werden; doch im Unbewußten, das sich kaum verändert hat, fordert er weiterhin sein Recht. Dort feiern die Liebesziele der Kindheit und die frühen libidinösen Wünsche triumphierend ihre Wiedervereinigung. Alles, was vom Kampf des Jugendlichen bleibt, ist eine harmlose Bindung an Mutter und Vater. In extremen Fällen dieser Art von mißlungener Ablösung wird die Gelegenheit, eine neue sexuelle Liebesbeziehung einzugehen, ein für allemal verpaßt, bzw. die Fähigkeit, den Geschlechtsverkehr zu vollziehen, geht für immer verloren. Ein solcher Mensch betont die altruistischen, zärtlichen Züge seiner Persönlichkeit. Zwar hat er auf seine Fähigkeit zur Fortpflanzung verzichtet, doch kann er seine schöpferischen Anlagen möglicherweise anderweitig entfalten. Aus diesem Menschen wird vielleicht ein Lehrer, ein Küchenchef, eine Krankenschwester, ein Psychologe, ein Schriftsteller oder Maler. Der unbewußte Sieg des inzestuösen Verlangens könnte – wie alle anderen ungelösten oder schlecht gelösten infantilen Szenarios – als Anreiz dienen, bestimmte soziale Rollen zu übernehmen.

Menschliche Gesellschaften überdauern, indem sie eine Vielzahl annehmbarer Rollen für so gut wie alle ihre erwachsenen Mitglieder bereitzustellen versuchen. Die Gesellschaft schafft darüber hinaus Strukturen, die ein Hineinwachsen in diese Rollen ermöglichen und Regeln für rollenkonformes Verhalten festlegen. Wenn bestimmte individuelle Lösungen abweichender Art vorherrschend werden, stellt sich die Gesellschaft darauf ein, indem sie die Abweichung zur Norm erklärt. Es fällt daher Erwachsenen nicht schwer, weniger angemessene Lösungen der Adoleszenz hinter einer sozialen Rolle zu verbergen. Von außen können wir nicht unterscheiden, ob eine Tänzerin, ein Psychologe und andere ihre Erwachsenenfassade nur aufrechterhalten, indem sie dem Stereotyp ihrer sozialen Rolle entsprechen. Wenn sich ein Mensch streng an eine soziale Ordnung hält, wird sein Verhalten erst dann als abweichend auffallen, wenn die Ordnung zusammenbricht oder wenn seine Rolle nicht mehr akzeptabel oder nicht länger zeitgemäß ist.

Schwerer beeinträchtigt in ihrem Erwachsenendasein sind jene, die sowohl ihr genitales Verlangen als auch ihr Bedürfnis nach einer Liebesbindung bezwungen haben. Dann triumphiert die Umkehrung von Liebe in Haß. Indem sichergestellt wurde, daß nichts übrigbleibt – weder sexuelles Begehren noch die Objekte, an die es sich heften könnte –, ist auf Wegverlegung verzichtet und der Inzest vermieden worden. Diese Unglückseligen verbringen den Rest ihres Lebens in bitterer Einsamkeit. Sie sind unfähig, irgendeine echte Liebesbeziehung einzugehen – sei diese nun sinnlicher oder eher zärtlicher, altruistischer Natur. Einige von ihnen werden vielleicht tatsächlich zu Einsiedlern. Für andere ist die Kraft ihrer Haß- und Verfolgungsphantasien ein Anreiz, Macht über andere Menschen zu erlangen. Und obgleich Bitterkeit und nagender Neid bei allem hindurchschimmern wird, was sie vollbringen, sind diese gefühlsarmen Erwachsenen dennoch in der Lage, einen gesellschaftlichen Beitrag zu leisten. Es fällt ihnen nicht schwer, die Rolle des Bankiers, Generals, Firmendirektors, Richters, Politikers, Philosophen oder Astronauten zu übernehmen. Würde man sie jedoch aus ihrer vertrauten Umgebung und ihrer Position reißen – einem Philosophen zum Beispiel seine Bücher und seinen Lehrstuhl an der Universität nehmen –, so liefen sie Gefahr, tatsächlich zum Einsiedler oder zum religiösen Fanatiker zu werden; und so mancher General würde ohne sein hochstrukturiertes soziales Umfeld und seine Armee vielleicht wie ein vom Verfolgungswahn getriebener Verrückter wirken.

Schließlich kann das Mißlingen der Ablösung von den Eltern darin zum Ausdruck kommen, daß der Heranwachsende keine

Abwehr gegen das Verlangen und keinerlei wirksame Strategie entwickelt hat, um seine leidenschaftlichen Bindungen an die Eltern zu lockern. In diesem Fall kann die Möglichkeit des Inzests leicht zur Realität werden – eine Lösung, die sich mit unserer sozialen Ordnung nicht in Einklang bringen läßt.

Bei jenen Untergruppen der Gesellschaft, welche den Inzest praktizieren, handelt es sich um Familien, die eine gesellschaftliche Sonderstellung einnehmen. Die Geschichte weiß zum Beispiel von Königen und Königinnen zu berichten, die ihre absolute Macht durch Inzucht aufrechterhielten. Gewöhnlich handelt es sich allerdings um soziale Randgruppen, von der Gesellschaft Ausgestoßene, die als von der Norm abweichend angesehen werden. Kommt der Inzest in Familien vor, die keine derartige Sonderstellung einnehmen, so sind meistens die Kinder Opfer sexuellen Mißbrauchs durch ein Elternteil. Im allgemeinen jedoch ist die Angst vor dem Inzest so tief verwurzelt, daß es schon außergewöhnlicher familiärer Umstände bedarf, um ihn als normal erscheinen zu lassen. Nochmals: Von außen gesehen ist es unmöglich abzuschätzen, welch hohen Preis ein Mensch zahlt und unter welchem inneren Druck ein Mensch steht, wenn der Inzest siegt.

Die stete Kampfbereitschaft des Jugendlichen und die ausgeklügelten Strategien, die er braucht, um sich vor der Inzestangst zu schützen, führen uns eindringlich vor Augen, daß ein großer Unterschied besteht zwischen der Verdrängung eines kindlichen Liebesdialogs und seinem wirklichen Verschwinden. Am Ende der Kindheit fällt der Ödipuskomplex der Verdrängung anheim. Doch er lebt im Unbewußten fort, rettet sich in die Pubertät hinüber, wo er dann wiederentdeckt wird und zu seiner endgültigen Bewältigung ansteht. Erst in der Pubertät werden ödipale Wünsche in gesellschaftlich bedeutungsvolle Szenarios umgewandelt. Alle anderen kindlichen Wünsche außer den ödipalen erhielten ihren Sinn dadurch, daß die Eltern darauf in irgendeiner Form positiv oder negativ reagierten: durch Abwesenheit und Zurückkommen, Nähren und Entwöhnen, durch

Anerkennung und Tadel im Rahmen der Reinlichkeitserziehung, durch bewundernde und mißbilligende Blicke angesichts des kindlichen Exhibitionismus, dadurch, daß die Eltern ihren Körper verbargen und wieder enthüllten. Aber es gibt keine elterlichen Gesten, die mit den genitalen Wünschen des Kindes korrespondieren. Schon während der frühen Kindheit und später in der Latenzzeit werden alle anderen kindlichen Wünsche in sozial akzeptierte Verhaltensweisen und Eigenschaften umgewandelt wie Ordentlichkeit, Sauberkeit, intellektuelle Neugier, in die Fähigkeit, sich beim Essen richtig zu benehmen, sich angemessen zu kleiden, die eigenen Fertigkeiten und Begabungen beim Spiel und in Leistungssituationen wirkungsvoll einzusetzen. Die gesamte Kindheit hindurch bleibt jedoch unklar, wie man genitale Wünsche in gesellschaftlich annehmbarer Form artikuliert. Erst nach der Pubertät, wenn das Kind die genitale Reife erreicht hat, kann es diese Wünsche in Einklang mit den Forderungen der Gesellschaft äußern.

Die Gesellschaft, will sie nicht durch die Leidenschaften, die das Familienleben hervorbringt, verschlungen werden, muß die Adoleszenz vorwiegend unter einem Aspekt betrachten: Wird das Ziel einer vollständigen und irreversiblen Befreiung von den Inzestwünschen erreicht? Was mit diesen Wünschen geschieht oder wie das Inzestdilemma im Einzelfall gelöst wird, ist für die Gesellschaft von geringer Bedeutung. Sie ist einzig darauf bedacht, ihre eigenen Interessen zu wahren.

Die endgültige Bewältigung des Ödipuskomplexes in der Adoleszenz birgt die Möglichkeit, dem Über-Ich eine humanere Gestalt zu verleihen, als sie wachsame Augen, verbietende Stimmen und Vollkommenheitsansprüche darstellen. Im Verlauf seiner Auseinandersetzung mit dem Inzestdilemma zähmt der Jugendliche sein Gewissen wenigstens so weit, daß er es sich gestatten kann, seine Genitalität auszuleben. Wenn er dann noch die Freiheit gewinnt, nach Werten und Idealen zu streben, die über den Gehorsam gegenüber Autoritätsfiguren und sexuelle Befriedigung hinausgehen, so ist dies das Ergebnis seines inneren Kampfes – eines Kampfes, den keine Gesellschaftsordnung verordnen und reglementieren kann. Der Gesellschaft geht es letztlich nur darum, daß die Individuen »zivilisiert« werden, daß sie das Familiennest verlassen, um neue Familien zu gründen, daß sie die ihnen übertragenen Arbeiten verrichten und einige einfache moralische Gebote befolgen. Sofern Liebesbeziehungen zwischen Eltern und Kindern erforderlich sind, um die soziale Ordnung aufrechtzuerhalten, wird die Gesellschaft tun, was sie kann, um die Familie zu schützen.

Die Gesellschaft, so wie sie ist, ermutigt ihre Mitglieder nicht gerade dazu, ein ethisches Bewußtsein zu entwickeln, dem moralische Würde vor Eigennutz und Gehorsam ginge. Während sie von der Kindheit Abschied nehmen, wachsen jedoch einige Jugendliche zu Erwachsenen heran, denen weniger die Aufrechterhaltung der bestehenden gesellschaftlichen Ordnung am Herzen liegt als vielmehr die Ausweitung der Grenzen, die der menschlichen Existenz gesetzt sind.

Das Abschiednehmen von der Kindheit ist ein langsamer und schmerzhafter Prozeß, in dessen Verlauf der Jugendliche die paradoxen Imperative des Inzesttabus auflösen muß. Er kann nicht allen Ansprüchen der Realität auf einmal gerecht werden. Stück für Stück und mit großem emotionalen Aufwand muß jede einzelne Erinnerung und Erwartung, durch welche die Libido mit den Eltern verknüpft wurde, hervorgeholt, neu durchlebt und neu gedeutet werden. Diese mühsame Gefühlsarbeit ist das Urbild für die Trauerarbeit beim Tod eines geliebten Menschen. Durch diese besondere Form des Verzichts auf Vergangenes wird dem Jugendlichen zum ersten Mal der *irreversible* Charakter des Verlustes klar. Er ist nicht wirklich ein Trauernder, aber indem er ganz allmählich auf die Vergangenheit verzichtet, erwirbt er die Fähigkeit zu trauern. Ein Trauernder ist sich mehr oder weniger bewußt, daß seine Stimmung mit dem Verlust eines geliebten Menschen zusammenhängt. Der Jugendliche hingegen weiß nicht, weshalb er so plötzlich von Traurigkeit, Verzweiflung, Angst und Wehmut überfallen wird. Er hat keine

Möglichkeit, bewußt zu erleben, daß seine ständig wechselnden Gefühlslagen, seine scheinbar kapriziösen Stimmungen auf den Verlust seiner kindlichen Vergangenheit zurückzuführen sind. Im Unterschied zum Trauernden, der den unwiederbringlichen Verlust einer nahestehenden Person erlitten hat, leidet der Jugendliche unter dem Verlust einer infantilen Form des Verlangens. Als reale Personen sind seine Eltern immer noch da.

Ähnlich dem Trauernden, der das verlorene Liebesobjekt idealisiert und vor feindseligen Erinnerungen abschottet, idealisiert der Jugendliche die verlorene Vergangenheit und richtet seine Aggression auf andere Objekte, gewöhnlich auf die Eltern und andere Familienmitglieder. Eltern können durch die gegen sie gerichteten Ausbrüche von Feindseligkeit und Abwertung völlig zermürbt werden. Aber es gelingt ihnen zu überleben, auch wenn sie sehr verletzt und verunsichert sind. Die Enttäuschungen, die ihr heranwachsendes Kind unausweichlich erfährt, versuchen sie abzumildern. Sie teilen seine Seelenqualen und bangen dem Ausgang des Prozesses entgegen. Das Schicksal der ganzen Familie scheint auf dem Spiel zu stehen. Früher oder später wird der Trauernde ebenso wie der Jugendliche von der fortwährenden Beschäftigung mit der Vergangenheit erlöst. Alle sind erleichtert, daß sich der Sturm gelegt hat. Der junge Erwachsene beginnt die Eltern mit Achtung und Zärtlichkeit zu behandeln. Aber er selbst wie auch die Eltern wissen, daß etwas sehr Schönes aus ihrem Leben verschwunden ist. Die neue respektvolle Liebe kann – obgleich ersehnt – für Eltern schwer erträglich sein, besonders dann, wenn sie selbst mit dem Nachlassen des sinnlichen Begehrens konfrontiert sind oder sich, altersbedingt, mit dem Ende des eigenen Lebens auseinandersetzen müssen. Der junge Erwachsene hat nun die Freiheit erlangt, genitale Liebe außerhalb der Familie zu suchen. Für Eltern ist das Abschiednehmen des erwachsenen Kindes ein Anlaß, ihr eigenes Leben zu überdenken. Sie erinnern sich an den Tag, an dem sie sich zum ersten Mal begegneten, an die Zeit der jungen Liebe, an die Heirat – an die schönen Augenblicke, die sie zusammen erlebt haben, und an die bitteren. Sie schwelgen in Erinnerungen an die Geburt dieses wunderbaren Kindes – an sein erstes Lächeln, seine ersten Worte, seine ersten Schritte, die ersten Schultage, an die Schulaufführungen, an seine erste Verabredung. Mit Sehnsucht und Wehmut schauen sie auf die »goldenen« Tage ihrer eigenen Kindheit zurück, erinnern sich ihrer Mütter und Väter, wie sie ihnen damals erschienen – so stark, so wunderbar –, der Spiele auf dem Schulhof, der Frühlingszeit der Jugend, als sie, energiegeladen und neugierig, der Zukunft entgegensahen und alles noch möglich schien.

Biologisches Zwischenspiel: Der Wachstumsschub

Außer dem Gehirn, dessen Wachstum und Differenzierung vor dem Beginn der Vorpubertät und der Rückbildung der Thymusdrüse ihren Höhepunkt erreichen, sind alle Muskeln und Skelettteile des Körpers am Wachstumsschub der Vorpubertät beteiligt: die Handgelenke, das Becken, das Herz, die Eingeweide, die Schilddrüse, das Gesicht. Das Signal, das den Entwicklungsschub einleitet, ist bei beiden Geschlechtern die gesteigerte Ausschüttung von Nebennierenandrogenen. Auch Nebennierenöstrogene und Wachstumshormone aus der Hirnanhangsdrüse tragen zur Steuerung des Wachstums bei. Für die geschlechtsspezifischen Unterschiede der körperlichen Entwicklung – etwa breitere Schultern und stärkere Wadenknochen beim Mann, stärkere Fettansammlung an den Hüften und Schenkeln bei der Frau – sind vermutlich das Testosteron bzw. die Östrogene der Eierstöcke verantwortlich.

Während der gesamten Vorpubertät vergrößern sich die Muskelzellen und die Gewebe des Herzens, des Magens, der Nieren, der Leber, der Milz und der Eingeweide. Diese Größenzunahme ist nicht dramatisch, trägt aber zu einem Gefühl innerer Expansivität bei.

Die auffälligsten wachstumsbedingten Veränderungen betreffen die langen Röhrenknochen der Beine, Arme und des Rumpfes. Deren Wachstum sticht ebenso ins Auge wie das Wachstum der Schamhaare, der sekundären Geschlechtsmerkmale, der äußeren Genitalien und der inneren Fortpflanzungsorgane. Das Wachstum der langen Knochen führt dazu, daß die Jugendlichen während der Vorpubertät an Körperlänge sehr rasch zulegen, ja geradezu emporschießen. Dieses Längenwachstum kann bei Mädchen irgendwann zwischen neuneinhalb und vierzehneinhalb, bei Jungen zwischen zehneinhalb und sechzehneinhalb Jahren beginnen.

Nach dem Alter der langen Röhrenknochen kann der Entwicklungsstand oftmals zuverlässiger beurteilt werden als nach dem Lebensalter. Wählt man die Reifung des Skelettsystems als Maßstab, kann bei manchen Individuen gleichen Alters die Pubertät bereits beendet sein, während sie bei anderen kaum begonnen hat. Was das Skelettalter angeht, sind die Mädchen den Jungen stets voraus, vom fötalen Stadium an bis ins Erwachsenenalter. Bei Beginn der Pubertät besteht eine Zeitdifferenz von zwei Jahren. Während der Säuglingszeit, der Kindheit und der Adoleszenz werden Mädchen hinsichtlich ihrer körperlichen und psychosozialen Entwicklung im Vergleich zu Knaben als fortgeschrittener angesehen. Sie erlangen die physische Reife vor den Jungen. Das Längenwachstum endet etwa zwei Jahre früher, und auch die Differenzierung der Geschlechtsmerkmale ist bei Mädchen ein bis zwei Jahre eher abgeschlossen. Jungen wachsen längere Zeit und sind am Ende der Pubertät im allgemeinen größer als Mädchen.

Das Längenwachstum verläuft nach einem ganz bestimmten Drehbuch, das für beide Geschlechter gilt. Zuerst erreichen die Beine ihre volle Länge, dann weiten sich die Hüfte und die Brust. Rumpf und Brustkorb erreichen ihre erwachsene Länge bzw. Tiefe zuletzt. Die Fußknochen reifen vor der Wade und den Schenkeln. Das entscheidende Wachstum des Unterarms erfolgt etwa sechs Monate vor dem des Oberarms. Die beiden wichtigsten Merkmale der erwachsenen Gestalt sind Beinlänge und Rumpflänge. Während das Größenwachstum in der Kindheit hauptsächlich auf die Zunahme der Beinlänge zurückgeht, ist für den Wachstumsschub der Pubertät in erster Linie die Rumpflänge verantwortlich. Das kindliche Verhältnis von Beinlänge zu Rumpflänge kehrt sich in der Pubertät um.

Auch nach der Pubertät wachsen noch Teile des Knochengerüsts, des Kiefers, des Gesichts und einige Wirbel weiter. Doch die Gelenkenden oder Epiphysen der langen Röhrenknochen schließen sich vollständig, und danach können diese Knochen nicht mehr weiterwachsen. Die langen Knochen schließen sich nicht alle auf einmal, sondern in einer bestimmten Reihenfolge. (Unser Wissen über die Abfolge der Epiphysenschließungen beruht übrigens auf der Analyse der Skelettstruktur amerikanischer Soldaten, die im Alter zwischen siebzehn und achtundzwanzig Jahren im Krieg gefallen sind.) Zuerst schließen sich die Epiphysen am Ellenbogen, die Epiphysen am Knie schließen sich ein oder zwei Jahre später – mit siebzehn bei Frühreifen und nicht vor dem 24. Lebenjahr bei Spätentwicklern. Als letzte Epiphysen schließen sich jene an der Mittellinie des Schlüsselbeins – mehrere Jahre nachdem sich die meisten anderen Röhrenknochen schon geschlossen haben. Man schätzt, daß der Anstieg des Längenwachstums bei Jungen mit etwa achtzehn Jahren, bei Mädchen mit sechzehn Jahren aufhört, wonach die Körpergröße nur noch um etwa zwei Prozent zunimmt. Ist die Mehrzahl der langen Röhrenknochen geschlossen, so zeigt dies im allgemeinen das Ende der Pubertät an.

Da die meisten Erwachsenen die schmerzlichen Gefühle, die mit dem Erwachsenwerden verbunden sind, vergessen haben, pflegen sie sich einzubilden, daß die Jahre der Adoleszenz eine grenzenlose Fülle von Chancen böten. Sie stellen sich vor, daß der Jugendliche unendlich viele Möglichkeiten habe, Liebesbeziehungen und Freundschaften einzugehen, seinen Interessen an Tanz, Musik und Kleidung nachzugehen, zu lernen und zu arbeiten. Sie verstehen nicht immer, weshalb die neuen Liebesbeziehungen und Freundschaften, die leidenschaftlichen neuen Interessen sich gewöhnlich als unbeständig, vorübergehend, ja als herzzerreißende Enttäuschung erweisen.

Der Jugendliche ist ständig auf der Suche nach neuen Formen der Liebe, aber noch hält ihn die Vergangenheit fest. Unweigerlich versucht er daher, neue Erfahrungen so zu gestalten, daß sie ihm eine spielerische Wiederholung der Vergangenheit ermöglichen. Die ersten Liebespartner des jungen Mädchens ähneln oft in manchen Aspekten dem Vater oder dem Bruder. Innerhalb der Gruppe der Gleichaltrigen nimmt die Jugendliche häufig eine Rolle ein, in der sie dann versucht, sich für Demütigungen der Kindheit zu entschädigen. Beim Tanzen oder Musikhören erlebt sie zeitweilig wieder jenes berauschende Hochgefühl, ein angebetetes Kleinkind im Mittelpunkt des Universums zu sein. Diese Versuche, das Alte im Gewand des Neuen zu bewahren, sind zwar insofern erfolgreich, als sie sexuellen Hunger und aggressive Energien von der Familie weglenken, doch enden sie üblicherweise damit, daß sich die Jugendlichen gefühlsmäßig entleert fühlen. Die Enttäuschung reicht tief.

Immer wieder gibt es Perioden, in denen die Außenwelt ihre Anziehungskraft verliert und das Interesse an ihr erlischt. Das Verlangen kann sich nirgendwo festsetzen. Wenn es kein Gegenüber findet, wenn niemand da ist, den man lieben kann, wenn sexueller Hunger nicht in Freundschaft oder Aktivität umzuwandeln ist, dann stellen sich depressive Verstimmungen und Gefühle der Hoffnungslosigkeit ein. Gelegentlich wird sich der Jugendliche eines vagen Verlustgefühls bewußt, welches einen Kummer von noch nie dagewesener Heftigkeit auslöst. Wenn dann noch die Libido in der Schwebe gehalten wird, weil niemand da ist, an den sie sich heften kann, kann der Jugendliche von der Furcht vor dem Verlust des Dialogs überwältigt werden. Diese Angst ähnelt jenem Hineinstürzen ins Nichts, das für die ersten Lebensmonate charakteristisch ist.

Die depressiven Verstimmungen, Kummerreaktionen und

tiefgreifenden Ängste, die so typisch sind für die Adoleszenz, spiegeln einen inneren Widerstreit: die Vergangenheit soll ausgelöscht und zugleich für immer bewahrt werden. Ausdruck dieses inneren Kampfes ist auch das Auftauchen eines neuen, bittersüßen Gefühls. Während der Adoleszenz erlebt das Kind zum ersten Mal Sehnsucht nach der Vergangenheit *und zugleich* ein Gefühl für die Unwiederbringlichkeit der Zeit. Was einst war, kann nicht zurückgeholt werden – außer in der Erinnerung.

Das jüngere Kind, selbst der Säugling, sehnt sich gelegentlich nach der Vergangenheit. Wenn es nach der abwesenden Mutter verlangt, verlagert das Kleinkind seinen emotionalen Fokus nach innen. Dabei versucht es die Empfindungen von Wohlsein und Sicherheit, Heiterkeit und Glück, Ganzheit und Harmonie wiederherzustellen, die versunkene Zeit des liebenden Einsseins mit der Mutter, deren Gegenwart alles ausfüllte. Diese nach innen gewandte Verfassung des Kleinkindes wird als »Stimmungsabfall« bezeichnet. Er ähnelt der Nostalgie des Jugendlichen. In den Augen des Kleinkindes ist die Vergangenheit jedoch nicht unwiederbringlich.

Einige Jahre später, wenn die meisten Kinder schon längere Zeit ohne die Mutter auskommen, empfinden sie den Gedanken als überaus tröstlich, daß sie ja gelegentlich wieder in die Babyschuhe schlüpfen können. Und sie tun das auch häufig, indem sie wimmern, sich anklammern, auf allen vieren kriechen, am Daumen lutschen, Wutanfälle bekommen, prahlen, ins Bett machen. Die Vergangenheit kann zurückgeholt werden. Die Zeit fließt nicht unwiederbringlich dahin.

Kinder im Schulalter, die viel klüger und beherrschter sind, weisen bewußt alles zurück, was mit der Babywelt verknüpft ist. Sie verleugnen die Leidenschaften der Säuglingszeit und geben sich alle Mühe, die Vergangenheit hinter sich zu lassen. Der Stolz auf neue Errungenschaften und die Fähigkeit, Freunde außerhalb der Familie zu finden, helfen dem Kind der Latenzzeit, der Vergangenheit zu widerstehen. Doch die rückwärtsgewandten Sehnsüchte lassen sich auf Dauer nicht wegdrängen; sie verschaffen sich Ausdruck in den Schulhofspielen, wo mit jedem Spielbeginn das Leben noch mal von vorn anfängt, und in geheimen Phantasien, in denen die Liebesdialoge von einst wiederaufleben. Die Zeit ist immer noch reversibel; was war, kann zurückgeholt und noch einmal gemacht werden.

Erst wenn der Jugendliche die Bedeutung dessen, was er hinter sich läßt, ganz erfaßt hat, kann er – ausgehend von einer realistischeren Sicht der vormals verklärten Vergangenheit – die Einsicht entwickeln, daß sie nie zurückkehren wird. Die junge Frau ist sich der tiefsten Bedeutung ihrer Nostalgie nicht bewußt. Sie erkennt nicht, daß sich ihre Vergangenheitsbeschwörung auf ihre eigene Kindheit und ihr kindliches Eltern- und Selbstbild bezieht. Die Vorstellung von der frühen Kindheit als dem Goldenen Zeitalter hat ihren Ursprung in der Nostalgie der Adoleszenz. Vor allem Jugendliche, aber auch viele Erwachsene, halten an der Phantasie fest, daß die Kinderjahre rein und unschuldig waren. Gleichgültig wie erschreckend oder demütigend die Kindheit mitunter gewesen sein mag, in unserer Phantasie bleibt sie in vieler Hinsicht eine paradiesische Zeit.

Der Herzenskummer der Jugendjahre ist schwer zu ertragen. Mit Erinnerungen an eine köstliche, fröhliche kindliche Vergangenheit werden die Enttäuschungen der Gegenwart gemildert. Familiäre Rivalitäten und Eifersüchteleien, durch die Leidenschaften der Adoleszenz neu entfacht, überblendet der Heranwachsende mit Erinnerungen an das vollkommene und vergötterte Kind, das er einst war. In nostalgischer Stimmung wird stets die Romantik der Kindheit wiederbelebt, niemals die Frustrationen und Niederlagen. Mit verklärtem Blick sprechen Erwachsene von ihrer Kindheit als einer Zeit der Glückseligkeit, die nie wieder zurückkehrt. Nostalgie nimmt dem Gefühl des Verlustes den Stachel. Kummer entleert die Seele, Nostalgie füllt sie auf. Unsere stillen Tränen erinnern uns an verlorene Unschuld. Der bloße Gedanke an das verlorene Gute schafft ein Gefühl inneren Wertes. Die Zeit ist unwiederbringlich, aber das Gute, das wir erfahren haben, läßt uns für die Zukunft hoffen. Die Sehnsucht nach einem verlorenen Zustand der Vollkommenheit kann das soziale Bewußtsein des Jugendlichen schärfen. Gelegentlich führt Nostalgie dazu, daß man darüber nachsinnt, wie das Los der Menschheit zu verbessern wäre. Die Idealisierungen der Vergangenheit werden in soziale Ideale umgewandelt.

In den Texten populärer Songs kommt das Verlustgefühl deutlich zum Ausdruck, selbst wenn die zutiefst persönliche Natur dieses Verlusts dabei sanft ausgeblendet wird. Was wir da hören, kündet von enttäuschter Liebe:

> August die she must
> The autumn winds blow chilly and cold
> September I'll remember
> A love once new has now grown old.

Kameradschaft in der Schulclique:

> Goodbye to Rosie, the Queen of Corona
> See you, me and Julio down
> by the schoolyard.

Glückliche, vergangene Tage:

> Time it was and what a time it was
> It was a time of innocence
> A time of confidences.
> Long ago it must be,
> I have a photograph,
> Preserve your memories
> They're all that's left you.
>
> .....
>
> Kodachrome
> they give us those nice bright colors
> They give us the greens of summers
> Makes you think all the world's
> A sunny day.

Heldinnen und Helden, die Vollkommenheit verkörpern und entschwunden sind:

> Where have you gone, Joe DiMaggio?
> A nation turns its lonely eyes to you.

Verlorenes Land unserer Träume:

> They've all come
> To look for America
> All come to look for America.
>
> .....
>
> We come on the ship that sailed the moon
> We come in the age's most uncertain hour
> And sing an American tune
> But it's all right; it's all right
> You can't be forever blessed

Doch dann, wenn der Vergleich zwischen dem, was hätte sein können, und dem, was ist, unerträglich wird, weicht die Nostalgie, in der immer noch die Hoffnung auf das zukünftige Gute mitschwingt, der Furcht, dem Grauen:

> We work our jobs
> Collect our pay
> Believe we're gliding down the highway
> When in fact we're slip slidin' away
>
> .....
>
> The words of the prophets are written on
> the subway walls
> And tenement halls
> And whisper'd in the sounds of silence.

Der Jugendliche ist äußerst innovativ. Wie sehr er auch schweigend trauern, Tagträumen nachhängen und sich nach der Vergangenheit sehnen mag, sein machtvolles Streben nach Individuation treibt ihn immer wieder voran in die Welt der anderen. Um herauszufinden, wer er ist und wer er nicht ist, sucht er inbrünstig nach Freunden, Gefährten und Geliebten, tummelt er sich mit Feuereifer in Gruppen und Cliquen. Er erweitert seinen Umkreis, greift nach der Umwelt und fordert von ihr jene Reaktionen, die seine Sache voranbringen. Retardierter Primat, der er ist, kann er seine natürliche und soziale Umwelt manipulieren, ja sogar radikal verändern. Denn es ist ein weiteres, nur dem menschlichen Primaten eigenes Merkmal, daß wir unsere innere Welt – unsere Phantasien, Wünsche, Hoffnungen, unser Selbstgefühl – verändern können, indem wir uns die Außenwelt zunutze machen und so zurechtmodellieren, daß sie diesen unseren Phantasien und Hoffnungen entspricht. Auf diese Weise können selbst die tiefsten Tiefen unseres Innenlebens mit Hilfe vieler gleichsam übereinandergeschichteter Revisionen nochmals überprüft und umgewandelt werden.

Je besser sich ein Jugendlicher das, was ihm die äußere Umgebung bietet, aneignen und seinen Zwecken nutzbar machen kann, desto größer sind seine Chancen, seinem Leben eine neue Richtung zu geben. Aus dem reichhaltigen Angebot seiner sozialen Umwelt wählt er aus, was er braucht, um seine ganz persönliche Welt zu erschaffen. Dabei verändert er sein soziales Umfeld nicht wirklich, sondern nutzt es einzig zu dem Zweck, sich selbst zu verändern, sein eigenes Innenleben und dessen emotionale Bedürfnisse voranzubringen.

Gewöhnlich ist das Innenleben des Jugendlichen einer Erforschung nicht zugänglich. Auch haben wir nicht immer Zugang zu den jeweils aktuellen, ständiger Wandlung unterworfenen Beziehungen zwischen seinem Innenleben und seinen Handlungen in der realen Welt. Was wir beobachten können, ist der starke Hunger nach emotionaler Verbundenheit. Und wir sind erstaunt, mitunter auch wütend über den phantasievollen Gebrauch, den er von Freunden, Geliebten, Lehrern, Schwestern, Eltern und Angehimmelten macht – über die Selbstverständlichkeit, mit der er andere Menschen für seine Zwecke einspannt.

Die Jugendliche hat eigentümliche Wirkungen auf jene, die sie kennen. Einige Monate lang – wie uns nachträglich bewußt wird – reagierten wir auf sie, als wäre sie eine Heilige, wie sie tugendhafter und altruistischer nicht sein könnte. Plötzlich aber erscheint sie ihrer Familie und ihren Freunden als abscheuliches Monstrum, als Verkörperung des Bösen. Ihr Haar ist ungekämmt, ihre Gesichtszüge von Gehässigkeit verzerrt, ihre Stimme schroff und rauh. Noch in derselben Woche überrascht sie uns damit, daß sie ihren kleinen Bruder vor den brutalen Gassenkindern an der Straßenecke rettet. Nun leuchtet das Gesicht des Ungeheuers im Widerschein ihrer Tapferkeit und ihres Heldenmuts. Offenbar trägt sie alle diese Möglichkeiten in sich. Doch kann sie sich kein zusammenhängendes Bild davon machen, wer oder was sie ist. Sie fühlt sich orientierungslos und innerlich gespalten.

Für die meisten von uns und auch für die Jugendlichen ist es ein Glück, daß diese innere Gespaltenheit an anderen Schauplätzen ausgelebt werden kann als zu Hause oder im Klassenzimmer. Die Gruppe der Gleichaltrigen ist für einen Jugendlichen die naheliegendste und natürlichste Umgebung; und so ist es ganz selbstverständlich, daß er sich dieses Milieu nutzbar machen wird, um seine gespaltenen Gefühle und seine unzusammenhängenden Selbstbilder zum Ausdruck zu bringen. Das ist mit ein Grund, weshalb das Vorhandensein von Peergruppen für die seelische Gesundheit des Jugendlichen von entscheidender Bedeutung ist. Tatsächlich »schafft« er sich seine Peergruppen entsprechend seinen eigenen emotionalen Bedürfnissen, um die verschiedenen Anteile seines Selbst zu erfahren und auf eine ihm zuträglichere Weise zu integrieren. Dabei hat er überhaupt kein Interesse daran, diese Gruppen oder die Welt zu verändern. Eine Jugendliche wird sich vielleicht einer Gruppe anschließen, deren Ziel es ist, die Emanzipation der Frau voranzutreiben, doch gespalten wie sie ist, geht es ihr dabei im Grunde allein um ihre ganz persönliche Emanzipation. Sie schafft sich die Peergruppen nach Bildern, die allein in ihrem Kopf existieren; nach Bildern also, die der Wirklichkeit dieser Gruppen mehr oder weniger nahekommen. Wenn wir verstehen wollen, was sich im Inneren der Heranwachsenden abspielt, sollten wir uns einmal vor Augen führen, wie sie sich in diesen Gruppen verhält.

Es ist typisch für den Heranwachsenden, daß er in seiner Gespaltenheit von einer Gruppe zur anderen wandert, ohne sich einer von ihnen wirklich verpflichtet zu fühlen. In jeder Gruppe trägt er eine andere Maske. In der einen Gruppe strebt er nach Macht, indem er mit seinem Wissen brilliert. In der anderen Gruppe dominiert er, indem er die schwächeren Mitglieder angreift. Hier erscheint er schweigsam und nachdenklich, dort laut und auftrumpfend; in wieder einer anderen Gruppe tritt er verächtlich und herabsetzend auf. Manchmal schließt er sich einer bestimmten Gruppe an, um selbst herabgesetzt oder angegriffen zu werden. Ganz gleich, wohin der Jugendliche sich auch wendet – immer wieder gelingt es ihm, seinen Altersgenossen eben jene Reaktionen zu entlocken, derer er bedarf. Er bringt es fertig, daß die Peergruppe auf ihn wie eine nur-böse, frustrierende und demütigende Mutter oder wie ein ebensolcher Vater reagiert oder aber wie ein nur-guter Elternteil, der ihn bedingungslos liebt, ihm ungeteilte Aufmerksamkeit entgegenbringt und ihn uneingeschränkt akzeptiert. Das Fehlen jeder echten emotionalen Verbundenheit bei diesen Peergruppen-Erfahrungen führt dazu, daß sich der Jugendliche einsam und von all jenen Dialogformen, nach denen er sich eigentlich sehnt, entsetzlich abgeschnitten fühlt. Bei alledem hat er keine Ahnung, was er tut und wie ihm geschieht.

Letztendlich dienen diese seltsamen Inszenierungen dem Heranwachsenden dazu, sich seiner Kontinuität und Kohärenz zu vergewissern. Er revidiert die Vergangenheit, indem er sie in der Gegenwart neu inszeniert. Er agiert jene Themen der Vergangenheit aus, die dazu bestimmt sind, im Zuge des Erwachsenwerdens zu verblassen – fast so, als hätten sie niemals existiert. Und zwar sind es gerade die Liebesdialoge der Vergangenheit, die sein Fortschreiten in die Zukunft am meisten behindern können. Was einstmals tatsächlich zwischen dem Kind und seinen Eltern in einer realen Umwelt geschah, ist in verschiedene Aspekte seines Selbst verwandelt worden – in sein Gewissen, seine Phantasien, seine Tagträume, seine ganze Art zu denken und zu fühlen. Die Vergangenheit ist unsterblich geworden, indem sie verinnerlicht wurde – nicht so, wie sie tatsächlich war, sondern entsprechend den vielfältigen Verarbeitungsformen, die dem Kind zur Verfügung stehen.

Während der Adoleszenz kehrt sich die dynamische Beziehung zwischen Innenleben und Außenwelt häufig um. Indem er gewisse Aspekte seines längst schon verinnerlichten psychologischen Lebensraumes aufs neue veräußerlicht, eröffnet sich dem Jugendlichen die Chance, den Ausgang von bereits als erledigt »abgehakten« Problembearbeitungen wieder offen zu halten – wer weiß, vielleicht werden die Dinge sich ja jetzt etwas besser gestalten. Mit Hilfe solcher Neuinszenierungen versucht der Heranwachsende ganz unbewußt, sich für einige der Demütigungen und Versagungen der Kindheit zu entschädigen.

Wenn ein Jugendlicher die Vergangenheit in der Gegenwart neu inszeniert, sind seine Handlungen keine Kopie dessen, wie er oder die Eltern sich in der Vergangenheit tatsächlich verhalten haben; die Neuinszenierungen spiegeln vielmehr wider, in welcher Weise sich diese frühen Beziehungen in seiner Psyche niedergeschlagen haben. Es handelt sich dabei nicht einfach um eine Wiederholung der Vergangenheit. Was den Jugendlichen zur Neuinszenierung drängt, ist die Tatsache, daß seine derzeitigen Probleme manchen Problemen der Kindheit *ähneln.* Diese Ähnlichkeit lockt jene unauslöschliche Vergangenheit hervor, die stets bereit ist, die Gegenwart zu durchdringen, wenn ein akutes Trauma Elemente enthält, die einem Trauma der Vergangenheit entsprechen. Primitive Formen des Denkens und Fühlens werden dann wachgerufen. All das, womit sich das Kind im

Laufe seiner geistig-seelischen Entwicklung unausweichlich auseinandersetzen muß, hinterläßt ein Erbe, das zu jedem beliebigen Zeitpunkt im späteren Leben wieder aktiviert werden kann. Es ist ihre Aktivierung in der *Gegenwart*, was diese Funktionsweisen *primitiv* erscheinen läßt. Das Verhalten des Kindes ist genausowenig primitiv wie das Verhalten eines Jugendlichen, der die Vergangenheit neu inszeniert, wirklich kindlich ist – in beiden Fällen ist es vollkommen altersgemäß. Es ist der von den frühesten Liebesdialogen ausgehende rückwärtsgewandte Sog, der gerade während der Adoleszenz, wenn die Persönlichkeit dramatische und manchmal sogar überwältigende Veränderungen durchmacht, seine Wirkung leicht entfalten und primitive Formen der Verarbeitung wieder zum Leben erwecken kann. Das Hervorbrechen primitiver Phantasien und Gedanken ist für den Jugendlichen äußerst erschreckend. Die für diesen Lebensabschnitt typischen Gefühle von Desorientierung und Überforderung werden dadurch noch weiter gesteigert. Um die Gespenster der Vergangenheit abzuschütteln, sieht er sich dann gezwungen, seine Schwierigkeiten auszuagieren, anstatt sie innerlich durchzuarbeiten. Aus dem Kreis seiner nichtsahnenden Freunde und aus den Gruppen, denen er sich vorübergehend anschließt, rekrutiert er die Statisten und Requisiten für sein Drama der Wiedergutmachung. So manches noch in die Gegenwart hineinwirkende Kindheitstrauma wird durch derartige Neuinszenierungen erfolgreich neu bearbeitet.

Eines dieser unvermeidlichen Kindheitstraumata ist die Loslösungskrise, in der das Kind erkennt, daß es mit der Mutter nicht eins ist. Die Mutter behält im allgemeinen weiterhin ein kohärentes Selbstbild, auch wenn ihr Kind aus Frustration tobt oder infolge eines inneren Mißbehagens – wie etwa das Zahnen – besonders reizbar ist, ja, auch wenn es durch die Erkenntnis des Getrenntseins gedemütigt und über das unvorhersehbare Kommen und Gehen der Mutter bekümmert ist, ja, selbst wenn der furchtbare Schrecken vor dem Verlust des Dialogs es erzittern läßt. Beim Kind hingegen beschwört jedes dieser unlustvollen Gefühlserlebnisse ein erschreckendes Bild der Mutter herauf: Sie erscheint ihm wie ein beißender Mund, ein scharfer, durchdringender Gegenstand, eine verschlingende Hexe, ein grollendes Ungeheuer. Wenn das Kind nach einer guten Mahlzeit zufrieden, wenn es von der sanften, wohlriechenden Wärme der mütterlichen Arme umgeben ist oder vertrauensvoll seine Umwelt erforscht, dann scheint die Mutter eine nur-gute Mutter zu sein, die niemals frustriert, niemals enttäuscht, niemals den wundervollen Liebesdialog unterbricht, indem sie kommt und geht, wann immer sie will. In diesen glückseligen, gehobenen Augenblicken fühlt das Kind, daß es selbst ein nur-gutes Baby ist, erfüllt von liebender, wonnevoller Ganzheit.

Die Art und Weise, in der sich das Selbst in der Beziehung zu anderen erfährt, unterliegt nicht nur solchen vorübergehenden Veränderungen. Jede Phase der Kindheit bringt ihre eigene Erfahrung dessen mit sich, wer die Mutter ist, wer der Vater ist, wer das Selbst ist, und diese Erfahrung ist durch feindselige oder liebevolle Impulse in jeweils charakteristischer Weise geprägt. So bringt die Phase des *symbiotischen Einsseins* die umfassende Erfahrung von Güte und Vertrauen mit sich, der nur ganz selten – wo es eben unvermeidlich ist – Obertöne von Furcht und Wut beigemischt sind. Im Gegensatz dazu wird die Mutter während der *Wiederannäherungskrise* – wenn das Kind mit der unbestreitbaren Tatsache seiner Getrenntheit von der Mutter konfrontiert wird – mit nur-schlechten, feindseligen Zügen ausgestattet. Die Loslösungsängste verstärken die kindliche Neigung, die Mutter als zwei verschiedene Personen zu sehen, je nachdem, ob sie ein Bedürfnis befriedigt oder frustriert. Die Mutter, die alles versteht und befriedigt, ist nur-gut. Die Mutter, die die Wünsche des Kindes mißversteht oder es auf andere Weise frustriert, ist nur-schlecht und feindselig. Während der Loslösungskrise wird der Vater manchmal als Retter in strahlender Rüstung, manchmal als satanischer Gefährte der Hexe und manchmal als der niederträchtige Schurke angesehen, der sich in den Liebesdialog von Mutter und Kind hineingedrängt und ihn zerstört hat. Wenn dem Kind seine Getrenntheit in vollem Umfang bewußt geworden ist, geben ihm seine Reaktionen darauf – sein ängstliches Zittern, sein Gedemütigtsein und sein Schmerz, seine Reizbarkeit und seine Wut – das Gefühl, daß es ein nur-böses Kind sei, das die Welt und alles, was darin ist, zerstören könnte.

Mit der Bewältigung der Loslösungskrise erwirbt das Kind in der Regel die Fähigkeit, ein kohärentes Bild seiner selbst zu bewahren – ein Bild, das von seinen jeweiligen Gemütszuständen relativ unabhängig ist. Entsprechendes gilt auch für das Mutter- und Vaterbild, das das Kind in sich trägt: Die meiste Zeit über ist es nun in der Lage, an einem positiven Bild der Mutter und des Vaters als eines ganzen Menschen, den es liebt und bewundert, festzuhalten. Die Neigung zur »Spaltung« in nur-gut und nur-schlecht verringert sich so weit, daß das Kind in jene Phase, die den Höhepunkt seiner Kindheit darstellt, mit einem mehr oder weniger beständigen Selbst- und Elternbild eintreten kann. Die dyadischen Liebesdialoge der frühen Kindheit werden schließlich von den Demütigungen und Zwickmühlen des ödipalen Dreiecks überlagert. Sie werden zu bloßen Nebenhandlungen degradiert, zu unbedeutenden Dialogen im kunstvoller ausgestalteten ödipalen Drama. Doch erhöhen sie den emotionalen Wert der fortgeschrittenen Identifizierungen des fünfjährigen Kindes mit seinen Eltern und bestimmen Tenor und Stärke seines Über-Ichs. Die Lösung der ödipalen Dreieckssituation führt letztlich zu einer *Synthese* sämtlicher Kindheitserfahrungen – einer Synthese, die alle Liebesdialoge der Kindheit unsterblich macht und der Persönlichkeit des Kindes ein Gefühl von Kohärenz und Ganzheit verleiht.

Während der Adoleszenz wird dieses Gefühl von Kohärenz bedroht. Es ist unvermeidlich, daß die Forderung nach Wegverlegung die Synthese der ödipalen Lösungen bis zu einem gewissen Grad hinfällig macht, wodurch wiederum die »Spaltungsmechanismen« der frühen Kindheit reaktiviert werden. Was hier mit Spaltung gemeint ist, unterscheidet sich ganz erheblich von jener typischen Haltung des Jugendlichen, die sich darin zeigt, daß er die Welt kompromißlos in Gut und Böse aufteilt, daß für ihn die mühsame Suche nach einem Ausgleich der Gegensätze immer nur auf einen faulen Kompromiß hinauslaufen kann. Wenn der Jugendliche sich selbst und alle anderen entweder als großartig oder häßlich, aufregend oder langweilig, blöd oder brillant, großzügig oder geizig, freundlich oder feindselig ansieht, so ist dies als Versuch zu verstehen, sich an seinen sich verändernden Körper anzupassen und mit seinem Verlangen umzugehen. Diese polarisierenden Einstellungen sind Aspekte jener Abwehrstrategien, die die Wegverlegung begleiten. Im Gegensatz zu diesen berechenbaren Einstellungen, die der übrigen Welt unangenehm sein mögen, für den Jugendlichen aber recht bequem sind, führt die Wiedereinführung der Spaltung zu extremen Schwankungen im Selbsterleben des Jugendlichen – zu einer furchterregenden Fragmentierung, die ihn zum Ausagieren treibt. Er aktualisiert bei sich und auch bei anderen jene abgespaltenen Selbst- und Elternbilder, die auf dem Höhepunkt der frühen Kindheit nicht zu einer angemessenen Synthese gebracht werden konnten. Wenn während der frühesten Phasen der Kindheit die feindselige Aggression zu groß und die der Individuation dienende zu gering war, wenn die libidinösen Dialoge zu ungleichmäßig fortschritten (bevor das Kind die Möglichkeit hatte, die Erfahrung des Einsseins zu genießen, wurde es mit den Problemen der Loslösung konfrontiert), wenn die Besonderheiten von Reifungsschritten wie Sitzen, Krabbeln, Laufen und Sprechen nicht zur rechten Zeit beachtet oder Entwöhnung und Reinlichkeitserziehung allzusehr forciert wurden, wenn das Kind in exzessiver Weise mit den anatomischen Geschlechtsunterschieden konfrontiert oder gar in irgendeiner Weise sexuell verführt wurde – wenn also die frühe Kindheit durch derartige Erfahrungen kontaminiert war, so müssen wir damit rechnen, daß sich die Neigung zur Aufhebung der Synthese während der Adoleszenz verstärkt.

Doch selbst die glücklichste Kindheit hinterläßt Spuren, die aus dem Kinde zugefügten Kränkungen entstanden sind und in der Adoleszenz wieder deutlicher sichtbar werden. In der Adoleszenz bietet sich die Gelegenheit, die Kränkungen der Kindheit ein Stück weit wieder gutzumachen. Die regressive Macht dieser Traumata kann aber auch zu einem vorzeitigen Abbruch der Entwicklung führen – zu Flucht, hastigem Rückzug, Kapitulation, Psychose, Selbstmord. Manche Erwachsene bringen ihr ganzes Leben mit dem Versuch zu, die Vergangenheit zu korrigieren. Im allgemeinen werden die Strukturen der Vergangenheit durch die jugendliche Vitalität aufgebrochen und der Weg zu kohärenteren Synthesen geebnet.

Neben seinen exotisch anmutenden Neuinszenierungen beschäftigen den Jugendlichen auch jene unverfälschteren Beziehungen zu Gleichaltrigen, die gemeinhin als charakteristisch für diese Lebensphase gelten. Die Jugendliche hat gewöhnlich ein oder zwei Busenfreundinnen, mit denen sie all ihre Leidenschaften, Geheimnisse und Ängste teilt. Dann gibt es da immer die Außenseiterinnen, die von ihr und ihren Freundinnen für blöd, gemein, feindselig und häßlich gehalten werden. Meist gehört die Jugendliche auch einer Clique in der Schule oder der Nachbarschaft an, die sie als stützende Basis ansieht; von dieser Gruppe erwartet sie, daß sie immer für sie da ist, besonders wenn sie von ihren einsamen Exkursionen in die nur-gute, nur-schlechte Vergangenheit zurückkehrt. Im späteren Leben wird sie sich kaum an irgendeine ihrer Neuinszenierungen erinnern – weder an ihr eigenes sonderbares Verhalten noch an die Reaktionen, die sie damit hervorgerufen hat. Diese unechten, flüchtigen Gruppenbeziehungen gehen für immer in der veränderten, kohärenteren Person auf, die sie schließlich wird. Im Gegensatz dazu werden die echten Freundinnen ebenso wie die Mitglieder ihrer festen Clique in den Augen der Jugendlichen immer hochgeschätzt bleiben als diejenigen, welche ihre Entwicklung entscheidend beeinflußt haben. Auch diese echten Freundschaften gehen in der kohärenteren Person, zu der sie wird, auf; daneben bleiben sie jedoch in der Erinnerung der Jugendlichen unauslöschlich erhalten.

Der Schauplatz der Neuinszenierung verschwindet jedoch, sobald er seinen Zweck erfüllt hat. Die Neuinszenierungen erweisen sich als vorübergehend, und wenn es ihnen gelungen ist, die emotionalen Prioritäten der dyadischen und ödipalen Liebesdialoge neu zu arrangieren, werden sie nicht ins Erwachsenenleben hineingetragen. Die Dialoge werden nicht ausgelöscht, sie wandeln sich nur. Was bleibt, ist eine fortgeschrittenere, gesündere Synthese der kindlichen Legende. Fast scheint es, als ob die psychischen Lösungen der Kindheit in einem Zustand der Unvollständigkeit belassen wurden, damit die während der Adoleszenz stattfindende Revision auch noch den reifen Lösungen des Erwachsenen ihren Stempel aufdrücken kann. Bei der menschlichen Spezies garantiert nur eine starke, verlängerte Bindung zwischen Kind und Eltern einen kontinuierlichen Übergang von einer Generation zur nächsten. Mit dem Erreichen der Geschlechtsreife müssen diese Bande ausreichend gelockert sein, damit der Jugendliche das Familiennest verlassen und ein erwachsenes Mitglied der Gesellschaft werden kann. Das Weiterbestehen der Zivilisation erfordert außerdem, daß das, was in der Kindheit gelernt wurde, bewahrt und an die nächste Generation weitergegeben wird.

Kindliche Liebesdialoge gehen niemals wirklich verloren. Welche Wandlungen sie auch durchmachen mögen, sie üben weiterhin ihren Einfluß auf die Gegenwart aus, der sich in jenem unwandelbaren, fundamentalen Wunsch widerspiegelt, die Bindungen der Kindheit aufrechtzuerhalten. Die Adoleszenz kann das Individuum befreien, so daß es ungehindert an neuem Wissen und neuer Erfahrung teilhaben kann. Sie kann den Erwachsenen mit dem nötigen Rüstzeug ausstatten, um weiter nach der Vervollkommnung des Menschen zu streben. Worauf wir am Ende der Adoleszenz hoffen, ist, daß nicht allzuviel des Erwachsenenlebens durch Neuinszenierung und Wiederholung der Vergangenheit in der Gegenwart aufgezehrt wird.

Doch jeder von uns hat jene unverzeihlichen Kränkungen und Demütigungen erlebt, die fortbestehen und in das Erwachsenendasein eindringen. Sie können zur Saat der Verzweiflung werden und dazu führen, daß wir in monotoner Wiederholung andere verletzen oder verletzt werden. Oder aber die zurückgebliebenen Traumata können, wie es so oft geschieht, zum Anreiz für Erneuerung und Veränderung werden. Wenn sich die alten Leidenschaften der Gegenwart aufdrängen, haben wir doch die Möglichkeit, die Drehbücher neu zu schreiben, ein paar neue Charaktere einzuführen, einen oder zwei loszuwerden, vielleicht sogar den Schluß zu ändern und den Liebenden wie auch den Narren, den wir alle in uns tragen, zu befreien.

7 Die Brücke zwischen Liebesdialogen und Narzißmus

Liebe zum gleichgeschlechtlichen Elternteil

In der Adoleszenz entfalten sich die Leidenschaften, die in der engeren Familie ihren Ursprung haben, und werden zu jenen sexuellen und moralischen Passionen, die Individuen an neue Familieneinheiten, an ihre soziale Gemeinschaft, an ihre Spezies binden. Wenn sie vor der Wahl stehen, entweder in nicht-genitaler, infantiler Weise an die Familie gebunden zu bleiben oder sich zu ihren genitalen Bedürfnissen und zu ihrem Engagement für das vor ihnen liegende Leben zu bekennen, dann werden sich die meisten Jugendlichen dafür entscheiden, die Vergangenheit aufzugeben. Früher oder später wird der Jugendliche dann die erotischen Impulse, die dem gegengeschlechtlichen Elternteil galten, einer Person zuwenden, die nicht unter dem Inzesttabu steht. Parallel dazu münden die rivalisierenden, aggressiven Impulse, die auf den gleichgeschlechtlichen Elternteil gerichtet waren, in umgewandelter Form in Tätigkeiten ein, die außerhalb der Familie ausgeübt werden: in die Arbeit, in die sexuelle Konkurrenz mit Gleichaltrigen, in die Kindererziehung und in die Teilnahme am Gemeinschaftsleben.

Daneben – und mit dieser leichter erkennbaren Entfaltung familiärer Bande subtil verknüpft – stehen jene Umwandlungen, welche die homoerotischen Leidenschaften für den gleichgeschlechtlichen Elternteil betreffen. Männlichkeit und Weiblichkeit bedeuten mehr als den Austausch heterosexueller Libido. Und die Beziehung zum gleichgeschlechtlichen Elternteil umfaßt weit mehr als Rivalität, Eifersucht und Konkurrenz. Normalerweise bleiben die erotischen Komponenten dieser Beziehung im Hintergrund. Was wir hingegen gut beobachten können, ist die Identifizierung mit dem Verhalten und den Eigenschaften jenes

Elternteils, Zuneigung, Loyalität und zahlreiche Hinweise auf den narzißtischen Wunsch, das zu werden, was man an ihm liebt und bewundert. Doch mit dem Eintritt in die Vorpubertät steht jedes Kind vor dem Dilemma, was es mit den erotischen und narzißtischen Wünschen anfangen soll, die an den gleichgeschlechtlichen Elternteil gerichtet sind.

Die entscheidende sexuelle und moralische Aufgabe besteht darin, jenen Leidenschaften, die dem gleichgeschlechtlichen Elternteil gelten, die erotischen Komponenten zu entziehen und diese Komponenten anderswohin zu lenken, gleichzeitig aber die zärtlichen, liebevollen Bindungen an diesen Elternteil aufrechtzuerhalten; auch gilt es die übersteigerten Idealisierungen des gleichgeschlechtlichen Elternteils auf ein menschliches Maß zurückzuschrauben. Dieses Problem kann nicht einfach dadurch bewältigt werden, daß man die erotischen und narzißtischen Besetzungen auf eine Person des eigenen Geschlechts lenkt, die nicht unter dem Inzesttabu steht. Selbst eine homosexuelle Partnerwahl wird nicht allein auf der Grundlage einer solchen Libidoübertragung getroffen. Gleichgültig wie ihre sexuelle Orientierung letztlich ausfällt, alle Jugendlichen müssen sich diesen Aufgaben stellen. Welche dauerhafte Entscheidung sie für ihr Liebesleben schließlich treffen, hängt zu einem großen Teil davon ab, wie sie diese Aufgaben lösen. Jeder Heranwachsende muß mit seinen homoerotischen Strebungen irgendwie zu Rande kommen – Strebungen, die ihren Ursprung im familiären Kontext der frühen Kindheit haben.

Neben seinen erotischen Strebungen, die auf die Mutter gerichtet sind, und den rivalisierenden Strebungen, die dem Vater gelten, möchte der kleine Junge auch jene sexuellen Freuden vom Vater bekommen, die dieser nach seiner Vorstellung der Mutter bereitet. Und umgekehrt möchte der Junge jene sexuelle Lust, die in seiner Vorstellung die Mutter dem Vater bereitet, dem Vater gleichfalls verschaffen können. Die maskulinen Strebungen des kleinen Mädchens werden auf genau die gleiche Weise geweckt wie die femininen Strebungen des kleinen Jungen. Die Tochter möchte der Mutter geben, was dieser in ihrer Vorstellung der Vater gibt, und von der Mutter erhalten, was in ihrer Vorstellung der Vater von der Mutter erhält. Diese Wünsche erzeugen zwangsläufig Neid auf den Elternteil des anderen Geschlechts – auf den, der die erstrebten Fähigkeiten zur Befriedigung besitzt und in den Genuß der ersehnten sexuellen Gaben kommt. Andererseits wird der Narzißmus des kleinen Kindes durch seine übersteigerten Idealisierungen des gleichgeschlechtlichen Elternteils geschützt und bestärkt. Der kleine Junge liebt an seinem Vater das, was er sein möchte. Das kleine Mädchen liebt an der Mutter das, was es sein möchte.

In der Kindheit ist das Nebeneinander ihrer maskulinen und femininen Strebungen für Jungen wie Mädchen noch unproblematisch. Eine reife sexuelle Identität setzt jedoch voraus, daß die Frage nach der Geschlechtsidentität endgültig entschieden ist. Auf dem Spiel steht nicht nur, was für ein Mann, was für eine Frau man wird und welche sexuelle Orientierung man wählt, sondern auch, was mit dem narzißtischen Kern der Liebe zum gleichgeschlechtlichen Elternteil geschieht – ob es dem Jugendlichen gelingt, mit diesem narzißtischen Kern endgültig zu Rande zu kommen. Langsam beginnt der Jugendliche den gleichgeschlechtlichen Elternteil so zu sehen, wie er wirklich ist und nicht als allmächtigen Gott, der den Wunsch des Kindes nach Vollkommenheit spiegeln kann.

Das zentrale dynamische Problem besteht demnach nicht darin, ob der Jugendliche sich endgültig homosexuell oder heterosexuell orientiert, sondern darin, wie er zu dieser Orientierung gelangt, und in welchem relativen Gleichgewicht die Selbstliebe und die Fähigkeit, andere zu lieben, zueinander stehen. Ist der Mensch fähig, dauerhafte Liebesbeziehungen einzugehen? Werden die Beziehungen von der narzißtischen Sehnsucht beherrscht, im anderen gespiegelt zu sehen, was man selbst zu sein wünscht? Besitzt der Mensch sexuell und moralisch die Fähigkeit, Ernährer und Gesetzgeber der nächsten Generation zu sein? Wie wir gesehen haben, ist Heterosexualität allein keine Garantie für sexuelle und moralische Reife. Gesellschaftliche Konventionen ermöglichen es dem heterosexuellen Erwachsenen, seine unzureichenden Lösungen hinter einer sozialen Rolle zu verbergen. Ein Philosoph etwa könnte – seiner akademischen Position beraubt – zum Einsiedler oder religiösen Fanatiker werden. Ein General könnte ohne seine Armee und die hierarchische Struktur, in die er eingebettet ist, wie ein unter paranoiden Wahnideen Leidender wirken. Wenn sie nicht durch gesellschaftliche Konventionen in die Rolle von Außenseitern gedrängt werden, können auch Homosexuelle zu vielfältigen und mehr oder weniger erfolgreichen Lösungen des Inzesttabus gelangen. Jeder Heranwachsende sieht sich, was seine homoerotischen Leidenschaften betrifft, vor folgende Probleme gestellt: Was soll er mit jenen erotischen Strebungen anfangen, die auf den gleichgeschlechtlichen Elternteil gerichtet sind? Wie kann das Selbstwertgefühl, das von den Idealisierungen des gleichgeschlechtlichen Elternteils abgeleitet war, aufrechterhalten werden, wenn diese Idealisierungen verblassen? Was wird aus jenen Idealisierungen, die dem kindlichen Bild vom gleichgeschlechtlichen Elternteil gelten?

Noch komplizierter werden diese Probleme für *beide* Geschlechter durch jene Sehnsüchte und Leidenschaften, die mit Loslösung und Individuation zusammenhängen – durch jene Mutter-Kind-Dialoge, die in der Erinnerung fortbestehen und stets zu den frühen, nicht-genitalen Formen von Sexualität zurückdrängen. Der Tendenz, sich dem Sog der infantilen Sexualität hinzugeben, steht die Tendenz gegenüber, sich in seiner Genitalität zu behaupten – ein Konflikt, der all jene Verhaltensweisen prägt, die in der Phase der Adoleszenz besonders hervorstechen. Die Masturbation etwa ermöglicht es dem Jugendlichen, sich mit seinen genitalen Bedürfnissen und mit der Erregung, die zur genitalen Abfuhr führt, vertraut zu machen. Doch können die mit der Autoerotik verknüpften Phantasien auch den Wunsch verstärken, ein passives, ewig behütetes Kind zu sein – den Wunsch also, mit dem Leben zu spielen, statt es zu leben.

Die Geschlechtswahl kann aufgeschoben werden; dann braucht man die sexuelle und moralische Verantwortlichkeit des Erwachsenen noch nicht auf sich zu nehmen. Das Hauptproblem, das sich aus der homosexuellen Liebeswahl ergibt, ist stets eine gewisse Preisgabe genitaler Vitalität. Der homosexuelle Liebesakt begünstigt zwangsläufig das Einfließen kindlicher Sexualität und damit ein gewisses Maß von Hingabe an die Vergangenheit. Es ist daher für den Homosexuellen äußerst schwierig, der Versuchung, im Niemandsland der genitalen Zwiespältigkeit zu verweilen – mit dem Leben zu spielen, statt es zu leben –, zu widerstehen. Dennoch ist die Kapitulation nicht unvermeidlich. Und wie immer, wenn darum gekämpft wird, der Vergangenheit zu widerstehen, und wie bei jedem Versuch, die Demütigungen und Traumata der Kindheit zu korrigieren, besteht einerseits die Gefahr, daß es zu monotoner Wiederholung der Verletzung anderer und des Verletztwerdens kommt, andererseits aber auch die Chance, daß die Versagungen der Vergangenheit zum Ansporn für kulturelle und moralische Erneuerung werden.

Welche Liebeswahl sie auch schließlich treffen mögen, alle Jugendlichen müssen mit ihren homoerotischen Strebungen kämpfen. Und jedem Jungen und Mädchen wird dieser Kampf durch die Anziehungskraft der Mutter-Kind-Dialoge erschwert. Die homosexuell-narzißtischen Leidenschaften der Beziehung eines Mädchens zu seiner Mutter, eines Jungen zu seinem Vater sind stets von dem beständigen Wunsch durchdrungen, Körper und Seele einem alles spendenden, immer gegenwärtigen, magischen Versorger hinzugeben, der all das widerspiegelt, was man zu sein wünscht. Gegen den beharrlichen, qualvollen Wunsch, sich der Vergangenheit zu unterwerfen, stemmt sich der Heranwachsende mit all seiner Kraft und Vitalität.

Wenn sie Ernährer und Gesetzgeber werden sollen, so müssen die Jugendlichen eine Möglichkeit finden, sich die zärtliche, liebevolle Bindung an den gleichgeschlechtlichen Elternteil zu bewahren. Der erotische Aspekt muß desexualisiert werden, und die Idealisierungen müssen einer realistischen Sicht weichen, damit sie den eigenen Kindern, einer Berufung, einem Beruf, gesellschaftlichen und ethischen Idealen zugewendet werden können. In noch stärkerem Maße als die Weiterentwicklung der heterosexuellen familiären Leidenschaften tragen die Umwandlungen der homosexuellen kindlichen Leidenschaften dazu bei, daß sich das Individuum in soziale Einheiten einfügt, die über den häuslichen Bereich hinausgehen. Und wie jeder Schritt, der nicht ohne eine Neuverteilung von Leidenschaften getan werden kann, so kündigt sich auch dieser durch Ungestüm, ja durch Gewalttätigkeit an.

Der Prolog zur männlichen Vorpubertät ist eine heftige Abwendung von weiblichen Wesen. Mit der überhandnehmenden Liederlichkeit und ungebärdigen Angriffslust des elf- bis dreizehnjährigen Jungen gehen aggressive Verhaltensweisen von alarmierendem Ausmaß einher: ständige Beschäftigung mit militärischen Szenen und Objekten, Herumzappeln, Ruhelosigkeit, ordinäre Sprache, Vandalismus, Diebstahl, Bandenkonflikte, Angriffe auf »Schwule« und andere sexuell bedrohliche Gruppen. Jungen dieses Alters scheinen entschlossen, den Eros zu verbannen. Sie betrachten Mädchen als gemeine, verlogene, unzuverlässige Hexen. Es bereitet ihnen eine diebische Freude, Lehrerinnen und gutaussehende Lehrer zu quälen. Was elf- bis dreizehnjährige Jungen fürchten, ist Passivität jeglicher Art. Sollten sie sich einmal passiv verhalten, können wir ziemlich sicher sein, daß es sich um einen aggressiven Akt handelt, mit dem sie Eltern oder Lehrer quälen wollen. Während sich seine Mutter beeilt, zur Arbeit zu kommen und die Kinder zur Schule zu bringen, ist der Junge plötzlich unfähig, seine Schnürsenkel zu binden. Während ihm die Lehrerin die Hausaufgaben erklärt, die er mal wieder nicht gemacht hat, gähnt er und schaut mit traumverlorenem Blick zum Fenster hinaus. Die Erinnerung an die Zeit seiner Abhängigkeit und die Versuchung, sich Liebkosungen, Zärtlichkeiten, liebevollen Empfindungen hinzugeben, versetzen ihn in Alarmzustand. Im besten Fall durch Ungezogenheit, im schlimmsten Fall durch Gewalttätigkeit verkündet der Junge seine Männlichkeit. Alles wäre vollkommen, wenn zum Mannsein nicht auch der Kontakt zu den Frauen und Mädchen gehörte, die einen in die Falle locken wollen, deren bloße Existenz eine ständige Bedrohung der Männlichkeit darstellt.

Im Gegensatz zu den späteren Jahren der Pubertät haben heranwachsende Jungen in diesem Alter noch eine angenehme, unbefangene Beziehung zum Vater. Der Vater ist der Verbündete, der Waffenbruder im Kampf gegen die Mutter, die schlicht und einfach ein kastrierendes Luder ist. Da sie von ihrem Sohn so oft gequält und provoziert wird, kann sie sich tatsächlich in jenen halbverrückten Dämon verwandeln, als der ihr Sohn sie sieht. Es gibt Zeiten, in denen das Bündnis zwischen Vater und Sohn eine Mutter zur Verzweiflung treiben kann. Im Bewußtsein dessen, daß ihr »kleiner Junge« erst am Vorabend seiner Männlichkeit steht, macht sie sich Sorgen wegen seiner risikoreichen – und mitunter unerlaubten – Unternehmungen. Aber der Vater, die Lehrer, selbst die Polizisten, die gelegentlich an der Haustür erscheinen mögen, tauschen nur tolerante Blicke männlicher Solidarität aus: »Jungen sind eben Jungen.«

Das diesem Prolog zur männlichen Vorpubertät zugrunde liegende Szenario ist die verzweifelte Flucht des Jungen vor der umsorgenden Mutter der Kindheit, der Angebeteten und Mächtigen, die als erste seinen Körper liebkoste, ihn pflegte, wiegte, ihm sagte, was, wie und wann gegessen werden müsse, die sich um Zeit und Ort des Urinierens und Defäzierens kümmerte – die seinen Körper, seinen Geist und seine Seele zu besitzen schien. Es entbehrt nicht einer gewissen Ironie, daß gerade für den Jungen die körperlichen Veränderungen der frühen Vorpubertät alles andere als beruhigend sind. Im Vergleich zu Mädchen desselben Alters sind elf- bis dreizehnjährige Jungen oft kleiner, körperlich weniger gut entwickelt und tun sich in der Schule schwerer. Sie werden von unbewußten Phantasien heimgesucht, daß es schön sein könnte, Brüste zu haben und Babys zu bekommen – Phantasien, die ihre Minderwertigkeitsgefühle gegenüber dem »schwächeren« Geschlecht, das ja tatsächlich solche beneidenswerten Merkmale erwirbt, noch steigern müssen. Und als ob der Verunsicherungen nicht schon genug wären, ähnelt der Genitalbereich in der Vorpubertät oft der weiblichen Brust, da die Hoden der Bereich sind, wo das Wachstum der Jungen am dramatischsten und sichtbarsten vor sich geht. Die Hoden wiegen bei Neunjährigen vier Gramm, bei Vierzehnjährigen siebzehn und bei Siebzehnjährigen zwanzig Gramm. Nun da seine Hoden wachsen und er diesen schon etwas größeren, mitunter unkontrollierbar erigierten Penis besitzt, der zu geheimnisvollen Samenergüssen fähig ist, nun da schon einige Schamhaare zu sehen sind und sich seine Brust zaghaft, doch beunruhigend wölbt – nun spürt der Junge, daß er alle männlichen Ressourcen mobilisieren muß, um jene emotionale Hingabe, die er mit Weiblichkeit gleichsetzt, abzuwehren. Jede Art von Hingabe ist für ihn gleichbedeutend damit, daß er zu dem passiven, rezeptiven Kind wird, das er manchmal insgeheim sein möchte. Das lärmende Beharren darauf, vor Männern als Mann zu gelten, ist eine gewaltige Mobilmachung, ein umfassender, durch nichts aufzuhaltender präventiver Abwehrschlag der noch zerbrechlichen, erst langsam aufkeimenden Männlichkeit. Das unverfrorene Sich-zur-Schau-stellen, die Suche nach dem Risiko, dieses mal trotzige, mal provozierende »Komm nur her, ich zeig's dir« – all das ist eine Deklaration der Männlichkeit: »Ich kann mir alles erlauben und keiner kann mir was anhaben, denn mein Körper ist unverwundbar.«

Während dieser Phase ist die Idealisierung des Vaters durch den Jungen auf ihrem Höhepunkt, und so gelingt es ihm, alles zu verleugnen, was dem Bild des Vaters als eines starken, mächtigen Mannes widersprechen könnte. Alle anderen mögen den Vater ganz anders sehen – als einen Schlappschwanz womöglich, der vor seiner Frau und seinem Chef zu Kreuze kriecht –, für den Sohn ist und bleibt der Vater der Beste und Größte. Doch wenn dann etwa zwischen dem fünfzehnten und siebzehnten Lebensjahr die Abwertung des Vaters einsetzt, verlagert sich ein

Großteil der Aggression, die gegen die Mutter und die gesamte beschützende Umwelt – einschließlich Gebäude, U-Bahnen, Denkmäler und Parks – gerichtet war, auf den Vater. Aus Vater und Sohn werden offene Rivalen. Auf beiden Seiten gewinnen Konkurrenz und Neid an Schwungkraft. Dies ist der Zeitpunkt, zu dem die erotischen Obertöne der Vater-Sohn-Beziehung potentiell bedrohlich werden. So wird der Junge den Vater in eben jenen Momenten besonders lautstark verunglimpfen, in denen er Gefahr läuft, dem Vater zärtliche Gefühle entgegenzubringen.

Was die Mutter angeht, so beginnt ihr Bild einer überwältigenden, verschlingenden Hexe zu verschwinden. Doch das Inzesttabu hält den Jungen in geziemender Distanz zu ihr. Bis die Wegverlegung vollendet ist, begegnet der heranwachsende Knabe seiner Mutter weiterhin mit einem gewissen Maß an Argwohn und Furcht. Es überrascht nicht, daß die Beziehungen von Mutter und Sohn herzlicher und freundlicher werden, wenn er endlich eine Freundin gefunden hat. Und gelegentlich kann er dann sogar Trost und Verständnis bei der Mutter suchen, wenn er mit dem Vater heftige Kontroversen ausficht, wenn beide mal wieder starrsinnig an ihren Standpunkten festhalten.

Wenn seine männlichen Eigenschaften deutlicher und verläßlicher hervortreten, kann sich der Junge erlauben zuzugeben, daß die Merkmale des anderen Geschlechts einen gewissen Reiz haben. Die Mädchen werden für ihn zu faszinierenden, verführerischen Geschöpfen, wenn er auch vor der sanften Falle vorerst noch zurückschreckt. Bei ihren ersten Annäherungen an Mädchen schließen sich die Jungen zusammen. Sie geben sich ruppig und räuberisch. Aber der unbeugsame Eros ist jetzt freundlicher und hilfreicher. Der Junge spürt nun ein zärtliches Verlangen nach dem Mädchen seiner Träume. Seine grobschlächtigen, vulgären Annäherungsversuche wandeln sich, bis sie schließlich einem zivilisierten, wenn auch linkischen Werben gleichen. Romantik und Zuneigung mischen sich mit dem rein Erotischen. Der Junge ist bezaubert, in Bann geschlagen. Seine Freunde necken ihn, machen sich über ihn lustig. Doch er läßt sich überwältigen, fortreißen – und zwar mit dem allergrößten Vergnügen. Langsam aber sicher triumphiert Eros über ein weiteres williges Opfer. Die Kapitulation befähigt zum Geschenk der Liebe.

Die Mädchen sind dagegen oftmals schon seit Beginn der Vorpubertät mit schwärmerischen Neigungen vertraut. Trotzdem haben sie es nicht leichter, nun ihrerseits mit ihrer Weiblichkeit ins reine zu kommen. Mit dem ersten Haarflaum und der kaum wahrnehmbaren Erhebung der Brustwarzen sind Mädchen vielleicht weniger bisexuell gefährdet als Jungen, doch auch sie müssen sich jenem rückwärtsgewandten Sog entgegenstemmen, der von den Liebesdialogen zwischen Mutter und Kind ausgeht. Ein Mädchen, dessen ursprünglicher Kampf darum, ein von der Mutter getrenntes Selbst zu werden, dramatischer, heftiger und konfliktreicher war, hat es in dieser Hinsicht sogar noch schwerer als ein Junge. In der Adoleszenz können die Meinungsverschiedenheiten zwischen Müttern und Töchtern ungeheure Ausmaße annehmen. Diese Auseinandersetzung, die zunächst einmal das Resultat persönlicher, einzigartiger innerer Konflikte ist, wird durch die unterschwellige Botschaft der Gesellschaft noch verschärft, daß es für Mädchen nur von Vorteil sein kann, wenn sie kindlich bleiben.

Der immer noch vorhandene Wunsch, sich an die Mutter zu klammern, von ihr gehätschelt und liebkost zu werden – Wünsche, die als »weiblich« gelten und daher von der Gesellschaft gebilligt werden –, kann ein vierzehnjähriges Mädchen dazu bringen, sich ganz plötzlich von der Mutter loszureißen. Eine Fluchtmöglichkeit besteht darin, vorzeitig heterosexuelle Beziehungen anzuknüpfen. Weibliche Jugendkriminalität ist häufig eine Folge sexueller Promiskuität. Was das Mädchen bei den Männern oder Jungen sucht, zu denen es flieht, ist das Verhätschelt- und Umsorgtwerden. In seinen Phantasien ist es ein Nuckelbaby an der Mutterbrust. Der Geschlechtsverkehr hat für das Mädchen weniger mit Penis und Vagina zu tun als mit der Wiederherstellung einer Stillsituation. Typisch weibliche Vergehen sind Ladendiebstahl, Lügen, das Ausstreuen von Gerüchten und ähnliche »heimliche« Vergehen, die seine Kompromisse zwischen dem Empfang der ersehnten mütterlichen Liebe und dem Groll darüber, daß es diese Liebe nicht bekommt, symbolisch zum Ausdruck bringen.

Viele jugendliche Töchter brauchen nicht vor der Mutter zu fliehen. Diese Mädchen stürzen sich nicht in frühreife sexuelle Beziehungen. Bei ihren geheimen Vergehen kommen sie nicht mit dem Gesetz in Konflikt. Sie fügen sich und der Umwelt keinen Schaden zu. Schaut man genauer hin, so fällt indessen auf, daß sie vielleicht ein bißchen zu schnell, ein bißchen zu angestrengt versuchen, sich zum Inbegriff sexuell attraktiver Weiblichkeit zu modellieren. Das übertriebene Make-up, die verrückten Frisuren und die ausgefallene »nuttenhafte« Kleidung machen sie zu Karikaturen erwachsener Fraulichkeit. Ihren weiblichen Künsten haftet etwas Transvestitisches an, das die Jungen erfolgreich abschreckt – und dazu gehört nicht viel.

Natürlich gibt es da auch die »braven« Mädchen, die alle Geheimnisse mit ihrer Mutter teilen, kaum einmal der Versuchung erliegen zu masturbieren, nie in Schwierigkeiten geraten, niemals stehlen und keine ausgefallene Kleidung tragen. Sie sind und bleiben gewöhnlich Kopien einer idealisierten Version von Mama – sie ahmen nach, wie sie sich kleidet und frisiert, wie sie ißt, spricht und geht. »Wir haben uns nie so nahe gestanden wie jetzt«, prahlt die stolze Mutter. Für dieses Mutter-Tochter-Paar sind die Gewässer der Adoleszenz klar und ungetrübt. Kein Sturm. Keine Belastung. Alles kehrt zum Anfang zurück, wird genauso wie es war, bevor das Mädchen zur Frau zu werden begann. Selbst wenn sie verheiratet ist, bleibt Mama ihre beste Freundin. Mama ist ihre Vertraute, ihre Verbündete gegen den Ehemann. Kein Mann vermag in diese Intimität zwischen Mutter und Tochter einzudringen. In vielen traditionellen Gesellschaften und bei Volksgruppen, in denen von Mädchen nicht mehr erwartet wird, als daß sie einen häuslichen Rahmen mit einem anderen vertauschen und von einem Hogan zum nächsten ziehen, sind die Möglichkeiten, ins Frauenleben hineinzuwachsen, vorgeschrieben und begrenzt; unter solchen Umständen kann ein intimes Mutter-Tochter-Verhältnis von diesen selbst wie auch von anderen als normal angesehen werden. Wo es zahlreiche Spielarten des Frauseins gibt, erwarten wir stärkere innere Belastungen und offene Konflikte zwischen Mutter und Tochter – selbst im Falle der gerade beschriebenen Intimität, die starrer und abwehrender ist als die unbeschwerte Intimität traditioneller Gesellschaften.

Während sich der Junge, der in die Pubertät kommt, durch Anzeichen von Weiblichkeit an seinem Körper gedemütigt fühlt, tun manche elf-, zwölf- und dreizehnjährige Mädchen alles nur Erdenkliche, um ihre Männlichkeit herauszustreichen. Die junge Heranwachsende gibt sich als betont kecker Wildfang, fast so, als wollte sie sich vor dem Schritt zur reifen Fraulichkeit absichtlich drücken. Mädchen in der Vorpubertät – manche bewußter als andere – halten an der magischen Vorstellung fest, sie könnten noch entscheiden, ob sie Frau oder Mann werden wollen. In gewissen Augenblicken drängt sich ihnen die quälende Frage auf: »Bin ich ein Mädchen oder ein Junge?« Wenn dann aus dem übermütigen, flegelhaften, »pferdenärrischen« Mädchen-Knaben scheinbar über Nacht eine ewig mit sich selbst beschäftigte, empfindsame und oft recht trübsinnige Fünfzehnjährige wird, so ist dieser abrupten Wandlung eine allmähliche Entwicklung vorausgegangen, welche die Illusion des Mädchens von totaler narzißtischer Selbstgenügsamkeit – »Ich brauche diese Jungens nicht, ich kann alles selbst tun« – unmerklich unterminiert hat.

Die Erkenntnis, daß sie gegen die *ars erotica* der Männer nicht immun ist, löst bei der wilden Range flüchtige Reaktionen der Selbstverachtung aus. Sie stemmt sich gegen ihre genitalen Sehnsüchte, indem sie eine vulgäre Phase durchläuft, genauso ordinäre Reden führt wie die Kerle, ebenso auftrumpfend einherstolziert wie sie, ihre Indianerhaarschnitte nachahmt und die gleichen silberbeschlagenen Lederjacken trägt. Dieser vorübergehende maskuline Protest weicht bald der beharrlich anklopfenden weiblichen Erotik. Doch obwohl sie so gut wie entschlossen ist, ihre libidinöse Befriedigung beim anderen Geschlecht zu suchen, kämpft das Mädchen sogar noch nach der Pubertät mit ihren Wünschen nach emotionalem und physischem Kontakt mit der Mutter. Wenn ein Mädchen nicht mit Hilfe eines Übergangsritus oder bestimmter gesellschaftlicher Konventionen zu beständiger weiblicher Identität findet, bleibt die Frage, ob sie eine erwachsene Frau oder eine genital zwiespältige Mädchen-Frau sein wird, bis zum Abschluß der Adoleszenz offen – wenngleich dieser Abschluß manchmal erst im Erwachsenenalter erfolgt und manchmal nie.

Wenn die Pubertät fortschreitet, wenn sich die Brust wölbt und die Brustwarzen erigieren, wenn sich Hüften und Schenkel runden und die Menstruationszyklen auf die »inneren Geheimnisse« der Gebärmutter und der Eierstöcke aufmerksam machen, wird die Heranwachsende im Bewußtsein ihrer allmählichen Feminisierung mit hoher Wahrscheinlichkeit homosexuelle wie heterosexuelle Wünsche entwickeln. Sie wird einige Jahre brauchen, um ihre Libido von der Mutter abzuziehen. Die Versuchung, wieder auf Mutters Schoß zu krabbeln, lauert im Hintergrund ihrer Gedanken und Phantasien. Den aggressiven, rivalisierenden Gefühlen, welche die erwachsene Frau gegenüber ihrer Mutter hegt, sind stets erotische, libidinöse Sehnsüchte beigemischt – manchmal möchte sie ein passives, umsorgtes Baby sein, manchmal der aktive Liebhaber, der alle Wünsche der Mutter befriedigen kann.

Anwandlungen von sehnsüchtigem Verlangen, denen unvermittelt Anfälle von Herabsetzung und Verunglimpfung folgen, beginnen die Szenerie der Mutter-Tochter-Beziehung zu beherrschen. Durch die Faszination, die von den eigenen Brüsten und Schenkeln auf das Mädchen ausgeht, wird sein Verlangen nach der Mutter wiederbelebt, deren Brüste, Arme, Schenkel und

Schoß, deren Zärtlichkeit und spiegelnde Bewunderung einst die Elemente des stärksten Liebesverhältnisses waren, das es bisher kannte. In diesem nun wiederbelebten Szenario verkörperte der Vater Recht und Ordnung, er spielte die Rolle des Eindringlings, der schließlich seinen Anspruch auf die Mutter geltend machte: »Mutter gehört mir und nicht dir. Schluß jetzt mit diesem Hätscheln und Herausputzen, mit diesem Buhlen um Mamis Gunst und dieser Angeberei vor ihr. Außerdem hast du ja gar nicht das, was man braucht, um Mutter zufriedenzustellen. Ich habe etwas, das Mutter sich wünscht und das du nicht hast.« Der Vater, der für die Psyche des Mädchens weiterhin Macht und Autorität symbolisiert, wird gewöhnlich nicht zur Zielscheibe der provokanten Herabsetzungen seiner jugendlichen Tochter. Vielleicht wird sie im späteren Leben, wenn der bloße Gedanke an männliche Macht sie mit bitterem Neid und Ressentiments erfüllt, einige Männer für die Demütigungen ihrer Kindheit zahlen lassen. Doch nun, während der Pubertät, ist es die Mutter, die zu leiden hat.

Die aufkommenden homoerotischen Strebungen sind für die Jugendliche das Signal, die altvertrauten Klagen gegen die Mutter wieder anzustimmen, auf ihren Unzulänglichkeiten herumzureiten und ihr, was Schönheit, Weisheit, Stärke, Tapferkeit, Gerechtigkeit, Gelassenheit und Klugheit angeht, die Note Ungenügend zu geben. Diese strengen Urteile wirken der erotischen Anziehung entgegen. Doch indem sie die Frau, die sie idealisierte, die Frau, mit der sie sich in der Folge identifizierte, vom Sockel stößt, schätzt die Heranwachsende ihr eigenes Selbst als wertlos und machtlos ein.

Wenn sie eine gute Freundin hat, eine Kameradin, mit der sie ihre Geheimnisse und Phantasien teilen kann, dann hilft ihr das bei dem Versuch, die Leidenschaften von der Mutter wegzulenken. Die Identifizierung mit einer ganz speziellen Busenfreundin trägt auch viel dazu bei, das Selbstwertgefühl des Mädchens zu stärken. Die beiden Mädchen sind ein Herz und eine Seele. Sie sind, wenn es um emotionalen und intellektuellen Beistand geht, ganz aufeinander angewiesen. Sie kleiden sich ähnlich, sprechen dieselbe Sprache, essen dieselben Speisen, lesen dieselben Dichter, ihre Tagträume gelten denselben Jungen, sie vergöttern dieselben Idole, verabscheuen dieselben Feinde. Zu welcher Art Frau sich das Mädchen entwickelt, wird durch die Identifizierung mit dieser besonderen Freundin stark beeinflußt. Entscheidender Motor der Mädchenfreundschaft ist die beiderseitige Neugier hinsichtlich des Geschlechtslebens der Erwachsenen. Gemeinsam suchen die Freundinnen die Bedeutung jener Veränderungen zu enträtseln, die ihren Körper zur erwachsenen Sexualität hinführen. Dabei bewegen sie sich in einer Vorstellungswelt voller Liebesaffären und Intrigen: Sie denken sich Liebesgeschichten für andere aus, erfinden die tollsten Dreiecksverhältnisse mit allem, was da an heimlichen Verabredungen, exotischen Leidenschaften, Treubruch und Eifersucht so dazu gehört. Die gemeinsamen Phantasien sind eine Mischung jener Stereotypen, die Seifenopern, Comics und Frauenzeitschriften anbieten, gewürzt mit einigen Details aus *Anna Karenina*, dem Schicksal von Janis Joplin und Sehnsucht nach der guten alten Zeit der Kindheit. Diese Vorstellungen können die Mädchen ins wirkliche Leben hineintragen. Sie werden zu Beteiligten an einem Dreiecksverhältnis, indem sie um die Aufmerksamkeit und die Gunst eines anderen Mädchens oder Jungen konkurrieren. Oftmals überlebt die Mädchenfreundschaft solch einen – der ödipalen Situation nicht unähnlichen – Aufruhr. Doch Leidenschaften dieser Art können außer Kontrolle geraten. Das Zerbrechen einer Busenfreundschaft kann ebenso niederschmetternd sein wie das jeder anderen Liebesbeziehung. Ohne eine innige Freundschaft fühlt sich das Mädchen vollkommen im Stich gelassen. Und wie üblich zahlt Mutter die Zeche.

Eine gute Möglichkeit, den Verwicklungen der Mutter-Tochter-Beziehung ein Stück weit zu entkommen, besteht darin, daß die Jugendliche inbrünstig eine andere Frau anhimmelt – eine Lehrerin, eine Betreuerin im Ferienlager, eine Nachbarin. Dieses Anhimmeln ist eine typisch weibliche Antwort auf die

Probleme des Heranwachsens. Jungen haben ihre heimlichen homosexuellen Affären, und sie können sich tief in Idealisierungen älterer Jungen oder Männer verstricken. Aber aus Gründen, die wir noch kennenlernen werden, haben diese männlichen Lösungen gewöhnlich nicht die Gefühlsintensität des weiblichen Anhimmelns. Dieses Anhimmeln ist eine einseitige Angelegenheit. Die verehrte angeschwärmte Frau kann davon Notiz nehmen oder auch nicht. Sie ist gewöhnlich Ende zwanzig oder Anfang dreißig, altersmäßig etwa in der Mitte zwischen der heimlichen Verehrerin und deren Mutter. Mit oder ohne ihr Wissen wird die erwählte Frau zum Mentor des Mädchens. Sie geleitet sie durch stürmische Gewässer. Sie verkörpert positive Alternativen zu den verachteten Werten und Einstellungen der Mutter. Sie hilft dem Mädchen, ihre homosexuelle Leidenschaft in ein vorübergehendes oder bleibendes leidenschaftliches Interesse umzuwandeln – für die Poesie Tennysons oder die französische Sprache, für Fußball- oder Basketballspiel, die politischen Überzeugungen von Camus, die Musik Vivaldis oder die Genüsse einer exotischen Küche. Damit wird die homoerotische Leidenschaft ins Geistige, Sublime erhoben oder, wie man auch sagt, sublimiert. Die Jugendliche entdeckt, daß es akzeptable Konventionen der Partnerwahl und Eheschließung gibt, die sich von denen, welche in ihrer Familie gültig sind, gewaltig unterscheiden. Sie bekommt nun eine reichere und umfassendere Vorstellung von dem, was sie ist und was aus ihr werden könnte. Und obgleich die ältere Frau als strahlender »Freigeist« wahrgenommen wird, der sich von der alltäglichen und unkultivierten Hausbackenheit der Mutter scharf abhebt, erinnert sie sich in der Rolle des Mentors an die Leiden ihrer eigenen Adoleszenz und beachtet feinfühlig die Trennungslinie zwischen Freiheit und Beschränkung.

Bedauerlicherweise sind die Objekte jugendlicher Schwärmerei nicht immer beschützende und wohlwollende Menschen. Bestimmte Frauen werden gerade wegen ihrer narzißtischen Reserviertheit und Grandiosität als besonders verlockend empfunden und erwählt. Solche Frauen genießen es dann, sich im goldenen Schein der Idealisierung zu sonnen. Im verehrungsvollen Blick der Jugendlichen spiegeln sich ihre narzißtischen Bedürfnisse. Und wenn das verwundbare Mädchen an sie appelliert, es doch den Klauen der Mutter zu entreißen, so scheuen sie sich keineswegs, daraus Nutzen zu ziehen. Die Jugendliche wendet sich einer solchen Frau zu, weil sie eine Entschädigung sucht für die enttäuschende Beziehung zur Mutter und wahrscheinlich auch für einige Enttäuschungen, die ihr der Vater bereitete. Die Verachtung, mit der sie ihrer Familie begegnet, entspringt ihren Versuchen, das Liebesverlangen aus der Familie hinaus zu verlagern und auf jemand anderen zu übertragen. Indem sie sich an diese verherrlichte Frau bindet, löst die Heranwachsende einen Teil des Übertragungsproblems und stellt gleichzeitig ihr Selbstwertgefühl wieder her, das durch die Herabsetzung der Mutter verlorenging. Doch durch den außerordentlichen Tribut, die vorbehaltlose Bewunderung, welche diese narzißtische Frau fordert, wird, was zunächst vielleicht nichts weiter als die durchschnittlich erwartbare emotionale Spannung zwischen einer Mutter und ihrer heranwachsenden Tochter war, bis ins Unerträgliche gesteigert. Die Angebetete ist keine Hüterin der Jugend. Ihr geht es nur darum, die verlorene Allmacht und Größe der eigenen Kindheit wiederzugewinnen.

Die Verwirrung, die auf diese unglücklichen Schwärmereien folgt, kann das künftige Liebesleben der Jugendlichen, ihre Partnerwahl, ihr Gefühl für Recht und Ordnung und ihre Wertvorstellungen tiefgreifend beeinflussen. Die weiblichen Identifizierungen, die von Mädchenfreundschaften, Schwärmereien und anderen idealisierten Liebesbeziehungen abgeleitet sind, können zur Quelle neuer Möglichkeiten werden oder aber die archaischen Dialoge der Kindheit wiedererwecken.

Eine Jugendliche, die sich in der Adoleszenz mit einer solch selbstsüchtigen Frau identifiziert hat, wird sich, wenn sie dann in die Rolle der erwachsenen Frau zu schlüpfen versucht, womöglich immer nur um sich selbst drehen. Nach leidenschaftlichen idealisierten Liebesverhältnissen mit egozentrischen, lieblosen Männern (oder Frauen) und den damit verbundenen vorhersehbaren Enttäuschungen wendet sie sich wieder zartfühlenden, liebevollen, besorgten Männern zu, die der Mutter und dem Vater gleichen und – da sie nun mal nur Menschen und keine allmächtigen Götter sind – zwangsläufig versagen und enttäuschen, wenn allzu hehre, narzißtische Leidenschaften aufkommen. Was ihre tatsächlichen genitalen Aktivitäten betrifft, mag die Heranwachsende ganz »normal« heterosexuell sein oder auch nicht – in ihren Phantasien ist sie immer noch ein Säugling, der an der Brust hängt. Diese ewige Kindfrau ist nicht irgendwo in der frühen oder späteren Kindheit steckengeblieben, sondern im Übergangsreich der Adoleszenz. Durch ihre jugendliche Schwärmerei wurden die gewöhnlichen Spaltungen der infantilen Phase in nur-gut und nur-böse aufs neue mobilisiert und in Neigungen verwandelt, die krankhafte Züge tragen. Dieses Szenario ist ein Beispiel dafür, wie im Seelenleben die Gegenwart die emotionale Bedeutung der Vergangenheit bestimmen kann. Probleme der Kindheit können in der Gegenwart an Intensität gewinnen und häufig ganz neue Bedeutung erlangen.

Von den idealisierten »Freigeistern« erhofft sich die ewige Kindfrau, daß sie ihr die Erlaubnis geben, sich auf alle nur erdenklichen sexuellen Katastrophen und moralischen Grenzüberschreitungen einzulassen. Mitunter sind ihre Ausschweifungen nur aus zweiter Hand, nur nachempfunden. Sie blüht schon auf, wenn sie an jenem magischen Schimmer teilhaben kann, der die sexuellen Eroberungen und moralischen Vergehen ihres Idols umgibt. Wenn der Glanz erlischt – was zwangsläufig geschieht –, sucht sie sich einen lieben, gewöhnlichen Pantoffelhelden, der ihre Wunden heilen soll. Von diesem Menschen erhofft sie sich die Sicherheit und den Schutz, die Einschränkungen und Verbote, denen sie als Heranwachsende mit aller Kraft zu entrinnen versuchte. Die ewige Kindfrau ist weder sexuell noch moralisch erwachsen geworden. Ihre gesellschaftlichen Ideale und moralischen Maßstäbe sind ebenso fließend und wandelbar wie ihre sexuellen Wünsche. Jenes Minimum an Stabilität, das jeder Mensch ungeachtet seiner individuellen Lebensweise braucht, ging verloren, weil es nicht gelang, die wirren Stränge der infantilen Liebesdialoge in der Adoleszenz zu ordnen.

Im Gegensatz zu jenen Gesellschaften, in denen die Identifizierung des pubertierenden Mädchens mit einer mythisch-göttlichen Frau oder mit der ganz irdischen eigenen Mutter in Form eines Übergangsritus oder irgendeiner Konvention institutionalisiert ist, wird die Jugendliche in den meisten modernen Gesellschaften mit dem Dilemma, wie sie mit ihrem Verlangen nach der Mutter fertigwerden soll, weitgehend alleingelassen. Die neuen Identifizierungen der Adoleszenz, die ein oder zwei Mädchenfreundschaften und der Schwärmerei für eine ältere Frau entstammen, sind gewöhnlich stark personbezogen. Solche typisch weiblichen Lösungen stützen sich, so sehr sie gesellschaftlichen Konventionen entsprechen mögen, nicht auf Erfahrungen in der Gruppe oder andere soziale Bündnisse. Personbezogene Identifizierungen stehen auch im Mittelpunkt der traditionellen Übergangsriten für Mädchen.

Hingegen sind in nahezu jeder menschlichen Gemeinschaft jene Botschaften des Inzesttabus, die dem Knaben gelten, stärker darauf ausgerichtet, ihn zu Identifizierungen mit seinem weiteren sozialen Umfeld bis hin zur sozialen Ordnung als ganzer zu veranlassen. Hier liegt der Nachdruck darauf, die Bindungen an die Mutter endgültig zu lösen und sich zu Loyalitäten außerhalb des häuslichen Bereichs zu bekennen. Dem Knaben wird klargemacht, daß er seine kindlichen Verhaltensweisen aufgeben muß. Selbst bei jenen weichherzigen, emanzipierten Männern, denen jegliche Art von »Chauvitum« fernliegt, bleibt die Furcht vor der zärtlichen Falle als Unterströmung in den Beziehungen zu Frauen bestehen. Diese Furcht festigt ihre Bindungen an andere Männer.

Männerbündlerischer Zusammenhalt scheint ein feststehendes Merkmal der durchschnittlichen Vater-Sohn-Beziehung zu sein. Gewiß, Vater und Sohn konkurrieren um Zuneigung und

Liebkosungen der Mutter, doch von der frühen Kindheit an ist der Vater auch der Verbündete des Knaben. Obzwar ein Eindringling, ist der Vater doch der Held, der den Knaben aus dem ausschließlichen dyadischen Liebesverhältnis mit der Mutter befreit. Natürlich gibt es weniger geglückte Spielarten dieses optimalen Verlaufs. Manchen Vätern und Söhnen fällt es schwer, ein harmonisches Bündnis einzugehen; ihre Temperamente vertragen sich nicht miteinander, der Vater hat vielleicht ein Kind dem anderen vorgezogen, oder aber er ist dominierend, verführerisch oder schwach. Ein Vater kann gefühlsmäßig abwesend sein. Es kann vorkommen, daß er sich mit seinen erotischen Sehnsüchten dem Sohn zuwendet, um sich für eheliche Enttäuschungen zu entschädigen. Auf dieser Grundlage entsteht kein tragfähiges männliches Bündnis. Vielmehr handelt es sich um eine narzißtische Ausbeutung, die beim Knaben Neid auf Frauen und Furcht vor ihnen auslöst und seine passiv-unterwürfigen Wünsche gegenüber dem Vater verstärkt. Im allgemeinen jedoch ist das Vater-Sohn-Bündnis, wenn der Junge in die Pubertät kommt, stark genug, um die Stürme der Adoleszenz – die Aufhebung der Idealisierungen, den kompromißlosen ideologischen Kampf, die pubertären Rivalitäten – zu bestehen. Außerdem eröffnen sich dem Jungen im Rahmen von Männerbündnissen verschiedene Szenarien, die ihm die Bewältigung des Dilemmas, was er mit seinem erotischen Verlangen nach dem Vater anfangen soll, erleichtern.

Jugendliche Schwärmereien entstehen natürlich auch dort, wo Männerbündnisse vorhanden sind. Der Schwarm bleibt in der Vorstellung und den Phantasien des erwachsenen Mannes als Verkörperung vollkommener Männlichkeit bestehen, als ein strahlendes, erhabenes Männerbild, das für alle Zeiten ein Gegenbild des langweiligen, gezähmten Vaters bleibt. Vor allem in emotionalen Krisen trauert ein erwachsener Mann der glanzvollen, verführerischen, abenteuerlichen, pflichtvergessenen, aufregenden Persönlichkeit nach, die er hätte werden können, wenn er sich nicht mit dem häuslichen Dasein eines Ehemanns und Vaters abgefunden hätte. Da sich aber dem durchschnittlichen Jungen noch verschiedene andere Möglichkeiten bieten, seinen homoerotischen Leidenschaften Ausdruck zu verleihen, sind die Überreste seiner jugendlichen Schwärmerei gebändigter, gedämpfter als beim Mädchen. Nur beim homosexuellen Mann besitzt die Schwärmerei jene Intensität, die wir vom weiblichen Jugendlichen kennen. Der Homosexuelle kann ein Leben lang nach dem idealen Mann suchen, den er in seiner Adoleszenz vergötterte.

Die üblichen Freundschaften männlicher Jugendlicher sind durch offen zutage tretende erotische Obertöne gekennzeichnet. Wechselseitige Masturbation, gemeinsame sexuelle Erlebnisse mit Prostituierten oder »unanständigen« Mädchen, der ungenierte Begeisterungstaumel auf dem Sportplatz, Exhibitionismus und Körpererkundigungen im Umkleideraum – das alles sind gesellschaftlich anerkannte Praktiken, um zum Mann zu werden. Solche Praktiken können der Homosexualität sehr nahekommen. Wenn die homosexuellen Komponenten dieser leidenschaftlichen Aktivitäten an Schwungkraft gewinnen, kommt die Freundschaft zwischen den betroffenen Jugendlichen gewöhnlich zu einem abrupten Ende. Auch dann, wenn er schließlich der *ars erotica* einer jungen Frau erliegt und vorübergehend eine feste Bindung eingeht, strebt der Junge danach, vom Mann als Mann anerkannt zu werden. Während eine Frau, selbst wenn sie sich als emanzipiert begreift, stets mehr Frau des Mannes ist, als sie jemals Frau der Frau sein wird, betrachten sich sehr wenige Männer als Männer für Frauen. Die Don Juans und Casanovas bilden da keine Ausnahme, da ihre Jagd nach Frauen durch ein Ideal der Übermännlichkeit motiviert ist – durch »phallischen Narzißmus«, um ein Fachwort zu gebrauchen.

Während der Adoleszenz bieten Männervereinigungen wie das Team, die politische Gruppierung, der Club, die Straßenbande Schutz vor dem kastrierenden Vater und der verschlingenden, besitzergreifenden Mutter. Indem sie die Dominanz des Phallus verkünden, verstärken solche Zusammenschlüsse maskuline Identifizierungen. Zudem neutralisieren sie homosexuelle Neigungen. Jungen, die sich vor ihren Kastrations- und Trennungsängsten nur dadurch schützen können, daß sie wie die Mutter (oder das Baby) werden, beziehen von der Gruppe den Mut, ihre Männlichkeit und Unabhängigkeit zu behaupten. Außerdem stellen Wagemut und Risikofreude der Adoleszentengruppe eine männliche Strategie dar, mit jenen Ängsten umzugehen, welche mit dem geheimnisvollen und noch unerforschten Körperinneren der Frau verbunden sind. Die scharfe Unterscheidung zwischen Männlichkeit und Weiblichkeit, die in Männergruppen vorgenommen wird, ist für heranwachsende Jungen ungeheuer beruhigend.

Männergruppen verschiedenster Art bieten das ganze Leben hindurch Ventile für sexuelle und aggressive Impulse wie auch Ersatz für die Idealisierungen, die einst dem Vater galten. Indem er diese Idealisierungen auf die Gruppe überträgt, schwächt der Mann seine homoerotischen Wünsche und Glorifizierungen gewissermaßen ab; er verteilt sie auf eine große Zahl von Individuen und macht sie damit *un*persönlich. Dies ist einer der Gründe, weshalb die sozialen Ideale von Männern abstrakter erscheinen als die von Frauen. Gesellschaftliche Konventionen legen Frauen nahe, ihre Ideale auf persönliche und häusliche Beziehungen zu beschränken, während den Jungen soziale Anerkennung zuteil wird, wenn sie ihre Kräfte in Gruppen außerhalb der Familie einsetzen.

Gruppenloyalitäten und Gruppenideale füllen jene Leere, die entsteht, wenn die Idealisierung des Vaters aufgehoben wird. Verehrung des Gruppenführers und Unterwerfung unter seine Ideale und Werte, welche die Maßstäbe und Unterscheidungsmerkmale der ganzen Gruppe sind, machen es dem Mann möglich, die Liebe zu seinem Vater auf die Gruppe zu übertragen. Männliche Solidarität lenkt homoerotische Strömungen um, doch zur Zähmung des Gewissens trägt sie für sich genommen wenig bei. Ein Mann kann in der Beziehung zu einer Gruppe oder einem Führer genauso unterwürfig, ängstlich, vorbehaltlos bewundernd und infantil sein wie einstmals in der Beziehung zum Vater. Obgleich sie Ausdruck sozialer Bindungen sind, nehmen Gruppenloyalitäten oft religiöse, militärische, politische oder ökonomische Formen an, die von Eigenliebe gespeist werden. Im Christentum, im Feudalismus, im Rittertum, im Gemeinschaftsleben, in beruflichen Organisationen – überall bediente und bedient man sich jener Konventionen, welche die männliche Eigenliebe aufrechterhalten: persönliche Eitelkeit und kleinkarierte Selbstgerechtigkeit. Der Mann vergleicht sich mit den anderen in seiner Gruppe. Durch das Ansehen, das er dort genießt, kann er sich für besser halten als jene außerhalb der Gruppe, und dies wiederum dient ihm als Anreiz, den Idealen seiner Gruppe gerecht zu werden. Als Gruppenmitglied mag er Neid und Eifersucht gegen jene empfinden, die in der Gruppenhierarchie über ihm stehen, doch gleicht er diese potentielle Demütigung aus, indem er jene verachtet, die unter ihm stehen oder nicht der Gruppe angehören.

Wenn die Gruppenloyalitäten eines Mannes in erster Linie von Eigenliebe gespeist werden, sind seine Ideale sehr wahrscheinlich genauso infantil wie damals, als er seine Eltern als einzige Quelle der Liebe und des Schutzes ansah. Er ist dann zwar an seine Brüder durch die gemeinsame Identifizierung mit den Werten und Interessen der Gruppe gebunden; doch sollte ein Bruder in Ungnade fallen, weil er einen unbedachten Schritt getan oder irgendeine menschliche Schwäche gezeigt hat, wird er dasselbe Schicksal erleiden wie jener Elternteil, dem die Idealisierung entzogen wurde.

So gesehen kann eine Frau einen gewissen moralischen Vorteil haben, obgleich sie im allgemeinen nicht den Vorzug weitreichender Gruppenbindungen genießt, die ihr helfen könnten, ihre homoerotischen Strebungen zu entpersonalisieren und zu sublimieren. Indem sie sich mit größerer Leidenschaft für persönliche und häusliche Dinge engagiert, kann sie jene Fähigkeit zum Mitfühlen und Mitleiden ausbilden, die das Wahrzeichen ethischer Ideale ist. Doch dies ist nur dann der Fall, wenn die Ideale, an denen sie sich und andere mißt, menschlichen Proportionen angepaßt worden sind.

Verfolgt man die Spur des homoerotischen Verlangens, das vom gleichgeschlechtlichen Elternteil abgezogen wird, um sich dann in entsexualisierter, sublimierter Form auf andere Menschen und größere soziale Gruppen zu richten, so hat man erst eine Facette der Humanisierung des Gewissens erkundet. Eine weitere ist das Schicksal jener Idealisierungen, die dem gleichgeschlechtlichen Elternteil galten – die Frage also, was mit den narzißtischen Elementen der Liebesbeziehung zwischen Mutter und Tochter, Vater und Sohn geschieht.

Wenn wir fortfahren, uns selbst und andere an jenen unbarmherzigen Vollkommenheitsmaßstäben zu messen, die Überreste unseres archaischen Gewissens sind, so führt dies zu krampfhaften Bemühungen um Selbsterhöhung und Selbstverherrlichung. Wenn der Hauptbeweggrund unserer Gruppenloyalitäten, seien sie häuslicher oder gesellschaftlicher Art, die Eigenliebe ist, dann sind wir jene gespaltenen Seelen, von denen Rousseau gesprochen hat. Hin- und hergerissen zwischen unseren persönlichen Leidenschaften und unseren moralischen Verpflichtungen, sind wir weder uns selbst treu noch sind wir treue Bürger. »Durch Natur und Menschen hin- und hergezogen und gezwungen, diesen verschiedenen Anstößen zu folgen, gelangen wir weder zu dem einen noch zum anderen Ziel. Bestürmt und schwankend verbringen und beschließen wir unser Leben, ohne mit uns selbst eins geworden zu sein und uns und anderen geholfen zu haben.« Wenn wir unserer Ideale nicht Herr werden, beherrschen sie uns. Sklavisch dienen wir jedem, der verspricht, uns über unseren Nächsten zu erheben.

Indem wir unsere Ideale zähmen, entledigen wir uns nicht jeglicher Illusion, verbannen wir nicht all unsere Hoffnung auf menschliche Vervollkommnung. Wir vermögen klarer zu erkennen, was es heißt, Mensch zu sein. Wir stellen fest, daß wir keine Heiligen oder Helden sein müssen, um unseren Idealen treu zu bleiben. Wir merken, daß keinem von uns die Leiden erspart bleiben, von denen andere heimgesucht werden. In unseren persönlichen moralischen Zwickmühlen erkennen wir jene Misere, die für die ganze Menschheit charakteristisch ist. Wieder kommt uns Rousseau in den Sinn: »In der Tat, was ist die Großmut, die Milde, die Menschlichkeit, wenn nicht das auf die Schwachen, die Schuldigen oder die menschliche Art im allgemeinen angewandte Mitleid?«

Von seinen Erkenntnissen zur Evolution der menschlichen Spezies ausgehend, wandte sich Darwin auch der Frage zu, ob die Menschheit in bezug auf zwischenmenschliche Rücksichtnahme Fortschritte gemacht habe. Im Jahre 1871 sagte er dann voraus, daß zunehmend zartere und liebevollere Gefühle sich auf alle Menschen erstrecken würden, selbst auf nutzlose Mitglieder der Gesellschaft, und schließlich auch auf die niederen Tiere. Ein Widerhall der Darwinschen Gefühle findet sich in den Feststellungen des Psychoanalytikers J. C. Flugel aus dem Jahr 1920:

> »Die zunehmende Moralisierung des menschlichen Charakters (bei der die Beziehung zwischen Eltern und Kind wahrscheinlich eine führende Rolle gespielt hat) hat es mit sich gebracht, daß in allen zivilisierten Gesellschaften zumindest ein gewisses Maß an Aufmerksamkeit den – materiellen und geistigen – Bedürfnissen jener geschenkt wird, die nicht mehr in der Lage sind, ihren eigenen Unterhalt in vollem Umfang zu bestreiten oder ihr Leben ohne fremde Hilfe zu meistern . . . Diese Sorge der Kinder um ihre alten, einsamen oder kranken Eltern kann vielleicht zu Recht als schönster und rührendster Ausdruck der spezifisch menschlichen Moral angesehen werden – ein Punkt, in dem der Mensch über die Bedingungen eines brutalen Existenzkampfes entschieden hinausgewachsen ist.«

Bevor der junge Mensch fähig wird, den Schwachen, den Schuldigen, der menschlichen Spezies im allgemeinen mit teilnahmsvoller Rücksicht zu begegnen, muß er mit der Tatsache fertig werden, daß die Eltern nicht die allmächtigen Wesen sind, für die er sie einst gehalten hat. In der Kindheit wird die persönliche Allmacht – die Selbstliebe – für den Vorteil eingetauscht, an jenem Ruhm und jener Macht teilzuhaben, die wir den Eltern zuschreiben. Wir ertragen unsere nunmehr nur noch halbgöttlichen Proportionen, weil wir dafür den Schutz und die Liebe der göttlichen Eltern gewinnen. Um reale Macht und jenen Sinn für Großzügigkeit und Edelmut zu erlangen, der unsere ethischen Ideale nährt, müssen wir uns in der Adoleszenz mit den Unvollkommenheiten der Eltern abfinden, insbesondere mit den Schwächen jenes Elternteils, auf den unsere stärksten Identifizierungen zurückgehen.

Die neuen Identifizierungen mit Freunden, bewunderten Erwachsenen, kulturellen Idolen oder sozialen Gruppen helfen der Jugendlichen, die narzißtische Kränkung zu ertragen, daß die Frau, nach der sie ihr eigenes Selbst modellierte, alles andere als ein göttliches, im Himmel erschaffenes Wesen ist. Letztlich entscheidend aber ist, daß die Identifizierungen einer Frau mit ihrer Mutter (eines jungen Mannes mit seinem Vater) ein menschlicheres Maß annehmen und dadurch die Lebenstüchtigkeit ihrer sozialen Werte und ihres ethischen Empfindens sichern. Erst wenn sie ein vollständig flügge gewordenes Mitglied ihrer eigenen Erwachsenengeneration geworden ist, das seine Ideale den höchst irdischen Schwierigkeiten der Elternschaft, den Eigenheiten von Kollegen, Förderern und Vorgesetzten, dem ernsten Geschäft, für sich und die Familie den Lebensunterhalt zu verdienen, anpassen mußte, können wir von einer jungen Frau erwarten, daß sie ihre Stärken und Schwächen in vollem Umfang einschätzen und auch kritisch beurteilen kann, in welcher Hinsicht sie ihrer Mutter ganz unvermutet ähnelt.

Obschon das Endergebnis erst feststeht, wenn sie die Zügel erwachsener Verantwortlichkeit in die Hand nimmt, kann eine junge Frau schon lange vorher eine zuverlässig sich selbst beobachtende und analysierende Person sein. Je mehr ihr die Gesellschaft Raum bietet für Freundschaft und Liebe, sinnvolles Lernen und Arbeiten, politische und soziale Verantwortung, reale Macht und realen Erfolg, desto weniger wird sie auf dünkelhafte Allüren und Selbstverherrlichung zurückgreifen, um sich der Mutter überlegen und klüger als sie fühlen zu können. Eine schon etwas ältere Jugendliche sieht sich selbst in einem weniger verwirrenden Spiegel. Da sie einiges Selbstmitleid besitzt, kann sie auch mehr Mitgefühl für die Schwächen anderer aufbringen. Mit fortschreitender Wegverlegung läßt der Zwang, auf den negativen Seiten der Mutter herumzureiten, nach. Wenn sich ihre eigene Identität, ihr Gefühl für das, was sie ist, *und* das, was sie nicht ist, festigt, wenn sie weniger schroff auf ihrer Unabhängigkeit beharren muß, dann kann die junge Frau neu einschätzen, wie ihre Mutter wirklich ist.

Die Neueinschätzung der Mutter (und des Vaters) wird durch den Respekt der Jugendlichen vor der Endlichkeit der historischen Zeit vorangebracht. Als sie noch ein junger Backfisch war, erzeugte der pubertäre Wachstumsschub, jene Woge von Vitalität, die jede Neigung und jedes Interesse erfaßte, ein erschreckendes, aber dennoch köstliches Gefühl von Freiheit. Die jüngere Heranwachsende sah sich selbst in einem Reich unendlicher Möglichkeiten. Sie konnte Frau oder Mann werden, Poet, Schauspieler, Programmierer, Astronom, Astronaut, Krankenschwester, Sekretärin, Arzt, Prinzessin, Wissenschaftler, Romancier. Sie war im Begriff, eine völlig neue Person zu werden. Die Zeit hätte ewig so weiterlaufen können.

Mit dem herannahenden Ende der Adoleszenz verengen sich die Möglichkeiten. Die junge Frau schaut sich um und erkennt, daß die soziale Umwelt, so wie sie ihr von der Elterngeneration vererbt wurde, unvollkommen ist. Die Gesellschaft ist keine magische Mutter, die für alles sorgt, keine Retterin, die Träume und Wünsche wahr werden läßt. Zum ersten Mal erlebt sie die existentielle Angst, ein zwar einzigartiges, aber doch gewöhnliches Leben zu leben, das sich zwischen einem endlichen Augenblick der Geburt und einem endlichen Augenblick des Todes dahinschlängelt. Nun konstruiert die junge Frau ihre persönliche Lebensgeschichte, und Vergangenheit, Gegenwart und Zukunft beginnen sich im Zuge dieser Konstruktion zu verschränken. Die historischen Berichte über Helden und Heldinnen, göttliche Wesen, berühmte Liebhaber, Künstler, Wissenschaftler, die sie als Kind und junge Heranwachsende gefesselt hatten, können nicht länger mit den autobiographischen Inspirationen konkurrieren, die ihr jetzt die eigene Vorstellungskraft eingibt. Nun, da die Vergangenheit ihren Zugriff auf die Gegenwart gelockert hat, kann die junge Frau zurückschauen und neu bewerten, was einstmals war. Ihre rückblickenden Deutungen jenes historischen Komplexes, der Baby, Mutter und Vater umfaßte, sind jetzt von ganz praktischen, ganz realistischen Zukunftsvisionen geprägt.

Ihr Respekt vor der Endlichkeit der Zeit, das historisch kontinuierliche Selbst, zu dem sie nunmehr geworden ist, die Einsicht, daß die Notwendigkeiten des Lebens und die Launen des Glücks nicht beherrschbar sind, ganz gleich wie gut sie ihr persönliches Geschick auch meistern mag – diese Errungenschaften öffnen ihr die Augen für die historischen Realitäten und die tragischen Dimensionen im Leben ihrer Mutter. Jetzt spricht Melpomene, die weiß, daß ein Kind Tragik nicht zu erkennen vermag.

Die mächtige Mutter verliert ihre Makellosigkeit, wird durch eben jene Eigenschaften demontiert, die einst als heilig und heroisch galten. Doch diese Einschätzung entstammt einer Zeit, als das Kind noch nicht imstande war, die Leistungen der Eltern kritisch zu beurteilen, und keine Möglichkeit besaß, die Art und Weise, wie sie sich am Leben erhielten, richtig einzuschätzen. In der Adoleszenz werden nun die ursprünglichen Quellen der elterlichen Stärke als das erkannt, was sie waren: Stolz, Konkurrenzkampf, Verstand, Gewissenhaftigkeit, Leidenschaftlichkeit. Zudem stellt sich heraus, daß die Mutter gegen Zufall und Notwendigkeit genausowenig gefeit ist wie jeder andere Mensch.

Die junge Frau betrachtet ihre Mutter mit klareren Augen – sie urteilt vernünftig und nachsichtig. Sie sieht einen Menschen mit jenem Maß an Stärken und Schwächen, »das unseres Fleisches Erbteil« ist. Dennoch braucht sie eine gewisse Zeit, um zu erkennen, in wie vielen entscheidenden Punkten sie ihrer Mutter gleicht. Und wenn sie ihrem eigenen Kind die Köstlichkeit von zerstampften Artischockenherzen zu erklären versucht, klingt ihr schmeichelndes, schamlos verführerisches »prima-prima« irgendwie genauso wie die Stimme von Babys Großmutter vor vielen Jahren. Ganz unbewußt ist es den Liebesdialogen der Kindheit gelungen zu überleben, obgleich sich die junge Frau bewußt und gezielt jene mütterlichen Eigenschaften aneignet, die ihr bewunderungswürdig erscheinen. Ihr Sinn für historische Realität erlaubt ihr, von all den verschiedenen Müttern, die ihre Mutter für sie gewesen ist, das für sie Richtige zu übernehmen: die nie versiegende Hoffnung von der Mutter der Säuglingszeit, den Mut, eine neue Laufbahn einzuschlagen, von der Mutter der Latenzzeit, Mutters Ansichten über Recht und Unrecht, die sich durch die vernichtende Verachtung der heranwachsenden Tochter nie erschüttern ließen, Mutters Loyalität der Familie gegenüber, auf die immer irgendwie Verlaß war.

Das Finden und Verlieren von Liebesobjekten, das Neuinszenieren alter Dialoge, das Trauern um Verluste, das Unsterblichmachen der Vergangenheit – das sind zentrale Themen der Adoleszenz. Weitere dominante Themen betreffen das Schicksal des Narzißmus. Es gehört zu den Widersprüchlichkeiten des menschlichen Daseins, daß das vorwärtsstrebende Moment unseres Gewissens – unser Glaube an die Fähigkeit der menschlichen Spezies, moralische Vollkommenheit zu erlangen – aus dem Narzißmus erwächst. Indem er zu den egozentrischen Haltungen der frühen Kindheit zurückkehrt, gestaltet der Jugendliche den infantilen Narzißmus neu und paßt ihn der Zukunft an. Die Strukturen der Vergangenheit werden gelockert, damit jeder der drei Stränge des Narzißmus – körperliche Liebe, Selbstwertgefühl und Allmacht – seine Kräfte der Zukunft widmen kann.

8 Narzißmus I

Die autoerotische Exkursion

Der Jugendliche verkörpert all das, was offensiv narzißtisch ist. Seine Selbsterhöhung ist aufreizend. Zwar sind moderne Eltern auf egozentrisches Wesen, Aufruhr und andere Unerfreulichkeiten der Jugendjahre vorbereitet, doch die Realität kommt immer als eine Art Schock.

Im Gegensatz zum unschuldigen Charme des kindlichen Narzißmus, den Eltern im allgemeinen genießen und mitunter anregen, ist der Narzißmus des Jugendlichen beunruhigend und unerträglich. Das egozentrische Kleinkind besitzt schließlich keine wirkliche Macht. Aber die wiederauftauchende tiefe Selbstbezogenheit eines Heranwachsenden – der täglich mehr wie ein Erwachsener aussieht, verbal erfindungsreich, spöttisch und rücksichtlos ist – wird mit Argwohn betrachtet. Der Narzißmus des Adoleszenten fordert Selbstwertgefühl und Macht der Eltern heraus.

Die Jugendliche beginnt ihre Eltern neu einzuschätzen. Sie macht eine Bestandsaufnahme all der wunderbaren Eigenschaften, die sie ihnen in jenen unschuldsvollen Tagen zugeschrieben hatte, als sie ihre einzige Quelle von Selbstachtung und Sicherheit waren. Sie macht sich bereit zurückzuholen, was sie einst wohl oder übel geben mußte. Sie versucht ihre (eingebildete) kindliche Selbstgenügsamkeit zurückzugewinnen. Der Narzißmus des Jugendlichen ist folgenreicher, bedrohlicher als der kindliche. Der Jugendliche, der ebenso groß oder größer ist als die Eltern, kann sogar physisch gefährlich erscheinen.

Wie kommt es zu dieser Intensivierung des Narzißmus in der Adoleszenz? Sobald die Wegverlegung in Gang kommt, wird der sexuelle Hunger von den Eltern abgezogen und in eine neue Richtung gelenkt. Bis er imstande ist, sich selbst in eine sexuelle Beziehung zu einem anderen Menschen einzubringen, ist der

Heranwachsende eine Zeitlang mit seinem eigenen Körper beschäftigt, wird vom Interesse an ihm beinahe verzehrt.

Das dramatische Aufwallen zirkulierender Östrogene und Androgene verstärkt das sexuelle Verlangen und stimuliert die Erogenität der Haut und der Körperöffnungen. Diese Hormone bewirken auch, daß der gewöhnliche Widerstand gegen erotische Reize herabgesetzt wird. So wird das pubertierende Kind zwar von Anblicken, Klängen, Worten, Gerüchen und taktilen Reizen bedrängt, die erotische Gedanken und Gefühle auslösen, aber emotional und physisch ist es auf die genitale Sexualität noch nicht vorbereitet. In seinen sexuellen Phantasien tritt die infantile Erotik als Saugen, Beschmutzen, Quälen, Angeschautwerden oder gewaltsames Penetriertwerden in Erscheinung. Und im Alltag verhält sich das pubertierende Mädchen so, daß es seinen Körper, sein Zimmer, seine Kleidung, seine Besitztümer und die Körper und Besitztümer anderer mit erotischen Eigenschaften ausstattet: Es ist habgierig, schmutzig, ordinär, exhibitionistisch, aufdringlich. Die zivilisierende Entwicklung in der frühen Kindheit und in der Latenzzeit wird rückgängig gemacht.

Ebenso beunruhigend wie für Eltern, Lehrer und andere ist dieses seltsame Benehmen für das pubertierende Mädchen selbst, das gegen Versuchungen wie Gefräßigkeit, Stehlen, Zurschaustellen seines Körpers ankämpfen muß. Ein zufälliger Satz, ein flüchtiger Duft kann seinen Widerstand gegen die Masturbation besiegen. Solche unvorhersehbaren Aufwallungen des Verlangens sind absolut vernichtend für das Selbstwertgefühl der Jugendlichen, da sie ihre Vorstellung, daß sie ihren Körper und ihr Geschick unter Kontrolle habe, in Frage stellen.

Sie versucht, solchen Bedrohungen ihres Narzißmus mit den typischen Rettungsaktionen der Adoleszenz entgegenzutreten, die selbst übertrieben egozentrisch sind: Sie bringt Stunden vor dem Spiegel zu, untersucht und beseitigt körperliche Unvollkommenheiten, ihre Kleidung und ihr Zimmer sind unordentlich, sie erscheint in derangiertem Zustand oder verspätet sich zum Essen, familiäre Verabredungen vergißt sie total. Mit solchen aufsässigen, rücksichtlosen Verhaltensweisen gibt die Heranwachsende den Eltern (und sich selbst) zu verstehen: »Ich kann machen, was ich will und wann ich es will.« Aber sie glaubt nicht sehr lange daran. Zwar verschafft es ihr ein zeitweiliges Gefühl der Macht, wenn sie die Eltern zu solchen Wutausbrüchen reizt, daß ihnen schließlich die Worte fehlen, aber der scheinbare Sieg ihrer Omnipotenz verringert auf lange Sicht ihr Selbstwertgefühl. Sie fühlt sich tatsächlich machtlos und diesen bedrängenden und verwirrenden infantilen Impulsen ausgeliefert. Mit anderen Worten, die Art und Weise, wie die Heranwachsende ihre Macht und ihr Selbstwertgefühl wiederherzustellen versucht, ist wahrscheinlich ebenso infantil wie die Demütigungen, die damit gemildert werden sollen. Infantile Methoden der Machtbehauptung und Selbstwertregulierung, von denen viele während der Latenzzeit aufgegeben oder zumindest zurückgehalten wurden, durchdringen nun die Gegenwart und nehmen einen primitiven Charakter an.

Ein weiterer Grund für das zunehmend egozentrische Wesen der Adoleszentin ist ihre Anfälligkeit für Demütigungen. Dieses freche, aufsässige Geschöpf ist gleichzeitig zärtlich, empfindlich, dünnhäutig, außerordentlich verletzbar. Ihr ganzes Selbstwertgefühl kann durch ein Stirnrunzeln erschüttert werden. Eine harmlose Klarstellung von Tatsachen kann als ungeheuerliche Kritik verstanden werden.

Allmachtsphantasien sind an der Tagesordnung. Diese Phantasien drücken sich in der Überzeugung aus, daß nichts unmöglich sei, daß sie alles tun, alles sein könne, was sie will, daß sie jedes Problem lösen könne, daß sie vollkommene Macht und Kontrolle über sich selbst und ihre Umwelt habe. Ihre Grandiosität behauptet sich keck und unerschrocken ungeachtet der Tatsache, daß sie nicht viel von dem, was sie anfängt, zu Ende bringt, daß ihr ersehntes Wunschbild nie ganz dem entspricht, was sie sich eingebildet hat, daß sie unfähig ist, die Entschlüsse, die sie am Morgen gefaßt hat, zu verwirklichen: nicht zuviel zu essen, nicht unordentlich zu sein, nicht zu masturbieren, nicht gemein zu sein, nicht zu begehren, was andere besitzen. In ihren Phantasien und Wünschen ist sie allmächtig. In der Realität leidet sie entsetzlich unter dem Gefühl, daß sie überhaupt keine Macht hat. Gesellschaftlich gesehen ist sie nutzlos. Wegen ihrer Unfähigkeit, Versuchungen zu widerstehen, empfindet sie sich als moralischer Idiot. Der irreale Charakter ihrer hochfliegenden Pläne und Spekulationen steht in Einklang mit ihrer Ohnmacht, ihrer Unfähigkeit, irgend etwas zustande zu bringen. Wilde Höhenflüge der Phantasie und entsprechende Spekulationen sorgen dafür, daß die Heranwachsende im Reich grenzenloser Möglichkeiten verweilt. Es ist kaum zu erwarten, daß Dinge wie Einschränkungen, Innehalten, Konzentrieren, Erkennen der wirklichen eigenen Möglichkeiten mit den unmittelbaren Befriedigungen konkurrieren können, die von Allmachtsgefühlen ausgehen.

Dieser Überbewertung der eigenen Macht entspricht die Neigung der Jugendlichen, Ideen, Werte, äußere Erscheinung und Weltanschauungen besonders auserwählter Mitglieder der Erwachsenenwelt zu idealisieren. Ihre Regression auf die Beschäftigung mit dem Körper und die Omnipotenz gehen mit einer unqualifizierten Bewunderung ihrer Idole einher, die sie verzweifelt imitieren. Nur sind die Idole jetzt nicht die Eltern. Manchmal sind die zur Anbetung auserwählten Idole reine, heiligmäßige Typen, Verkörperungen der jugendlichen Sehnsucht, tugendhaft und aufopfernd zu sein. Zu anderen Zeiten verehrt und verherrlicht der Jugendliche skrupellose und verführerische Männer und Frauen, die jene Versuchungen verkörpern, gegen die er ankämpft. Die neuen Heldinnen und Helden sind anziehend wegen ihrer glanzvollen Erscheinung, ihrer sexuellen Leistungsfähigkeit, ihres Reichtums oder ihrer Berühmtheit als Politiker, Künstler, Wissenschaftler, Verbrecher. Obgleich diese Idole als Vorbilder mit hochentwickelten moralischen Qualitäten hingestellt werden, sind sie in Wahrheit Wiederbelebungen oder -personifizierungen der sexuellen, weltlichen und moralischen

Kräfte, die das Kind einst den Eltern zugeschrieben hatte. Jetzt, da Autorität und Werte der Eltern in Frage gestellt werden, sucht der Jugendliche erneut in der Außenwelt Musterbilder der Vollkommenheit, mit denen er sich identifizieren kann. Das strenge Gewissen und die Ideale, an denen sich das Schulkind maß, werden erheblich geschwächt. An ihre Stelle treten scheinbar äußerst oberflächliche Werte. In Wahrheit dienen viele Ideale des jüngeren Heranwachsenden lediglich der Selbsterhöhung. Empfindsam und verletztlich, wie er ist, fühlt er sich nur wertvoll und mächtig, wenn er sich – in der Realität oder in der Phantasie – mit jenen verbindet, die er anbetet.

Wände und Schranktüren sind mit Plakaten, Photographien und anderen Erinnerungen an gegenwärtige Superhelden und -heldinnen bedeckt. Eltern können sicher sein, daß Jugendliche endlich auf dem Weg zu realistischerer Selbsteinschätzung und weniger glorifizierten moralischen Maßstäben sind, wenn sich die Wände ihres Zimmers allmählich leeren. Einige der hochgeschätzten Besitztümer werden nach Beendigung der Pubertät ins junge Erwachsenenleben mitgenommen. Eine oder zwei der Heldinnen werden ewig weiterverehrt. Der Rest verschwindet spurlos. So beunruhigend der jugendliche Narzißmus oft zu sein scheint, wird er doch zum mächtigen Bollwerk gegen das Festklammern an der Vergangenheit.

Die Jugendliche nimmt häufig an, daß sie die Schranken ihrer alltäglichen Schulmädchenexistenz nur durchbricht, um gegen Regeln zu verstoßen und der Autorität zu trotzen. Sie schüttelt das »du sollst« und »du sollst nicht« ihres Schulmädchengewissens ab. Sie befreit sich von dem »Sollen« und »Müssen«, das jeden kleinen Verstoß zur Unterlassungssünde oder Gesetzesübertretung stempelt. Ihr selbst oder ihrer Familie fällt es gewiß nicht ein, daß sie mit dem Infragestellen der moralischen Maßstäbe, die sie als Kind errichtete, die ersten Schritte auf ihrem Weg zu einem gefestigteren, vernünftigeren, weniger harten, stärker an ethischen Normen orientierten Gewissen tut.

Das abhängige, umsorgte, geliebte, gehorsame, sittenstrenge Kind wächst in die Haut eines unabhängigen Erwachsenen hinein, der sich selbst schützen kann.

Es erfordert etwa fünf Jahre körperlichen Wachstums von der kaum wahrnehmbaren Erhöhung der Brustwarzen des zehneinhalbjährigen Mädchens bis zur Fähigkeit, reife Keimzellen zu produzieren. Unter günstigsten Umständen erfordert es nahezu ein Jahrzehnt, bis ihr Narzißmus erwachsen geworden ist. Auch wenn eine junge Frau sich weniger mit ihrem Körper zu beschäftigen beginnt und imstande ist, sich in einen anderen Menschen zu verlieben, muß an die Stelle der narzißtischen Grundlage ihrer ersten Liebesbeziehungen die Wahrnehmung der Unterschiede zwischen Wirklichkeit und Ideal treten. Damit sie sich in eine dauerhafte sexuelle Beziehung einbringen kann, muß sie früher oder später erkennen, daß Enttäuschung das normale Schicksal jeder Liebesbeziehung ist. Diese äußerst schmerzliche Erkenntnis ist nur dann zu ertragen, wenn es die junge Frau irgendwann im Laufe des Übergangs ins Erwachsenenleben schafft, ihre Ruhmesträume mit einem Leben im Rahmen erreichbarer Möglichkeiten in Einklang zu bringen.

In der Zwischenzeit halten ihre Eltern den Atem an und beten zu Gott. Ohne die Hilfe eines Rituals, schwankend hinsichtlich ihrer eigenen moralischen Entschlossenheit stehen sie schaudernd daneben, eingeschüchtert, aus dem Gleichgewicht gebracht durch die ungeheure Grandiosität ihres moralischen Wechselbalgs. Sie können die Haut des Mädchens nicht mit jahrhundertealter Weisheit ritzen. Sie können sie nicht zu jener Art von Weiblichkeit zurechtschnitzen, die sie kennen. Sie können die Tochter nicht in eine Hütte einschließen, bis der Sturm vorüber ist. Ihre mythischen Heldinnen sind in den Augen der Eltern bizarre, unfreundliche Fremde. Die kosmische Reise der Tochter ist etwas ganz anderes als die, an die sie sich erinnern. Die Eltern versuchen – manchmal mit Erfolg –, einen festen Kurs zu steuern. Die Gewässer der Moral sind schlammig und tückisch. Die Eltern schaudern angesichts der Verderbtheit, die sie um sich herum erblicken. Ohne sich auch nur ein wenig in acht zu nehmen, wirft das Kind sein Schulmädchengewissen ab und stürzt sich in die Flut. Wird es wiederauftauchen? Wann wird es zurückkehren? Wird man es nicht mehr erkennen können? Wird es ertrinken?

Bevor die Jugendliche wiedererscheint, verbraucht sie eine ungeheure Menge narzißtischer Energie, indem sie mit falschen Idolen feiert, oberflächliche Werte anbetet. Sie vergleicht sich mit anderen und wird von Neid, Haß und Eifersucht verzehrt. Sie kann sogar in katastrophaler Weise in Promiskuität, Diebereien, Vandalismus oder Alkoholismus abgleiten. Gleichzeitig ist sie ihren Freunden und Gefährten gegenüber freundlicher, altruistischer, gutmütiger, großzügiger, mitleidiger, lebhafter, leidenschaftlicher als jemals zuvor. Sie ist Hexe und Heilige zugleich. Sie tändelt mit dem Laster und weitet ihre Seele mit unendlicher Tugend. Aus der Verpuppung ihrer narzißtischen Regression schlüpft die Adoleszentin als junge Erwachsene, die bereit ist, zu urteilen, zu kritisieren und schließlich auf der Grundlage von Erfahrungen, die über die Grenzen des Familiennests ihrer Kindheit hinausreichen, selbst zu entscheiden, daß sie über innere Werte verfügt. Sie setzt sich nicht über jegliche Konvention hinweg. Aber sie ist auch nicht auf Lob und Anerkennung angewiesen, um zu erfahren, was recht und unrecht ist. Die wachsamen Augen und warnenden Stimmen sind ihre eigenen; sie sind freundlicher und weniger anklagend als die ihrer Kindheit – vielleicht.

Doch zunächst kehren alle drei Strömungen des Narzißmus zu ihren ursprünglichen Quellen zurück: Die Libido konzentriert sich auf den eigenen Körper. Das Selbstwertgefühl wird reguliert, indem man sich mit idealisierten anderen identifiziert. Und obgleich die Jugendliche nichts Reales erreicht hat, stellt sie ihre Kräfte zur Schau und sieht sich in ihrer Phantasie wieder im Reich unbegrenzter Möglichkeiten. Mit dem Fortschreiten der Adoleszenz machen sich Vergangenheit und Zukunft den Vorrang streitig. Die narzißtischen Ströme fließen wieder vorwärts.

Anfangs bewegen sie sich träge und zögernd, oftmals auch wieder rückwärts, dann aber rauschen sie wie im Sturm daher, wenn der stolpernde, ungeschickte, verwirrte, empfindliche Jugendliche ganz plötzlich ein Erwachsener geworden zu sein scheint. Knaben und Mädchen erreichen die Pubertät, und in wenigen Jahren werden sie die Ernährer und Gesetzgeber der nächsten Generation sein. Ehe wir uns versehen, ist die Zukunft da.

Biologisches Zwischenspiel: Die Pubertät

Beim Mädchen sind die ersten äußeren Anzeichen der Vorpubertät das flaumige Schamhaar, die kaum wahrnehmbare Erhebung der Brustwarzen und die Entwicklung der Brust, welche bald darauf folgt.

Wenn sich die Brust zu wölben beginnt, werden auch andere Veränderungen durch das Zusammenwirken der Östrogene aus den Nebennieren und Eierstöcken in Gang gesetzt. Die Entwicklung der Vagina, der Schamgegend (mit Schamhügel, großen und kleinen Schamlippen, Klitoris und Scheideneingang), der Bartholinschen Drüsen und des Uterus beginnt.

Milchsäure produzierende Bakterien ersetzen die zuvor spärliche bakterielle Flora der Vagina. Beim Vaginalschleim verändert sich der pH-Wert 6–7 der Kindheit zum pH-Wert 4–5 des Erwachsenen – ein Anstieg des Säuregehaltes, der der Fruchtbarkeit zugute kommt. Die primäre strukturelle Veränderung der Vagina besteht in der zunehmenden Verdickung der Vaginalschleimhaut, in der sich Glykogen anreichert, wodurch ein günstiges Milieu für Milchsäurebakterien geschaffen wird. Die Vagina wird breiter und länger. Die muköse Oberfläche der Vagina rötet sich.

Zu erheblichen Veränderungen kommt es im Pudendum. In diesem Bereich entwickelt sich Fettgewebe, das die äußeren großen Schamlippen verdickt und dazu führt, daß sie über die inneren kleinen Schamlippen hinauswachsen. In keinem anderen

Lebensabschnitt sind die äußeren Schamlippen so eng. Dieser Umstand bewirkt in Verbindung mit dem raschen Wachstum und der Fettansammlung an Hüften und Schenkeln, daß der Scheideneingang und die Vulva von außen nicht sichtbar sind. Die Dreiecksspitze der kleinen inneren Schamlippen tritt leicht hervor, und ihre Farbe wechselt von rosa zu einem dunkleren, bräunlichen Ton.

Das pubertäre Wachstum der Klitoris ist dem Wachstum des Penis relativ proportional. Und ebenso wie Brustwarzen und Penis wird die Klitoris erektionsfähig. Die Bartholinschen Drüsen vergrößern sich und produzieren bei Erregung der Klitoris und anderer Teile des Pudendums eine schleimige Substanz. Dieser Schleim befeuchtet das weibliche Genitale bei der Masturbation, beim Petting und beim Koitus.

Der Uterus, der versteckt in der Beckenhöhle liegt, wird fast dreimal so groß wie in der Kindheit. Unter dem Einfluß von Östrogenen neigt sich die Beckenhöhle nach vorn, und der Gebärmutterhals verkürzt sich entsprechend. Sobald sich der Uterus der veränderten Gestalt des Beckens anpaßt, verlieren seine Konturen ihre zylindrische Form und werden birnenförmig. Gleichzeitig werden die Uterustuben länger und weiter geöffnet. Die Stärke des Endometriums, der Schleimhaut der Gebärmutter, nimmt erheblich zu. Mit fortschreitender Vorpubertät differenzieren sich die Zellen des Endometriums.

Die erste Blutung aus dem Endometrium, die Menarche, erfolgt bei der durchschnittlichen Amerikanerin mit etwa dreizehn Jahren. Mit Beginn der Pubertät reift, ausgelöst durch das follikelstimulierende Hormon, in jedem Zyklus ein Follikel heran, der ein Ei enthält. Beim Follikelsprung wird das Ei in den Eileiter ausgestoßen, wo es dann zur Befruchtung bereitliegt. In der Auskleidung des Follikels bildet sich, stimuliert durch das luteinisierende Hormon, das *Corpus luteum* (Gelbkörper), ein etwa ein bis eineinhalb Zentimeter großes ovarielles Gebilde. Im Falle einer Schwangerschaft vergrößert sich der Gelbkörper und scheidet Progesteron aus, das zur Aufrechterhaltung der

Schwangerschaft beiträgt. Wenn es nicht zur Befruchtung kommt, bildet sich der Gelbkörper zurück und hinterläßt ein Narbengewebe. Man glaubt, daß Frauen die volle Fortpflanzungsfähigkeit erst mit Anfang bis Mitte zwanzig erreichen.

Beim Jungen ist das erste äußere Anzeichen der Vorpubertät die Vergrößerung der Hoden und des Hodensacks. Die vergrößerten Hoden scheiden Testosteron aus, welches das Wachstum des Penis stimuliert.

Mit dem Wachstum des Penis geht die Vergrößerung und Entwicklung der Prostata einher. Sie liegt genau unterhalb des Blasenhalses an der Wurzel des Penis. Zunächst ein winziges, schotenähnliches Gebilde, erreicht die Prostata schließlich Größe und Form einer Kastanie. Vor der Geschlechtsreife besteht die Prostata nur aus Röhren, die in Knospen enden. Aus diesen Knospen entwickeln sich jene Zellen, welche für die Ausschüttung der Samenflüssigkeit verantwortlich sind. Durch das rasche Wachstum der ausscheidenden Zellen vergrößert sich die Prostata. Beim Samenerguß fließt aus der Prostata eine dünne, milchige, alkalische Flüssigkeit in den Harnleiter. Diese ist der wichtigste flüssige Bestandteil des Ejakulats. Ihre alkalischen Eigenschaften gleichen den Säuregehalt der Emissionen aus den Samenbläschen aus.

Die beiden Samenbläschen liegen oberhalb der Prostata. Sie sind verlängerte Teile des Samenleiters, der sie mit den Hoden verbindet. Die Höhlen der Samenbläschen dienen als Vorratskammern für das Sperma aus den Hoden. Die Wände der Bläschen sind Drüsenzellen, die ein Sekret produzieren, von dem die Lebensfähigkeit der Spermien abhängt.

Das Organ, welches neben den Hoden, der Prostata und den Samenbläschen zur Zusammensetzung des Ejakulats beiträgt, sind die winzigen Cowperschen Drüsen, von denen man annimmt, daß sie den Bartholinschen Drüsen bei den Frauen entsprechen; sie liegen hinter dem Hodensack an der Wurzel des Penis. Die klare, glatte Flüssigkeit aus der Cowperschen Drüse ist ein präejakulatorischer Schleim, der bei sexueller Erregung jederzeit aus der urethralen Öffnung an der Spitze des Penis austreten kann.

Auf dem Höhepunkt der sexuellen Erregung verursachen Kontraktionen der ableitenden Samenwege die Ausstoßung von Spermien in die Harnröhre. Die Samenzellen mischen sich dann mit der alkalischen Flüssigkeit aus der Prostata, dem Sekret der Samenbläschen und dem Schleim aus den Cowperschen Drüsen. Zusammen bilden diese Absonderungen den Samen, der beim Orgasmus als Ejakulat ausgestoßen wird.

Die Zeit der ersten Ejakulation von Samenflüssigkeit liegt beim durchschnittlichen Amerikaner etwa bei vierzehn Jahren. Ergüsse ohne Sperma sind diesem Ereignis gewöhnlich einige Jahre vorausgegangen. Es dauert weitere drei bis vier Jahre, ehe das Sperma voll ausgereift ist und die Zusammensetzung des Samens dem des Erwachsenen entspricht. Es ist wahrscheinlich, daß der Beginn der männlichen Fortpflanzungsfähigkeit mit dem wachsenden Volumen und der veränderten Konsistenz der Samenflüssigkeit sowie mit der vermuteten Verstärkung der ejakulatorischen Kontraktionen zusammenfällt. Die Fortpflanzungsfähigkeit erreicht ihren Höhepunkt nicht vor Anfang bis Mitte zwanzig.

Im Intervall zwischen dem Aufgeben der Liebesobjekte der Kindheit und dem Finden eines erwachsenen Liebesdialogs richtet sich der sexuelle Hunger auf den eigenen Körper. Die Masturbation, d. h. die Befriedigung des Sexualhungers durch genitale Manipulation, nimmt im Leben des Adoleszenten einen entscheidenden Platz ein. Sie ist eine Möglichkeit, das infantile Phantasieleben mit tatsächlicher Erfüllung zu verbinden.

Die Literatur zum Thema Masturbation in der Adoleszenz beschäftigt sich nahezu ausschließlich mit männlichen Masturbationserfahrungen und -phantasien. Man glaubt, daß die völlige Unterdrückung bei Mädchen weit häufiger ist als bei Jungen. Diese Meinung wird durch die Theorie bestärkt, daß es nur einem Mädchen mit starker bisexueller Veranlagung – »dem eher aktiven als passiven Typ« – schwerfällt, auf die Masturbation zu verzichten. Es heißt, daß das passive Mädchen, das eher als typisch gilt, den Kampf gegen die Masturbation besteht. Die Ansicht, daß anständige Mädchen nicht aktiv nach erotischer Befriedigung streben, daß sie zur Sexualität verführt werden müssen, ist in den meisten wissenschaftlichen Diskussionen jugendlicher Masturbation evident.

Folgt man statistischen Untersuchungen, erreichen die meisten heranwachsenden Jungen den ersten Orgasmus durch Masturbation, die meisten Mädchen hingegen durch sexuelle Spiele oder Petting. Fast alle Männer berichteten, daß sie in den Jugendjahren masturbiert hatten. Demgegenüber berichtete nur etwa die Hälfte der untersuchten Frauen, daß sie masturbiert hatten. Wenn Mädchen masturbieren, geschieht dies zudem beträchtlich seltener als bei den Jungen.

Andererseits ergeben eingehendere klinische Untersuchungen der Adoleszenz, daß die meisten Mädchen sehr wohl masturbieren und ihre ersten Orgasmen durch Masturbation erreichen. Wenngleich es zutrifft, daß Mädchen sehr viel seltener masturbieren als Jungen, kämpfen sie mit der Versuchung zu masturbieren nicht weniger als jene. Die signifikanten dynamischen Aspekte sind die einsamen, tapferen Kämpfe des Adoleszenten mit der Versuchung zur Masturbation und der schließliche Sieg oder die Niederlage des genitalen Verlangens. Das heißt nicht, daß Jungen und Mädchen dieselben Erfahrungen hinsichtlich der Masturbation oder sexueller Erlebnisse jeglicher Art machen. Ihre sexuellen Phantasien sind ebenso verschieden wie die Einstellung zu ihren Genitalien. Erstens leben heranwachsende Jungen mit der Realität ihrer Erektionen, die sichtbar und schwer zu beherrschen sind. Allein diese Tatsache führt zu nur dem Mann möglichen Erlebnissen des Stolzes und der Demütigung. Der Penis wird häufig als »Ding« mit einem Eigenleben betrachtet.

Masturbieren bedeutet für den Jungen nicht nur das Erleben sexueller Erregung, sondern auch ein Sichmessen mit dem Penis – seine Beherrschung. Zweifellos trägt diese ambivalente Einstellung gegenüber dem Penis dazu bei, daß Jungen häufiger masturbieren. Mädchen sind hinsichtlich ihrer masturbatorischen Aktivitäten sehr viel verschwiegener, und sie sind unsicherer hinsichtlich der physischen Ausgangspunkte ihrer erotischen Reaktionen. Aber beide Geschlechter reden nur ungern mit irgend jemandem über ihre Masturbationsphantasien – selbst mit jenen verläßlichen Gleichaltrigen oder Erwachsenen, denen sie alles andere anvertrauen. Die meisten Informationen über die die Masturbation begleitenden Phantasien entstammen klinischen Berichten, Romanen, Gedichten, erotischer Kunst.

Obschon bekannt ist, daß fast alle Jungen und wahrscheinlich auch die meisten Mädchen masturbieren, betrachten viele Erwachsene die Onanie immer noch als Verirrung – als Brutstätte psychischer Störungen und körperlicher Krankheitsbilder. Selbst bei Psychoanalytikern, die als erste Ärzte und Psychologen das mit autoerotischem Verhalten verbundene Phantasieleben ernsthaft untersucht haben, weckt die Masturbation noch immer gemischte Reaktionen.

Im Jahre 1912 veröffentlichte die Wiener Psychoanalytische Vereinigung ihr Symposion über die Onanie. Die Diskutanten stimmten darin überein, daß die signifikanteste Themenreihe die Phantasien betraf, die die Masturbation begleiten. Sie waren sich darin einig, daß es in erster Linie diese Phantasien sind und nicht der körperliche Vorgang selbst, die Scham- und Schuldreaktionen auslösen. Die größten Meinungsverschiedenheiten auf dem Symposion betrafen die Frage: »Sind masturbatorische Aktivitäten als solche physisch oder psychologisch schädlich?« Freud bejahte diese Frage. Die toxischen Wirkungen inadäquat abgeführter Triebenergie könnten zum Kern einer Psychoneurose werden. Exzessive Masturbation erzeuge Symptome der Entleerung: Neurasthenie, Verdauungsstörungen, Kopfschmerzen, Müdigkeit. Die Angstzustände, die zu diesen Symptomen führten, wären ein unmittelbares Ergebnis nicht-abgeführter »koitaler Erregung«.

Moderne Psychoanalytiker lehnen die toxische Hypothese ab.

Sie sehen die primäre Gefahr jugendlicher Masturbation darin, daß sie infantile sexuelle Fixierungen zementieren könnte. Sie glauben, daß die Rückkehr von der Phantasie zur Realität durch die Freuden der Masturbation erschwert wird. Einige Psychoanalytiker hingegen, insbesondere jene, die den Problemen des jugendlichen Narzißmus nachgegangen sind, neigen dazu, masturbatorische Aktivitäten heranwachsender Jungen und Mädchen potentiell für nützlich zu halten. Statt eine ungesunde Fixierung an die Vorlust zu repräsentieren, könnten genitale Masturbation und die sie begleitenden Vorlustphantasien möglicherweise ein Bindeglied zwischen infantilen Wünschen und erwachsener genitaler Sexualität darstellen.

Es war zu erwarten, daß die Masturbation, insofern sie ein Aspekt des Narzißmus ist und erkennen läßt, daß Phantasiebefriedigung der Anteilnahme an der realen Welt vorgezogen wird, als bedrohlich für die Bedürfnisse der Gesellschaft im großen angesehen werden würde. Das Ausmaß der Tabus gegen die Masturbation spiegelt auch die Ambivalenz der Erwachsenen gegenüber noch nicht Erwachsenen und der Sexualität im allgemeinen wider.

Mit dem Anbruch des industriellen Zeitalters und den Erfordernissen einer verlängerten Lehrzeit zwischen Kindheit und Erwachsensein wurde die Adoleszenz zu einem Phänomen, mit dem ernsthaft zu rechnen war. Man begann den Adoleszenten als Saat für die Zukunft, als die Hoffnung der menschlichen Rasse anzusehen. Um die Jahrhundertwende betrachtete man daher den jugendlichen Onanisten in den Vereinigten Staaten und in Westeuropa mit Abscheu und Argwohn. Es war charakteristisch für die Einstellung zur Sexualität, daß die Masturbation als Geißel junger Männer, die Menstruation hingegen als Ursache für weiblichen Wahnsinn, Neurasthenie, Hysterie, Ohnmachtsanfälle, Kriminalität betrachtet wurde. Selten erwähnten Autoren das Phänomen der weiblichen Masturbation. Die erste Menstruation galt als Parallele zum ersten Samenerguß. Damals wie heute richtete sich das Inzesttabu in erster Linie gegen den Mann, dessen kräftiger Körper, Samen und Geschlechtsorgane als größte Bedrohung der Gesellschaftsordnung angesehen wurden. Wie stets entdeckte man die Bedrohung durch die Frau in den dunklen Mysterien der Monatsblutungen und in den geheimen Winkeln des Körperinneren der Frau, die mit Argwohn und Furcht betrachtet wurden. Der Vater repräsentierte das Gesetz und die Gesellschaftsordnung, das neinsagende Prinzip des Gewissens. Der regressive Drang zur Mutter und zum Ewig-Weiblichen wurde – und wird zum Teil auch noch heute – als Unterminierung von Gesetz und Ordnung, Gesellschaft, Natur, Kosmos empfunden.

Die Angst vor der Masturbation der Jugendlichen um die Wende des 20. Jahrhunderts wird durch die Millionen mitleiderregender Briefe von jungen Männern an Scharlatane und Sexualforscher bezeugt, die durch ihre unfreiwilligen Ejakulationen und die Tatsache erschreckt wurden, daß sie den Kampf gegen die Masturbation verloren. Im Jahre 1895 hatte ein einziger New Yorker »Makler« drei Millionen vertraulicher Briefe erworben, die von Jungen und Männern an annoncierende medizinische Vereinigungen und Ärzte geschrieben worden waren. Ein typischer Jugendlicher »aus gutem Haus« beschloß, nicht aufs College zu gehen, weil er ruiniert wäre und in Kürze wahnsinnig werden würde. Ein anderer berichtete, daß er sich einen Revolver angeschafft hatte. Er plante, sich nach einem Besuch bei seiner Mutter zu erschießen, wenn seine Qualen nicht irgendwie gelindert werden konnten. Ein anderer trug stets eine feste Schnur in seiner Tasche und wartete auf den gesegneten Tag, wo er den Mut aufbringen würde, sich zu erhängen.

Nicht selten glaubte man, daß es sich bei den unfreiwilligen Ejakulationen und anderen typischen Phänomenen adoleszenten Wachstums um Schäden handelte, die auf die verbotenen masturbatorischen Handlungen zurückzuführen seien. Die Scharlatane, ob wegen ähnlicher Ahnungslosigkeit oder in betrügerischer Absicht, waren darauf bedacht, die Körperschadentheorie in ihren Rundschreiben und Empfehlungen zu stützen.

In Pamphleten und Anzeigen wurde eine Unzahl von Symptomen aufgeführt, die von der Masturbation herrühren könnten. Viele davon gehörten einfach in den weiten Bereich normaler Varianten der männlichen Geschlechtsorgane: Unregelmäßigkeiten beim Hodenabstieg und Pendelhoden, Schlaffheit und Pigmentveränderungen am Skrotum, Position der Vorhaut, Länge des Penis. Veränderungen der Gefäßbeschaffenheit des Skrotums wurden der Onanie zugeschrieben, ebenso wie schlechte Träume, Hautausschläge, Schamhaftigkeit, obszöne Gedanken. Jede Einzelheit eines jeden Organs könnte als Symptom onanistischer Schwäche beschrieben werden.

Beruhigungs- und Stärkungsmittel waren an der Tagesordnung. Sie wurden von angesehenen Ärzten ebenso empfohlen wie von Scharlatanen. Zu den anerkannten medizinischen Behandlungen gehörten Mutterkorn, Zugpflaster, Durchtrennung bestimmter Nerven, Beschneidung. Scharlatane verkauften Millionen Flaschen voll mit allen möglichen Tabletten, die Männlichkeit und Enthaltsamkeit auf derselben Packung versprachen. Es wurden alle erdenklichen mechanischen Vorkehrungen aus Gummi, Draht usw. angepriesen, mit denen der ungebärdige Penis umwickelt werden sollte. Die verschiedensten Katheter und Röhrchen sollten in den Penis eingeführt werden. Viele dieser Apparate wurden zu horrenden Preisen verkauft. Herstellerfirmen scheffelten Vermögen mit dem Verkauf elektrischer Gurte und Suspensorien. Ironischerweise stellte sich heraus, daß diese Apparate heftige erotische Phantasien auslösten. Das Patentamt in Washington wurde mit Vorschlägen für mechanische Geräte zur Heilung der Onanie überschwemmt.

G. Stanley Hall stellte fest: »Einer der allertraurigsten Aspekte menschlicher Schwäche und Sünde ist die Onanie.« Jedoch als aufrichtiger Fürsprecher der Jugend verurteilte er angsterregende Taktiken. Statt dessen empfahl er, der Sünde der Onanie mit offenem Gespräch und moralischer Unvoreingenommenheit entgegenzutreten. Er stellte detaillierte Untersuchungen des Lasters an und mußte eingestehen: »Wo immer Untersuchungen angestellt wurden, sind die Ergebnisse hinsichtlich der Häufigkeit erschreckend und legen nahe, daß sich der Okzident kaum eines Vorteils gegenüber den traurigen Rekorden des Orients rühmen kann, und daß in dieser Beziehung der zivilisierte Mensch insgesamt, gelinde gesagt, nicht besser, sondern womöglich noch viel schlimmer ist als sein primitiver Bruder.« Später gab Hall zu, daß »alles, was wir wissen, darauf hindeutet, daß es unter den zivilisierten Rassen weit verbreiteter ist als unter den wilden«.

Als er sich daranmachte, die Ursachen der Onanie zu erforschen, äußerte Hall die Überzeugung, daß das wichtigste Stimulans eine frühreife geistige Entwicklung oder zuviel psychische und nicht genügend physische Aktivität sein könnte. Die Gewohnheit würde durch die sitzende Lebensweise stark begünstigt. Eine lange Rekonvaleszenz, Hämorrhoiden, habituelle Verstopfung, Trägheit, Faulheit, Willensschwäche und erbliche Faktoren könnten ebenfalls eine beträchtliche Rolle bei der Verschlimmerung der heimtückischen Krankheit spielen, die »auf die menschliche Natur wie ein Wurm auf die Frucht [einwirkte], indem sie die vorzeitige Reifung und Aktivität der Fortpflanzungsfunktion hervorruft«. Er glaubte, daß der Frühling besonders gefährlich sei, ebenso wie ein warmes Klima oder unpassende Kleidung, üppige Speisen, Verdauungsstörungen, Nervosität, langes Sitzen, Sitzen mit gekreuzten Beinen, Schläge, Überanstrengung des Gedächtnisses. Hall fährt fort: »Über intelligente, nervöse Kinder bricht die Pubertät oft mit beinahe blitzartiger Heftigkeit und plötzlichen Bedürfnissen herein und treibt das Individuum zu gefährlichen Reaktionen, lange bevor moralische oder selbst intellektuelle Schranken errichtet sind. Äußerste Gefährdung ist hier eine der Strafen, die der Mensch für jenes unschätzbare Werkzeug seiner Entwicklung zur Humanität zahlt: die Hand.«

Hinsichtlich der Folgen der Onanie äußerte sich Hall beruhigend. Das Gehirn trocknet nicht aus. Wahnsinn, Idiotie, Lähmungen und plötzlicher Tod stellen keine unmittelbare Gefahr dar. Die häufigsten Gefahren sind nach seiner Auffassung ein Gefühl der Wertlosigkeit, der Sünde und die Pollution, die die Lebensfreude nimmt und das Opfer in völlige Verzweiflung stürzt. Doch alle moralische Aufrichtigkeit konnte Hall nicht dazu bewegen, die Onanie zu entschuldigen. Er widmete sich der Aufgabe, der Jugend die Freude zurückzugeben, indem er sich denen zugesellte, die den Kampf »gegen die Einflüsse, welche vom Wohnort des Fürsten der Finsternis auszugehen scheinen«, führten.

Obschon Hall erkannte, daß die von der Onanie herrührenden psychischen Störungen nicht so schwerwiegend waren, wie man allgemein annahm, glaubte er doch, daß es direkte Verbindungen zwischen der Onanie und einem sich verschlechternden körperlichen Befinden geben könnte. Laut Hall spielte beispielsweise Spermin eine Rolle bei der Beseitigung der Produkte körperlichen Zerfalls. Der Verlust von Spermin konnte daher mit dem Verlust von Albumin, Lecithin und Pepton in Verbindung gebracht werden. Sperminverlust konnte dem Körper seine Vitalität entziehen und zu Neurasthenie, Sehstörungen, Verstärkung des Patellarreflexes, Rötung und Austrocknung der Haut, Mattigkeit und Schlaffheit, trockenem Husten, feuchten Händen führen. Als moralische Wirkungen der Masturbation bezeichnete Hall Lügen, Heimlichtuerei, Heuchelei, Schüchternheit, Feigheit, Egoismus, Frivolität. Hinsichtlich einer moralischen Lebensführung war zu sagen, daß Mitleid und Sympathie für andere ausgelöscht waren. »Das Herz des Onanisten ist ebenso schwach wie seine Stimme.« Und außer Moral und Intelligenz wird auch das Wachstum gehemmt. Es zeigen sich frühe Anzeichen des Alters und der Hinfälligkeit: graues Haar, Kahlheit, gebückter, kraftloser Gang.

Um den katastrophalen Folgen der Onanie vorzubeugen und auch um den jugendlichen Onanisten zu helfen, die psychischen und physischen Qualen zu lindern, verordnete er humanerweise nicht die Beruhigungsmittel und mechanischen Geräte, die im allgemeinen von den weniger Aufgeklärten empfohlen wurden, sondern eine christliche Lebensführung und einige einfache hygienische Vorsichtsmaßnahmen. Kälte, so sagte er, ist eins der besten Mittel gegen masturbatorische Exzesse. Kalte Waschungen – ohne sich abzureiben – haben besondere Vorzüge. Die richtige Ernährung besteht aus Milch, Brot, Getreideprodukten und Gemüsearten, die reich an Eiweiß und Phosphor sind. Fleisch sollte nur soviel gegessen werden, wie benötigt wird, um Salz für das Knochengerüst, Albumin für die Muskeln und Fett für die Atmung bereitzustellen. Natürlich würden Eier, Gewürze, Kaffee und Alkohol ohnehin gefährliche Dispositionen nur verschlimmern. Viel Sport und Wettbewerb waren gut.

Hosen sollten von Hosenträgern nicht zu hoch gezogen werden; sie sollten lose und weit sein. Andernfalls würde die verursachte Irritation als ständiger Reiz und Versuchung wirken. Unterwäsche sollte lose und nicht einengend sein. Alle Haltungen, automatische Verhaltensweisen und Gewohnheiten, die Reibung erzeugen, sollten unterlassen werden. Die Hosentaschen sollten gut seitlich angebracht und nicht zu tief sein, und sie sollten nicht mit allem möglichen angefüllt sein. Auch sollten die Hände nicht gewohnheitsmäßig in die Tasche gesteckt werden. Hall überlegte, ob es nicht für Jungen am besten wäre, wenn sie Hosen trügen, die sich nur seitlich öffnen ließen.

Betten sollten eher hart sein, die Deckbetten leicht. Ein zu weiches Bett weckt Sinnenlust und verführt dazu, nach dem Erwachen allzu lange liegenzubleiben. Jungen, die lange im Bett liegen,müssen nicht unbedingt masturbieren, aber frühes Aufstehen ist das Beste für Augen, Nerven und Moral. Jeder Jugendliche sollte zumindest ein eigenes Bett, wenn nicht ein eigenes Zimmer haben. Doch das Zimmer sollte nicht zu weit entfernt und der Beobachtung durch Erwachsene entzogen sein.

Als höchstes Ziel psychischer Hygiene schlägt Hall vor: »Das Ideal der Keuschheit ist vielleicht das höchste, das dem Jugendlichen in dieser sich immer weiter ausdehnenden Bewährungszeit vorgehalten werden kann. Es ist der hohe Preis, den der

Mensch für die volle Reife zu zahlen hat. Trägheit und das beschützte Dasein der Studenten steigern die Versuchung ebenso wie allzu reichliche Ernährung, welche zudem die Sterilität erhöht, so daß Freude und Kraft erfolgreicher Elternschaft, die Gott und Natur zusammenfügten, sich voneinander trennen und zu einem bestimmten, variablen Zeitpunkt in ein entgegengesetztes Verhältnis treten.«

Obwohl er gutmütiger und wohlmeinender war als die meisten, die sich zum Problem der Onanie äußerten, ist klar, daß Hall die Masturbation als Rückschritt der menschlichen Rasse und als Unterminierung einer christlichen Lebensweise ansah. Er war ein erstklassiger Psychologe, doch bei diesem Thema wirkt sein protestantischer Tonfall merkwürdig und mitunter komisch. Was er nicht verstand, war, daß die Masturbation wie jedes andere Merkmal der Adoleszenz – Idealisierungen, Trotz, Schwärmerei – den Prozeß des Erwachsenwerdens ebenso fördern wie zum Stillstand bringen kann. Das Problem ist nicht die Masturbation als allgemeine Aktivität, sondern vielmehr ihre Funktion in jedem Einzelfall. So erfaßte Hall zwar intuitiv, daß der Jugendliche einen Aufschub braucht, bevor er sich den Formen erwachsener Sexualität zuwendet, doch vermochte er nicht zu erkennen, daß die Masturbation eine Barriere gegen vorzeitige Genitalität sein konnte. In der Tat schätzte er offenbar keine Form von Sexualität, die nicht mit Fortpflanzung und Familienleben verbunden war, und mit dieser Ansicht teilte er weitgehend die offiziellen Moralvorstellungen seiner Zeit.

Psychoanalytiker haben verstehen gelernt, daß das Entscheidende bei der Masturbation nicht die Praktik im allgemeinen ist, sondern die Rolle, die sie für die Probleme der Adoleszenz spielt. Sie kann demnach mitunter der Regression dienen und den vorwärtsweisenden Aspekten der Entwicklung des Jugendlichen im Wege stehen. Gerade durch ihren Zweck, starke erotische Lust ohne all jene Konflikte zu bereiten, die mit der Beziehung zu einem anderen verbunden sind, kann die Masturbation die regressiven Tendenzen festigen, die in der Menschheitsgeschichte so leicht wiederherzustellen sind. Die Masturbation kann zum unerläßlichen, habituellen Spannungsregler werden. Sie und die sie begleitenden Phantasien können die Vorherrschaft der infantilen Sexualität verewigen. Sie kann pathologische Ausmaße annehmen, indem sie infantile Sexualpraktiken konsolidiert, statt sie zu lockern und neu zu organisieren.

Wenn infantile Fixierungen konsolidiert werden, verzichtet der Jugendliche auf die Herausforderung sexueller Rivalität. Das passive Verlangen des Jungen nach seinem Vater, das häufig in dem Wunsch gipfelt, den Platz der Mutter bei ihm einzunehmen, kann durch die Masturbationsphantasie verstärkt werden. In den üblichen unbewußten Masturbationsphantasien, die dieses Verlangen ausdrücken, gibt der Junge vor, keinen Penis zu haben, damit er nicht als gefährlich angesehen wird. Phantasien über einen Verzicht auf den Penis können dann weitergehen, um einen noch stärkeren Rückzug von genitaler Sexualität zu bekunden. Der Junge wünscht nur, umsorgt, gehätschelt, liebkost, gefüttert, gesäubert zu werden; er möchte Schläge aufs Hinterteil oder einen Einlauf bekommen, oder er möchte von einer mütterlichen Person gestillt werden. Beim Erwachsenen verweisen solche Phantasien darauf, daß er passiv sein, verwöhnt und umsorgt werden möchte. Er erwartet und fordert mütterlichen Schutz und die Anteilnahme der sozialen Umwelt. Er ist unfähig, die nüchterne Notwendigkeit einer unabhängigen Existenz zu akzeptieren. Um der Befriedigung seiner passiven Wünsche sicher sein zu können, unterwirft er sich willig jeder unwürdigen Behandlung, die ihm seine Beschützer zumuten. Er ist dem mächtigen Idol, in dessen Ausstrahlung er sich sonnt, sklavisch ergeben. Die Ideale, an denen er sich mißt, sind die grandiosen Ideale eines Kleinkinds. Die wachsamen Augen und die nein-sagenden Stimmen sorgen dafür, daß seine passiven Befriedigungen mit ausreichenden Strafen verbunden sind, um jedes Gefühl innerer Scham und Schuld zu besänftigen. Seine gesellschaftliche und moralische Existenz ist ebenso infantil wie sein Sexualleben.

Eine junge Frau hat keinen Grund, mit anderen um einen Sexualpartner zu wetteifern, wenn sie alle Quellen der Lust in sich selbst findet. Sie braucht sich mit den Problemen des anatomischen Geschlechtsunterschiedes nicht herumzuschlagen. Sie hat es nicht nötig, einem Liebespartner Lust zu bereiten oder ihre sexuellen Rhythmen und Erregungen auf ihn abzustimmen. In ihren Masturbationsphantasien kann sie alles sein: Mund und Brust, Anus und penetrierendes Objekt. Sie braucht also die Konflikte zwischen Passivität und Aktivität, Geben und Empfangen nicht zu lösen, die auf der Tagesordnung des Erwachsenwerdens Priorität besitzen. Auf dieser Tagesordnung steht auch das Problem, wie das Kind, das umsorgt war und den Geboten gehorcht hat, zum Ernährer und Gesetzgeber werden soll. Wenn ein Heranwachsender nicht lernen kann, mit den alten Dialogen zurechtzukommen, dann bleibt es bei einer primitiven moralischen Existenz. Erschreckt durch die möglichen Versagungen und Konflikte eines unabhängigen Lebens, könnte ein Mädchen auf ihr Recht auf Genitalität *und* moralische Autorität verzichten. In ihren Masturbationsphantasien kann sie Sklavin und Herrin sein. In ihren Beziehungen zu anderen ist sie wie ein hilfloses Kind, das glaubt, es müsse Liebe opfern, um sich mächtig zu fühlen, und Macht opfern, um sich geliebt zu fühlen.

In dem Maße, wie die Masturbationsphantasie eine emotionale Kapitulation vor der Vergangenheit darstellt, eine passive Hingabe des Körpers an die Mutter oder den Vater, kommt im masturbatorischen Akt Haß auf die Genitalien und das genitale Selbst zum Ausdruck. Die Masturbation wird mit dem Zorn eines primitiven Gewissens verknüpft. Es wird schwierig, das persönliche sexuelle Verlangen mit den Forderungen der Gesellschaftsordnung zu integrieren.

Wie alle anderen regressiven Aktivitäten der Adoleszenz und insbesondere jene, die die unvermeidliche zeitweilige Regression von den Liebesdialogen zum Narzißmus widerspiegeln, kann die Masturbation zur konfliktvollen Sackgasse werden. Sie kann zum Symptom dafür werden, daß sich jemand auf perverse

Weise zu infantilen sexuellen Befriedigungen hingezogen fühlt. Oder sie kann dazu führen, das Leben in der realen Welt durch eine Phantasie-Existenz zu ersetzen: »Ich kann ›leben‹ spielen, ich muß es nicht tun.« Andererseits kann sie den Vorwärtsdrang der Entwicklung beschleunigen. Es ist typisch, daß sie eine Zeitlang alle diese Möglichkeiten in wechselndem Maße kombiniert.

Wenn die infantile Anziehungskraft allzu beharrlich ist, wird die Masturbation außerdem zu einer Methode, überholte Formen von Liebe und Haß zu verewigen. Sie wird zu einer anderen Art von emotionaler Kapitulation, einer weiteren Abweichung vom Weg zur Sexualität des Erwachsenen. Das immer tiefere Abgleiten in die Phantasie, das Verlangen nach passiver Befriedigung, das Verliebtsein in die eigenen Genitalien oder das ausschließliche Interesse an den Genitalien anderer verhindern jede emotionale oder physische Besetzung einer realen Person.

Wenn die Autoerotik solche Wege einschlägt, ist dies jedoch lediglich ein Symptom von vielen einer generalisierten pathologischen Neigung und niemals die *Ursache* der Regression. Die Regression und die besondere Richtung, die sie genommen hat, sind durch die Konflikte hervorgerufen worden, die die Wegverlegung und die Trauer des Jugendlichen umgeben *und* durch Fixierungen und Stillstände, die ihren Ursprung in der frühen Kindheit hatten. In der Tat kann die Masturbation in der Adoleszenz die Entwicklung vorantreiben, indem sie der noch im Werden begriffenen erwachsenen Person erlaubt, Anspruch auf ihren neuen Körper zu erheben und mit den komplizierten Vorgängen bei genitaler Erregung und Abfuhr vertraut zu werden. Es ist eine Möglichkeit, den Körper von den Abhängigkeiten der Kindheit zu befreien. Indem sie sich den Liebkosungen und zärtlichen Blicken ihrer Eltern entzieht, lernt die Jugendliche ihren Körper zu lieben und selbständig zu verstehen.

Sie sagt: »Dieser Körper gehört mir. Ich bestimme darüber, wo, wie und wann er befriedigt wird.« Gleichzeitig können die mit genitaler Erregung und Abfuhr verbundenen Phantasien beim pubertierenden Mädchen dazu führen, eine Verbindung zu den Genitalien des anderen Geschlechts herzustellen. In seinen Masturbationsphantasien – die in erster Linie bildlicher Art und von einigen verbalen Szenarios begleitet sind – ist das Mädchen sowohl es selbst wie ein anderer. Das Selbst und der andere sind auch verschleierte Versionen der Eltern. In der frühen Vorpubertät sind die koitalen Szenarios Versionen dessen, was in der Vorstellung eines kleinen Kindes zwischen den Eltern vorgeht. Da es vom Dialog zwischen Genitale und Genitale ausgeschlossen wurde, wird das, was es von den geheimnisvollen Vorgängen zwischen seinen Eltern gesehen und gehört oder nicht gesehen und nicht gehört hat, in jene erotischen Erregungen übersetzt, an denen es teilhatte – gesäugt, geschlagen, angeschaut, gewaltsam niedergehalten, in die Luft geworfen und im richtigen Augenblick aufgefangen werden.

Nicht vor der eigentlichen Pubertät entscheidet man, welches die erlaubten und welches die verbotenen Aspekte des infantilen Verlangens sind. Wenn sich der Junge oder das Mädchen der Pubertät nähert, werden infantile Versionen sexuellen Verhaltens allmählich durch Phantasien ersetzt, die genitale Erregung und Abfuhr einschließen. Im Gegensatz zur Latenzphase und den Masturbationsphantasien der frühen Vorpubertät enthalten die Phantasien in der Pubertät Bilder von Partnern, die genitalen Geschlechtsverkehr vollziehen. Die Handlung solcher Phantasien enthält ausgewählte Vorlustmöglichkeiten, doch sind diese unter der Vorstellung subsumiert, daß man über voll entwickelte Genitalien verfügt, die vollständiger genitaler Abfuhr fähig sind. Gelegentlich sind die Phantasien verlängerte Tagträume, die Kurzgeschichten ähneln.

Die Masturbation ist eine private sexuelle Handlung, die dadurch emotionale Bedeutung erlangt, daß sie sich im sicheren Bereich des eigenen Denkens abspielt. Es ist ein Probehandeln, eine Möglichkeit zu prüfen, welche sexuellen Gedanken, Gefühle und Befriedigungen akzeptabel sind und welche nicht. Jeder Adoleszent schafft ein privates Arrangement, bei dem infantile Vorlust und genitale Abfuhr miteinander in Verbindung treten.

Die genitale Masturbation ist eine phasenspezifische sexuelle Aktivität des Heranwachsenden, die allmählich die Vorlust ihrer eigenständigen erotischen Absichten beraubt und diese Absichten in steigendem Maße auf Erregung und initiatorische Rollen verweist. Die Genitalien werden zu Organen der Abfuhr und Erfüllung. Als physikalischer Vorgang entbehrt die genitale Masturbation der eigentlichen Vorlust. Dennoch sind die Phantasien imstande, jede Variante der Vorlust darzustellen. Gleichzeitig fördert die masturbatorische Aktivität die Erotisierung der Hoden, der Prostata, des Penis und der Klitoris, der Schamlippen und des Scheidenvorhofs. Mittels Masturbation werden Kindheitswünsche am Besitz reifer Genitalien überprüft. Die endgültige, entscheidende und voll ausgestaltete Masturbationsphantasie enthält die erlaubten infantilen Befriedigungen und die wichtigsten genitalen sexuellen Befriedigungen. Der Verzicht auf Masturbation behindert die Integration infantiler Wünsche mit dem genitalen Verlangen und führt zu einer Haltung puritanischer Freudlosigkeit in bezug auf den Koitus.

Im Gegensatz zur Masturbation kann eine frühe heterosexuelle Betätigung die reichen Ausgestaltungen des Liebeslebens wie auch das bedächtige Werk der Phantasie beeinträchtigen, das infantiles Liebesverlangen mit reifer Genitalität vereint. Frühreife heterosexuelle Aktivitäten sind oft ein Zeichen persönlicher Furcht vor dem regressiven Drängen infantilen Sexualhungers – der entsetzlichen Vorstellung, daß man nicht fähig sein wird, der Hingabe des Körpers an Vater oder Mutter zu widerstehen, dem Schrecken vor Homosexualität und Perversion.

Der Wachstumsanstieg im allgemeinen und die Reifung der Geschlechtsorgane im besonderen sind für die Jungen und Mädchen, welche diese körperlichen Veränderungen durchmachen, spektakuläre Ereignisse, die ihre Aufmerksamkeit und Einbildungskraft gefangennehmen. Nähert sich der Junge der Pubertät, ist er stark damit beschäftigt zu beobachten, wie Penis und Hoden an Umfang und Länge zunehmen, wie der Hodensack loser wird und eine dunklere Färbung annimmt. Seine Erektionen werden häufiger und dauern länger. Die Fähigkeit, größere Ejakulatmengen in rascherer Folge zu produzieren, nimmt zu – Ereignisse, die mit Stolz, aber auch mit ehrfürchtigem Schrecken vor genitaler Beschädigung wahrgenommen werden. Diese emotional widersprüchlichen Reaktionen führen zu einer Art zyklischer Beschäftigung mit den Genitalien. Kastrationsängste stimulieren masturbatorische Regungen zum Zwecke der Beruhigung, die dann ihrerseits die Kastrationsängste verschlimmern. Der Junge ist auf der Hut; er kämpft darum, die Versuchung abzuwehren. Doch die sexuelle Erregung scheint blitzartig wie aus dem Nichts hervorzubrechen. Genitale Erregung ist häufig und heftig; sie wird durch eine Vielzahl von Bildern und Gedanken stimuliert und fordert sofortige Ejakulation und Entlastung. Die langen, sorgfältigen Masturbationsrituale der Latenzphase und frühen Vorpubertät geraten in Konflikt mit dem neuen Wunsch, so schnell wie möglich ans Ziel zu kommen.

Die rituellen Vorbehandlungen des Penis und die Pläne zur Beseitigung des Ejakulats, die dem Jüngeren geholfen hatten, Erregung und Abfuhr hinauszuzögern, stehen dem Wunsch nach sofortiger Befriedigung im Wege. Die schmerzhaften Sensationen des vollen, harten Penis bei Verzögerungen der Abfuhr erhöhen die hypochondrischen Ängste, die so sehr zum Dasein des Jugendlichen gehören. Der Junge nimmt am Rande klopfende Schmerzen im Kopf, die rasende Beschleunigung des Herzschlags und der Atmung, das Hitzegefühl im ganzen Körper, das Zusammenschrumpfen und Hartwerden seines Skrotums wahr. Wenn sich der orgastische Rhythmus beschleunigt und den Höhepunkt erreicht, ist die Erregung allumfassend und völlig verschieden von den ritualisierten, konventionellen, eher beherrschbaren, weniger intensiven Masturbationserlebnissen der Latenzphase. Der Organismus bringt nun dramatische Erleichterung, aber auch herbe Enttäuschung. Der Junge deutet die nachfolgende Schlaffheit häufig in dem Sinne, daß seinem Körper nun alle lebensnotwendige Flüssigkeit und Energie entzogen sei.

Wenn seine Brustwarzen fest werden und sich über die Areole und den Brusthügel zu erheben beginnen, erlebt das pubertierende Mädchen Erektionen der Brustwarzen. Manchmal versucht es vielleicht, die Brustwarzen unter lose sitzender Kleidung zu verbergen. Zu anderen Zeiten stellt es sie stolz zur Schau, indem es enge Pullover oder Blusen trägt. Es macht sich Sorgen um Körpergeruch, Akne, das Fett auf Hüften und Schenkeln, das flaumige Haar an den Beinen, das Achselhaar. Noch bevor es zu menstruieren beginnt, wird sich das pubertierende Mädchen der erhöhten Erotisierung von Klitoris, Schamlippen und Vulva bewußt. Seine Masturbationstechniken während der frühen Vorpubertät sind Bemühungen, diese leichter erreichbaren erotischen Sensationen mit den geheimnisvollen Empfindungen, die vom Scheidenausgang ausgehen, in Verbindung zu bringen. Schenkeldruck und Druck auf die Schamgegend sind Masturbationstechniken, mit denen versucht wird, die äußeren Genitalien mit den inneren genitalen Sensationen zu vereinigen. Häufig werden diese Techniken von Phantasien gewaltsamer Penetration des Scheideneingangs begleitet, doch nur sehr wenige Mädchen dringen dort tatsächlich mit den Fingern oder sonstigen Gegenständen ein. Vaginale Masturbation ist selten, und wenn sie vorkommt, ist sie eine vorübergehende Erscheinung.

Wenn die Ovulationszyklen beginnen, wecken die Kontraktionen des Uterus sowie Gewebeklumpen und Blut die Furcht, daß man in Stücke gerissen, das Körperinnere zerstört wird. Um diese Ängste zu beherrschen, kann ein Mädchen zur Abwehr seine äußeren Genitalien attackieren und versuchen, beim Masturbieren in den Scheideneingang einzudringen. Statt sich passiv dem befürchteten Angriff auf sein Inneres auszuliefern, wird es zum Angreifer. Bald nachdem diese anfänglichen Ängste sich legen, kehrt das Mädchen gewöhnlich zu den vertrauteren und sanfteren Methoden zurück: dem Zusammenpressen der Schenkel und den willkürlichen Kontraktionen der Beckenmuskeln und des Schließmuskels. Druck auf den gesamten Geschlechtsbereich, verbunden mit einem gewissen Maß an direkter Stimulierung der Klitoris und der Brustwarzen, wird nun zur vorherrschenden Masturbationstechnik. Doch diese Methoden werden jetzt benutzt, um genitale Erregung zu verlängern und die Abfuhr hinauszuschieben, um das allmähliche Ansteigen der genitalen Erregung zu erleben, die Abfuhr zu verhindern, von vorn zu beginnen.

Vielfältigere Vorlustphantasien wie Verführung durch Angeschautwerden, Lutschen, Liebkosungen ergänzen Vergewaltigungsphantasien und Phantasien von gewaltsamer Penetration. Aber die Vergewaltigungsphantasie wird nicht zu den Akten gelegt; sie wird durch andere Formen der Vorlust erweitert.

Die Aufrechterhaltung eines gewissen Grades kontinuierlicher genitaler Erregung ist wichtig, um dem Mädchen das Gefühl zu geben, daß es seinen Körper beherrscht. Die Kontinuität der Erregung hilft Ängsten entgegenzuwirken, daß seine Eingeweide während des Geschlechtsakts herausfallen oder zerstört werden könnten. Gelegentlich steigt dieser generalisierte niedrige Stand genitaler Erregung an und wird stark genug, eine Reihe spontaner Orgasmen auszulösen. Ein erschreckender Zustand der Nichtigkeit, Entleerung, Leere kann auf solche unfreiwilligen Abfuhren folgen. Solche beunruhigenden Entleerungserfahrungen sind auch häufige Nachwirkungen der kontrollierten masturbatorischen Abfuhr, vornehmlich dann, wenn sie besonders intensiv und lustvoll war. Das Gefühl der Entleerung schafft dann ein Bedürfnis nach äußerer Stimulierung. Das Mädchen hungert nach starken Empfindungen, nach Nervenkitzel. Es läßt sich auf gefährliche Aktivitäten ein. Es benimmt sich verführerisch gegenüber Familienmitgliedern und Freunden. Es flirtet, neckt und stellt seinen Körper zur Schau. Wenn seine sexuellen Annäherungen in gleicher Weise erwidert werden, zieht es sich zurück. Im allgemeinen drehen sich die masturbatorischen Anstrengungen des jungen Mädchens darum, die sexuelle Erregung auf einem Vorspielniveau zu halten, die Abfuhr so lange wie möglich hinauszuzögern und die gefährliche Penetration zu vermeiden.

Heterosexuelles Petting und koitale Beziehungen zwischen pubertierenden Jungen und Mädchen müssen zwangsläufig spannungsgeladen sein. Das Mädchen fürchtet die Geschwindigkeit und Ungeniertheit der Abfuhr des Jungen und lehnt sie ab. Der Junge ist verwirrt und verärgert, weil das Mädchen das Vorspiel und die langsam ansteigende Erregung vorzieht. Sowohl Jungen als auch Mädchen werden abwechselnd von genitaler Erregung und Gefühlen der Schlaffheit und Nichtigkeit geplagt, die von ihren Masturbationskonflikten herrühren. Ihr Verständnis für die Beziehungen zwischen Vorspiel und genitaler Abfuhr ist noch unsicher. Außer wenn sie von Gleichaltrigen und Eltern oder gewissen gesellschaftlichen Strömungen zu frühzeitiger sexueller Betätigung und Konkurrenz getrieben werden, beschränken pubertierende Jungen und Mädchen ihre sexuellen Aktivitäten auf sanftes Petting, das Küsse und engen Körperkontakt in völlig bekleidetem Zustand einschließt. Das Zögern des Mädchens und seine Furcht vor Penetration setzt diesen sexuellen Begegnungen Grenzen und dämpft die sexuelle Aggression des Jungen. Die meisten pubertierenden Jungen sind erleichtert, daß diese Grenzen gezogen werden, auch wenn sie sich wegen dieser Kränkung ihrer Männlichkeit ärgern und körperliche Schmerzen empfinden, weil sie die Ejakulation unterdrücken müssen. Diese frühen heterosexuellen Beziehungen führen selten zum Orgasmus.

Heterosexuelle Spiele helfen dem Heranwachsenden, mit den Genitalien und den sexuellen Rhythmen des anderen Geschlechts vertrauter zu werden. Durch diese ersten sexuellen Beziehungen erlangen Jungen und Mädchen ein gewisses Realitätsbewußtsein in bezug auf genitale Aktivitäten. Sie vergleichen diese Erfahrungen mit ihren Masturbationsphantasien. Dennoch gibt es Schranken, die von den emotionalen Unterschieden zwischen pubertierenden Jungen und Mädchen herrühren und jene echte Intimität und das wechselseitige Interesse für den anderen ausschließen, die sich erst später optimal entwickeln. Selbst nach der eigentlichen Pubertät, wenn das Petting ausgedehnter wird und zum Orgasmus führen kann, benutzen Jungen diese sexuellen Begegnungen, um ihr fragiles Männlichkeitsbewußtsein zu stützen. Alle Abhängigkeitsbedürfnisse erfüllen sie mit Groll. Sie sind beschämt und fürchten sich davor, daß sie sich danach sehnen könnten, bemuttert und umsorgt zu werden. Andererseits sehnen sich die Mädchen bereits nach Abhängigkeit und weitergehender Intimität. Ein Junge wünscht sich echte Aktion und rasche Abfuhr. Ein Mädchen würde manchmal genauso gern an wahre Romantik denken, über sexuelle Erfüllung phantasieren, seine Phantasien ausspinnen, die sich häufig darum drehen, daß man einen Liebespartner umsorgt und von ihm umsorgt sein möchte.

Während der Vorpubertät scheinen Jungen und Mädchen die befriedigendste emotionale Beziehung zu ihrem erwachsen werdenden Körper zu erlangen, indem sie sich mit Erregung und Abfuhr in der Einsamkeit ihrer masturbatorischen Aktivitäten und Phantasien auseinandersetzen. Nach dem Eintritt der eigentlichen Pubertät ergänzen Petting und Petting bis zum Orgasmus allmählich die Masturbation als wichtigste Arten sexueller Anregung und Abfuhr. Doch die Masturbation liefert weiterhin ein gewisses Maß an Integration von Körper und Seele und ein großes Maß an erotischer Lust. Als Nachwirkungen stellen sich Schuldgefühle, Angst vor körperlichem Schaden und Scham ein, weil man wieder einmal nicht stark genug war zu widerstehen. Die Phantasien enthalten immer noch Obertöne von Grandiosität und Omnipotenz. Doch darauf folgen Minderwertigkeitsgefühle und Selbstanklagen wegen der unanständigen Gedanken und Bilder.

Das völlige Fehlen der Masturbation während der Adoleszenz deutet auf die Unfähigkeit hin, mit erotischen Trieben umzugehen. Die Jugendliche hingegen glaubt, daß sie von sexuellem Hunger beherrscht sei und ihren Körper nicht unter Kontrolle habe, wenn sie Masturbationsgelüsten nachgibt. Der innere

Kampf gegen die Masturbation findet von selbst statt, und es bedarf keiner Erinnerung von außen an warnende Tabus. Der Konflikt fördert eine progressive Entwicklung, wenn der Sieg errungen wird. Die Jugendliche erringt den endgültigen Sieg über die Masturbation nicht sofort oder auf Dauer, sondern die körperliche Liebe besiegt das archaische Gewissen. Einige der sexuellen Verbote, die während der Bildung des infantilen Gewissens aufgestellt wurden, werden gemildert. Schließlich hilft die Masturbation mit den sie begleitenden Phantasien und den von ihnen erzeugten inneren Konflikten der Jugendlichen, das Recht auf ihren Körper und sich selbst als liebenswerte und liebende Erwachsene anzumelden, die ihre Genitalität voll ausleben darf. Der Geschlechtsakt in seiner erwachsenen Form erlaubt es, zuvor verbotene Aspekte infantilen Sexualhungers zum Ausdruck zu bringen.

Wie dem auch sein mag, Jugendliche von heute müssen in Ermangelung der formalen, konsequenten Regeln traditioneller Gesellschaften allein mit ihrem Verlangen rechnen, zu infantilen Formen des Geliebtwerdens zurückzukehren. Mittels ihrer Ausgestaltungen der infantilen Liebesdialoge in der Phantasie bereitet sich die Jugendliche auf die genitale Liebe vor; sie hat so die Möglichkeit, die Flexibilität ihrer sexuellen Reaktionen zu prüfen. Werde ich dem nachgeben, was ich mir wünsche, aber nicht zulassen darf? Darf ich eine Erwachsene mit erwachsenen Genitalien werden? Muß ich meinen Körper und die Empfindungen, die von ihm ausgehen, verleugnen, um erwachsen werden zu dürfen? Bin ich hilflos angesichts meines Verlangens, in die Vergangenheit zurückzukehren? Bin ich Herr meiner Liebesphantasien, oder werde ich von ihnen überwältigt? Sind mein Schamhaar und meine Brüste etwas Anormales? Sündiges? Welche Art von Vorlust darf ich genießen, wenn ich mich mit einem anderen sexuell vereinige? Was muß in den Bereich der Phantasie verwiesen werden? Auf welche meiner infantilen Lustquellen muß ich ganz verzichten? Ist Genitalität nur erlaubt, wenn ich es ablehne, zu lutschen, zu schauen, zu beißen?

Die Masturbationsphantasie ist ein einsamer, mutiger Versuch, den eigenen Körper zu verstehen, das eigene Selbst und den eigenen Körper auf kontrollierte, geordnete Weise in der imaginären Beziehung zu einem anderen zu lieben oder zu hassen. Durch dieses Mittel wird der Jugendliche allmählich befähigt, eine wirkliche Person körperlich zu lieben, indem er die vielfältigen Möglichkeiten infantiler Lust – Schauen, Beißen, Berühren, Lecken, Streicheln, Lutschen, Liebkosen – auf den wechselseitigen genitalen Kontakt überträgt.

9 Narzißmus II

Ars Erotica und Ruhmesträume

Halls argwöhnische Vermutungen über die Frühlingszeit und die erotische Stimulierung durch zuviel Phantasie, über das Im-Bett-liegen, gemächliches Einherschlendern und sogar den Sitz der Kleidung sind nicht unberechtigt. Doch so sehr solche Reize eine Heranwachsende auch zur Onanie verlocken mögen, sie verlocken sie auch zur sexuellen Vereinigung mit einem anderen Menschen. Ihre ersten Liebesbeziehungen sind ein Frühlingserwachen, sie entspringen dem Morgen, der Dämmerung, den Erektionen ihrer Brustwarzen, dem ständigen Reiben der Kleidung gegen ihre weichen, runden, fleischigen Schenkel, wenn sie lässig durch die Straßen schlendert. Es verschwört sich buchstäblich alles, um ihren Körper in Kontakt mit dem Körper des Jungen ihrer Träume zu bringen.

Sobald das zwölfte Lebensjahr überschritten ist, werden die meisten Jungen und Mädchen mit ihrem sich verändernden Körper, ihren Genitalien und den nunmehr zu Tage tretenden sekundären Geschlechtsmerkmalen vertraut. Die Mädchen stellen sich auf die zyklischen Veränderungen ein, die Jungen lernen, wie sie ihre Erektionen kontrollieren oder nicht kontrollieren. Die Masturbationskonflikte erreichen ihren Höhepunkt. Die Jungen streben verzweifelt nach der Behauptung ihrer Männlichkeit, die Mädchen versuchen, ihre Weiblichkeit mit der Liebe zu ihren Müttern in Einklang zu bringen. Beide Geschlechter kämpfen darum, dem Drang hin zur versorgenden Mutter zu widerstehen. Sexuelle Spiele zwischen Jungen und Mädchen beschränken sich aufs »Anmachen« – harmloses Knutschen und Petting – und sind ihrem Wesen nach noch vorwiegend masturbatorisch, d. h., die Erotik ist ein Versuch, sich an die Empfindungen zu gewöhnen, die von den eigenen Genitalien ausgehen.

Auf diese beunruhigende vorpubertäre Phase expansiven

Wachstums und der Selbstbezogenheit folgt die durch die Pubertät herbeigeführte Phase der Klärung und Integration. Sowohl die Geschlechtsunterschiede als auch die Unterschiede zwischen kindlichen und erwachsenen emotionalen Merkmalen treten stärker hervor und werden deutlicher. Gesichtszüge, Behaarung und Figur erhalten die Ausprägung des Erwachsenen. Etwa die Hälfte der heranwachsenden Jungen sind mit etwa siebzehn Jahren Erwachsene im körperlichen Sinne. Mit etwa einundzwanzig Jahren haben nahezu alle Jungen die Geschlechtsreife erreicht. Mit etwa neunzehn bis zwanzig Jahren haben die meisten Mädchen regelmäßige Ovulationszyklen, und seit einigen Jahren benehmen sie sich und sehen auch aus wie Frauen. In der Pubertät werden die sekundären Geschlechtsmerkmale des anderen Geschlechts erstmals mit Paarungswünschen, mit dem Verlangen nach dauerhaften Liebesbeziehungen, genitaler Sexualität und Zeugung verknüpft. Die Pubertät ist der Lenz der Kindheit, das Tor zum Erwachsenenleben.

Traditionell und in der Natur ist es die Paarungszeit. »In dem Lenze schillert bunter noch der Taube Schwingenpracht; in dem Lenze wird des Jünglings Herz in Liebe schnell entfacht.« Das Leben fließt über von frischen Farben. Die Luft ist voller Lieder. Die Körper der Tiere weisen neues Zubehör auf, das auf die Jahreszeit hinweist: Kämme, Hörner, gesträubtes Haar, Federbüschel, hochzeitliches Gefieder. Ziegen und Affen bekommen Bärte, das Glühwürmchen sein Liebeslicht. Insekten summen und zirpen. Die Vögel breiten ihre Schwingen aus, um ihre leuchtenden Farben zur Schau zu stellen; die Flügel trommeln und rattern. Die Säugetiere stolzieren einher oder sind hochmütig. Die Tierwelt ist vollauf beschäftigt mit Liebespossen, Liebesrufen, Liebestänzen – der *Ars erotica* des Frühlings.

Die Jugendlichen stimmen in dieses Konzert ein, indem sie ihre Geschlechtsmerkmale übertreiben und modifizieren. Die *Ars erotica* der ganzen Menschheit schließt Körperverstümmelungen und Tätowierungen ein; das Haar wird abrasiert, oder man läßt es so lang wachsen wie möglich.

Jedes Geschlecht ist sich der sekundären Geschlechtsmerkmale des anderen deutlich bewußt: Brustwarzen, Brüste, breite Schultern, schmale, hängende Schultern, lange Wimpern, gewölbte, zusammengewachsene Augenbrauen, behaarte Brust, flaumige Arme und Beine, Grübchen, vorstehende Augen, schmale Schlitzaugen, rauhe Stimme, süße und fröhliche Stimme, Lispeln, Dialekte, das Anheben der Stimme, lockiges Haar, kurzes, krauses Haar, das winzige Ohrläppchen, die Linie des rosigen Fingers, der Rist des Fußes. Die vielgestaltigen erogenen Signale der menschlichen Spezies lassen sich endlos variieren. Diese Variationsfähigkeit wird durch die lange Zeit der Abhängigkeit von einer Mutter und einem Vater verstärkt, die eigene, einzigartige erogene Merkmale aufweisen: ihr spezielles Schmollen, Stirnrunzeln, Gesten, Lachen, Weinen, Stimmenmodulation, Körperhaltungen, Gang, Form der Augen, Farbe und Struktur des Haares.

Aus dem reichen Vorrat menschlicher erogener Möglichkeiten wird eine junge Frau die Teile ihres Körpers auswählen, die sie zur Schau stellen oder verbergen, übertreiben oder hintanstellen, schmücken oder verstümmeln will – welche Gesten, welches Stirnrunzeln, welche Körperhaltungen, welche Stimmgebung sie bevorzugt; wie sie sich schminkt, welche Frisur sie wählt. Dies werden die Leitmotive ihrer einzigartigen *Ars erotica* werden.

Die Gesellschaftsordnung steuert bei, was in Sachen Kleidung und Dekor anerkannt ist: hochgeschlossene Rüschenblusen, tiefe Ausschnitte, enge Hosen, ausgebeulte Hosen, Sonnenschirme, Taschentücher, »Melonen«, Strohhüte, lange Ohrringe, Nasenringe, Schleifen, Armbänder, Fußkettchen, Armbinden, Stirnbänder, Federn, getuschte Wimpern, herzförmig gemalte Lippen, kein Make-up, Uhrketten, Goldzähne. Die heranwachsende Generation sucht unter den vorhandenen Stilrichtungen jene aus, die sie als neue Generation mit einzigartigen erogenen Vorlieben erscheinen lassen. Wenn sich Moral und Sitten in einem Übergangsstudium befinden, wird es für die Jugend zwingender, die Generationsunterschiede zu betonen. Zu solchen Zeiten erfinden die Jungen dramatischere, grelle Metaphern des Körperschmucks.

In der frühen Vorpubertät hat die Übereinstimmung mit einem generationsbedingten Kleidungskodex Vorrang vor erotischer Zurschaustellung und Individualität. Nach Erreichung der Pubertät versucht jeder Jugendliche, ein persönlicheres Bild dessen zusammenzustellen, was es heißt, einen erwachsenen, sexuellen Körper zu haben. Welche Kleidungsstücke, welcher Körperschmuck, welche Art zu sprechen und zu gehen kennzeichnen mich als Angehörigen meiner Generation? Welche Dinge müssen beachtet werden, um nicht gegen die Werte meiner Familie und meiner Gesellschaftsschicht zu verstoßen? Woran erkennt man mit absoluter Sicherheit, daß ich eine Frau bin und kein Mann? Wie weit darf ich gehen, um mich von anderen zu unterscheiden? Muß ich mich unterscheiden?

Gleichgültig, wie sehr sie von der persönlichen Eigenart durchdrungen sind, die erotischen Zurschaustellungen der Jugend sollen zeigen, daß man zu erwachsener Sexualität, Unterscheidung zwischen Weiblichem und Männlichem gelangt ist und einer anderen Generation angehört. Eine junge Frau kann Hosen tragen und ein Hemd von männlichem Zuschnitt. Ein junger Mann kann Augen-Make-up benutzen, Federn im Haar, Perlen um den Hals tragen. Ein jugendliches Paar kann den Geschlechtsunterschied verwischen, indem sie Kleidung, Frisur, Make-up, Schmuck so wählen, daß sie so ähnlich wie möglich aussehen. Diese Jugendlichen betonen den Generationsunterschied und machen sich über die sexuellen Konventionen der Gesellschaftsordnung der Erwachsenen lustig. Aber der offen erotische Charakter ihrer Haltung, Gestik, ihres Gangs, ihrer Kleidung und ihres Körperschmucks ist nicht mißzuverstehen. Außerdem erfordert es im allgemeinen keine außergewöhnliche Wahrnehmungskraft, um festzustellen, wer Frau und wer Mann ist.

Die Entscheidung darüber, welche Teile ihres Körpers sie hervorheben, welche sie zurückstellen, verstümmeln, verbergen soll, ist auch bereits durch die Vorlustphantasien beeinflußt worden, denen die junge Frau seit ihrer Vorpubertät nachgehangen hat. Zunächst sollten diese Phantasien die mit dem raschen Wachstum verbundenen Ängste mildern. Nach Erreichung der Pubertät sind sie hinsichtlich ihres Inhalts und ihrer Bilder enger mit der Tatsache verwoben, daß erwachsene Genitalien und erwachsene Wünsche nach genitaler Partnerschaft vorhanden sind. Mit ihrer erogenen Zurschaustellung signalisiert die junge Frau ihrem potentiellen Sexualpartner, welche Teile ihres Körpers als Orientierungspunkte für ihre Vorlust gelten sollen. Außerdem projiziert sie ein Bild von sich selbst als Frau und hofft, dieses Bild in den Blicken und Liebesgesten ihres Sexualpartners gespiegelt zu finden.

Auf weitgehend derselben Basis schafft der junge Mann seine persönliche *Ars erotica*. Vor einer Verabredung mit einer Frau, die er kennt, oder der Begegnung mit einer, die er nur zu treffen hofft, frisiert er sich, übt Stirnrunzeln, Blicke, Haltungen vor dem Spiegel, entscheidet, welche Kleidung seine Männlichkeit am wirkungsvollsten betont – ein T-Shirt, das seine breiten Schultern erkennen läßt, enge Hosen, die auf seine Genitalien, sein Gesäß, seine Schenkel und seine Wadenmuskeln aufmerksam machen, ein Paar schmutziger Turnschuhe, um zu beweisen, daß er auf gesellschaftlichen Status nichts gibt. Aber er trägt eine goldene Halskette, um zu unterstreichen, wer er ist. Der junge Mann hofft, eine Sexualpartnerin anzuziehen, und er phantasiert, daß sie erotisch auf jene Teile seines Körpers reagieren wird, die männlich und stark sind.

Beim Liebesspiel ist der junge Mann erleichtert, wenn er feststellt, daß er sich auf die Vorspielsignale seiner Partnerin verlassen kann. Der Jugendliche findet die Schritt für Schritt vorangehenden Erkundungen beim Petting und der Vorlust beruhigend. Diese Erkundungen geben ihm Zeit, Mund, Brustwarzen, Vulva, Gesäß, Nacken des Mädchens zu entdecken. Er versichert sich der Unterschiede zwischen den Konturen ihres und seines Körpers. Er ist Mann. Sie ist Frau. Auch die junge

Frau fühlt sich ihrer Weiblichkeit und Begehrenswürdigkeit als Liebespartnerin sicher, wenn ihre Vorlustsignale erwünscht waren und verstanden wurden. Das Petting kann als Vorstufe zum tatsächlichen Koitus dienen. Doch ebenso oft, insbesondere bei jüngeren Heranwachsenden und in den Anfangsphasen einer sexuellen Beziehung, ist es ein Ziel an sich. Das Petting als solches, so begrenzt es sein mag, kann beiden Partnern erotische Befriedigung verschaffen.

Nahezu alle Säugetiere geben sich sexuellen Spielen hin, die niemals zum Koitus führen. Im allgemeinen werden Petting-Aktivitäten bei Säugern vom männlichen Tier eingeleitet und ausgeführt, der die Oberfläche des Körpers des Weibchens sowie ihre Genitalien innen und außen oral oder manuell stimuliert. Die Schnauzenregion des Männchens ist das primär zur sexuellen Erkundung benutzte Organ. Ob mit der Schnauze, der Pfote oder dem Druck eines Körpers gegen den anderen, die physische Stimulierung, die bei Säugetieren am ehesten zu sexueller Erregung und Reaktion führt, ist jede Art von Berührung. Während bei den Insekten die Geruchs- und Geschmacksorgane – und bei Vögeln die Seh- und Hörwerkzeuge – als primäre erotische Rezeptoren fungieren, sind dies bei den Säugetieren die Endorgane der Berührung, die sich unmittelbar unter der Hautoberfläche oder in einigen der tiefergelegenen Nervenzentren befinden. Gewisse Bereiche des Säugetierkörpers, als erogene Zonen bekannt, sind mit diesen Endorganen der Berührung reich ausgestattet. Die Gebiete, welche die Penisspitze (Eichel) und den Scheidenvorhof umgeben, reagieren auf Stimulierung und Berührung besonders empfindlich. Sie dienen als Brücken zwischen den Nervenzentren der inneren Organe und den Nervenzonen, die eine direktere Beziehung zur Außenwelt haben. Somit ist auch die gesamte Hautoberfläche des menschlichen Körpers in hohem Maße erotisiert: die Handflächen und Fußsohlen, die Ohrläppchen, die Brustwarzen, die Hoden, die Achseln, der Beckenbereich, das Gesäß, die Augenlider, der Kieferbereich. Von der entsprechenden Phantasie begleitet, kann eine Erregung, die ausreicht, einen Orgasmus zu erzielen, durch Berührung und Stimulation jeder erogenen Zone hervorgerufen werden.

Petting-Techniken variieren von einer Gesellschaft zur anderen. Sie hängen in hohem Maße davon ab, was der Mann als erotische Zone der Frau definiert, und sie entsprechen nicht immer oder zwangsläufig weiblichen Wünschen. In manchen Kulturen wird die Brust bevorzugt, in anderen das Genick, die Fußknöchel, das Gesäß, die Innenflächen der Schenkel.

Alle Variationen des Petting, die Jugendlichen von heute bekannt sind, finden sich in der antiken Literatur über das Lieben und Werben des Menschen. Selbst in der sexuell stärker eingeschränkten angloamerikanischen Gesellschaft des späten 19. und des frühen 20. Jahrhunderts wurden sexuelle Spiele wie Herumtändeln, Schmusen, Poussieren, angekleidet im gleichen Bett liegen, Knutschen, Schäkern von jungen Männern und Frauen weithin praktiziert. Moderne Jugendliche pflegen mit dem Petting eher zu beginnen als frühere Generationen. Sie stehen solchen Aktivitäten weit unbekümmerter und zustimmender gegenüber. Petting in unbekleidetem Zustand, das bis zum Orgasmus führt, ist sehr viel häufiger.

In den angloamerikanischen und westlichen Ländern bestehen die ersten Petting-Erfahrungen meist in allgemeinem Körperkontakt, Umarmungen und einfachen Küssen. Doch bald darauf entdecken die Jugendlichen den »Seelenkuß« und seine scheinbar unendlichen Variationen: Zunge an Zunge, Lippe und Zunge lutschen, die Zunge leckt die Innenflächen der Lippen, sie dringt tief in den Mund des Partners ein, es wird geleckt, gebissen, gelutscht. Die manuelle Erforschung des weiblichen Körpers durch den Mann, insbesondere der Brust und des Gesäßes, ist eine andere beliebte Petting-Variation. Ferner wird die Manipulation der unbekleideten oder halbbekleideten weiblichen Brust und der Brustwarzen mit der Zunge oder den Lippen beim Petting zur zunehmend verwandten Methode. Auch die manuelle Stimulation der Klitoris, der Schamlippen, des Scheidenvorhofs und der Scheide ist häufig. Hingegen wird die orale

Stimulation der weiblichen Genitalien noch als dem vollendeten Akt zu ähnlich angesehen und nur in bestimmten sozialen Gruppierungen akzeptiert. Weibliche Jugendliche sind viel eher als ihre Mütter und Großmütter bereit, die erogenen Zonen des Mannes zu stimulieren: Brust und Brustwarzen, hinter den Ohren, Gesäß, Schenkel, Hautoberfläche. Allerdings besteht noch ein gewisser Widerwillen, die männlichen Genitalien zu berühren – ein Widerstand, der im allgemeinen auf Verlangen des Mannes aufgegeben wird.

Irgendeine Form von Petting bis zum Orgasmus gehört zu den primären erotischen Erfahrungen des Verliebtseins in der Jugend. Wenn die Partner ihre Liebesbeziehung über längere Zeit aufrechterhalten, können sie – je nachdem welchen erzieherischen, religiösen und sozialen Hintergrund sie haben – zum Koitus fortschreiten. Aber selbst nachdem der Koitus für das Paar akzeptabler geworden ist, bleiben Petting und Petting bis zum Orgasmus weiterhin wichtige erotische Aktivitäten.

Die erotische Erregung, die diese frühesten sexuellen Partnerschaften kennzeichnet, wird durch den narzißtischen Charakter der Liebesbeziehung erhöht. Die Liebenden sind vollkommen voneinander eingenommen. Die Beziehung zehrt sie vollständig auf, gleichgültig ob sie Tage oder Monate dauert. Sie gehen zusammen durch die Welt, als wären sie allein und als ob kein anderer existierte. Allein dadurch, daß sie sich in die Augen sehen, daß ihre Fingerspitzen sich berühren, daß der Körpergeruch des anderen sie anweht oder daß sie im selben Augenblick dasselbe empfinden, kann das sexuelle Verlangen geweckt werden. Bei der Liebe treiben sie einander auf ekstatische Höhen. Nach dem Orgasmus bleiben sie miteinander vereint, als wären ihre Körper eins. Sie pressen sich aneinander, als gäbe es keine Grenzen zwischen ihnen. Mit den Augen, mit jeder Geste spiegelt jeder ein Bild des anderen wider, das sagt: »Du bist vollkommen.« Und selbst wenn sie körperlich getrennt sind, hat jeder die Illusion, daß die Gegenwart des anderen die Welt durchdringe – Wolken, Bäume, Felsen, Wind, Sonne, Mond. In der Brandung tönen die Liebesseufzer des Geliebten. Die Sterne funkeln die Botschaft: »Du bist vollkommen.«

Alles geht gut mit den Liebenden, solange sie den Zustand absoluter Vollkommenheit zu spiegeln vermögen, solange sie die Ekstase zweier Körper, die zu einem verschmelzen, aufrechterhalten können, solange der erlesene Gleichklang zwischen ihnen nicht getrübt wird durch die Notwendigkeit eines tieferen, komplexeren Verständnisses oder durch Hinweise, daß es einige Meinungsverschiedenheiten gibt. Obgleich man auf einer uneingeschränkten Sympathie beharrt, die darauf beruht, daß es keine unterschiedlichen Werte, Wünsche, Meinungen gibt, wird ein Partner der Liebesbeziehung oder werden beide es bald für erforderlich halten, auf Grenzen, Trennungslinien und Unterschieden zu bestehen. Die Nähe der absoluten Vollkommenheit gerät allmählich zum furchterregenden Gefühl zu ersticken, in einer Falle zu sitzen. Nörgeln, Streiten, Beklagen, Quälen werden zu periodischen Begleiterscheinungen der vollkommenen Beziehung. Zuweilen ist furiose Raserei ein Rettungsring, der die Liebenden davor bewahrt, in den Wonnen ihrer allzu vollkommenen Vereinigung zu ertrinken. Die Liebenden trennen sich wutentbrannt. Und dann – magisch, unwiderstehlich –, wenn das Bedürfnis sich meldet, wenn sie entdecken, daß niemand sonst in der Welt bereit ist, ihnen widerzuspiegeln, was sie einst sein wollten, was sie gegenwärtig sind oder werden könnten, zieht es sie wieder zueinander hin zu einer neuen Runde vollkommener Liebe.

Solange die Liebespartnerin ihr bewunderndes Antlitz in genau der richtigen Weise, im genau richtigen Moment, mit genau dem richtigen Blick erhebt, wird sie idealisiert und angebetet. Solange er als alles gebender, jederzeit umarmender Partner benutzt werden kann, wird er hochgeschätzt. Doch unvermeidlich stellt sich heraus, daß die vollkommene Partnerin in vielen Beziehungen ein gewöhnlicher Mensch ist, der das Verlangen frustriert, magische Wünsche nicht befriedigt, Bewunderung und Verherrlichung nicht zu erkennen gibt; ein Mensch mit Fehlern, Unvollkommenheiten, eigenen Meinungen und Ideen, ein getrenntes Selbst, dessen Kommen und Gehen nicht omnipotent beherrscht werden kann. Diese Unvermeidlichkeit kann dazu führen, daß die Geliebte ohne Erklärung verlassen wird. Die Suche nach einer anderen vollkommenen Liebe wird aufgenommen.

Oft stellen diese ersten Liebesbeziehungen schlichtweg narzißtische Ausbeutung dar. Einer der Liebenden oder beide werden verletzt. Gefühle von Verrat, Mißtrauen, Verzweiflung, Hoffnungslosigkeit sind häufige Nachwehen der glühenden Ekstasen erster Liebe. Trotz des egoistischen und mitunter zerstörerischen Charakters der ersten Liebe Jugendlicher bricht aus ihr offen und ehrlich der Strom hervor, der die Haßlieben der Vergangenheit mit der Zukunft und dem gegenwärtigen Dasein in der Welt verknüpft. Der Liebende könnte einer idealisierten Version von Mutter oder Vater, Schwester oder Bruder ähneln, eine Art Verkörperung des einstigen strahlenden Selbst oder eine Mischung von Selbst und anderem sein, die einmal die Welt in Schönheit und Vollkommenheit aufleuchten lassen konnte. Diese erste Liebe bleibt in der Erinnerung des Erwachsenen lebendig, bereit, mit nahezu der gleichen Intensität emporzutauchen als die vollkommene Liebe, die man vielleicht einmal besaß, die absolute sexuelle Erfüllung, die einem einst zuteil wurde und dann für immer verlorenging.

Wir versuchen gewöhnlich mit wechselndem Erfolg, die Herzensqualen der Jugendliebe zu vergessen und uns nur an ihre Freuden zu erinnern. Der menschliche Geist versteht es geschickt, die Erinnerung zu verklären. Eine der typischen Erinnerungen des Jugendlichen an die Kindheit als das Goldene Zeitalter, die Zeit der Unschuld und der Freude soll sehr wahrscheinlich die Enttäuschungen der Adoleszenz vertuschen. Die Verfälschungen der Kindheit machen den Herzenskummer einer jugendlichen Liebesgeschichte erträglicher. In der Tat gibt es gute Gründe anzunehmen, daß viele unserer Kindheitserinnerungen nicht während der frühen und späteren Kindheit entstanden, sondern in der Adoleszenz. Die Kindheitserlebnisse, auf die sich die Erinnerungen beziehen, mögen stattgefunden haben, aber zum ursprünglichen Zeitpunkt des Geschehens waren sie harmlos und unbedeutend. Der ernüchterte Jugendliche tröstet sich, indem er die Erinnerung an einen zauberhaften Tag der Kindheit heraufbeschwört, einen Tag der grünen Hügel, des köstlichen Schwarzbrots mit Butter und Honig. Da gibt es gelben Löwenzahn und zwei kleine Jungen, die mit ihrer Lieblingskusine herumtollen. Das ist eine Deckerinnerung an die junge Frau, die er geliebt und verloren hat. Auf dem Höhepunkt ihrer Liebesgeschichte, die niemals weiterging als bis zu magischen Blicken und Berührungen der Fingerspitzen, trug sie ein durchsichtiges gelbes Kleid in der Farbe des Löwenzahns. Sie verzichtete bald auf seine honigsüßen Reden zugunsten der Brot-und-Butter-Realität des jungen Mannes mit einer festen Anstellung und vielversprechenderen wirtschaftlichen und gesellschaftlichen Aussichten.

Die Sehnsucht des Erwachsenen nach der frühen und späteren Kindheit und nach der Jugend beruht zum Teil auf dem Schicksal der ersten – eingebildeten oder tatsächlichen – Liebesbeziehungen in der Jugend, die an die Vergangenheit gemahnen und gleichzeitig einen gigantischen Schritt in die Zukunft darstellen. Sie führten uns von der kindlichen Liebe zur Erwachsenenliebe. Sie waren eine Zwischenstufe beim Abzug des Verlangens von den Liebesobjekten der Vergangenheit. Sie machten die Vergangenheit unsterblich – vielleicht nicht genauso, wie sie war, sondern wie wir wünschten, daß sie gewesen wäre.

Gleichgültig wie erwachsen wir werden, keine Liebe (nicht einmal die Liebe der Mutter zu ihrem Kind) kann mit den Ekstasen der narzißtischen, spiegelnden Liebe der Jugend konkurrieren. Und immer wenn uns das Schicksal oder die Notwendigkeit schlechte Karten zuteilt, die unsere Selbstachtung herabsetzen, können wir unseren verlorenen Narzißmus durch eine magische Liebesbeziehung wiederzufinden versuchen. Geringeres berufliches Ansehen, ein Verlust des Heims durch Feuer oder Hurrikan, der Verlust einer Stellung, die unheilbare Krankheit eines Kindes, das leere Nest, vor dem wir stehen, wenn die Kinder aus dem Hause gehen, die Nachwirkungen des Todes eines Elternteils – all das kann das Verlangen nach der vollkommenen Liebe wiedererwecken.

Niemand wächst jemals vollständig über die Sehnsucht nach einer Liebe hinaus, die all das Wunderbare spiegelt, das man einst war oder werden konnte. Deshalb gründen manche Männer und Frauen ihre ganze Existenz auf das Streben nach magischer Liebe und betrachten das Leben, das sie tatsächlich leben, als provisorisch. Sie hegen die Phantasie, daß sie früher oder später aus einem trostlos gewordenen Alltagsdasein erlöst werden. Phantasie und Illusion formen das tägliche Leben um und bereichern es. Doch bei einem Erwachsenen verwandelt die beharrliche Phantasie der Rettung von der Notwendigkeit das tägliche Leben in ein Gefängnis, in einen Zustand der Entbehrung. Die Phantasie entwertet die Freuden, die man genießen, die Erfolge, auf die man stolz sein könnte, die geliebten Menschen, die auch uns lieben.

Die Frau, die nach spiegelnder Liebe strebt, steht schließlich der ungeliebten, unliebenswürdigen Person gegenüber, zu der sie geworden ist. Sie erkennt, daß sie durch ihr unsinniges Verlangen nach Selbsterfüllung nach und nach die Liebe ihres Mannes, ihrer Kinder, Freunde, Kollegen aufs Spiel gesetzt hat.

Und wie sieht es mit uns anderen aus, mit denen, die ahnten, daß die Freuden des Alltagslebens durch das eigensüchtige, erotisierte Verlangen nach vollkommener Liebe herabgemindert werden, mit denen, die die Überzeugung teilten, daß wir eines Tages durch ein den Regeln entsprechendes Alltagsleben dafür entschädigt werden würden, daß uns die Ekstasen jugendlicher Liebe versagt wurden? Ein Alltagsleben, eine Karriere, eine Berufung, ein Beruf beginnen als entschädigende Alternativen zu den (realen oder phantasierten) Liebesgeschichten der Adoleszenz, die scheiterten, weil der verwirrende Spiegel narzißtischer Liebe stets nur eine zeitweilige Täuschung bewirkt. Selbst wenn in den ersten Lebensmonaten die Mutter Pracht und Herrlichkeit ihres Kindes spiegelt, ist dies nicht der volle, unablässige Widerschein seiner Ruhmesträume und Allmachtsphantasien. Die Mutter rationiert die Wunscherfüllung; der Spiegel kommt und geht.

Der Jugendliche erbt von der Kindheit die Erwartungen und Leidenschaften der spiegelnden Liebe. Aber diesem Kindheitserbe wird in der Adoleszenz etwas Neues hinzugefügt. Das Glück der spiegelnden Liebe wird durch die erotische Intensität der Genitalität erhöht. Was demnach der Erwachsene vom Adoleszenten erbt, ist eine durch erlesene genitale Lust potenzierte Illusion von Vollkommenheit.

Eine junge Erwachsene übernimmt die Pflichten des Sorgens und Gesetzgebens nicht nur, weil sie sich stillschweigend dem Mandat der Gesellschaft fügt. Sie tut es in der vermeintlichen Hoffnung, daß sie durch Familienleben und Arbeit die magischen Möglichkeiten zurückgewinnt, die in jenen eingebildeten oder wirklichen Liebesgeschichten der Adoleszenz zu Schaden kamen. Wenn die junge Erwachsene ein Leben unbegrenzter Möglichkeiten gegen ein Leben begrenzter Möglichkeiten eintauscht, behalten die Aufgaben ihres alltäglichen Lebens, die als Alternativen zur unendlichen vollkommenen Liebe gedacht waren, weiterhin einen eigenen Wert. Doch dann ist auch dieses geliebte und geschätzte Leben mit seiner Arbeit und der Hingabe an die Familie früher oder später dazu verurteilt, in Frage gestellt, entzaubert zu werden. Auf der Tagesordnung im Leben jeder Erwachsenen steht immer noch, daß sie die Tatsache in Betracht ziehen muß, daß die Entscheidungen ihres Alltagsdaseins ihren Ursprung in dem Versuch hatten, die narzißtischen Entbehrungen der Adoleszenz auszugleichen. Das tägliche Leben kann lange Zeit große Befriedigungen bieten, bis eins nach dem anderen der aus der Adoleszenz herrührenden Vorhaben ans Ende gelangt oder der Ernüchterung anheimfällt, wenn am Ende, nach Erreichen der Ziele, nur noch die Mühsal übrigbleibt, mit der sie verfolgt wurden.

Eine Frau erreicht den Höhepunkt ihrer beruflichen Karriere, nur um zu erkennen, daß Ruhm und Wohlstand, die sie erworben hat, die Jahrzehnte unermüdlichen Ehrgeizes nicht gelohnt haben, daß sie keine Entschädigung für ihren Verzicht auf Mutterschaft sind. Eine andere Frau, deren Alltag aus den Freuden und Leiden des Familienlebens und der Kinderaufzucht bestanden hat, entdeckt in der Lebensmitte, daß der Lohn für ihren Verzicht auf sexuelle Abenteuer und eine strahlende Karriere in ein paar leeren Kinderzimmern, ein paar Fotoalben mit Bildern von größer werdenden Kindern, einem Schrank voll Sporttrophäen und staubigen Stofftieren sowie einem Ehemann besteht, der in ihr die traurige Alternative zu dem hinreißenden jungen Mädchen sieht, das ihm in den Träumen seiner Jugend vorschwebte.

Was geschieht dann? Die ernüchterten Erwachsenen blicken auf ihre Jugendjahre zurück, als alles möglich schien. Sie beschließen, noch einmal jung zu sein. Was wir dann zu sehen bekommen, sind Erwachsene, die sich wie Adoleszenten benehmen, in Diskotheken herumstolzieren und mit ihren halbwüchsigen Kindern, die sie beneiden und ablehnen, um jugendliche Sexualpartner wetteifern.

Weil sie ihrer infantilen Idealisierungen beraubt wurde, entschädigt sich die Heranwachsende durch Regressionen, die Kindheit simulieren: autoerotische Ausschweifungen, Bewunderung der heiligen und demütigenden, der unbarmherzigen und verführerischen Idole der eigenen Generation, Verliebtheit in einen spiegelnden Partner. In ähnlicher Weise kehren ihre Eltern in mittleren Jahren zur Adoleszenz zurück, wenn die Projekte, die sie in der Jugend entworfen haben fehlschlagen. Im ersten Fall sind die Regressionen vorübergehend; sie unterstützen die Ablösung und bereiten das einst machtlose Kind darauf vor, zum Beschützer und Gesetzgeber zu werden; sie tragen auch dazu bei, die Unterschiede zwischen dem Kind und der Erwachsenengeneration aufzuzeigen und zu festigen. Bei den Regressionen Erwachsener auf das Stadium der Adoleszenz werden die Generationsunterschiede aufgelöst; es werden Situationen geschaffen, die symbolisch, wenn nicht sogar tatsächlich, Verletzungen des Inzesttabus gleichkommen und bezeugen, daß irgend etwas sehr »faul« ist.

Doch nicht alle Regressionen auf die Adoleszenz müssen katastrophal sein. Ihr Erbteil für den Erwachsenen ist nicht nur erotisierender Narzißmus. Es enthält etwas Wertvolles, das ein Bollwerk gegen die kleinen oder großen Enttäuschungen des Erwachsenenlebens bieten könnte.

Wir haben gesagt, daß sich die Sexualität und die Moral Bereiche nacheinander entwickeln. Die Pubertät trägt verschiedene Anregungen zur Humanisierung des Gewissens in sich.

Selbst während jener langen Zeitspannen der Erholung vom Kummer ihrer ersten Liebesverhältnisse finden manche Adoleszenten eine Möglichkeit, die enttäuschende Gegenwart etwas erträglicher zu machen. Sie verwandeln ihre persönlichen Sehnsuchtsgefühle in ein Verlangen nach Vervollkommnung der Menschheit. Die junge Frau pflegt ihre Wunden. Bis ihre Seele geheilt ist, wagt sie nicht, eine neue romantische Beziehung einzugehen. Dennoch ist ihr sexueller Hunger bedrängend. Wenn also ihre Leidenschaften nicht länger in die Trauer um das verlorene Glück eingebunden sind, werden sie freigesetzt, um sich nach außen auf die Welt richten. Sie umschlingt die Menschheit; sie geht eine mystische Vereinigung mit Gott ein, mit der Natur, mit Musik, Dichtung, Politik, Malerei, Tanz, Evolutionstheorien. Durch ihr Liebesverhältnis mit dem Universum tritt die Jugendliche liebend in die Welt der anderen ein.

Der geheiligte Bereich zwischen dem Nicht-Mehr der Kindheit und dem Kommenden des gewöhnlichen Erwachsenenlebens ist ein Randbezirk, ein Eingangstor, eine Schwelle, ein Übergang – hier hat das heranwachsende Kind am Göttlichen teil. Weil sie unvollkommen ist, hin- und hergerissen zwischen dem, was sie war, und dem Ungewissen, das sie werden soll, sehnt sich die Jugend nach den Erlebnissen, die Ganzheit und Einheit vermitteln. An und für sich hat diese Sehnsucht wenig mit gesellschaftlichen Idealen, Religion, Ethik zu tun. Der Jugendliche benutzt Politik, Kunst, Natur und Gott zu seiner Selbsterhöhung. Diese kulturellen Obsessionen lassen die schattenhaften Umrisse der moralischen Passionen erkennen, welche die Individuen an ihre Spezies binden. Aber sie sind ein Schritt in die richtige Richtung. Und sie tragen sehr oft neue Lösungen von Existenzproblemen in sich. Sie verweisen auf Möglichkeiten, die in einem späteren Lebensabschnitt genutzt werden können.

Diese Verschiebungen von erotisiertem Narzißmus auf mystische und intellektuelle Ekstasen sind eine Quelle der Entschädigung des Jugendlichen für enttäuschte Liebe. Die Wachstumskräfte von Vorpubertät und Pubertät sind eine andere. Sie öffnen die Schleusen der Kreativität und regen die Adoleszentin an, unendlich viele Rollen in der menschlichen Komödie zu spielen. Sie beginnt zahllose Projekte, von denen sie die meisten nie zu Ende führt. Sie wird Dichterin, Komponistin, beginnt Flöte oder Gitarre zu spielen, lernt Ballett oder Stepptanz, schreibt politische Artikel, zeichnet für die Kunstspalte ihrer Schulzeitung verantwortlich, richtet die Bühne für das Schulfest her, entwirft Kleider, spielt Fußball, singt im Kirchenchor, organisiert einen Protest gegen die Verbreitung von Atomwaffen, engagiert sich sozial.

Solche Alternativen sind ebenfalls Teile unseres Erbes aus der Adoleszenz. Wenn die Projekte ihres täglichen Lebens der Ernüchterung anheimfallen, schreiben manche Erwachsene die Romane zu Ende, die sie in der Adoleszenz angefangen haben, sie polieren den alten Steinwayflügel auf und schlagen die alten Akkorde an. Andere beschließen vielleicht, die sozialen und moralischen Ziele weiterzuverfolgen, die sie in der Jugend fallen ließen. Doch nun spielen sie die Rolle von Hütern der Jugend, die Rolle der Älteren, die diesen nun nicht mehr machtlosen Kindern, welche im Begriff sind, die Zügel zu übernehmen, das eine oder andere über die Beziehungen zwischen persönlicher Macht und ethischer Verantwortung klarmachen. Wieder andere tun nichts Bemerkenswerteres, als die Dichter und Philosophen noch einmal zu lesen, die sie einst inspirierten, ein wenig über das Alltägliche hinauszustreben. Neue Freundschaften werden mit neuerwachter Vitalität geschlossen, kulturelle Interessen mit jugendlichem Feuer wieder aufgegriffen. Man kann sich wieder nach der Vergangenheit sehnen. Man möchte wieder lernen und, wenn möglich, zu höherer Weisheit gelangen.

Es ist auch ein Erbteil unserer Jugendjahre, daß die meisten von uns auf dem Glauben beharren, daß das Leben etwas zu bieten habe, das mehr ist als Sexualität, Arbeit, Fortpflanzung und moralischer Gehorsam. Was aber dieses Etwas ist, entzieht sich unserer Kenntnis zumeist. Sagen wir, daß es mit moralischer Würde zu tun hat, mit der Fähigkeit, uns selbst treu zu bleiben, einen Hoffnungsschimmer am Leben zu erhalten, selbst wenn sich das, was wir wünschen, als Unmöglichkeit, als Illusion erweist. Sagen wir, es ist die Überzeugung, daß wir uns zu unerforschten Territorien aufmachen dürfen, daß wir blühende Paradiese errichten können, wo jetzt Wüsten sich ausbreiten, daß Mensch und Tier zu den Heimstätten zurückgeführt werden können, die sie einmal besaßen und dann verloren haben. Das sind die Gipfelpunkte jugendlicher Grandiosität! Die Frage ist hier, ob diese Visionen dazu bestimmt sind, die persönlichen Leidenschaften in die größere Gemeinschaft der anderen einzubringen, oder ob sie lediglich der Selbsterhöhung dienen.

Sehr wenige von uns sind dazu ausersehen, die wirklichen Architekten der Zukunft zu sein, aber die Inspirationen unserer Jugendjahre lassen uns an den visionären Handlungen derer teilhaben, die es sind. Sie befähigen uns, unseren Überzeugungen treu zu bleiben: daß es unerforschte Wahrheiten gibt, daß die enttäuschende Gegenwart zu etwas Besserem gemacht werden kann. Doch solche Geister sind vielleicht nirgends zu Hause. Sie können ihren Halt, ihre Verbindungen zum Alltag verlieren, der sie stützen, sie in ihren Visionen bestärken muß. Kierkegaard hat vor den Möglichkeiten eines jeden von uns, sich selbst zu verlieren, gewarnt – im Unendlichen ohne Endlichkeit oder im Endlichen ohne die Wirkungskraft von Arbeit, Ehe, Beruf, Berufung, politischem Engagement oder Gemeinsinn. Wenn sie aber standhafte Steuerleute sind, werden wir zu diesen visionären Geistern aufschauen, um uns eine Meinung über uns selbst und unsere Erwartungen an das Leben zu bilden.

Ruhmesträume

Das Außergewöhnliche der Tugend besteht darin, daß sie in jeder menschlichen Gemeinschaft als Wahrzeichen des Besten und Edelsten des menschlichen Charakters betrachtet wurde. Die Definitionen variieren: Platos Vollkommenheit von Form, Schönheit, Weisheit; Aristoteles' Mut, Klugheit, Mäßigung, Gerechtigkeit; Männlichkeit und Tapferkeit der Römer; der ritterliche Kodex von Keuschheit, Tapferkeit, Frömmigkeit. Doch tritt ein Thema – ganz unabhängig von diesen Varianten der Auffassung von Tugend – periodisch hervor: das Paradoxon der Gleichsetzung des Eigennutzes mit den Interessen aller anderen Menschen. Die Grundformel taucht hier und dort in der Geschichte immer wieder auf: »Keiner ist ein Gläubiger, ehe er nicht für seinen Bruder liebt, was er für sich selbst liebt.« Der tugendhafte Upanischad ist der, »der alle Wesen in seinem eigenen Selbst sieht und sein eigenes Selbst in allen Wesen«. Mitunter hat die Botschaft politische Obertöne, etwa in Lincolns Ausspruch: »Ebenso wie ich kein Sklave sein möchte, möchte ich kein Herr sein.«

Das Paradoxon wohnt implizit den meisten Pubertätsriten inne. Der sich verändernde Status des einzelnen Kindes wird ebenso als soziales wie als kosmisches Ereignis gewertet. Wenn das Mädchen als fruchtbare und ganze Frau wiedergeboren wird, der Knabe als fruchtbarer und ganzer Mann, bringen sie der Gesellschaftsordnung die Gaben der Zivilisation: Medizin, Ernten, eine Methode, aus Maismehl Pfannkuchen zu backen. Doch mehr noch – von nun an sollen sie Verkörperungen des Göttlichen sein, jener elementaren Kräfte, die über das Persönliche und das Soziale hinausreichen, um auf das Universale einzuwirken.

Das Paradoxon ist evident in Rousseaus Glauben, daß die Quelle unserer Leidenschaften, Ursprung und Grundprinzip aller anderen – die Selbstliebe – als Ergebnis einer klug geleiteten Adoleszenz in die Liebe zur Spezies umgewandelt werden könnte. Sicherlich hatte Freud eine ähnliche Umwandlung im Sinn, als er sagte: »Was im einzelnen Seelenleben dem Tiefsten angehört hat, wird durch die Idealbildung zum Höchsten der Menschenseele im Sinne unserer Wertungen.«

Obschon moderne Psychoanalytiker der Lamarckschen These, die in Freuds aufreizende Erklärung eingebettet ist, nicht zustimmen, beziehen sie sich in ihren Schriften über jenen Aspekt des Über-Ichs, der Ich-Ideal genannt wird, unweigerlich auf diese Äußerung. Das Ich-Ideal soll seinen Ursprung im primären Narzißmus des Kindes haben und sich dann im Erwachsenen fortsetzen, um die höchsten Errungenschaften der Menschheit zu repräsentieren. In seiner Beschreibung der Umwandlung des Ich-Ideals während der Adoleszenz drückte Peter Blos es folgendermaßen aus: »Das Ich-Ideal beschreibt eine Umlaufbahn vom primären Narzißmus zum ›kategorischen Imperativ‹, von der primitivsten Form des Seelenlebens zur höchsten Stufe menschlicher Leistungen.« Oder wie Freud sagte: »Was er als sein Ideal vor sich hin projiziert, ist der Ersatz für den verlorenen Narzißmus seiner Kindheit ...« Das reife Ich-Ideal, das seine Wurzeln im ursprünglichen Narzißmus des Kindes hat, dient selbst dem Erwachsenen als eine wunscherfüllende Instanz. Im Gegensatz dazu fungieren die anderen Aspekte des Über-Ichs, die ihren Ursprung in den frühesten Unlustempfindungen des Kindes haben, weiterhin als einschränkende und verbietende Instanzen. Das Über-Ich ist mit einem Simon Legree* verglichen worden, ausgestattet »mit der Macht der geschwungenen Peitsche der

---

* Der grausame Sklavenaufseher in Harriet Beecher Stowes Roman *Onkel Toms Hütte*. Anm. d. Übers.

Angst als überzeugende, gewalttätige Instanz«. Andererseits gleicht das Ich-Ideal »dem verführerischen, lockenden Lächeln der Mona Lisa«. Indem es unsere Hoffnungen, Erwartungen und Bestrebungen verkörpert, macht es die Bürde des Triebverzichts leichter und entschädigt uns dafür. So wie halluzinatorische Allmachtswünsche und Ruhmesträume das Kind befähigen, die unvermeidlichen Enttäuschungen und Frustrationen zu ertragen, die damit verbunden sind, daß es ein machtloses, hilfloses, völlig abhängiges Geschöpf ist, befähigen die moralischen Bestrebungen und sozialen Ideale die Erwachsene, sich mit den tragischen Dimensionen des Lebens abzufinden. Indem sie ihren Idealen treu bleibt, bewahrt sie ihren Narzißmus und strebt gleichzeitig nach Vervollkommnung der menschlichen Spezies. Auf diese Weise wird die Selbstliebe identisch mit der Liebe zu allen Menschen.

Wie zu erwarten, kann die Gleichsetzung von Eigennutz und moralischem Bestreben oft zu Fehldeutungen führen. Daß Polonius dem Laertes rät: »Dies über alles: sei dir selber treu. Und daraus folgt, so wie die Nacht dem Tage, du kannst nicht falsch sein gegen irgendwen«, könnte sich als schlimmer Ratschlag erweisen, als purer Opportunismus. Tugend folgt nicht so leicht auf Eigennutz, wie Polonius meint. Der egozentrische, ungestüme Laertes hätte die moralische Komplexität seiner Worte kaum erfassen können. Höchstwahrscheinlich diente der Rat nur dazu, dem jungen Mann seine moralische Zwangslage vor Augen zu führen. Polonius war weder für Ophelia noch für Hamlet eine große Hilfe. Sie waren verheißungsvolle junge Menschen, aber es gab keine Älteren, die sie leiteten. Die moralische Verderbnis im Staate Dänemark durchdrang alles. Alle drei – Laertes, Ophelia, Hamlet – kamen in Bedrängnis, als sie verzweifelt versuchten, ihren persönlichen Idealen von Männlichkeit und Weiblichkeit gerecht zu werden. Jeder war unfähig, sich von der Vergangenheit loszureißen. Weder in ihren eigenen Familien noch in der Gesellschaft im ganzen gab es Ideale, denen sie hätten nachstreben können. Am Ende vernichteten sie einander zugleich mit der älteren Generation, die es versäumt hatte, sie weise zu lenken. Horatio wußte das eine oder andere über die unsichere Beziehung zwischen persönlichem Narzißmus und ethischen Idealen. Er ist ausersehen, die Klage über seine verlorene Generation der »Welt, die noch nicht weiß«, vorzutragen. Um zu zeigen, wohin Eigennutz und grandiose Ideale führen können, spricht er »von Taten, fleischlich, blutig, unnatürlich, zufälligen Gerichten, blindem Mord; von Toden, durch Gewalt und List bewirkt«.

Das Ich-Ideal, obgleich es uns mit Verheißungen von Vollkommenheit lockt, kann ebenso unbarmherzig und hart sein wie die wachsamen Augen und die verbietenden Stimmen der übrigen Bestandteile des Über-Ichs. Die vollständige Geschichte der Zähmung des Gewissens erfordert, daß wir ihre Entwicklung auf zwei Geleisen verfolgen: dem des ursprünglichen primären Narzißmus und dem des sekundären Narzißmus, der sich davon herleitet, daß das Kind den eigenen Narzißmus auf die Idealisierung der Eltern überträgt. In der frühen Kindheit wird persönliche Allmacht für die Vorteile der Teilhabe an Ruhm und Macht eingetauscht, die man den Eltern zuschreibt. Der Jugendliche muß, wie wir bereits gesehen haben, mit den Eltern, wie sie wirklich sind, zurechtkommen. Und die mächtigen Eltern sind niemals makellos. Sie sind nicht allmächtig. Sie haben die Fehler und Schwächen, »die unseres Fleisches Erbteil«. Die Desexualisierung der Beziehung des Mädchens zu seiner Mutter (des Jungen zu seinem Vater) ermöglicht es, diese homoerotisch-narzißtischen Kräfte in den sozialen Bereich einzubringen – als entpersönlichte Ideale, die vielleicht in der Zukunft realisiert werden. Das Mitgefühl für beide Eltern, die Fähigkeit zu verzeihen, daß sie weniger sind, als man einst geglaubt hatte, reichen lange Zeit aus, die Maßstäbe zu humanisieren, welche man an das eigene Selbst und andere anlegt.

Doch was geschieht dann mit dem ursprünglichen primären Narzißmus? Müssen wir annehmen, daß das Kind seinen ganzen Narzißmus den Eltern überantwortet, um in den Genuß der Liebesdialoge und des Beschütztwerdens zu kommen? Oder verbleibt ein Teil dieser ursprünglichen narzißtischen Energie im Selbst? In dieser Hinsicht äußert sich Freud doppeldeutig. Das Schicksal des primären Narzißmus und seines *direkten* Beitrags zu einem moralischen Dasein ist eins der ungelösten Rätsel der Psychoanalyse. Freud gehörte zwar niemals zu denen, die die Lasten der Zivilisation und das unweigerlich damit verbundene Unbehagen herunterspielen, ließ aber der Wunscherfüllung und Illusion einen gewissen Spielraum im Leben. Während die anderen Aspekte des Über-Ichs die Zivilisation bewahren, indem sie Verzicht und Opfer fordern, repräsentiert das Ich-Ideal jenes andere, hoffnungsfrohere Gesicht der Zivilisation, das wohlgefällige Antlitz, welches wir Kultur nennen. Zwar geht ein Teil des moralischen Gehalts des Ich-Ideals aus dem einst in die Eltern investierten sekundären Narzißmus hervor, doch ist ein gewisses Maß an Narzißmus der Illusion vorbehalten. Dieses entstammt dem primären Narzißmus, der Selbstliebe, die niemals in den Bereich des Liebesdialogs übergeführt wird.

Wir scheinen von Anfang an zu wissen, daß das Leben mehr bereithält als Verlangen und Gesetzestreue. Vor allem anderen sind wir Taschenspieler, Possenreißer und Poeten, die den vergangenen Ruhm, das Leben mit unendlichen Möglichkeiten neu erschaffen – das Leben vor den Widersprüchen, vor der demütigenden Erkenntnis, daß wir vom Universum für immer getrennt sind.

Mittels ihrer sonderbar narzißtischen Gewohnheiten und vor allem mit Hilfe ihrer Allmachtsphantasien und Ruhmesträume kommt die Jugendliche wieder mit der Zeit in Berührung, in der sie sich absolut treu war. Sie findet die Methode wieder, die es ihr erlaubte, ein Gefühl der Würde und Ganzheit zu bewahren, obgleich viel von ihrem ursprünglichen Narzißmus dem Bereich der Liebesdialoge zugeführt werden mußte. Diese Methode war vom allerersten Atemzug an da.

Lange bevor ein Kind die Frustrationen kennenlernt, die mit den Beziehungen zu anderen verbunden sind, verfügt es über eine angeborene Methode, sich ein Gefühl persönlicher Macht zu verschaffen. Der Ansturm der eingegrenzten, endlichen Welt des Lichts, der Töne, der scharf umrissenen Kanten trifft auf die angeborene Fähigkeit des Neugeborenen, diese äußeren Störungen zu ignorieren oder sich mittels seiner eigenen Körperbewegungen davon zu befreien. Und selbst wenn innere Erregungen, die nicht so leicht ignoriert oder beseitigt werden können, die wunderbare Allmacht seiner Reflexe und Gesten zeitweilig Lügen zu strafen scheinen, führen die durch diese Erregungen ausgelösten Spannungen dazu, daß es schreit, die Beine herumwirft und die Mutter herbeiruft. Saugbewegungen und Drehen des Kopfes befehlen die Brustwarze in den Mund. Durch seine eigene Gestik beschwört der Säugling die Mutter und die Brust. Und obgleich er völlig hilflos ist, hat er sich durch seine eigenen Körperbewegungen Erleichterung verschafft. Dies gibt ihm ein Gefühl von Allmacht. Er erlebt das erste *post hoc ergo propter hoc* in Verbindung mit seinem eigenen Handeln. Die Vorläufer und Prototypen jugendlicher Ruhmesträume, von Phantasien, allmächtig und fähig zu sein, die Realität in alles zu verwandeln, was man sich wünscht, finden sich im eigenen Handeln des Säuglings zu einer Zeit, in der er noch keinerlei Gefühl dafür hat, daß es dort draußen ein Objekt gibt, von dem sein Leben, seine Sicherheit, Erleichterung oder Spannung, ein Platz für seine Leidenschaften wirklich abhängen. Dieses primäre Erleben des eigenen Selbst hat seine eigene Geschichte und auch eine eigene Kraft, die von den Energien, die die Beziehung zum anderen erfordern, relativ unabhängig ist.

Natürlich könnte das absolut hilflose, absolut abhängige Neugeborene nicht überleben ohne Bindung an jemanden, der es genügend liebt, um es zu füttern, warmzuhalten, herumzutragen und es vor allzu vielen Zusammenstößen mit der Außenwelt, vor den Anstrengungen und Spannungen aus innerem Unbehagen zu beschützen. Die Schicksale des Liebesdialogs sind von Geburt an vorgezeichnet und von nun an mit dem Geschick der Selbstliebe verwoben. Aus dem Blickwinkel des Neugeborenen hingegen bedeutet dies, es hat seine eigenen Gesetze, ist vollkommen und selbstgenügsam. Die Liebe zu einem anderen – obgleich das Sicherheitsnetz der Existenz – kann niemals ganz so befriedigend sein wie das machtvolle Gefühl, daß man eine Brustwarze erschafft, indem man sie herbeiwünscht.

Allem Anschein nach wären Mütter und Väter die geeignetsten Partner, um den Narzißmus eines Kindes zu verstärken, ihm ein Gefühl der Allmacht und von allumfassender, bedingungsloser Liebe zu spiegeln. Schließlich stellt das Kind eine Erweiterung des eigenen Narzißmus der Eltern dar. Als Eltern streben wir danach, unseren Kindern zu helfen, daß sie sich selbst ebenso lieben wie wir sie lieben. Wenn sie traurig oder enttäuscht sind, empfinden wir ihre Verletzungen, ihre Sehnsüchte ebenso stark oder vielleicht sogar noch stärker als sie selbst. Die Ängste und Niederlagen des Kindes werden zu unseren eigenen Ängsten und Niederlagen. Und niemand außerhalb des Familiennests wird jemals Vollkommenheit so spiegeln, sich soviel sorgen oder die Unvollkommenheiten und Schwächen des Kindes so großzügig übersehen wie die Eltern. Aber selbst diese nahezu vollkommene, nahezu vor allem behütende Selbstliebe und Liebe zum anderen ist nicht spannungslos. Die beiden Formen von Narzißmus – die reflektierende Liebe der Eltern und die eigene Version des Kindes von Selbstliebe – verbinden sich nicht nahtlos.

Da unsere Kinder die Erweiterung unseres eigenen Narzißmus sind, finden wir es oft unerträglich, wenn sie uns nicht all jene glorreichen, wundervollen Dinge zurückspiegeln, die wir zu sein glauben oder von denen wir wünschten, daß wir sie hätten sein können oder noch werden könnten. Mit unseren Kindern erhalten wir die Hoffnung aufrecht, unsere eigene verlorene narzißtische Vollkommenheit wiederzugewinnen. Doch da wir auch zivilisierte Erwachsene sind, die die Gefahren narzißtischer Selbstbezogenheit kennen, warnen wir unsere Kinder, wenn sie sich selbst zu sehr zu lieben scheinen. Wir warnen vor Stolz, fordern Bescheidenheit, schränken Illusionen ein, erwarten Gehorsam gegenüber den moralischen Werten der wirklichen Welt und bremsen das Verlangen. Nur in den ersten Lebensmonaten können Mutter oder Vater ein nahezu makelloser Spiegel der außerordentlichen Selbstliebe des Kindes und seines Gefühls absoluter Vollkommenheit und Allmacht sein. Aber selbst dann wird die Befriedigung des Verlangens rationiert; der Spiegel kommt und geht.

Die Gefahr, vom spiegelnden, mächtigen anderen getrennt zu werden, kann beim Kind heftige Ängste auslösen: Das ganze Sein könnte vernichtet, man könnte fragmentiert werden, immer tiefer fallen, niemals mehr gehalten werden. Dieses Erleben unendlicher Hilflosigkeit und Qual könnte jene Aspekte der Selbsterfahrung in Schach halten, die der Ausübung persönlicher Macht und der Freiheit entstammen, den eigenen Körper und Geist so zu benutzen, wie man es für richtig hält. Deshalb ist es auch gut, daß die Welt der anderen eine enttäuschende Welt voller Verzögerungen, Frustrationen, Konflikte, Einschränkungen, Bedingungen, Forderungen nach Verzicht ist. Es ist gut, daß keine Mutter immer da sein kann, weder innerhalb noch außerhalb der Haut, wie der scheinbar grenzenlose Raum von Plazenta und Leib: Fötus, Mutter, Fruchtwasser. Die *conditio humana* ist so beschaffen, daß keine Mutter ein vollkommener Spiegel der Allmacht ihres Kindes sein kann.

Somit fährt das Kind fort, seine realen Fertigkeiten in der realen Welt zu vervollkommnen. Seine Wachstumskräfte und Individuationsbestrebungen gewährleisten, daß seine Muskeln und Sinne immer stärker werden; es greift um sich, erfaßt, setzt sich auf, krabbelt fort, steht auf, läuft, rennt, springt, spricht die Sätze und denkt die Gedanken, deren symbolische Strukturen für alle Menschen die gleichen sind. Wenn sich diese angeborenen menschlichen Kräfte erweitern und verstärken, verleihen sie dem Kind eine gewisse reale Macht über die reale Welt, in der es lebt. Die Ausübung realer Macht ist ein Überbleibsel unserer Urallmacht. Ein anderes ist die Fähigkeit, sich die enttäuschende Welt als einen Ort vorzustellen, der besser und harmonischer ist als in Wirklichkeit.

Immer wenn die Prüfungen und demütigenden Verzichte unerträglich werden, wenn unsere Liebesdialoge uns enttäuschen, wenn das Ausgreifen, Rennen und Springen, Erforschen und Verwundern zur Qual werden, zum verwirrenden, unzusammenhängenden Durcheinander, finden wir eine Stätte der Ruhe. Wir schaffen eine Welt, die freundlicher ist und unserem Narzißmus besser entspricht. Wir schaffen immer neue Phantasiegebilde, selbst wenn sich herausstellen sollte, daß unsere Schöpfungen nicht besser sind als die bittere, verwirrende Realität. Sie heben uns in den Bereich jenseits der Realität, jenseits der Lust. Und wenn wir in diesem geheiligten Zwischenreich weilen, finden wir den Weg zurück zu Vertrauen und Liebe, passen plötzlich einige Teile eines unerforschlichen Puzzlespiels zueinander.

Es gibt einen Fleck in der Welt, einen Bereich zwischen dem Wunschleben und dem wirklichen Leben, wo Brücken überschritten und Widersprüche aufgehoben werden. Selbst ein zehn Monate altes Kind weiß, wie es sich einen Ort der Ruhe schaffen kann. Es erfindet eine »Schmusedecke«, einen Summlaut, eine wiegende Bewegung, die die erschreckenden, demütigenden Diskrepanzen zwischen der Welt des »Ich« und des »Nicht-Ich«, dem Belebten und dem Unbelebten, dem Selbst und dem anderen in Schach halten. An die Stelle der Diskrepanz tritt der Summton, der jenes primäre Erlebnis, für immer gehalten zu werden, neu erschafft. Der Wunsch, allmächtig zu sein, wird erfüllt. Die Würde ist wiederhergestellt. Eine Schmusedecke dieser oder jener Art ist das Ding, auf das sich das Baby jederzeit verlassen kann. Die Decke gehört absolut ihm. Mutter und Vater können sie bewundern, ihr einen anderen Namen geben oder sie in einen Koffer packen, als wäre sie wirklich nichts als eine Decke, aber nur das Baby kann ihr Lebendigkeit verleihen. Die Decke ist der erste persönliche Besitz des Babys. Niemand hat sie ihm gegeben. Es hat sie erfunden.

Die ersten beschwörenden Gesten – Hinwendung zur Brustwarze oder Abwendung von zu hellem Licht – sind lediglich momentane Gesten. Der Zeitraum zwischen Wunsch und Erfüllung ist kaum wahrnehmbar. Tatsächlich halluziniert das Kind die Erfüllung einfach, wenn seine beschwörenden Gesten versagen, was oft der Fall ist. Halluzinationen können nicht den Magen füllen, keine wohlige Wärme erzeugen oder Licht ausschalten, aber sie können eine Zeitlang durchaus von Nutzen sein, bis die wirkliche Befriedigung eintritt. Was in den ersten Lebenstagen halluziniert wird, ist in der realen Welt nicht darstellbar wie die Schmusedecke des zehn Monate alten Kindes. Das Baby, welches ab und zu seine Schmusedecke, die wiegende Bewegung oder den Summton der tatsächlichen Anwesenheit der Mutter vorzieht, hat den Bereich des Halluzinierten erweitert. Es ist auf dem Weg, Metaphern zu bilden.

Mit zunehmendem Alter wird der Ort der Ruhe, wo die zerbrochene Welt wieder ganz gemacht werden kann, immer besser darstellbar. Das Halluzinierte wird zur Mitteilung, zum Bindeglied zwischen Wunsch und gesetzmäßiger Realität. Die Forderungen des Zwischenreichs werden komplizierter. Die Abstände zwischen Wunsch und Erfüllung werden weiter. Schmusedecken genügen nicht, um all die komplexen Spannungen zu lösen, die zwischen der Wunschwelt und der Welt, die vorschreibt, wo, wann und wie Erfüllung erlaubt ist, bestehen. Wenn sich die Spannungen in den Beziehungen zwischen der Welt des »Ich« und des »Nicht-Ich« verstärken, erweitert sich das Zwischenreich. Im Kontext der großen Auseinandersetzung des Verlangens mit der Autorität wird Allmacht zum Vorläufer moralischer Würde.

Wenn die Situation schwierig wird, kann ein dreijähriges Kind seinen Ort der Ruhe noch immer im vertrauten Stallgeruch seiner geliebten Schmusedecke suchen. Doch die ungeheuren Probleme, die sein Selbstwertgefühl und Machtbewußtsein herausfordern, können nicht durch eine Sicherheitsmetapher dargestellt werden. Beim Kind von drei, vier oder fünf Jahren hängt die Beherrschung seiner Wünsche in Wahrheit noch immer von der Gegenwart und Macht der Eltern ab. Es ist erniedrigend, daß die Erfüllung der Wünsche durch eine äußere Autorität bestimmt wird. Selbst ein kleines Kind findet diese totale moralische Abhängigkeit unerträglich.

Die persönliche Würde des Kindes erfordert, daß es den Abstand zwischen der Erfüllung seiner Wünsche, seines Verlangens und seinem gleichermaßen zwingenden Bedürfnis, mit der sittlichen Ordnung ins reine zu kommen, bewältigt. Die sittliche Ordnung liegt für das dreijährige Kind in der Autorität der Eltern. Auch wenn es dagegen ankämpft, akzeptiert das Kind die Autorität der Eltern, weil es sie liebt und bewundert. Zudem wird dem Kind die sittliche Ordnung durch seine Eltern in höchst persönlicher Weise vermittelt, die seine Eigenarten in Betracht zieht. Dennoch schließt das Akzeptieren der elterlichen Autorität ein, daß sich das Kind in einem gewissen Maße gegen das wendet, was es als sein innerstes Selbst empfindet. Ein Kind gehorcht denen, die es lieben und beschützen, aber als erstes muß es seine Integrität wahren.

Es findet ein Mittel, die potentiell erniedrigende Situation zu bewältigen, daß es sich schlichtweg den Forderungen der Eltern fügt. Etwa um diese Zeit beginnen viele Kinder, mit einem einzigartigen Gefährten zu spielen. Dieser Gefährte hat gewöhnlich einen bestimmten Namen und eine sehr lebendige charakteristische Erscheinung. Doch dieser wunderbare Freund ist imaginär. Imaginäre Gefährten erscheinen in verschiedener Gestalt: als Tiere, jüngere Kinder, Sportgrößen, Superfrauen oder Supermänner. Sie erscheinen in seltsamen Formen und Größen. In manchen Haushalten sitzen sie am Eßtisch oder verstecken sich unter der Couch im Wohnzimmer und spielen den Erwachsenen Streiche. Sie fahren im Auto der Familie mit und nehmen an Gesellschaften teil. Manche wohnen nur im Kinderzimmer, im Badezimmer oder in einem Schrank. Vielleicht gibt es viel mehr solcher wunderbaren Geschöpfe, als wir jemals erfahren werden. Den klügsten von allen mag es widerstreben, in Alltagsdinge verwickelt zu werden. Vielleicht sind sie leise oder schweigsame Gesprächspartner, Wesen, deren Gegenwart man fühlt, von denen das Kind aber niemals spricht.

Mögen diese Gefährten nun vorwiegend Beschützer, Sündenböcke, Verkörperer von Idealen, Gewissen, Teufel oder Muttersatz sein, sie hüten den Narzißmus des Kindes, während es darum kämpft, Macht und Autorität der Eltern in Elemente des eigenenv Gewissens umzuwandeln. Um den elterlichen Regeln gehorchen zu können, muß es mit der eigenen Machtlosigkeit ins reine kommen. Es muß anzuerkennen beginnen, daß einige seiner bedrängendsten Wünsche gesellschaftlich inakzeptabel sind. Der imaginäre Gefährte oder irgendein phantasiertes Äquivalent ist eine notwendige Zwischenstufe, bevor ein Kind aus innerer Überzeugung und mit Stolz zu gehorchen vermag.

Das Kind ist immer noch unsicher hinsichtlich seiner Fähigkeit, Impulse und Wünsche zu beherrschen. Es kann auch noch nicht das Ausmaß der elterlichen Autorität einschätzen, das es sich viel größer vorstellt, als es wirklich ist. Dennoch hat das Kind die totale Kontrolle über die Gedanken, die Handlungen und die Macht seines Gefährten. Seine Autorität ist akzeptabel und verständlich. Man kann sich darauf verlassen, daß der Gefährte begütigen, spiegeln und die Vollkommenheit und den Edelmut des Kindes reflektieren wird. Er kann aber auch sehr ungezogen sein. Dann wird dem Kind die köstliche Befriedigung zuteil, daß es den Gefährten auszanken und ihn lehren kann, wie man sich in einer zivilisierten Welt benimmt. Ein imaginärer Gefährte ist ein Selbst mit einigen Qualitäten eines anderen. Er verkörpert gewissermaßen das Selbst *und* den anderen.

Ein dreijähriger Junge namens David, dessen Vater Donald Direktor einer Oberschule war, erfand einen Gefährten, den er Davdon nannte. David reagierte besonders sensibel auf alle Anordnungen seines Vaters. Meist empfand er seine Mutter als beruhigender und tröstender. Doch selbst ihre Forderungen konnten ihn weinerlich und mürrisch machen. Die familiären Beziehungen besserten sich beträchtlich, nachdem Davdon in Erscheinung trat. Es dauerte nicht lange, bis sich die Eltern bereitwillig an seine Anwesenheit gewöhnten. Bei den Mahlzeiten nahm Davdon seinen eigenen Stuhl ein. Wenn die Mutter David bat, seine Eier zu essen, konnte er nun würdevoll antworten: »Ich muß erst Davdon fragen, ob ich das tun soll.« Er richtete seine Frage dann mit lauter Stimme an Davdon. Nach kurzem Schweigen wandte er sich seiner Mutter zu: »Davdon sagt, ich soll diese Eier essen.« David wurde ein viel glücklicheres Kind, viel seltener weinerlich oder mürrisch. Aber er gehorchte seinen Eltern niemals direkt. Nur Davdons Zustimmung oder Befehl veranlaßten ihn dazu.

Indem er einen Teil des Namens seines Vaters dem eigenen Namen hinzufügte, hatte David einen Gefährten geschaffen, der teils aus seiner eigenen Person hervorgegangen war und teils aus dem Ansehen, der Allmacht und Allwissenheit, die er seinem Vater zuschrieb. Davdon wurde als groß geschildert – »viel größer« als der Vater. Seine Stimme war so laut – »viel lauter als Papis Stimme« –, daß sich David manchmal die Ohren zuhalten mußte, wenn Davdon seine Befehle erteilte.

Davdon konnte nichts anderes tun als Befehle erteilen. Wenn Davids Mutter ihn wegen eines Vergehens tadelte, wehrte er sich heftig gegen diese Ungerechtigkeit mit der Behauptung, Davdon habe es ihm erlaubt. Andererseits weinte er mitunter und ließ den Kopf hängen, weil er sich wegen etwas schämte, was den Eltern völlig rätselhaft blieb. Er schämte sich, weil er Davdon enttäuscht hatte.

Als David fünf Jahre alt war, verschwand Davdon ebenso plötzlich, wie er erschienen war. David verbrachte nun viel Zeit damit, den Lehrer eines imaginären Hundes zu spielen, der ein sehr schlechter Schüler war. David beschuldigte dieses namenlose Tier der sonderbarsten, abscheulichsten Gedanken, der unglaublich dummen Ideen. Das Spiel hörte auf, als David in die Schule kam, wo er zum begierigen Leser und auffallend strengen Überwacher der Spiele auf dem Schulhof wurde.

Mitunter haben zwei Kinder in derselben Familie denselben imaginären Gefährten. Adam und Elizabeth, Geschwister von zwei und dreieinhalb Jahren, schufen sich gemeinsam einen imaginären Gefährten namens Poop. Poop, wie ihn Elizabeth beschrieb, war ein Junge, der »sehr schmutzig und sehr böse war«. »Er ist dünn«, sagte sie, »etwa 90 bis 120 Zentimeter groß. Aber er wird größer und dicker, wenn er Karotten oder Fleisch ißt.« Der Name Poop und seine speziellen Merkmale hingen mit Adam, dem kleinen Bruder, zusammen, der gerade der Reinlichkeitserziehung unterworfen wurde, aber nur Elizabeth konnte Poop den übrigen Familienmitgliedern vorstellen. Er trotzte allen häuslichen Regeln und wurde für jeden Verstoß gegen Anordnungen verantwortlich gemacht. »Poop war es« lautete die freundliche, unerschütterliche Antwort auf jede Ermahnung. Poop wurde von den Kindern wegen seiner Übergriffe hart bestraft, doch seiner Unsauberkeit und seinen schlechten Manieren wurde konspirativer Lippendienst geleistet.

Ein Jahr später bekam Poop ein Geschwister namens Gut-Poop, eine Erfindung Elizabeths. Laut Elizabeth war Gut-Poop ein ordentliches, sauberes, gehorsames, außergewöhnlich intelligentes kleines Mädchen, das ein hübsches rosa Schürzchen trug. In Adams Phantasie war Gut-Poop ein sehr tapferer Junge, der auf die höchsten Bäume klettern konnte, ein wagemutiger Sportler – »größer, stärker, gescheiter« als Adams Vater. Poop und Gut-Poop lebten einträchtig miteinander, wobei letztere(r) allmählich die Oberhand gewann. Als Elizabeth in die Schule kam, verschwanden schließlich beide Poops. Nachdem er nun, auf sich gestellt, von der etwas einschüchternden Gegenwart der älteren Schwester befreit war, wurde Adam zu einem wagemutigen, ausgelassenen Vierjährigen, der seinem eigenen Gut-Poop auffallend ähnelte.

Im ersten Stadium repräsentierte der Gefährte von Adam und Elizabeth ihre verbotenen Wünsche. Später wurde er/sie ein Gefährte mit sozialen und moralischen Qualitäten. Mit dem imaginären Gefährten als seinem moralischen Repräsentanten findet ein kleines Kind einen Weg, seine Wünsche und sein Verlangen weiterhin zum Ausdruck zu bringen und gleichzeitig selbst die moralische Autorität der mächtigen Figuren zu erlangen, die Ebbe und Flut seiner Befriedigungen zu kontrollieren scheinen.

Der Gefährte ist ungeheuer flexibel und kann jede Seite der großen Auseinandersetzung zwischen Verlangen und Autorität vertreten. Bemerkenswerterweise schürt diese kindliche Erfindung gleichzeitig das Verlangen, wandelt die infantilen Wünsche dann aber langsam in moralisches Streben um. Der Gefährte überbrückt den Abstand zwischen Wunsch und Erfüllung und bestätigt dem Kind, daß die Teilnahme an der Gesellschaftsordnung möglich ist, ohne auf Macht und moralische Würde zu verzichten.

Wir werden zivilisiert, indem wir Befehlen und Geboten gehorchen, unsere angeborene Allmacht aufgeben und unser Verlangen den Bedingungen der Gesellschaftsordnung unterwerfen. Als zivilisierte Wesen sind wir bereit, das Verlangen zu modifizieren und den Narzißmus den Erfordernissen eines Lebens in der Welt anzupassen. Dadurch wird uns gewöhnlich die Befriedigung zuteil, daß wir als Teil der sozialen Gemeinschaft zu anderen in Beziehung treten, unserer Arbeit nachgehen können, daß wir dazugehören und akzeptieren werden, daß wir sicher sind. Das kulturelle Leben wiederum ist auf die inneren Wächter zurückzuführen, die wir beschwören, um unsere moralische Würde zu bewahren. Es besteht aus den Tagträumen, Phantasien und Metaphern, die Vergangenheit, Gegenwart und Zukunft durch einen Wunsch miteinander verknüpfen.

Mit einem Geist, der von den Strukturen und der Stabilität des prosaischen Alltagslebens abgelenkt wird, und einem Körper, welcher unerbittlich in seine erwachsene Form hineinwächst, ist der Jugendliche ein Trauernder ohne Rituale, unfähig, die Reichweite seines Orts der Ruhe abzustecken. Metaphern wie Schmusedecken, imaginäre Gefährten, Familienroman genügen einfach nicht, um die Prüfungen der Adoleszenz zu bestehen. Um etwas mehr zu werden als nur ein größeres, sexuell reifes Schulmädchen, muß die Adoleszentin neue Metaphern erfinden.

Mit der Abwendung von den Kindheitsmetaphern werden Jugendliche zu angehenden Dichtern, zu Verrückten, die die

Welt der Erwachsenen herausfordern, ihren unverständlichen Gesten und Stimmungen Sinn zu verleihen. Sie sind die Träumer, die die Träume, die Kleidung, die »Realpolitik« der erwachsenen Generation ablehnen und entwerten müssen. Das Kleinkind muß »Nein« sagen, um herauszufinden, wer es ist. Der Jugendliche sagt »Nein«, um geltend zu machen, wer er nicht ist. Er gehört nicht den Eltern, er gehört zu seiner eigenen Generation. Um den Möglichkeiten der eigenen Generation den Weg zu ebnen, muß der Jugendliche zunächst das Utopia der Kindheit mit all seinen erstarrten Geschichten und bürokratischen Einschränkungen untergraben. Er wird nicht unterwürfig sein, wird nicht gehorchen.

Jugendliche schaffen sich ihre eigene Welt in bezug auf Kleidung, Manieren, Sprache und Tanz, ihre eigenen Stammesgewohnheiten, ihre eigenen Idole, die sie verherrlichen und verehren. Diese herbeigezauberte Welt zügelt das Verlangen und mildert die Demütigung, weniger zu sein als das allmächtige Wesen, das sie nach ihrer Vorstellung sein sollten. Sie schaffen sich ihre eigenen Orte der Ruhe. Sie bilden sich ein, über das Reich des Verlangens herrschen zu können. Sie schreiben sich eine gewisse Macht über die Natur zu. Was Jugendliche auf dem Weg zum Erwachsensein ersinnen, kann die Gesellschaftsordnung verjüngen. Die vitalen Kräfte des Wachstums, die ein Kind in ein mächtiges, sexuelles, zeugungsfähiges Wesen verwandeln, sind mit dem allgemeinen Gedeihen und der Vitalität von Gesellschaft, Natur und Kosmos verbunden.

Im Kinaaldá-Ritus der Navajo wird jedes Mädchen zur »Frau, die sich verändert« (Changing Woman). * Es kleidet sich

---

* »Im mythischen Universum der Navajo lebten zwei Gruppen von Wesen, die ›heiligen Leute‹ (heilig im Sinne von ›mächtig‹ und ›mysteriös‹) und die (lebenden und toten) Erdbewohner. Die ›heiligen Leute‹ waren nach einer großen Flut im Untergrund durch zwölf unterirdische Welten zur Erdoberfläche aufgestiegen, wo sie die Menschen schufen. Unter ihnen war ›die Frau, die sich verändert‹ (Changing Woman), den Menschen stets wohlgesonnen.« Zitiert nach Wolf-

und tanzt wie sie. Es wird zur Erde, zur Macht und Fruchtbarkeit in allen Dingen. Es wird zur Verkörperung der aufrechten Fortbewegung, des Wachstums der Erde bis in den Himmel. In seinem Sein vereinigt es Sonne und Mond, die glühende Sonne mit dem kühlen Wasser.

In der griechischen Mythologie wird Kore, das Mädchen, die Jungfrau, die Jugendliche, in die Unterwelt gebracht; wir wissen wenig darüber, was dort mit ihr geschieht. Doch sie kehrt als Persephone zurück, wiedergeboren wie die Früchte des Feldes, die nach einem dunklen Winter aus der Erde hervorkommen. Kores Sexualisierung, der Umstand, daß sie zur fruchtbaren, schöpferischen, vollendeten Persephone wird, ist gleichbedeutend mit dem Hervorsprießen der Früchte des Feldes.

Bei den Stämmen der nordamerikanischen Prärieindianer wurden die Knaben ermutigt, persönliche Macht zu erringen, indem sie sich vorübergehend dem Halt der Gesellschaft entzogen. Sie wagten sich in gefährliche Regionen, wo die schützenden Gesetze des Stammes keinerlei Bedeutung hatten. Sie gingen bis zur äußersten Grenze körperlicher Leiden in der Hoffnung, mit der geheiligten Welt in Verbindung treten zu können. Sie ließen sich ohne jede Nahrung auf Flößen treiben; sie begaben sich auf einsame Bergeshöhen, wo sie gegen wilde Tiere kämpften und sich dem Regen und der Kälte aussetzten; sie fasteten durch endlose Wochen und schwächten sich noch mehr, indem sie Brechmittel einnahmen. Lévi-Strauss deutet solche jugendlichen Zerreißproben folgendermaßen: »Denn in diesen unsicheren Randzonen setzt man sich der Möglichkeit aus, entweder auf die andere Seite zu fallen und nicht wiederzukehren, oder im Gegenteil aus dem ungeheuren Ozean ungenutzter Kräfte, der eine wohlgeordnete Menschheit umgibt, einen Vorrat an persönlicher Macht zu schöpfen, dank welcher eine sonst unwandelbare soziale Ordnung zugunsten desjenigen aufgehoben wird, der alles gewagt hat.«

gang Lindig, Kulturen der Eskimo und Indianer Nordamerikas, in: Handbuch der Kulturgeschichte, S. 346, Frankfurt 1972.

Die Jugendliche hat keine Kontrolle über ihre sich verändernde Physiologie – die Ausscheidungen der endokrinen Organe, die dramatische Veränderung der Proportionen der Länge der Beine zum Rumpf, die Ausdehnung aller Muskeln und Gewebe, das Schamhaar, die gewölbten Brustwarzen, den Menstruationsfluß. Aber sie bringt ihre Macht über diese natürlichen Vorgänge zum Ausdruck, indem sie ihren Körper schmückt (oder gar verstümmelt), indem sie die heiligen Lieder ihrer Generation singt, sich ihrer Geheimsprache bedient – all das deutet auf ihre kommende Macht und ihren sich verändernden sexuellen Status. Wenn Jugendliche auf ihre Muskelkraft, ihre Sexualität und ihr Fortpflanzungspotential in akzeptablen Formen von Sprache und Tanz, Kleidung und Körperschmuck hinweisen, nehmen sie ihrer Physiologie den Charakter einer Bedrohung der Gesellschaft. Diese Metaphern werden mit Komponenten der normalen Gesellschaftsordnung verknüpft. Indem sie die emotionalen und physischen Bande zwischen den Gleichaltrigen stärken, stärken die jugendlichen Metaphern auch das Inzesttabu. Die wilden Haartrachten, obszöner Körperschmuck und Kleidung sind Betonungen des Generationsunterschiedes und sollen die erwachsene Generation abschrecken. Die Erwachsenen werden jedoch durch die Vitalität der jugendlichen Metaphern stimuliert, und sie sind nicht gänzlich davor gefeit, dem nachzueifern, was sie mit Furcht und Neid betrachten.

Doch ebenso wie Schmusedecken und imaginäre Gefährten müssen die Metaphern der Adoleszenz vor der Aneignung durch die Erwachsenenwelt bewahrt werden. Damit sie ihren Wert behalten, müssen sie die Domäne der Jugend bleiben. Nach einer gewissen Zeit werden geheiligte Musik, Tanz, Dichtung, Sprache, Kleidung, Körperschmuck Bestandteil des allgemeinen profanen Bereichs. Einige Metaphern werden vom Strom des gewöhnlichen Lebens absorbiert. Andere behalten ihre Macht und ihre volle Vitalität für immer. Wenn aber die erwachsene Generation den Bereich der Beschwörung beherrschen oder sich aneignen sollte, wie es so oft in unseren modernen Konkurrenzgesellschaften geschieht, dann werden die gegenwärtigen Metaphern von der Jugend aufgegeben und einfach durch andere ersetzt. Je mehr die Erwachsenengeneration von dem usurpiert, was der Jugend gehört, desto wilder und doppeldeutiger werden die neuen Metaphern wahrscheinlich sein.

Die Texte, die Jugendliche ansprechen, haben eine andere Bedeutung als nostalgische Sehnsucht nach dem Goldenen Zeitalter oder Klagen um verlorene Helden und Heldinnen. In Musik gesetzt, erzählen die metallenen Saiten und traurigen Rhythmen von Schmerz, Einsamkeit, von der Verwirrung, wenn ein Mensch im Begriff steht, aus einem Lebensabschnitt in einen anderen überzuwechseln, von den Spaltungen im Selbst, von den Bemühungen, sich selber treu zu bleiben. Sie sprechen von der alptraumhaften Ungewißheit dessen, was fast ist, aber doch erst kommen soll. Die Verse sind alltäglich; wir haben sie oft gehört. Dennoch spiegeln sie das Gefühl wider, daß das Selbst unvollkommen sei, die Sehnsucht nach Kräften oder Substanzen, die Ganzheit vermitteln könnten. Der Pulsschlag der Beatmusik warnt vor der ungeheuren Macht der Machtlosen und davor, das geschehen könnte, wenn wir sie nicht ernst nehmen. Und da wir alle mitunter machtlos sind, schlagen wir den Takt mit.

Wir schaffen Metaphern, wir beschwören Illusionen der Macht herauf, um ertragen zu können, daß die wirkliche Welt, in der wir leben, eine Welt begrenzter Möglichkeiten ist. Die Welt, in der wir leben, ist eine Welt wirklicher anderer, die Menschen wie wir sind, sich aber dennoch von uns unterscheiden, jeder einzelne auf diese oder jene Weise – eine Welt von Haushalten, Schulhöfen, Büros, Gotteshäusern; eine Welt der Kindheit, der Gräber, des Weinens, des Lächelns; eine Welt voller Bande, die uns an andere fesseln und es uns schwer machen, eine Welt realer Ambitionen und realer Macht. Als Lionel Trilling von dieser wirklichen Welt sprach, nannte er sie einen Ort »aller möglichen Ungelegenheiten, wenn man sich ins Zeug legen will, wo man Opfer ist, sich mit Rabbis herumschlagen muß, zu Hochzeiten und Begräbnissen gehen muß, etwas Neues anfängt und an einem bestimmten Punkt merkt, daß es schon erledigt ist«. Trilling beabsichtigte nicht, das Reich der unendlichen Möglichkeiten herabzusetzen oder die Vorstellung aufzugeben, daß zur menschlichen Existenz mehr gehört als Verlangen oder Gesetzestreue. Wie Kierkegaard machte er darauf aufmerksam, daß niemand von uns wahrhaft moralisch sein kann, wenn wir die Dimensionen der Welt, die wir tatsächlich bewohnen, nicht respektieren und in Betracht ziehen.

An dieser Stätte der Ruhe, die sich jenseits des Gesellschaftlichen, jenseits der Lust, jenseits der Realität befindet, ziehen wir dennoch die große Auseinandersetzung zwischen Verlangen und Autorität in Betracht. Der imaginäre Gefährte erlaubt es dem Kind, seine Wünsche den moralischen Anforderungen der Gesellschaftsordnung anzupassen und gleichzeitig seine moralische Würde zu wahren. Es hat sich also weder dem Verlangen noch der Autorität unterworfen. Es hat einen Weg gefunden, sich mit dem Unbehagen auszusöhnen, das sich im Lauf des Lebens in einer wirklichen Welt unweigerlich einstellt.

Jeder Mensch, der in einer wirklichen Welt aufwachsen und sich ihr anpassen soll, braucht einen Lebensbereich, der der Beschwörung vorbehalten ist. Immer wenn die Energien des physischen Wachstums stärker werden, wenn die im individuellen Leben angelegten psychischen Veränderungen die Gesellschaftsordnung in Gefahr zu bringen drohen wie in der Adoleszenz, wird das Bedürfnis nach einem Ort der Ruhe stärker. Der Jugendliche lebt sein Leben, als befände er sich in ständigem Kontakt mit der wirklichen Welt. Doch ein großer Teil seiner Existenz wird in heiliger Zeit gelebt, in Himmelshöhen, fern der Erde und ihrer weltlichen Interessen. Hier in diesem Zwischenreich können die Disharmonien des halb kindlichen, halb erwachsenen Wesens allmählich zu einer Art innerer Einheit gelangen.

Früher oder später muß die sich verändernde Frau ihren Weg in die reale Welt zurückfinden. Während ihres Aufenthalts in der Unterwelt oder eingeschlossen in einen Kokon oder aber hoch oben im All hat sie mit ihren dämonischen und sexuellen Wünschen gerungen. Dennoch, wenn bei ihrer Wiederkehr weder die »richtige« Person vorhanden zu sein scheint, die ihren sexuellen Hunger stillen kann, noch ein Platz, an dem sie ihre Kräfte messen könnte, dann verdorrt sie, die Früchte des Feldes verdorren, und die Erde wird unfruchtbar.

Wie eine Jugendliche mythische Macht in wirkliche Macht umwandelt, hängt zum Teil von den sozialen Konventionen und moralischen Merkmalen der wirklichen Umwelt ab, die darauf wartet, sie zu empfangen. In der Übergangszone hat sie vielleicht einige neue Lösungen gefunden, doch wenn es keinen Mais für den heiligen Maispfannkuchen gibt, kein Schreibpapier für ihre Gedichte, keine Bühne für ihre Tänze, keine Schulen, wo sie lehren kann, keine Gotteshäuser, in denen sich zu beten lohnt, keine unerforschten Gebiete, die sie entdecken kann – was tut sie dann?

Es steht zu erwarten, daß die Jugend die Welt, die sie empfängt, in Frage stellt, und daß die Rückkehr verwirrend und enttäuschend sein wird. Doch solange es irgendeine Art von Zivilisation gibt, irgendeine Form von kulturellem Leben möglich ist, wird es auch Maisfelder, Schreibpapier, Bühnen, Haushalte, Schulen, Gotteshäuser geben. Das Problem der Jugend besteht darin, ein Leben mit unendlichen Möglichkeiten gegen ein Leben mit begrenzten Möglichkeiten einzutauschen.

Dieses persönliche Problem muß jeder Jugendliche für sich selbst lösen, wenn er die Zügel in die Hand nimmt, um zum Ernährer und Gesetzgeber zu werden. Die anderen Probleme der Rückkehr betreffen die Gesellschaft als ganzes und die ältere Generation mit ihren Konflikten wegen der Übergabe der Macht an die Jugend, mit ihrem Neid auf die sexuellen und moralischen Wechselbälge, die sich anschicken, zur nächsten Erwachsenengeneration zu werden.

Über die Adoleszenz sagt Rousseau: »Das Blut gärt und wallt. Eine Lebensfülle sucht sich auszuwirken.« Die Vorstellungsgabe des Adoleszenten ist grenzenlos. Der Drang nach Selbstvervollkommnung hat seinen Höhepunkt erreicht. Und bei all ihrer Selbstbezogenheit und trotz all ihrer Ruhmesträume streben die Jungen nach etwas Größerem als persönlichen Leidenschaften, nach Werten und Idealen, an die sie ihre Phantasien heften können. Ihre Energien sind gleichwertig verteilt, um persönliche narzißtische Interessen in die Sorge um das Allgemeinwohl umzuwandeln. Ihre physischen Kräfte, Zeugungs- und kreative Fähigkeiten, ihr visionärer Geist, ihre Vorstellungsgabe – alles ist bereit, auf die Zukunft der Zivilisation ausgerichtet zu werden. Von den Jugendlichen als Erneuerern der ethischen Möglichkeiten der Gesellschaft kann erwartet werden, daß sie der Vergangenheit widerstehen und ihre Verschiedenheit von der Erwachsenengeneration behaupten. Gleichzeitig würden sie uns respektieren, sogar mit uns wetteifern wollen, wenn das, was wir ihnen anbieten, mit ihren moralischen Ambitionen in Einklang stünde. Statt dessen wird in unserer modernen Welt das moralische Potential der Jugend in erschrekkendem Maße vergeudet. Die Hüter der Jugend – Eltern und Lehrer, politische und religiöse Führer – täten gut daran zu überlegen, ob das, was sie als soziale Werte und Ideale repräsentieren und vermitteln, die Jugend zum Guten anregt oder ob es sie in jenen perversen Vorstellungen von Selbstvervollkommnung bestärkt, die sich in unserer modernen Gesellschaft breitzumachen scheinen.

Teil III
Perspektiven: Das Streben nach Vollkommenheit

10 Magersucht

Eine Form weiblichen Strebens nach Vollkommenheit

Im Mutterleib gibt es keine Reflexionen. Der Komplex Fötus-Fruchtwasser-Plazenta-Mutter ist in sich vollkommen. Und eine Neugeborene hat keinen anderen Spiegel als Reflexe, Sinne, Muskeln, die ihr sagen, wer oder was sie ist. Sie nimmt in sich auf und greift aus. Diese wunderbare Allmacht von Gestik und Handlung ist die Schablone ihrer ersten psychischen Handlungen, d. h. jener Wünsche, die ihr erlauben, alles zu sein, was sie sein will. Sie wünscht, daß jede Störung verschwindet. Sie wünscht Erleichterung und Befriedigung. Und sie erhält sie – zumindest eine Zeitlang.

Das einzige, was die Neugeborene von sich selbst kennt, sind Spannungen und Erregungen, Ausgreifen und Fortbewegen. Sie sucht. Aber sie hat keine Ahnung, wonach sie sucht, bis ihre Bewegungen sie mit etwas in Berührung bringen, das mit ihrem suchenden Körper zusammenpaßt. Sie ist eine Zauberin, die Magisches erschafft, ohne zu verstehen, was sie zaubert: Die Brustwarze neigt sich ihrem suchenden Mund entgegen, ihr Körper schmiegt sich in eine nachgiebige Weichheit, die genauso riecht wie ihr eigener Körper, sie kommt zur Ruhe, weil ihr Kopf an eine Schranke stößt. Das Kind lebt in der Illusion, die Brustwarze, den Körper der Mutter, den Rand der Welt erschaffen zu haben. Diese magisch erschaffene Welt ist sein Spiegel.

Mit zwei Monaten wird dem Kind bewußt, daß es gehalten und vor Spannung und Erregung durch besondere Ereignisse beschützt wird, die außerhalb seines Körpers vorgehen. Es fühlt die Anwesenheit von jemandem, dessen Geruch, Berührung, Herzschlag, Körperbewegungen sich in vollkommener Harmonie mit seinem eigenen körperlichen Zustand befinden. Der Einklang zwischen der haltenden Gegenwart der Mutter und den

Gesten des Kindes reicht, dem Kind die Illusion seiner Allmacht zu bewahren. In Gegenwart der Mutter kann es sich immer noch alles wünschen, was ihm das Gefühl gibt, ganz und wunderbar zu sein. Unerbittlich wird das Kind in das sichernde Netz seiner Existenz eingesponnen. Seine Erregungen und Spannungen werden durch den Hunger nach der haltenden Gegenwart gezähmt, die befriedigt, abschirmt, rationiert, frustriert, es zur Gesetzmäßigkeit erzieht. Nun beginnt es sein Selbst daran zu messen, wie es sich in den Gesten des anderen widerspiegelt. Manchmal kommt dieser Spiegel den magischen Zeiten sehr nahe, als der Säugling wünschen konnte, er möge da sein, und dieser Wunsch in Erfüllung ging. Die gurrende Stimme der Mutter, ihre leuchtenden Augen, die dem Baby sagen: »Was bist du für ein schönes Baby. Wie wundervoll du bist. Wie mein Herz jubelt, wenn ich dich in meinen Armen halte«, sind fast so gut wie Allmacht. Das Kind schaut der Mutter tief in die Augen, seine Stimme gurrt wie ihre, und es sieht sich gespiegelt, als wäre es so aufsehenerregend und mächtig, wie es das manchmal von sich selbst glaubt. Die spiegelnde Bewunderung der Mutter ist eine Liebkosung, die den Körper des Kindes vergoldet.

Um an Ruhm und Macht des spiegelnden anderen teilzuhaben, verzichtet es von nun an auf einen großen Teil der allmächtigen Gesten und Handlungen, mit denen es geboren wurde. Von nun an hält die Angst, vom spiegelnden anderen getrennt zu werden, die Allmacht des Kindes in Schach, bewahrt es davor, sich zu überschätzen. Gewiß, der Vergleich zwischen der eigenen begrenzten Macht und der außerordentlichen Macht der glorreichen anderen, von deren Liebe es abhängt und die seine Sicherheit gewährleisten, erzeugt Groll und Neid. Aber es lohnt sich. Denn immer wenn sich das Kind verwundbar fühlt, wenn es das Gefühl hat, weniger zu sein, als es sein möchte, wird ihm Beruhigung zuteil. Wenn es nicht nach dem Löffel greift und mit dem Brei herumschmiert, sondern einfach den Mund öffnet, den Löffel bekommt und schluckt und gurrt, dann leuchten die Augen der Mutter auf: »Was bist du doch für ein wundervolles Baby. Du bist vollkommen.« Der glänzende Spiegel der Selbstliebe und der Liebe des anderen kann ein großer Betrüger sein.

Ein vierzehnjähriges Mädchen betrachtet ihr Spiegelbild eingehend. Ihre Augen strahlen angesichts ihres feinen Gesichts, ihres schlanken Halses, ihrer Schultern, Brüste, Hüften, Schenkel, Waden, Knöchel. Sie freut sich über ihre zarte Haut, die scharfen, eckigen Umrisse ihres nahezu makellosen, mageren Körpers. Da wird ihr Blick ein wenig besorgt. Sie hat eine leichte Wölbung des Magens festgestellt. Abgesehen von diesem einen verräterischen Omen ist das Mädchen im Augenblick überzeugt, daß es die Freßlust, die ihr Dasein beherrscht, zum Schweigen gebracht hat.

Andererseits ist das, was Mutter und Vater im Spiegel sehen, ein Gespenst, das kaum eine Ähnlichkeit mit der wundervollen Tochter aufweist, die sie einmal hatten – ein Gespenst mit stumpfem, strähnigem Haar, rauher, fleckiger, fahler Haut, langem, seidigem Flaum, der den Leib, den Rücken, Arme und Beine bedeckt; sie sehen bräunlich-verfärbte Finger- und Fußnägel, Knochen ohne Fleisch, brennende, eingesunkene Augen. Ein Kadaver, ein wandelndes Skelett. Die Eltern entscheiden, daß es jetzt weit genug gekommen ist mit der verrückten Diät ihrer Tochter. Das Mädchen erklärt sich herablassend bereit, mit der Mutter zum Arzt zu gehen. Sie ist zutiefst verstimmt wegen der Versuche der Eltern, das, was sie erreicht hat, zu untergraben. Abgesehen von gelegentlichen Magenkrämpfen und der Verstopfung, die sie mit Abführmitteln sehr gut unter Kontrolle hat, sowie der Taubheit und dem Prickeln in Händen und Füßen fühlt sie sich vollkommen wohl. Es ging ihr nie besser.

Der Arzt nimmt auf den ersten Blick sämtliche äußeren Anzeichen einer Kachexie, d. h. der körperlichen Auszehrung, wahr. Das Mädchen ist 1,60 m groß und wiegt etwa 70 Pfund. Ihre Abmagerung ist fast schon lebensbedrohlich. Wie seine Diagnose schließlich auch lauten mag, wenn das Mädchen nicht sofort zu essen beginnt, muß er ihre Einweisung ins Krankenhaus empfehlen. Die körperliche Untersuchung ergibt, daß die Körpertemperatur unterhalb der Norm liegt, daß der Pulsschlag weniger als 60 in der Minute beträgt, eine Nagelbettentzündung von Finger- und Fußnägeln vorliegt, Hände und Füße blau geschwollen sind, Schweiß- und Talgdrüsen vermindert arbeiten und der Körper dehydriert ist.

Bei Laboruntersuchungen wird wahrscheinlich irgendeine Form von Blutarmut festgestellt werden – entweder ein Eisenmangel oder möglicherweise eine mangelhafte Proteinsynthese. Es kann eine Verringerung der weißen Blutkörperchen, die die Widerstandskraft des Körpers gegen Krankheiten stärken, bestehen, oder aber eine anormale Zunahme dieser Zellen. Der Arzt rechnet mit einer leichten bis schweren Schädigung des Knochenmarks, mit einer Dysfunktion der Bauchspeicheldrüse und einer Reduzierung des früheren Grundstoffwechsels des Mädchens um 20 bis 40 Prozent. Da sich ihr Körpergewicht genügend verringert hat, um das Rückkopplungssystem von Hirnanhangdrüse, Schilddrüse und Keimdrüsen umzukehren, hat ihr Menstruationszyklus aufgehört, und eine Röntgenuntersuchung wird zeigen, daß damit eine Verlangsamung des Skelettwachstums einhergeht. Die Vorpubertät ist zum Stillstand gebracht worden.

Eine Stoffwechselkrise, die zu Nierenversagen oder zum Aussetzen der Herztätigkeit führt, kann bevorstehen. Wenn der schlechte körperliche Zustand nicht behoben wird, wenn er chronisch werden sollte, kann es zur irreversiblen Schrumpfung eines inneren Organs kommen – des Herzens, der Nieren, des Gehirns. Das Mädchen kann die Fähigkeit verlieren, Kinder auszutragen. Wenn die Abmagerung nicht aufgehalten wird, stirbt sie.

Die Mutter berichtet, daß der Haushalt gut geführt und in Ordnung ist. Sie arbeitet halbtags in ihrem Beruf und ist gewöhnlich zu Hause, um die Hausaufgaben und Mahlzeiten der Kinder zu überwachen. Die andere Tochter besucht mit Erfolg ein College. Es gibt keine Uneinigkeit in der Familie. Der Vater überläßt die Haushaltsführung und Kindererziehung völlig der Mutter. Auf beiden Seiten der Familie gibt es keinerlei Hinweis auf psychische oder schwere körperliche Leiden. Bis vor einem Jahr war dieses dürre, eigensinnige, reizbare Gespenst ein pflichtbewußtes, gehorsames, schönes, strebsames, intelligentes, wohlernährtes Kind mit guten Manieren – ja, geradezu der Bannerträger dieser glücklichen, harmonischen Familie.

Die Mutter klagt, daß die Verschlechterung so plötzlich kam. Ihre Tochter machte eine Diät. Sie bat ihre Lehrerin um zusätzliche Aufgaben. Sie nahm keinen Gymnastik- und Ballettunterricht mehr, weil dies nicht anstrengend genug war, und begann statt dessen täglich etliche Meilen zu laufen. Doch erst als dieses gewöhnlich gehorsame Mädchen streitsüchtig, boshaft, eigensinnig wurde und versuchte, die Essensgewohnheiten der Familie zu bestimmen, kam die Mutter auf den Gedanken, daß irgend etwas nicht in Ordnung war. Die Eltern bemerkten dann, daß das Mädchen, das einerseits den Speisezettel machte, sich ums Kochen kümmerte, den Tisch deckte, Rezepte sammelte, den Vater ermahnte, nicht so laut zu kauen, andererseits selbst zum Mittagessen nur zwei Stückchen Hühnerleber und eine Scheibe Käse aß. Nichts, was Mutter oder Vater sagten, konnte sie dazu bewegen, mehr zu essen. Innerhalb von vier Monaten, nachdem sie erstmals den Appetitverlust ihrer Tochter bemerkt hatten, verringerte sich ihr Gewicht von 100 Pfund auf gegenwärtig 70 Pfund.

Der Arzt ist sicher, daß der dramatische Gewichtsverlust des Mädchens und sein idiosynkratisches Verhalten auf eine Anorexia nervosa hinweisen. Er hatte in seiner dreißigjährigen Praxis bis in die späten siebziger Jahre keinen einzigen Fall gesehen, mußte aber in den vergangenen zwei Jahren bereits vier Mädchen ins Krankenhaus einweisen. Trotzdem zieht er systematisch alles in Betracht, um jene körperlichen Leiden auszuschließen, die ebenfalls mit einem signifikanten Gewichtsverlust einhergehen, etwa Tuberkulose, Dysfunktion der Nebennierendrüse, Krämpfe der Speiseröhre, Magenkrebs, perniziöse

Anämie. Er zieht auch jene psychischen Störungen in Betracht, bei denen die Weigerung zu essen und die Abmagerung sekundäre Symptome eines umfassenderen klinischen Bildes sind, etwa gewisse Formen von Schizophrenie und die zahlreichen depressiven Reaktionen, die in der Adoleszenz so häufig vorkommen.

In den letzten zehn Jahren haben medizinische Zeitschriften die Aufmerksamkeit des Arztes auf die Tatsache gelenkt, daß es auch atypische Formen von Magersucht gibt, die nicht durch eine andere größere physische oder psychische Störung kompliziert werden. Diese atypischen Magersuchtformen sind gewöhnlich auf diätetische Askese oder außer Kontrolle geratene Hungerstreiks Jugendlicher zurückzuführen und in relativ kurzer Zeit zu beheben. Da der Arzt dieses Mädchen und seine Mutter kennt, hat er wenig Hoffnung, eine atypische Magersucht diagnostizieren zu können. Dennoch hofft er darauf. Wenn diese Diagnose zuträfe, könnte er der Kooperation des Mädchens bei der Behandlung sicher sein. Sie würde sich als Patientin begreifen, die Hilfe braucht, und sie könnte ihren Gewichtsverlust beklagen und erkennen, daß das Gespenst im Spiegel keine schöne Nymphe ist. Sie würde nicht so dünn bleiben wollen und den Diätvorschriften des Arztes nur geringen Widerstand entgegensetzen.

Worauf der Arzt hofft, ist, daß dieses bemitleidenswerte Geschöpf, das ihn so mürrisch anstarrt, irgendein Zeichen der Besorgnis über ihren körperlichen Zustand erkennen läßt. Doch ihre privaten Gespräche bestätigen die Diagnose einer primären typischen Magersucht. Einstellung und Verhalten des Mädchens zeigen alle Unterscheidungsmerkmale: vollkommene Sorglosigkeit über die Abmagerung, die unerschütterliche Überzeugung, einen vernünftigen Kurs zu steuern, die entschlossene und eigensinnige Verteidigung der hochgradigen Magerkeit. Das Mädchen betont auch, wie wohl sie sich fühle, daß sie täglich anstrengende Läufe oder Spaziergänge von mehreren Meilen unternehme, keinerlei Müdigkeit empfinde, nachts nur drei oder vier Stunden Schlaf benötige. Diese stolzen Versicherungen hinsichtlich ihres körperlichen und geistigen Wohlbefindens sind angesichts der hochgradigen Abmagerung um so bemerkenswerter.

Das Mädchen beharrt darauf, daß sie genügend esse und niemals hungrig sei. Der Arzt weiß, daß sie die Fähigkeit, Hunger zu erkennen, vollkommen verloren hat und daß sie nicht unter Appetitverlust leidet. Denn bei der primären Magersucht ist das Mädchen oder die junge Frau vom Gedanken an Essen besessen. »Anorexia«, was im allgemeinen »Appetitverlust« bedeutet (wörtlich heißt »an-orektisch«: Verlust des Lebenswillens) ist in beiderlei Hinsicht eine falsche Bezeichnung. Der Appetit des Mädchens ist ungeheuer, und es will nicht sterben.

Die Störung erhielt die medizinische Bezeichnung Anorexia erstmals von Ernest Lasègue 1873 in Frankreich und 1874 von Sir William Gull in England. Gull unterstrich den allgemeinen Gemütszustand, der mit dem scheinbaren Appetitverlust einherging – daher Anorexia nervosa. Lasègue, der an eine hysterische Ätiologie glaubte, nannte die Störung *anorexie hystérique*. Einige Jahre später verwarf ein anderer französischer Arzt, Henri Huchard, die hysterische Ätiologie und empfahl statt dessen die Bezeichnung *anorexie mentale*, wie die Störung seither in Italien und Frankreich genannt wird. In Deutschland wird sie als Pubertätsmagersucht bezeichnet, ein diagnostisches Etikett, das den beobachteten Tatsachen bedeutend näherkommt.

Die echte Magersüchtige beklagt sich über nichts, als daß ihre Eltern darauf beharren, sie müsse zu essen versuchen. Sie ist wie sie der naiven Auffassung, daß sie den Appetit verloren habe. Aber sie weiß sehr gut, daß sie ihren Appetit oft nicht zügeln kann. Sie schmuggelt heimlich Essen in ihr Zimmer. Gelegentlich schlägt sie sich den Magen so voll, daß er sich bläht, und entleert ihren Körper dann, indem sie erbricht oder große Mengen von Abführmitteln zu sich nimmt. Ist ihr Körper dann wieder zaundürr, so ist dies ein Zeichen, daß sie die Schlacht gegen die Freßlust gewonnen hat. Doch in bezug auf beinahe jeden anderen Aspekt ihres Lebens fühlt sie sich eingeengt und beherrscht. Sie vermag sich nicht von der Vorstellung zu befreien, daß sie stets auf Befehl anderer handele. Außer in bezug auf Essen, Laufen und die schlaflosen Nächte fühlt sie sich nutzlos und wertlos. Ihre Abmagerung ist ihr Triumph.

Von Medizinhistorikern hören wir, daß es vor dem späten 19. Jahrhundert nur sporadische, vereinzelte Beschreibungen von Krankheiten gegeben hat, die der Magersucht ähneln: im 3. Jahrhundert einen Buddha auf der Suche nach Erleuchtung, im 11. Jahrhundert einen jungen Prinzen, der unter Melancholie litt, im Jahre 1613 ein französisches Mädchen, das drei Jahre fastete, 1689 zwei Fälle, die als Auszehrung psychischen Ursprungs mit Abmagerung, Amenorrhoe, Verstopfung, Hyperaktivität, Appetitlosigkeit beschrieben wurden, im späten 18. Jahrhundert einige Fälle in England und in Frankreich den Fall eines Mädchens, der mit dem Tode endete. Dieser Tod wurde dem verderblichen Einfluß der Mutter zugeschrieben.

Seit den siebziger Jahren des vorigen Jahrhunderts befaßten sich die medizinischen Beschreibungen in besonderem Maße mit der Familienkonstellation. Lasègues klassische Arbeit »De l'anorexie hystérique« warnte: »Die Patientin und ihre Familie bilden ein eng verknüpftes Ganzes, und wir erhalten ein falsches Bild der Krankheit, wenn wir unsere Beobachtungen auf die Patientinnen beschränken.« Gull empfahl, die Patientin aus der Familie zu entfernen. 1895 machte Gilles de la Tourette, der ebenfalls die Trennung des Mädchens von der Familie vorschlug, als erster darauf aufmerksam, daß die Patientin nicht unter Appetitlosigkeit litt. Die Weigerung zu essen und eine verzerrte Wahrnehmung ihres Körpers, so behauptete er, seien die Wahrzeichen der Krankheit.

Außer in der Zeit zwischen 1915 und 1935, als die Magersucht und nahezu jedes andere mit Unterernährung verbundene Leiden der Simmondsschen Krankheit zugeschrieben wurde, der von Dr. Morris Simmonds entdeckten Hypophysenvorderlappeninsuffizienz, waren sich die meisten Experten bewußt, daß die physische Abmagerung durch psychische Faktoren eingeleitet und aufrechterhalten wurde und dann bis zum Verhungern eskalierte. Es bestand Übereinstimmung, daß die Familienkonstellation, insbesondere die Mutter-Tochter-Beziehung, bei der Störung eine entscheidende Rolle spielte.

Als ihnen immer mehr Fälle vor Augen kamen, waren Ärzte und Psychologen frustriert, weil sie die Rätsel der bizarren Störung nicht lösen konnten, die in ihrer primären typischen Form fast ausschließlich auf Heranwachsende der Oberschicht und des oberen Mittelstands beschränkt waren. Spekulationen über die zugrundeliegende psychische Dynamik dieser Mädchen, die sich zu Tode hungerten, und ihrer Familien schossen ins Kraut. Da sich die Psychoanalytiker und andere Forscher an das offensichtlichste und dramatischste Merkmal des Magersuchtsyndroms hielten – die Weigerung zu essen –, konzentrierten sich ihre Theorien anfangs auf die »oralen« Komponenten der Störung. Kannibalistische Phantasien – der Wunsch nach oraler Einverleibung der Mutter, Angst, die Mutter zu verschlingen, der Wunsch nach oraler Schwängerung durch den Vater – gehörten zur vermuteten zentralen Dynamik.

Deutungen, die auf solchen Spekulationen beruhten, brachten den fanatischen Ehrgeiz der Magersüchtigen nicht ins Wanken. Oft hatten diese Deutungen die entgegengesetzte Wirkung, die Entschlossenheit des Mädchens, nicht zu essen, noch zu steigern. Manche ehemaligen Patientinnen beschrieben die therapeutische Situation so, daß sie sich von den Worten des Arztes bedrängt und von der Arzt-Patient-Beziehung ebenso überwältigt fühlten wie von ihren körperlichen Funktionen. Sie schluckten mürrisch alles, was der Arzt sagte, und tilgten die Botschaft aus ihrem Gedächtnis, indem sie sie ausspieen. Daß immer mehr Theorien dazukamen, trug kaum dazu bei, die Rätsel zu lösen oder die Magersüchtigen zu heilen. Bevor die Sterblichkeitsrate kürzlich auf 2 Prozent gesenkt werden konnte, hatte sie ständig 15 Prozent betragen, und viele Mädchen wurden chronische Magersüchtige, die den Rest ihres Lebens am Rande des Verhungerns zubrachten.

Eine Tatsache ist unbestreitbar. In westlichen Gesellschaften hat die Magersucht ständig zugenommen. In den vergangenen dreißig Jahren ist jedes Jahr auf 200000 Einwohner etwa ein neuer Fall berichtet worden. In Skandinavien betrug der Anstieg das Fünffache. Und in Japan, wo die Magersucht vor der Verwestlichung so selten war, daß man sie als nichtexistent betrachtete, ist die Störung fast so häufig geworden wie in den Vereinigten Staaten und in Großbritannien. Und während die Magersucht früher auf Mädchen der weißen Oberschicht und des oberen Mittelstandes beschränkt war, hat sie nun überall dort Klassen- und ethnische Schranken übersprungen, wo man aufstiegsbewußte Familien findet. Würde man die nicht-hungernden Bulimiker – also jene, die fressen und wieder ausspeien – in die Statistik aufnehmen, wäre die Häufigkeit weit höher. Trotz ansteigender Tendenz wurde die Magersucht 1982 statistisch noch als »selten« bewertet; sie trat etwa bei einem von 250 Mädchen zwischen 13 und 19 Jahren auf. Die Bulimie tritt bei schätzungsweise 13 Prozent dieser Altersgruppe auf, 30 Prozent der Altersgruppe weisen bulimische Symptome auf.

Natürlich gibt es keine Möglichkeit, die zweifellos ungeheure Zahl von Studentinnen, Tänzerinnen, Modellen zu schätzen, die ihr »Idealgewicht« bewahren, indem sie sich nach dem Essen übergeben. Die Statistik berücksichtigt auch nicht die Armee der »dünn-dicken« Leute – jene schlanken, untergewichtigen Frauen, deren Bild dem westlichen Schönheitsideal entspricht, die aber das mollige Wesen in ihrem Inneren verhungern lassen und deshalb reizbar, angespannt, nervös, zwanghaft ordentlich, beherrscht, emotional bedürftig und neidisch sind. Der Arzt Heckel, der 1911 den Begriff »dünn-dicke Menschen« prägte, sagte: »un obèse amaigri; mais il est toujours un obèse«.

Im letzten Jahrzehnt, als sich die Fälle von Magersucht in beunruhigender Weise vermehrten, wurde deutlich, daß die sogenannten oralen Merkmale der Störung lediglich die Spitze des Eisbergs darstellten. Die Experten begannen, anderen dominanten Aspekten des Magersuchtsyndroms ihre Aufmerksamkeit zu schenken – der verzerrten Wahrnehmung des Körpers und der Körperfunktionen, dem fanatischen Ehrgeiz des Mädchens, ihrem Perfektionismus und ihrer Hyperaktivität. Psychologen aller therapeutischen Richtungen – orthodoxe Psychoanalytiker, Verhaltensforscher, Familientherapeuten, selbst die altmodischen Ärzte, die an Zwangsernährung und Medikamenten festhielten – sollten sich zunehmend beeindruckt zeigen vom Spiegelungscharakter der Mutter-Tochter-Beziehung und von der psychologischen Verstrickung aller Mitglieder dieser supernormalen, gut funktionierenden, ordentlichen, harmonischen, ehrgeizigen Familien.

Als die Psychologen mit den Einzelheiten des Loslösungs- und Individuationsprozesses vertraut wurden, begann man zu glauben, daß das Kind-Mutter-Verhältnis der Schlüssel zum Verständnis der Rätsel der Magersucht sein könnte. Allmählich trat an die Stelle der oralen Theorien die eine oder andere Version von Loslösungs- und Individuationsdynamik. Üblicherweise schlägt man eine von zwei Richtungen ein: Die einen sagen, daß die Magersüchtige ein Mädchen ist, dem es in der Kindheit nicht gelungen ist, sich erfolgreich von der Mutter zu lösen. Wenn sie nun in der Vorpubertät oder Pubertät vor der Notwendigkeit steht, sich von der Mutter zu trennen, besitzt sie nicht die nötigen Mittel, die damit verbundenen Konflikte zu bewältigen. Ihre Alternative besteht darin, den Zustand des Einsseins mit der Mutter wiederherzustellen. ». . . ihre Euphorie ist verständlich, wenn man annimmt, daß sie unbewußt mit der stillenden Mutter verbunden war.« Diese Autoren gehen davon aus, daß es einen Stillstand auf der symbiotischen Stufe der Entwicklung gegeben hat. »Die ursprüngliche Mutter-Tochter-Symbiose der Kindheit war nicht nur ein prädisponierender Faktor, sondern der Beginn eines Prozesses, der ständig latent oder manifest weiterläuft, ›solange beide am Leben sind‹.«

Bei der anderen typischen Version konzentrieren sich die Praktiker auf den von Haßliebe geprägten Kampf zwischen der

Magersüchtigen und ihrer Familie, insbesondere auf die wechselseitige Ambivalenz zwischen Tochter und Mutter. Das Mädchen, so sagen sie, ist auf die Phase der Wiederannäherung innerhalb der Loslösung und Individuation regrediert; sie klammert sich an die Mutter und kämpft doch darum, sich von ihr zu lösen; sie ähnelt darin sehr einem Kleinkind in den Fängen der Wiederannäherung. »Die Mutter behalten und sich von ihr befreien ist für den Kampf der Wiederannäherungskrise entscheidend . . . Paradoxerweise bringt diese Regression zu gleicher Zeit Autonomie, Befreiung von der Mutter, Selbstbestimmung und das Gegenteil, die Bewahrung der allmächtigen Dyade, mit sich.«

Sicherlich verdienen diese Deutungen der infantilen Ätiologie und der Dynamik des Magersuchtsyndroms eine gewisse Beachtung. Wenn aber die Symptome einfach auf ihre infantilen Ursprünge reduziert werden, können sie – und häufig tun sie es auch – den wesentlichen Umstand verschleiern, daß die Magersucht bei Mädchen im Oberschul- und College-Alter der Lösung von Schwierigkeiten dient, die damit zusammenhängen, daß sie zur Frau wird. Gewiß, die gegenwärtigen Verhaltensweisen und Phantasien des Mädchens lassen uns vermuten, daß die Subphasen von Loslösung und Individuation und das infantile ödipale Szenario nicht angemessen bewältigt wurden, wodurch das Kind dazu disponiert wurde, auf Vorpubertät und Pubertät mit übermäßiger Angst zu reagieren. Offensichtlich treffen die erwartbaren Prüfungen der Adoleszenz bei dem Mädchen auf eine einzigartig fragile Persönlichkeit. Und wenn wir das Mädchen beobachten, nachdem das Hungern von ihrem Leben Besitz ergriffen hat, müssen wir schließen, daß eine Regression stattgefunden hat; die Liebesdialoge der Kindheit haben die Lösungen der Adoleszenz infiltriert. Doch nichts von all dem ist genügend glaubwürdig. Denn wenn wir vergessen, daß das Mädchen zunächst, in der Vorpubertät, eine heroische Anstrengung auf sich genommen hat, um gewissen paradoxen Forderungen des Inzesttabus zu genügen, werden wir nicht zum vollständigen Verständnis seiner Situation gelangen. Sie ist kein Kind, das mit den Problemen von Loslösung und Individuation fertigwerden muß, sondern eine Adoleszentin, die mit ihrer Genitalität ins reine zu kommen versucht.

Wird die Lösung Magersucht gewählt, so ist dies ein warnender Hinweis auf die prekäre Situation der Adoleszentin. Mitunter können die unvermeidlichen zeitweiligen Regressionen, die wir beobachtet haben, die Herrschaft an sich reißen und jede Weiterentwicklung in Richtung auf die Zukunft verhindern. Bei entsprechend prädisponierten jungen Leuten können Lösungen wie Hungerdiäten, zwanghafte Masturbation, Promiskuität, Perversionen, Drogenabhängigkeit, Alkoholismus als solche die Adoleszenten weit in die Vergangenheit zurücklocken. Manche sinken so tief, daß sie nie mehr den Weg zurück finden.

Die Magersüchtige beginnt ihr unglückliches Diätabenteuer nicht mit dem unbewußten Wunsch, die Allmacht der Kindheit zurückzuerlangen. Sie beginnt vielmehr mit der unbewußten Frage: »Soll ich das genitale Verlangen unterdrücken und der Vergangenheit treu bleiben? Oder soll ich meine Wünsche von der Familie abziehen und auf meine Idealisierungen der Vergangenheit verzichten?« Bei der Wahl zwischen der weiteren Bindung an die Eltern in nicht-genitaler, infantiler Weise oder der Behauptung genitaler Vitalität und ihrer Ausrichtung auf den Verlauf des Lebens entscheidet sich die durchschnittliche Adoleszentin dafür, die Vergangenheit aufzugeben. In ähnlicher Weise möchte sich auch die Magersüchtige von der Vergangenheit befreien und ihre Unabhängigkeit behaupten. Doch in ihrem Fall ist die Vergangenheit, die sich selbst unter normalen Bedingungen nicht gern aufgeben läßt, besonders hartnäckig. Bei einem entsprechend veranlagten Mädchen beharrt die archaische Vergangenheit auf ihrer Forderung nach Wiederherstellung. Doch der zweite Individuationsschub eröffnet dem Mädchen die Möglichkeit, mit den Demütigungen der Kindheit fertigzuwerden. Sie kapituliert nicht einfach vor der Vergangenheit; sie versucht einen Weg zu finden, ihr treu zu bleiben und trotzdem ihr Selbst und ihre Eigenständigkeit zu behaupten.

Ihre Lösung, so schrecklich und furchteinflößend sie ist, stellt einen klugen Kompromiß dar.

Wenn Therapeuten auf die Kindheit ihrer magersüchtigen Patientinnen zurückschauen, eine Kindheit, die sie aus Gesprächen mit den Eltern und den Erinnerungen, Berichten, Übertragungserlebnissen und Phantasien über jene frühen Monate und Jahre rekonstruiert haben, müssen sie den Eindruck gewinnen, daß hier Loslösung und Individuation fehlgelaufen sind. Die retrospektiven Berichte zeigen immer wieder das Bild eines intelligenten, fügsamen Kindes, das allzu leicht und bereitwillig auf seine Allmacht und seine kostbare Selbstliebe verzichtete und sein Selbstwertgefühl daher bezog, daß es zur narzißtischen Erweiterung der Mutter wurde.

Wirft man indessen von der Kindheit her einen Blick voraus auf die Adoleszenz, würde kein klinischer Beobachter so arrogant sein, auf Grund der Beziehung eines Mädchens zu seiner Mutter in der Kindheit eine anorektische Lösung vorherzusagen. In den dazwischenliegenden Jahren können emotionale Veränderungen in der Familienkonstellation – die Geburt eines weiteren Kindes, die aktivere Teilnahme des Vaters am häuslichen Leben, die melancholische Reaktion der Mutter auf den Tod ihrer eigenen Mutter, ein Umzug in eine andere Gegend, verringertes berufliches Ansehen des Vaters – und, was noch wichtiger ist, das Aufkeimen eigenwilliger künstlerischer und intellektueller Qualitäten in der Latenzzeit und der Vorpubertät, welche während der frühen Kindheit schlummerten, etwaige damalige Entbehrungen mildern, modifizieren, potenzieren oder verschlimmern.

Wenn wir die Rätsel der Magersucht aus dem Blickwinkel der Adoleszenz untersuchen, stoßen wir wiederholt auf eine zentrale Dynamik. Die meisten Praktiker stimmen mit Hilde Bruchs allgemeiner Formulierung überein, zu der sie in den späten sechziger Jahren gelangte, daß die Magersucht ein verzweifeltes Streben nach einem Gefühl persönlicher Identität repräsentiere, das dringende Verlangen nach Herrschaft über den eigenen Körper und Geist, um zu einem eigenständigen Selbst zu werden. Bruchs Formulierung beruht auf der Prämisse, daß das magersüchtige Mädchen wie jede andere Adoleszentin versucht, unabhängig von der Familie zu werden. Die Rätsel hängen mit den Kräften zusammen, die den Bestrebungen der Magersüchtigen, dieses Gefühl persönlicher Authentizität zu erlangen, entgegenstehen.

Die primäre Gefahr der Adoelszenz ist das Wiedererwachen der Liebesbindungen der Kindheit. Wie wir gesehen haben, entstehen die größten Konflikte durch das Bemühen um Distanzierung von der Vergangenheit. Die Ängste, die dadurch geweckt werden, daß man der Kindheit Lebewohl sagt, sind mehr, als die Magersüchtige bewältigen kann. Tatsächlich könnte man ihre Symptome als mißlungene Trauerarbeit betrachten – als Melancholie. Freud kam der Wahrheit sehr nahe, als er die Magersucht 1895 als »Melancholie der sexuell Unreifen« bezeichnete. Weshalb fällt es der Magersüchtigen so schwer, die Vergangenheit abzustoßen? Wie Bruch bemerkte, ist das freiwillige Hungern nur der letzte Schritt einer seit langem bestehenden Entwicklungsstörung. Dem Hungern gehen der übermäßige Ehrgeiz und der Perfektionismus des Mädchens voraus, die schließlich ebenfalls zu schweren Symptomen werden. Wie andere Mädchen ihres Alters strebt die Magersüchtige zunächst nach Individuation und Eigenständigkeit. Ihre Niederlage beruht auf ihrem exzessiven Ehrgeiz und auf ihrem verzweifelten Verlangen nach Vollkommenheit. Die Magersucht ist demnach ein Leiden an den gewöhnlichen Problemen in der Übergangsphase der Adoleszenz.

Geht man von einem schön gerahmten, nicht verzerrenden Spiegel aus, dann hat diese Vogelscheuche, dieser wandelnde Leichnam, keine Ähnlichkeit mit dem durchschnittlichen Mädchen von 13 bis 19 Jahren. Sie sieht so grotesk aus, daß sie sich sicherlich jenseits der Grenzen gewöhnlicher menschlicher Erfahrung befindet. Was könnte die Magersüchtige über normale Adoleszenten aussagen, die zufrieden und geräuschvoll ihre Pizza oder warme Wurst kauen? Betrachten wir sie jedoch in ihrem eigenen Spiegel, müßten wir zugeben, daß sie jenen glanzvollen Zustand erreicht hat, von dem jede Jugendliche nur träumt: Güte, Reinheit, Vollkommenheit von Körper und Seele, Keuschheit, Tapferkeit, Klugheit – kurz, absolute Tugend. Während es den meisten Adoleszenten beschieden ist, in ihrem Streben nach Vollkommenheit zu unterliegen, war die Magersüchtige auf ihre Weise erfolgreich. Während die durchschnittliche Adoleszentin von kindlichen zu erwachsenen Formen des Denkens, Vorstellens, Erlebens, Fühlens und Handelns auf stark gewundenen Pfaden voranschreitet und sich dabei der langsamen, allmählichen Methoden von Erfolg, Rückfall, Versuch und Irrtum und zeitweiliger Umkehrung bedient, versucht sich die Magersüchtige über Nacht von ihrem Verlangen zu entwöhnen. In der Hoffnung, Kummer, Angst, Kampf, Konflikt umgehen zu können, entscheidet sie sich für einen abgekürzten Weg zu augenblicklicher Tugend. Ihr verwirrend glitzender Spiegel verführt sie zu glauben, daß sie in der Zukunft angekommen ist, daß sie »den Weg« gefunden hat und bald als neuer und besserer Mensch wiedergeboren wird.

Die Lösung, die sie gewählt hat, ist außergewöhnlich, doch die Probleme, die sie zu lösen versucht, sind mit denen der Wald-und-Wiesen-Jugendlichen identisch. Die Probleme umfassen Verlangen, Liebesdialog, Autorität und alle drei Richtungen des Narzißmus – körperliche Liebe, Selbstwertgefühl, Allmacht. Vor allem anderen bemüht sich die Magersüchtige, ihrem eigenen Selbst treu zu bleiben. Doch ihr überhöhter Vollkommenheitsanspruch hat die Unterschiede zwischen Eitelkeit und Selbstachtung, Stolz und Macht verwischt. Ihre Beschwörungen haben sie für Vernunft und Notwendigkeit blind gemacht. Sie ist allein, verloren im Unendlichen, verloren in ihrer Phantasie, ohne die Wirksamkeit realer Arbeit, ohne Liebesdialog, Kameradschaft, soziales Interesse, Gemeinsinn.

Wie konnte sie sich so verlieren? Wie konnten ihre heroischen

Anstrengungen, ein neuer und besserer Mensch zu werden, sie an den Rand des Todes führen? In der Magersucht verknüpfen sich, wie bei jeder anderen Lösung der Jugendlichen, Sexualität und Moral. Alles andere rankt sich um diese beiden Themen herum.

Der dramatische, abrupte Abstieg der Magersüchtigen in kindliche Verhaltensweisen, ihr bizarres Benehmen, das auf den ersten Blick wie eine erstaunliche Wiederholung der Subphasen des Loslösungs- und Individuationsprozesses wirkt, kann dem Beobachter leicht den Blick für die Ursache ihrer unmittelbaren Ängste verstellen: die Furcht vor emotionaler Kapitulation gegenüber der sorgenden Mutter und die Furcht vor dem Inzest. Wenn das Mädchen zu uns gebracht wird, nachdem das Hungern Besitz von ihrer Persönlichkeit ergriffen hat, hat sie bereits ihre emotionale Verbindung mit der Adoleszenz verloren. Hätten wir sie hingegen einige Monate früher kennengelernt, als sie gerade im Begriff war, sich auf die fanatische Suche nach Vollkommenheit zu begeben, hätten wir lediglich übersteigerte Versionen der typischen Strategien Jugendlicher beobachtet, deren vorrangiges Ziel die *Ablösung* ist.

Wenn die spätere Magersüchtige die Vorpubertät oder Pubertät erreicht, ist sie so sehr in das Familiennetz eingesponnen, so sehr eine spiegelnde Verlängerung ihrer Mutter, daß sie einen entschlosseneren, mutigeren Kampf gegen ihre inzestuösen Wünsche führen muß. Das Ausmaß ihres Drangs zur Vergangenheit wird durch das Übersteigerte der jugendlichen Strategien signalisiert. In der ausbrechenden Panik, die auf die Vorahnung des Mädchens folgt, daß es nicht würdig genug, nicht gut genug ist, die Gelüste abzuwehren, die auf seinen Körper eindringen, bietet es jede erdenkliche Strategie auf, manchmal alle auf einmal: körperliche Askese, kompromißlose Ideale, Flucht vor der Familie, Umkehrung von Liebe und Verlangen in Haß. Mit jeder Waffe, die ihm zur Verfügung steht, versucht es das Verlangen abzuwehren und seine Bindungen an die Familie zu lockern.

Die Magersüchtige ist ein wildes Geschöpf, das von Appetit,

Gelüsten, Verlangen zum Wahnsinn getrieben wird. Durch sie gelangt die Askese zur Herrschaft. Sie führt einen unerbittlichen Kampf gegen körperliche Lust; was als gewöhnlicher Diätfimmel einer Heranwachsenden beginnt, endet schließlich mit dem perversen Zu-Tode-Hungern. Sie kleidet sich quasi in Sackleinwand, läuft jeden Tag sieben Meilen, schläft nachts nur vier Stunden. In ihrem Denken und ihren Einstellungen ist sie völlig kompromißlos. Regeln, Gehorsam, Pflichten sind das einzige, was zählt. Das Verschmelzen von Gegensätzen oder die Möglichkeit, widersprüchliche Standpunkte in Einklang zu bringen, sind für sie unerträglich. So kämpft sie darum, ihren Geist vor den häßlichen Versuchungen des Körpers zu bewahren. Die vitalen Kräfte des genitalen Erwachens regen das Mädchen dazu an, alle Rollen in der menschlichen Komödie zu übernehmen. Aber sie fürchtet sich, irgendeine andere Rolle als die der spiegelnden Erweiterung von jemand anderem zu spielen. Die Adoleszentin hört nur auf die Stimmen der frühen und späteren Kindheit, die die Beschränkung von Rollen, Verzicht, Opfer fordern. Die Rolle, für die sie am besten geeignet ist, ist die der Heiligen.

Doch die Abwehr des Verlangens allein genügt nicht. Die Magersüchtige setzt unverzüglich andere Strategien ein, die darauf abzielen, die leidenschaftlichen Bindungen an ihre Familie zu lockern. Gewöhnlich vollzieht sich der Abzug der Libido von den Eltern allmählich und Schritt für Schritt. Die Magersüchtige kann eine so langsame, potentiell gefährliche Methode nicht akzeptieren. Sie muß dramatischere und unmittelbarere Taktiken anwenden. Bevor die Hungerdiät die Herrschaft übernimmt, zwingen sich manche Noch-nicht-Magersüchtige zu Emanzipation und Unabhängigkeit, und zwar weitgehend in derselben Weise, wie sie sich einst zwangen, anspruchslose, brave kleine Babys zu sein. Indessen führen ihre Versuche, dem Familiennest durch eine Europareise oder ein Jahr in einem Internat zu entfliehen, zum Ausbruch der Magersucht. Vom Elternhaus entfernt fühlen sie sich ängstlich, einsam, verwundbar, unsicher, wer oder was sie nun werden sollen. Das jäh mißglückte Abenteuer der Freiheit verwandelt das Mädchen in eine Vogelscheuche. Nachdem sie versagt hat, muß sie nunmehr die Umkehrung des Liebesverlangens in Haß zu Hilfe nehmen. Weil sie sich immer mehr in das Gespinst des Familienhasses verstrickt, wird sie immer unfähiger, ihr Liebesverlangen außerhalb der Familie anzusiedeln.

Da die Adoleszentin eine solche gegen die Eltern gerichtete Zerstörungswut nicht lange ertragen kann, besteht das Ergebnis im typischen Fall schließlich darin, daß die ursprünglich den Eltern geltenden destruktiven Wünsche sich gegen das Selbst wenden. Selbstherabsetzung und schwere Formen von Selbsterniedrigung sind das gewöhnliche Resultat des folgenden Ablaufs: Liebesverlangen, das sich in Haßverlangen verkehrt, wird zum Selbsthaß.

Sobald die selbstzerstörerische Abmagerung in Gang kommt, ist die Magersüchtige überzeugt, daß alle Erwachsenen Verfolger und Unterdrücker sind, deren einziges Ziel es ist, sie der errungenen Vollkommenheit zu berauben. Die physiologischen Wirkungen der Abmagerung vereinigen sich nun mit den radikalen, verzweifelten Ablösungsstrategien der Magersüchtigen. Sie setzt sich über jegliche Konvention hinweg, ist vollkommen vom Funktionieren ihres Körpers, der Aufrechterhaltung ihres Selbstwertgefühls, der Gewährleistung ihrer Macht über ihre Gelüste absorbiert. Die leidvolle Ironie der Flucht der Magersüchtigen vor dem inzestuösen Verlangen liegt darin, daß sie zu guter Letzt zur Vergangenheit zurückkehrt. Sie kämpft bis zum bitteren Ende, sogar bis zum Tod. Aber ihre wilden Ablösungsbemühungen stoßen sie immer tiefer in die Vergangenheit zurück. Was sie sagt, ist eine Parodie auf die Werte ihrer Eltern, auf deren Anspruch auf moralische Vollkommenheit. Ihr abgezehrter Körper ist eine Karikatur des spiegelnden Säuglings, der sie einst für ihre Mutter sein mußte – ein wunschloses Kind, das seine Körperfunktionen absolut beherrschte.

Was wir bei der Magersüchtigen beobachten, sind demnach die subtilen Verstrickungen von Vergangenheit und Gegenwart.

In erster Linie ist sie eine Adoleszentin, die bestrebt ist, sich aus dem Gespinst der familiären Wünsche zu befreien. Vergangenheit und Zukunft haben um ihre Seele gestritten. Die Vergangenheit hat vorübergehend, vielleicht auch für immer, den Sieg davongetragen.

Die Berichte über die menschliche Existenz bestehen stets aus den miteinander verwobenen Legenden aus verschiedenen Phasen der Lebensgeschichte. Als verbindender Faktor zwischen Kindheit und Erwachsensein ist die Adoleszenz das Schlachtfeld, auf dem Vergangenheit und Zukunft miteinander ringen. Eine primäre Magersucht bei Mädchen tritt praktisch niemals vor dem 11. Lebensjahr auf und selten bei Frauen, die über 25 Jahre alt sind. Seit ihrer frühesten Kindheit war das zur Magersucht disponierte Mädchen hinsichtlich ihrer physischen und intellektuellen Entwicklung frühreif. Vorpubertät und Menarche beginnen oft früher als beim Durchschnitt. Doch unabhängig davon, ob die Vorpubertät früh, etwa mit 10 Jahren, oder spät, mit 14 Jahren, beginnt – die potentielle Magersüchtige wird nicht magersüchtig, bevor sie sich mit dem Problem, eine Frau zu werden, auseinanderzusetzen versucht.

Wenn die biologischen Veränderungen der Vorpubertät nicht eingetreten wären, hätte sich die während der Kindheit schlummernde Krankheit vielleicht nicht gezeigt. Hungern, Ehrgeiz und Perfektionismus der Magersucht könnten als Leitmotive einer adoleszenten Phantasie verstanden werden, die, in die Vergangenheit zurückprojiziert, die infantilen Liebesdialoge als das enthüllen, was sie waren. Gäbe es nicht die Prüfungen der Adoleszenz, hätten wir vielleicht nie erfahren, daß dieses allerliebste kleine Mädchen, in wohlhabenden Verhältnissen lebend, von der Natur mit nahezu allen körperlichen und charakterlichen Vorzügen ausgestattet (außer vielleicht mit ausreichender Aggression für die Individuation), von ihrer wohlmeinenden Familie mit allen Vorteilen von Geld und Macht versehen, Allmacht, körperliche Liebe und Selbstwertgefühl entbehren mußte, die für die meisten gewöhnlichen Babys selbstverständlich sind.

Wenn es im Lande Nimmermehr der Kindheit hätte verweilen dürfen, wäre dieses pflichtbewußte Mädchen vielleicht zu einer musterhaften Bürgerin des Landes Utopia geworden. Ihre Stärke ist die Beherrschung der Körperfunktionen. Sie würde alles in ihrer Macht Stehende tun, um die unerforschlichen Erwartungen der Autoritäten zu enträtseln und ihnen gerecht zu werden. Sie würde begeistert die schmucklose Uniform und die ihr zugeteilte Nummer akzeptieren. Durch Reglementierung würde sie blühen und gedeihen. Ihr höchster Ehrgeiz hätte sich unauffällig befriedigen lassen, indem sie den Vorschriften besser gehorcht hätte als alle anderen. Da alle gleich wären, würde sie nicht unter Eigenliebe leiden, auch nicht darunter, sich mit anderen vergleichen zu müssen. Die Verbannung der Dichter würde ihr sehr zupaß kommen.

Der Beginn der Vorpubertät vertreibt das Mädchen vom Schulhof, inspiriert sie, ihrem ordentlichen, harmonischen, erstickenden, häuslichen Kokon zu entfliehen. Die Vorpubertät ist ihre Chance, das Drehbuch umzuschreiben. Wie die meisten jungen Mädchen der Ober- und Mittelschicht, die während der letzten Jahrzehnte des 20. Jahrhunderts in einer modernen Gesellschaft zu Frauen heranwachsen, durfte die potentielle Magersüchtige ihre Talente nutzen, ihre intellektuellen Ambitionen verfolgen. Ihr wurde die Erlaubnis erteilt, ihre sexuellen Wünsche in jeder ihr passend erscheinenden Weise und mit jeder als begehrenswert erachteten Person zu befriedigen. Diese Freiheit ist überwältigend. Wahrscheinlich wäre sie für jedes Mädchen und jeden Jungen überwältigend, sicher aber für ein Mädchen, deren frühe und spätere Kindheit von absolutem Gehorsam und Unterwerfung unter die strengen Regeln und Vorschriften des Kinderzimmerdialogs bestimmt waren.

Das liebste kleine Mädchen der Welt hat die narzißtischen Vorteile entbehren müssen, die das Geburtsrecht jedes Menschenkindes sind, sowie die innere Autorität, ihre Bedürfnisse selbst regulieren zu dürfen. Ein Grund für diese Entbehrungen ist die Leichtigkeit, mit der das Mädchen zur spiegelnden Erweiterung ihrer Mutter wurde, ein weiterer, daß in der Säuglingszeit und frühen Kindheit die Gegenwart des Vaters relativ selten spürbar war. Es ist, als ob das Mädchen in bezug auf sein Empfinden für Gut und Schlecht niemals viel weiter gelangt sei als bis zur Beherrschung der Nahrungsaufnahme und der Verdauungsvorgänge, ohne die Erfahrung zu machen, daß sein Körper und Geist ihm gehören. Es ging darum, der Mutter zu gefallen oder zu mißfallen – selbst wenn eine Hauslehrerin oder ein Kindermädchen die tatsächlichen Aufgaben im Kinderzimmer wahrnahm. Und der Vater bot keine Alternative zum Kind-Mutter-Dialog. Am Ende der Kindheit trat er nicht in Erscheinung. Er unterbrach das Liebesverhältnis zwischen Mutter und Tochter nicht. Er führte die Tochter nicht in die Gesellschaftsordnung ein. Sie blieb den Erlaubnissen und Verboten der Kinderstubenmoral überlassen.

Alle Babys kommen mit dem ihnen eigenen Temperament auf die Welt; manche lassen sich leichter trösten als andere, manche sind von ruhiger Beharrlichkeit, andere äußerst anspruchsvoll, manche sind gewitzter und begreifen rascher, wie sie ihren Betreuern gefallen können, manche können keinerlei Frustration ertragen, andere tolerieren sämtliche Einschränkungen und Verbote mit bemerkenswerter Gleichgültigkeit. Im allgemeinen sind Mädchen nachgiebiger, ertragen Frustrationen leichter, sind bequemer, passen sich den Forderungen der Zivilisation leichter an, sind zufriedener damit, spiegelnde Verlängerungen der Mutter zu sein. Sie sind leichter zu entwöhnen und unterwerfen sich auch der Reinlichkeitserziehung leichter als Jungen. Eltern akzeptieren und tolerieren es eher, wenn ein Junge wild und aggressiv ist, motorische Aktivitäten und Forschungsdrang entwickelt. Wenn es darum geht, Unterschiede und Getrenntheit von der Mutter zu behaupten, haben die meisten Jungen das Gefühl, daß sie mehr dem Vater als der Mutter gleichen, daß der Vater ein Verbündeter ist. Während der ganzen Kindheit, wenn die Differenzierung der entscheidende Antrieb des Lebens ist, besteht die primäre emotionale Rolle des Vaters darin, dem Kind zu helfen, sich von der Mutter zu differenzieren, die Mutter von anderen, Weiblichkeit von Männlichkeit zu unterscheiden. Im allgemeinen wird die Tochter durch ihre Bindung an den Vater aus ihrer ausschließlich spiegelnden Beziehung zur Mutter hervorgelockt. Die emotionale Gegenwart des Vaters lenkt einen Teil der besitzergreifenden Liebe des Kindes zur Mutter auf ihn. Seine Männlichkeit ist der Gegenpol zur beginnenden Weiblichkeit seiner Tochter. Wenn der Vater im täglichen Leben eines kleinen Mädchens aktiv präsent ist, beginnt sie die Möglichkeiten weiblicher Identität außerhalb der ausschließlichen Beziehung zur Mutter zu erkennen. Mädchen oder Frau zu sein, heißt nicht, Mama sein.

Während dieser ersten Monate und Jahre wird der Vater von seinen Kindern als Eindringling erlebt, als emotionaler Keil zwischen Mutter und Kind. Jungen und Mädchen lenken häufig ihr Verlangen nach der Mutter auf den Vater. Sie halten sich an ihn, wenn es um Spaß und Spiel geht, um Trost, um Entschädigung für manche Enttäuschungen und Frustrationen, die der Kind-Mutter-Dialog mit sich bringt. Dann ist die Mutter der Eindringling. »Schluß jetzt mit dem Herumtrödeln. Es ist Zeit zu Bett zu gehen«, »Zeit zum Essen«. Indem sie befriedigt, rationiert, dosiert, frustriert, macht die Mutter das Kind mit den Grundregeln von Gesetz und Ordnung bekannt. Sie ist die erste in der Familie, die Lust bereitet, und die erste Repräsentantin des Realitätsprinzips. Der Vater repräsentiert Gesetz und Ordnung der Gesellschaft, die Stimme, die sagt: »Jetzt ist es genug mit dieser Mutter-Kind-Spiegelei. Ich bin das Gesetz. Mutter gehört mir – nicht dir. Du bist das Kind. Wir sind die Erwachsenen.«

In der ödipalen Phase bringt dann das Inzesttabu, repräsentiert durch die »Stimme des Vaters«, die Dialoge der frühen Kindheit endgültig zum Abschluß. Nun wird das Kind zum Außenseiter, zum Eindringling. In diesem späteren, schlüssigeren Dreieck erwerben die Eltern eine neue Art von Macht. Zum ersten Mal macht das Kind die Erfahrung, von den Liebesdialogen ausgeschlossen zu sein, die zwischen den Eltern stattfinden. Einbildungskraft, Wünsche, Phantasien sind seine einzigen Hilfsmittel, um zu verstehen, was bei diesem Austausch zwischen den Erwachsenen vor sich geht. Seine Einbildungskraft wird nur durch das genährt, was es kennt – Füttern, Reinlichkeitsgewöhnung, die Erregung seiner noch unentwickelten Genitalien. Die bittere Mahnung, daß es klein und verwundbar ist und seine Fähigkeiten nicht ausreichen, an den Vergnügungen der Erwachsenen teilzuhaben, motiviert das Kind, auf jede ihm mögliche Weise wie die Eltern zu werden. Auch bestimmte Aspekte ihrer Art zu sprechen, zu gehen, zu denken werden zu Aspekten seiner eigenen Selbsterfahrung. Ihre Interessen, Einstellungen, Werte, Verbote und Erlaubnisse werden vom Kind verinnerlicht. Als Entschädigung für sein Ausgeschlossensein erhält es das Recht, aktiv an den Prinzipien von Gesetz und Ordnung teilzuhaben, welche die soziale Welt regieren, in der es aufwächst.

Wenn das ödipale Dreieck schwach ausgeprägt ist, wird das Kind der Möglichkeit beraubt, sein eigenes Gewissen zu haben. Es wird von einem Gewissen regiert, das auf Entwöhnung, Entbehrung, Reinlichkeitserziehung und Beherrschung der Körperfunktionen beruht. Die elterlichen Verbote und Befehle werden dann weiterhin als von außen kommend oder als fremde innere Stimmen empfunden. Eine der eindringlichsten Klagen der Magersüchtigen lautet, daß sie das Gefühl nicht loswerden könne, stets auf Befehl anderer zu handeln: ». . . das andere Selbst sei es, daß es ein ›Diktator‹ ist, der mich beherrscht . . . oder der kleine Mann, der nicht will, daß ich esse.«

Nicht jedes Mädchen, das den gesetzgeberischen Einfluß des Vaters entbehrt, ist zur Magersucht prädestiniert. Doch die »Abwesenheit des Vaters« beeinflußt sehr wohl jeden Aspekt des Gefühls- und Geisteslebens des Kindes. Die Unterschiede zwischen Weiblichkeit und Männlichkeit werden verwischt. Um zur Frau zu werden, wird das Mädchen zur Karikatur der Mutter. Für den Jungen ist es geheimnisvoll und erschreckend, ein Mann zu werden. Entweder täuscht er eine Männlichkeit irgendwelcher Art vor, oder er glaubt, seine Genitalien der Mutter überantworten zu müssen wie einst seinen Körperinhalt. Im wesentlichen werden Körper und Seele des Kindes als Besitztümer der Mutter erlebt. Wenn die eigenen Genitalien der Mutter (oder dem Vater) gehören, wird das Gewissen auch niemals erwachsen. In seiner infantilen Form ist das Gewissen eine Liste isolierter Regeln, Vorschriften, Verbote, Warnungen.

Mit einem solchen Gewissen als einzigem Führer zu rechtmäßigem Verhalten wird das Kind zu roboterhaftem Gehorsam gezwungen; es befolgt jede Regel buchstabengetreu, imitiert buchstäblich und konkret ein Verhalten, das ihm als richtig dargestellt worden ist, begreift aber niemals die allgemeineren sozialen und moralischen Implikationen dieses Verhaltens. Es vermag nicht zwischen Flexibilität und Grenzüberschreitungen zu unterscheiden. Bei manchen Kindern führt diese primitive Form der Gesetzestreue zu übersteigertem Gehorsam, bei anderen Kindern wiederum zu pedantischen Formen des Ungehorsams. Während es dem durchschnittlichen Kind eine ungeheure Befriedigung bereitet, durch eine innere Autorität befähigt zu sein, seinen Hunger und seine Wünsche zu regulieren, nähert sich das Kind, dem die »Stimme des Vaters« vorenthalten wurde, jeder Handlung so, als sei sie von irgendeinem unerbittlichen und unversöhnlichen Tyrannen angeordnet worden. Es wird zum Sklaven des Verlangens, zum Sklaven der Befehle des Gewissens, zum Sklaven der Vollkommenheit. Es wird zu einem Zerrbild von Bravheit, verwirrt durch seinen Körper und dessen Funktionen, gequält von der alles durchdringenden Überzeugung, daß es im Grund untüchtig, unwürdig, niemals gut genug ist: »Genug heißt, wenn man zusammenbricht, wenn der Körper überhaupt nichts mehr hergeben kann.«

Es ist kein Zufall, daß die Väter magersüchtiger Mädchen im Beruf meist äußerst ehrgeizig sind, im häuslichen Bereich hingegen bemerkenswert passiv und unzugänglich. Sie erwarten von ihren Kindern und Frauen erstklassige Leistungen, überlassen der tüchtigen Ehefrau aber gern das Regiment, wenn es um die Häuslichkeit und die Banalitäten der Kinderstube geht. Es ist auch kein Zufall, wenn von magersüchtigen Mädchen berichtet wird, sie seien besonders brave Babys gewesen, Mutters Stolz und Freude und eine Quelle großer Befriedigung von Vaters Eitelkeit. Die Rolle des »braven kleinen Mädchens« lernt sich leicht, wenn man intelligent und nicht zu aggressiv ist und Mutters Zeit und Kraft nicht über Gebühr für sich beansprucht, wenn man sich einigermaßen geschickt auf die Erwartungen des Publikums einzustellen vermag und sie dann widerspiegelt. Die Regeln für diese Rolle sind relativ einfach. Man schaut dem anderen ins Gesicht und bemüht sich zu sein, was man sein soll. Das brave kleine Mädchen soll Vater und Mutter gefallen; es soll erreichen, was sie wünschen, früh sprechen, früh laufen, sein Puzzlespiel im Handumdrehen legen, mittags wie vorgeschrieben zwei Stunden schlafen und dann geduldig darauf warten, hochgenommen zu werden, seine Püppchen windeln, niemals allzu hungrig werden, niemals nach Gesellschaft drängen, selbstgenügsam sein, niemals traurig oder wütend aussehen. Manchmal soll es sich benehmen, als wäre es die Betreuerin der Mutter, eine Art Kindermädchen, das die Mutter glücklich und froh macht, indem es selbst glücklich und froh ist. Dann wieder soll es die Ambitionen der Mutter spiegeln, die Klugheit und Vollkommenheit von Körper und Seele verlangt – all das, was sie selbst gern werden wollte, aber nicht ganz erreicht hat. »Sei mein Goldkind, immer gut gelaunt und fabelhaft klug. Aber sei nicht unbescheiden. Kein Hätscheln und Wiegen. Nicht in der Badewanne herumliegen, kein Nuckeln, keine Süßigkeiten, kein Herumschmieren mit Klebstoff oder schmutzigen Bleistiften. Genau so viele Umarmungen und nicht mehr.« Mit anderen Worten, keine Allmacht, nicht zuviel körperliche Liebe, aber viel spiegelnde Bewunderung, wenn du tust, was Mama glücklich macht und lobenswert erscheinen läßt.

Der amerikanische Psychologe J. B. Watson, der in den dreißiger Jahren Eltern zu lehren versuchte, wie man die ungestümen Wünsche eines Kindes zum Schweigen bringt, hätte dieser eigentümlichen Mutter-Kind-Beziehung wahrscheinlich Beifall gezollt.

> »Man kann mit Kindern auf vernünftige Weise umgehen. Man behandle sie, als wären sie kleine Erwachsene. Man kleide und bade sie sorgfältig und mit Umsicht. Das Verhalten sei stets objektiv und von freundlicher Bestimmtheit. Niemals drücke und küsse man sie, niemals lasse man sie auf dem Schoß sitzen. Wenn es sein muß, küsse man sie einmal auf die Stirn, wenn sie Gute Nacht sagen. Schütteln Sie ihnen morgens die Hand. Geben Sie ihnen einen freundlichen Klaps, wenn sie eine schwierige Aufgabe außergewöhnlich gut gelöst haben. Probieren Sie es aus... Sie werden restlos beschämt sein über die rührselige, sentimentale Art, wie Sie es gehandhabt haben.«

Watson und die anderen ehemaligen Verhaltenstheoretiker wollten das Kind auf ein zivilisiertes Leben vorbereiten. Sie wußten nicht, daß es zu den wirksameren Methoden, Gesetzlosigkeit und narzißtische Selbstherrlichkeit entstehen zu lassen, gehört, wenn man Allmacht und körperliche Liebe eines Kindes massiv unterdrückt und das Verlangen zu beseitigen versucht. Diese Methoden können das moralische Empfinden ebenso schädigen wie übertriebenes Gewährenlassen von Allmachtsgelüsten und übermäßige Befriedigung des Verlangens. Bei einem Watsonschen Szenario als Leitmotiv ist der Mutter-Kind-Dialog mit gewöhnlicher Sinnlichkeit und Gefühlen, die den Kern der elterlichen Liebe bilden, kärglich ausgestattet. Doch das Verlangen ist vorhanden, und einmal geboren, kämpft es um seine Rechte. Es versteht sich zu mäßigen, zu verschleiern, geduldig auf seine Stunde zu warten. In der Zwischenzeit herrscht das verschlingende, Versuchungen schaffende, wachsame Über-Ich – ein sadistischer Tyrann, der nur vorübergehend durch masochistische Maßnahmen besänftigt wird. Auch das Ich-Ideal ist unerbittlich;

nur absolute Vollkommenheit ist in der Lage, ihm Genüge zu tun.

Für das vollkommene Kind wird die Kindheit zur Feuerprobe, ob es den Erwartungen anderer gerecht zu werden vermag, zur qualvollen Angst, sich im Vergleich mit anderen niemals gut genug zu finden. Weil es geschickt spiegelt, was die Eltern von ihm erwarten, gibt es wenige Anlässe für Strafen oder harte Worte. Schläge sind unnötig. Die Eltern sind um dieses ganz besondere Kind sehr besorgt, wenden ihm viel Interesse zu. Aber das kleine Mädchen kann nicht erkennen, welche Gedanken und Gefühle sich hinter ihren lächelnden Gesichtern wirklich verbergen. In jedem Augenblick könnte sie den Schritt tun, die Worte sagen, die Gefühle zeigen, auf die die Eltern vielleicht mit Ablehnung und Herabsetzung reagieren.

Die Eltern selbst sind Heuchler, Schauspieler, die um das Bild besorgt sind, das sie in den Augen anderer abgeben. Um die Eltern zu beruhigen und den Frieden zu wahren, wird das Mädchen zur geschickten Heuchlerin. Es ist oft traurig, lächelt aber fröhlich und gibt den Eltern das Gefühl, daß sie etwas wert sind. Das Mädchen ärgert sich vielleicht über ihre Unterwerfung, aber sie widerspricht nicht, ist nicht eigensinnig. Sie hat ebensowenig Kontakt mit ihrem Gemütszustand wie mit ihren Körperfunktionen. Die Aufgabe des Geistes ist es, so vermutet sie, den ungebärdigen Körper zu kontrollieren, das unbeholfene Stammeln seiner Gefühle zu verschleiern. Wenn sie später magersüchtig wird, kontrolliert der Körper den Geist. Bei der Magersüchtigen ist nichts so, wie es zu sein scheint. Sie verliert nicht den Appetit. Das Verlangen wütet in ihr. Das Mädchen heuchelt Bravheit.

Außerhalb des Familiennetzes ist sie, selbst wenn sie von Freunden umgeben ist, gefühlsmäßig isoliert. Daran gewöhnt, herauszufinden, wer und was sie in den Augen ihrer Eltern sein soll, besitzt die potentielle Magersüchtige keine Selbstsicherheit, kein starkes Bewußtsein ihrer eigenen Individualität. In den Jahren der Latenz empfindet sie sich selbst als eine leere

Schiefertafel, auf die andere Mädchen schreiben können, welche Art Freundin sie wünschen – eine nette Freundin, gut gekleidet, mit angemessenen Neigungen und Abneigungen. Das Mädchen hat gewöhnlich nur wenige Freundschaften, meist jeweils nur eine. Mit jeder neuen Freundin erwirbt sie ein neues Selbst mit funkelnagelneuen Interessen und Einstellungen. Sie ist ein großer Imitator, aber niemals sicher, ob sie genau das Richtige tut. »In meinem Innern war überhaupt keine Person zu spüren. Ich versuchte bei jedem, mit dem ich zusammen war, das Bild widerzuspiegeln, das er sich von mir machte, und das zu tun, was sie von mir erwarteten.«

Da sie keine gefühlsmäßigen Anhaltspunkte hat, ihr die persönlichen Maßstäbe fehlen, nach denen sie sich selbst einschätzen könnte, wird die potentielle Magersüchtige während der Latenzzeit von Eigenliebe verzehrt. Sie vergleicht sich unaufhörlich mit anderen, und ganz gleich, wie hervorragend ihre Leistungen sein mögen, wie sehr sie von Eltern und Lehrern gelobt wird, sie findet sich selbst mangelhaft. In der Schule forscht sie in den Gesichtern der anderen Mädchen und Jungen. Sie versucht herauszubekommen, weshalb sie mehr oder weniger lernen als sie. Wenn andere Mädchen in ihrer Klasse sich über Kleider Gedanken machen, versucht sie sich genauso anzuziehen wie alle anderen. Ihre Mutter, die im allgemeinen sämtliche Entscheidungen trifft, aber auch wünscht, daß ihre Tochter glücklich aussehen und beliebt sein soll, erfüllt die »bizarren« Wünsche des Mädchens – den Plisseerock, die Plastikperlen, die Lacklederstiefel, die Reithosen, die Haarspangen. Doch bei »diesen barbarischen Ohrringen« macht Mutter nicht mehr mit. Das morgendliche Ankleiden ist für das Mädchen eine Qual. Sie zieht sich drei- oder viermal um und ist nie sicher, ob sie vor den Gleichaltrigen bestehen wird. »Was werden sie über mich reden?« »Werde ich ihnen gefallen?«

Die Eigenliebe dieses ehrgeizigen Kindes ist dadurch gekennzeichnet, daß ihm nicht so sehr daran liegt, sich über die Gleichaltrigen zu erheben, als einfach in Ordnung, akzeptabel zu sein.

Erst später – etwa ein Jahr bevor sie mit dem Hungern anfängt – verzichtet das Mädchen darauf, wie die anderen sein zu wollen. Den Anforderungen, die Freundschaften stellen, entzieht sie sich nun. Sie isoliert sich gesellschaftlich. Ihre unbeugsam verurteilende Haltung, die sie einst unbarmherzig sich selbst gegenüber eingenommen hatte, dient nun der Herabsetzung anderer. »Sie sind so kindisch, haben so oberflächliche Wertvorstellungen . . . Sie denken nur an Jungens und Kleider.« Die exakten Vorschriften, um in der Welt zurechtzukommen, die in der Kindheit so nützlich waren – in der seltsamen neuen Welt der Adoleszenz funktionieren sie nicht. Während sich das Mädchen mehr und mehr von ihren Altersgenossen distanziert, übernehmen ihre mitleidslos unmenschlichen Moralbegriffe die Herrschaft, mitunter als menschenfreundliche Gesinnung getarnt. »Nach meinem Gefühl kann ich nicht auf dem gewöhnlichen Niveau menschlicher Anstrengungen leben. Ich habe das Gefühl, daß ich die Welt verbessern und soviel tun muß, wie ein Mensch nur tun kann. Ich muß etwas erreichen und leisten, was aus mir den absolut letzten Tropfen herauspreßt. Denn sonst habe ich nicht genug gegeben. Nur wenn ich alles gegeben habe und nicht mehr geben kann, habe ich meine Pflicht getan.«

Wenn sie sich der Vorpubertät nähern, empfinden viele Schulmädchen Scham wegen ihres etwas übergewichtigen, plumpen Körpers. Sie versuchen ihren Appetit zu zügeln. Sie machen verrückte Diäten. Sie legen sich modische Eßgewohnheiten zu. Sie werden Vegetarier. Was die potentielle Magersüchtige von den anderen molligen Fünftkläßlern unterscheidet, ist die Intensität ihres Ehrgeizes. Sie ist das Mädchen, das die Einser bekommt, sie bereitet Projekte am saubersten und geordnetsten vor, sie darf die Bücher abstauben, die Tafel abwischen, die Aufgaben aushändigen, darf für die Lehrerin, von der sie bewundert wird, Dinge erledigen. »Sie ist fabelhaft! Wenn nur alle Kinder so wären wie sie, dann wäre das Unterrichten eine Freude.« Manche Lehrer lassen sich nicht beeindrucken. »Sie ist in Ordnung, wenn es darauf ankommt, Regeln zu beachten, die richtigen Antworten zu geben, Fakten im Gedächtnis zu behalten. Fällt aber aus allen Wolken, wenn sie abstrakte Begriffe zu verstehen versucht. Fragen, die Einbildungskraft und Erfindungsreichtum voraussetzen, scheinen sie zu überfordern.« »Sie beteiligt sich nicht am Meinungsaustausch und an Diskussionen in der Klasse. Sie gibt entweder sofort die ›richtige‹ Antwort, oder sie wartet, bis alle die richtige Antwort gefunden haben. Dann plappert sie sie nach wie ein Papagei.« »Wenn ich nur auf einen winzigen Rechtschreibfehler aufmerksam mache, die Sitzordnung oder den Stundenplan ändere, treten ihr schon die Tränen in die Augen.«

Die potentielle Magersüchtige ist ein perfektionistisches Schulkind. Sie kann es nicht ertragen, unrecht zu haben oder Fehler zu machen. Sie ist äußerst empfindlich gegen Kritik. Wenn die Regeln fließend werden, wenn sich die gewohnten Strukturen ihres Lebens verändern, wenn jemand sie korrigiert oder kritisiert, überkommt sie unnennbare Furcht.

Veränderte Gewohnheiten, Schwierigkeiten, Enttäuschungen, geringfügige Kritik, Ablehnungen, Geringschätzung, ein Scherz über ihr pausbäckiges Gesicht üben einen starken Einfluß, eine kathartische Wirkung auf das übermäßig sensible, äußerst ehrgeizige, perfektionistische Mädchen in jenem Abschnitt ihres Lebens aus, in dem sie auch versucht, mit den biologischen Veränderungen und den psychologischen Problemen der Adoleszenz ins reine zu kommen. Die potentielle Magersüchtige reagiert auf Menstruation, gewölbte Brustwarzen, Brustwarzenhof und Busen, auf die Zunahme von Fettgewebe an ihren Waden, Hüften, Schenkeln, Brüsten mit tiefgreifender Furcht und Vorahnung. Dieses Mädchen, das seit ihrer Babyzeit ihre körperliche Funktionen streng überwacht hat, fühlt sich jetzt völlig hilflos. Die physischen Veränderungen überfallen ihren Körper wie ein Vergewaltiger. Sie wird von der Furcht verfolgt, daß alles außer Kontrolle geraten könnte. Vielleicht kann ich meine Gelüste nicht beherrschen? Wird mich Begierde überkommen? Die Unwiderruflichkeit der Weiblichkeit, die Vorstellung, daß sie nun eine Frau werden muß und sonst gar nichts, ist ein Schock, eine tiefe Kränkung, eine furchterregende Mahnung, daß sie die Natur nicht beherrschen kann, gleichgültig wie stark, klug, gut sie sein mag. Ihre Möglichkeiten sind begrenzt.

Das Mädchen ist benommen. Es wagt nicht zu zeigen, wie sehr sie sich fürchtet. »Was stimmt nicht mit mir? . . . Weshalb bin ich ein so schwacher, schlechter Mensch? . . . Was kann ich tun, um anziehender und liebenswerter zu werden?« Das Mädchen macht sich daran, diese erschreckende und demütigende Situation zu beheben. Sie kann die Natur nicht beherrschen, aber sie kann sich auf ihre Schulaufgaben stürzen, mehr Sport treiben, an allem mehr arbeiten. Und wenn diese Dinge ihre Ängste nicht vertreiben, dann ist das Essen eine Aktivität, die kontrolliert werden kann. Diät leben ist etwas, das man ganz allein tun kann, ohne jemand um Hilfe zu bitten, ohne zugeben zu müssen, daß man Angst hat, sich verwundbar und allein fühlt. Die Freundinnen des Mädchens versuchen, Diät zu halten, und es gelingt ihnen nicht. Ihre Mutter ist ständig diätbewußt. Der Vater rühmt sich seines schlanken, kräftigen Körpers. Alle Welt joggt, läuft, treibt Sport, befolgt die eine oder andere Diät. Diät leben ist eine gute Sache – ein Zeichen von Charakter.

Die Diät beginnt als Teil eines Entschlusses, ein besserer Mensch zu werden, ein starker, selbstgenügsamer Mensch, ein überlegener Mensch. Anfangs wirkt das Mädchen wie jeder andere, der eine Diät einhält. Sie erzählt jedem, der ihr zuhört, begeistert von ihrer Diät. Sie schränkt Kohlenhydrate und Süßigkeiten ein und treibt mehr Sport. Dann verzichtet sie auf Rind- und Hammelfleisch, auf Eier; nur noch ein oder zwei Gemüsesorten bleiben übrig. Bald ißt sie nur noch ein paar Rosinen zum Frühstück, zwei Stückchen Hühnerleber und einige Karottenwürfelchen zum Mittag, vielleicht vier bis sechs Smarties und ab und zu eine Scheibe Käse oder einen Apfel im Laufe des Tages. Diese kärglichen Mahlzeiten werden mit Essig oder Pfeffer gewürzt, um ihnen ein gewisses Aroma zu geben. Innerhalb weniger Monate ist das Mädchen, das mit einer einfachen Diät angefangen hat, halb verhungert; sie ist auf dem Weg zur Auszehrung. Sobald sie die ersten zwanzig oder dreißig Pfund abgenommen hat, ist das Hungern der Herr, dem sie dient. Wenn die Wohltäter und Großen Brüder ihr jetzt begegneten, würden sie ihr ihre Nummer und Uniform abnehmen und sie zusammen mit den störrischen Dichtern und den Heiligen ins Exil schicken. Ihre hochmütige Selbstgenügsamkeit, ihre Vertrautheit mit der Leidenschaft hat die pflichtbewußte Bürgerin in eine Gefahr für die Gesellschaft verwandelt, die bedrohlicher als jeder gewöhnliche jugendliche Kriminelle ist, den man durch freundliche Überredung, Gehirnwäsche, Folter, körperliche Verstümmelung zur Unterwerfung bewegen kann. Hat sie sich einmal entschlossen, kann nichts die Magersüchtige von ihrem Streben nach Vollkommenheit abbringen. Wird sie hospitalisiert, weiß sie bald mehr über Umerziehungsmethoden als die, die sie gefangengenommen haben. Sie macht alles wirkungslos: die Zwangsernährung durch den Mund oder per Nasensonde; die Insulintherapie, die Schwitzen, Angst, Schwindelgefühl, Hunger erzeugen soll; die intravenöse Überernährung; das Chlorpromazin, das die Angst vor dem Essen reduzieren soll; die Elektroschocktherapie; die verhaltenstherapeutischen Maßnahmen, die das Aufstehen nur nach dem Essen und nach Gewichtszunahme erlauben; selbst die Neurochirurgie, die Leukotomie, welche sie zum Essen bringt, sie aber in eine krankhafte Esserin verwandelt, die sich heimlich übergibt.

Magersüchtige sind isoliert, zurückhaltend, anspruchsvoll, ausweichend, nicht sehr wahrheitsliebend, gerissen. Nur in ihrem Tagebuch oder einem Therapeuten gegenüber, dem sie vertrauen, sprechen sich diese verschwiegenen, intelligenten Mädchen offen aus: »Ich glaube, nicht die Angst vor dem Dickwerden ist die eigentliche Zwangsneurose, sondern das fortwährende Verlangen nach Essen . . . Die Freßlust muß das Primäre gewesen sein. Die Angst vor dem Dickwerden kam als Bremse dazu. – Seitdem ich in der Freßlust die eigentliche Zwangsvorstellung sehe, ist sie wie ein Tier über mich hergefallen. Ich bin ihr wehrlos preisgegeben.«

Der Hunger ist eine Bestie, ein Verfolger, eine finstere Macht, ein Fluch, ein böser Geist, ein niemals ruhender Dämon, ein scharfzähniger Jagdhund. Manche Mädchen, deren Ziel es zunächst ist, einen schlanken, zarten Körper zu bekommen, unterwerfen sich der Bestie – aber nicht ganz. Sie erfahren – mitunter rein zufällig von einer Schulkameradin oder aus einem Zeitschriftenartikel –, daß es ein paar leichte Methoden gibt, den Jagdhund zu überlisten. Die Bulimie ist eine Lösung.

Selbst nach einem ausgiebigen Mahl wird die Bulimikerin oft von Heißhunger befallen. Innerhalb von zwei Stunden verzehrt sie zwei Cheeseburger, zwei Liter Eiskrem, ein Dutzend Berliner Pfannkuchen, fünf mit Schokolade überzogene Pfefferminz- oder Nußstangen. Nachdem ihr Magen zum Platzen aufgebläht ist, reinigt sie ihren Körper, indem sie Brech- und Abführmittel und Diuretika einnimmt. Die Magersüchtige wendet sich vom Essen ab. Die Freßsüchtige, der es ebensosehr um Anerkennung und Angenommensein zu tun ist, bedient sich des Essens, um ihre Ängste zu mildern. Für die Bulimikerin ist Nahrung in jeder Hinsicht sicher und verläßlich. Die Freßorgien betäuben ihre Ängste, ihre Wut und Einsamkeit. Sie ißt, um sich zu trösten. Doch schon bald beginnt sie zu fürchten, daß sie zu sehr zunehmen und deshalb die Ablehnung erfahren könnte, vor der sie flieht. Die innere Reinigung wird nun zum integralen Aspekt ihres bedürftigen Gemütszustandes. Immer häufiger wird das Ritual von Fressen und Reinigen, immer schneller führt es zur Abhängigkeit. Die Freßorgie dämpft die Emotionen, die Reinigung spült sie weg. Diese innere Reinigung wirkt so erleichternd, so befreiend, daß die eingekapselte Bulimikerin nun um der Reinigung willen zu essen beginnt. Die körperlichen Komplikationen dieser Reinigung sind schwerwiegend: irreversible Schädigung des Ösophagus, blutunterlaufene Augen, Verlust des Zahnschmelzes, Zahnverfall, Herzrhythmusstörungen, Herzversagen. Die Bulimikerin ist unfähig, auf vernünftige

Weise abzunehmen oder eine Diät einzuhalten. Sie wird leicht von allen möglichen Regungen und Begierden überwältigt. Zwischen den Freßorgien gibt sie sich, wenn sie es sich leisten kann, Kauforgien hin. Sind ihre Mittel begrenzt, stiehlt sie, wonach es sie verlangt. Sie versteht es geschickt, ihren Eltern Geld zu entlocken, um ihren Gewohnheiten zu frönen. Sie nimmt das für Lehrbücher und Einschreibegebühren vorgesehene Geld, um ihre Orgien zu finanzieren. Bulimikerinnen geben auch ihrem Verlangen nach Körperkontakt, Liebkosungen, Wärme, Anerkennung, Bewunderung nach. Manche sind sexuell ausschweifend, suchen verzweifelt nach den umschlingenden Armen, der Kräfte spendenden Bewunderung, nach der sie sich sehnen.

Während es ihren Schwestern im Geiste nur gelingt, die Bestie zu besänftigen, scheint die Magersüchtige über die Freßlust triumphiert zu haben, ebenso wie über die Besitzlust und die genitale Lust. Gelegentlich stiehlt sie vielleicht irgendeinen glitzernden Tand, um ihren Körper zu schmücken, oder sie hortet Lebensmittel in ihrem Bücherregal. Viele Magersüchtige haben Anwandlungen von Kleptomanie oder geben sich Freß- und Reinigungsritualen hin. Doch wie ihre dünnen, zarten Körper bezeugen, sind sie zu 99,9 Prozent rein, stehen über Verlangen oder Hunger. Lassen wir sie sprechen, und wir werden eine andere Geschichte hören.

»... ich gehe zugrunde im Kampf gegen meine Natur. Das Schicksal wollte mich dick und kräftig haben, ich aber will dünn und zart sein.«

»Ständig war ich hungrig und konnte mich auf nichts konzentrieren. An keines der Bücher, die ich während des Hungerns gelesen habe, kann ich mich heute erinnern, auch nicht an die Filme, die ich mir damals angeschaut habe ... Ich dachte ständig an nichts anderes als an Nahrung.«

»Ich lernte den Trick, mir zu gestatten, Nahrung unheimlich zu genießen. Ich aß nur solche Sachen, die mir besonders schmeckten, und nur in kleinen Mengen. Ich lehnte es nicht ab zu essen, ich lehnte es ab zuzunehmen.«

»Es war, als müßte ich meinen Körper bestrafen. Ich hasse und verabscheue ihn. Wenn ich ihn ein paar Tage normal behandelte, mußte ich ihn wieder entbehren lassen. Ich fühlte mich in meinem Körper gefangen – solange ich ihn unter strenger Kontrolle halte, kann er mich nicht betrügen.«

Der vergebliche Sieg der Magersüchtigen über das Verlangen ist ihr Untergang. Ihre Schwestern, die übergewichtigen Mädchen, die Dünn-Dicken, selbst die Bulimikerinnen vor der Herrschaft der Zyklen von Freßlust und Reinigung, wie verzweifelt und unwürdig sie sich fühlen mögen, nehmen am Leben teil. Sie studieren, sie arbeiten, sie unterhalten Freundschaften, sexuelle Beziehungen; sie empfinden unmittelbar, daß sie Mitglieder der Gesellschaft sind und ihren Beitrag dazu leisten. Nicht so die Magersüchtige. Sie ist eine Einzelgängerin. Bevor sie das Stadium der Auszehrung erreicht, ist sie sich ihrer Isolation bewußt. Sie sehnt sich nach Nähe, Unterhaltung, anerkennenden Blicken, Handschlag, menschlicher Wärme. »Ich sehe die Menschen durch eine Glaswand, ihre Stimmen dringen gedämpft zu mir. Ich sehne mich unsagbar danach, zu ihnen zu gelangen. Ich schreie, aber sie hören es nicht.«

Furcht vor Appetit, vor sexuellem Hunger oder Verlangen gehören zu den Grundbestandteilen der Magersucht. Ein anderer Bestandteil, ohne welchen das Hungern nicht möglich wäre, ist die Beschaffenheit des Gewissens der Magersüchtigen. Selbst die reinste Magersüchtige hat Augenblicke der Schwäche. Doch wenn sie sich einmal entschlossen hat, etwas zu tun, sorgt ihr Gewissen für nahezu absoluten Gehorsam. Weil die Magersüchtige eine ungeheure Willenskraft besitzt, weil sie intelligent, ehrgeizig, ausdauernd ist, weil die scharfen, wachsamen Augen, die rauhen verbietenden Stimmen niemals gezähmt wurden, gehorcht sie ihnen ohne Zögern. Weil die Ideale, an denen sie sich mißt, so erlesen, so vollkommen, so unnachgiebig und zwingend sind, beugt sie sich ihnen und betet sie an wie Gottheiten. Ihr Gewissen ist wild, doppelzüngig, korrupt.

Erst wenn das Inzesttabu seine moralischen Ansprüche geltend macht, kommt die moralische Doppelzüngigkeit der Magersüchtigen zum Vorschein. Diese Doppelzüngigkeit war seit der Kindheit wie ein Wetterleuchten hinter der spanischen Wand einer Familienstruktur und einer Gesellschaftsordnung, die ihrem Ehrgeiz, ihrem Machtstreben, ihrem selbstgerechten Pflichtbewußtsein applaudierten. Ihr totaler Krieg gegen das Verlangen ist eine grandiose Täuschung. Es hat den Anschein, als seien alle sinnlichen und erotischen Tendenzen ausgemerzt worden. Aber die Magersüchtige hat es fertiggebracht, daß sie völlig von der Erotik in Beschlag genommen ist, vor allem von der Freßlust. Das Verlangen ist ihr ständiger Begleiter.

Hingebungsvoller und engagierter als jedes durchschnittliche Mädchen zwischen dreizehn und neunzehn Jahren rechnet die Magersüchtige dauernd mit dem Verlangen. Sie wiegt es ab, sie teilt es ein, sie schürt die Flammen, sie sorgt dafür, daß es in seinem Anspruch auf Beachtung nicht nachläßt. Obgleich sie das Verlangen verborgen hält, weiß sie sehr wohl, daß es stets vorhanden ist und auf die Gelegenheit wartet, hervorzubrechen, durchzubrechen, hereinzustürzen, die Herrschaft an sich zu reißen. Ihr Gewissen, niemals durch Gruppenloyalität der Latenzphase oder die leidenschaftlichen Freundschaften und Bündnisse der frühen Adoleszenz gemildert, ist ein unerbittlicher Tyrann, vollkommen geprägt durch die Schablone ihrer Wünsche; es verschlingt, sondiert, forscht nach, führt in Versuchung, quält. »Ich hatte das Gefühl, ein Sklaventreiber peitschte mich von einer Aktivität zur anderen.« Verlangen, Autorität sind Komplizen. Wird die große Auseinandersetzung zwischen Verlangen und Autorität zum Schweigen gebracht, entfaltet sich der Narzißmus hemmungslos.

Das Mädchen denkt nur an Essen, Verdauung, Sexualität – aber Zärtlichkeit und Zuneigung sind verbannt. Um absolut sicherzugehen, daß sie nicht in das Gespinst familiären Liebesverlangens zurückgelockt wird, hat die Magersüchtige Liebesverlangen in Haßverlangen verkehrt. Jetzt braucht sie nicht von zu Hause fortzugehen. Die Kraft ihres Hasses und ihrer Verfolgungsphantasien bietet ihr Sicherheit. Verzehrt von Lust und Haß, investiert sie diese Bedürfnisse fast völlig in ihren Körper. Mit demselben magischen Mittel des Verhungerns peitscht sie ihren Körper in eine Vollkommenheitsraserei und metzelt ihn gleichzeitig nieder. Ihr Körper ist ein Vorwurf. Sie bleibt zu Hause, »buchstäblich wie ein Skelett beim Festmahl«. Sie ist allmächtig, also kann sie nicht sterben, selbst wenn ihr Körper dahinwelken sollte. Diesmal wird ihr niemand ihre Macht nehmen. »Sie wollten, daß ich zunähme, damit sie nicht sehen müßten, wie unglücklich ich war. Ich nahm aber nicht zu, denn ich war unglücklich! Wissen Sie, sie sind so glücklich. Und sie haben dieses brave kleine Mädchen, und das soll auch glücklich sein. Ich sollte ihr Schmuckstück sein, aber ich wollte nicht.« Das Mädchen verzehrt sich aus Groll. Seine Rache an denen, die es gefangenhalten, ist wie ein köstliches Mahl. »Sie sehen, wie gehorsam ich bin. Ich esse nicht zuviel. Ich fordere nichts. Ich habe meine Gelüste absolut unter Kontrolle. Das wollten Sie doch. Das vollkommene Kind mit dem vollkommenen Körper. Da haben Sie's nun, und die ganze Welt kann es sehen.«

Nun, da Zuneigung und Zärtlichkeit verbannt sind, da ihr Gewissen unabhängig ist, außerhalb und jenseits der Moral steht, kennt die Wut der Magersüchtigen keine Grenzen. Bevor sie sich aus ihrer luftigen Höhe herabläßt und sich der Menschheit wieder zuwendet, hat sie noch eine alte Rechnung zu begleichen. Sklavin und Herrin sind aneinander gefesselt, solange sie leben. »Sie ist ich und ich bin sie. Indem ich mich vernichte, vernichte ich auch meine Mutter.« Die gehorsame Sklavin rüttelt an ihren Ketten. Das Fett auf ihren Schenkeln, ihre runden Brüste, die Menarche sind ihre Feinde, doch die Woge frischer Vitalität, die jedes Gelüst und jedes Verlangen expandieren läßt, hebt auch die Strukturen der Vergangenheit aus den Angeln. Obschon sie wollüstig wie ein Säugling ist, sich über jegliche Konvention hinwegsetzt, kehrt die Magersüchtige nicht einfach zu den Methoden der Vergangenheit zurück. Das bravste Mädchen der Welt rüttelt an ihren Ketten.

Ihr ganzes Leben war eine großartige Theatervorstellung. In einem uncharakteristischen Ausbruch von Ehrlichkeit gesteht sie später manchmal, daß es »die große Täuschung« war. Ihr todesverachtender Hungerakt, ihre Auszehrung – das ist ihre preiswürdige Vorstellung, ein Triumph der Nachahmung, für den sie seit ihrer Kindheit geprobt hat. Das Publikum ist entsetzt, aber zugleich fasziniert, was der Hungerkünstlerin wiederum zu einem trügerischen Hochgefühl von Macht verhilft. Von ihrem Standpunkt aus ist sie die vollendete Künstlerin. Erst nachdem ihr Körpergewicht wieder nahezu normal ist und sie eingesteht, daß ihr Bravourstück Wahnsinn war, erzählt sie uns, daß ein Stimmchen in ihrem Inneren sie gebeten habe aufzuhören, ein beobachtender Teil ihres Selbst, der den Kraftakt mit demselben Entsetzen betrachtete wie wir. Doch meistenteils – solange sie sich im Zustand der Auszehrung befindet – widmet sie sich hingebungsvoll ihrer Vorstellung. Je länger die Krankheit dauert, desto selbstvergessener wird das Mädchen.

Bald denkt sie nicht mehr an ihr Publikum. Der Narzißmus übernimmt uneingeschränkt die Herrschaft. Die Magersüchtige fordert ihren Geist und ihren Körper zurück, beansprucht sie als ihr Eigentum; sie erhebt Anspruch auf die Allmacht, auf die sie einst im Austausch für spiegelnde Bewunderung ganz und gar verzichtet hatte. Keine spiegelnde Bewunderung, keine verbietenden Blicke von Mutter oder Vater können sie jetzt verunsichern. Sie ist ihr eigener Spiegel. Sie steht neben sich, Beobachterin und Beobachtete zugleich. »Ich empfand den Wunsch, ein drittes Geschlecht zu sein: Mädchen und Junge. Wenn ich vor dem Spiegel stand, sah ich eine reizende, attraktive Frau. Mein anderes Selbst, der Körper außerhalb des Spiegels, war ein begehrlicher junger Mann, der sich darauf vorbereitete, das Mädchen im Spiegel zu verführen. Ich hatte ein Liebesverhältnis mit mir selbst.«

Sie ist auf der Hut, auf dem Sprung, schläft nachts nur drei oder vier Stunden. Vorbei ist die Zeit, als sie Stunden mit zusätzlichen Hausarbeiten zubrachte, als sie der Star des Schwimmunterrichts war, ihren gelangweilten Klassenkameraden Vorlesungen über die Relativitätstheorie hielt. Sie ist benommen, ihre gehobene Stimmung, das Gefühl ihrer absoluten Einstimmung auf die Welt von Zeit und Raum läßt sie schwach werden. Gegensätze zwischen »Ich« und »Nicht-Ich«, belebt und unbelebt, werden in der Schwebe gehalten. Es gibt keine Trennungen. In der mystischen Vereinigung mit ihrer physikalischen Umwelt braucht das Mädchen keine anderen. Sie hat einen transzendentalen Höhepunkt erreicht. Sie verfügt über unendliche Ausdauer, ungeheure Geistesschärfe. Zwar kann sie sich nicht mehr auf Bücher und Worte, Schulstunden und Unsinn im Klassenzimmer konzentrieren, aber sie ist sehr gewitzt, wenn es um die Bewahrung ihrer Seele geht.

Das Hochgefühl, das davon herrührt, daß sie nun halbverhungert und ständig in Bewegung ist, ist wie eine Morphiumspritze. ». . . man hat das Gefühl, außerhalb seines Körpers zu stehen. Man steht tatsächlich neben sich, und damit befindet man sich in einem anderen Bewußtseinszustand und kann Schmerzen ertragen, ohne darauf reagieren zu müssen. Ich wußte, daß ich Hunger hatte – ich kann mich daran erinnern, er ist mir bewußt –, doch damals verspürte ich dabei keinerlei Schmerzen.« Theologen sind mit den moralischen Exzessen einer solchen Ekstase, den hungerbedingten Wahngebilden und ihren sexuellen Untertönen vertraut. »Es wächst das Bewußtsein der geistigen Macht, und *die Gefahr, das Maß des Zugewiesenen, die Grenzen des eigenen endlichen Seins, seiner Würde und seines Vermögens nicht mehr klar zu sehen wird dringlich: die Gefahr der Überhebung, der Magie, des Drehend-Werdens im Geiste.«*

Während sich die Magersüchtige in nahezu jeder anderen Hinsicht als untüchtig erlebt, erlangt sie durch ihr Hungern und ihre Hyperaktivität ungeheure Macht – viel mehr, als sie erwartet hat. Wenn das Hungern eskaliert, potenzieren und beweisen zugleich die physischen Nebenwirkungen die Ruhmesträume der Magersüchtigen. Sie hat nicht nach Ekstase gestrebt, sondern nur nach Beherrschung der auf sie einstürmenden körperlichen

Kräfte. Heiligkeit ist ihr als zufälliges Nebenprodukt des Hungerns zuteil geworden. Nun lechzt sie nach dem Hunger, wie sie einst nach Nahrung lechzte. Der Höhepunkt ihres Fastens ist der Sieg über die Leidenschaften des Körpers, der Triumph über ihre Herren. Hat sie den Körper einmal verlassen, ist sie ihrem Selbst, ihren Stimmen, ihren Kräften treu.

Absichtlicher Suizid ist bei der Magersucht selten. Nur wenn das Mädchen die Schlacht gegen die Freßlust verliert oder gezwungen wird, denen, die sie gefangenhalten, nachzugeben, versucht sie, Selbstmord zu begehen. Doch der Glaube an ihre Allmacht täuscht. Sie ist sich ihres prekären körperlichen Zustands nicht bewußt. Die verhungernde Magersüchtige kann von ihrem Körper durch Herzstillstand, Stoffwechselkrisen, Kreislaufkollaps überwältigt werden. Man sagt, daß sie im Sterben einen Blick habe, als wüßte sie, daß ihr Selbst langsam den Körper verläßt. Ihr Blick ist in die Ferne gerichtet, »fischartig«, ein Kontakt zur Welt besteht nicht mehr. Sie flieht aus ihrer Existenz, die eine Gefangenschaft war.

11 Der Hochstapler

Eine Form männlichen Strebens nach Vollkommenheit

Wenn heranwachsende Jungen sich beweisen wollen, werden sie kaum die Methode des Hungerns wählen. Die Magersucht kommt bei männlichen Personen äußerst selten vor, und wenn sie nicht essen und abmagern, sind dies fast immer sekundäre Symptome eines anderen psychischen Zustands, etwa einer Schizophrenie oder einer schweren Depression. Es ist wahr, daß viele Sportler, Dressmen, Tänzer, Schauspieler von Zeit zu Zeit hungern, daß heranwachsende Jungen Wochenend-Bulimiker sind, daß viele Männer dünn-dicke Leute sind und bemüht, ihr Gewicht niedrig zu halten, indem sie laufen, joggen, Sport treiben, Diät leben, sich aber auch gutkontrollierte Freß- und Saufgelage leisten. Sehr wenige männliche Jugendliche leiden indessen während der Adoleszenz oder später unter schweren Eßstörungen wie Magersucht oder Bulimie.

Höchstens 10 Prozent aller Fälle von primärer Magersucht fallen auf männliche Heranwachsende. Jungen, die in der Latenzzeit magersüchtig werden, zeigen weitgehend dieselben Persönlichkeitsmerkmale wie potentiell magersüchtige Mädchen. Sie sind sehr gute Schüler, zu Hause entgegenkommend und gehorsam. Wie die Mädchen leiden auch die Jungen unter einem Gefühl des Ungenügens und der Nutzlosigkeit. Sie sind übermäßig ehrgeizig, perfektionistisch, hyperaktiv und reagieren äußerst empfindlich auf Kritik. Doch trotz der Ähnlichkeiten gibt es eine Anzahl wichtiger Unterschiede zwischen männlichen und weiblichen primär Magersüchtigen, so daß manche Autoren bezweifeln, ob die Bezeichnung Magersucht auf die männlichen Betroffenen anwendbar ist. Sie verheimlichen ihre Freßlust weniger. Die meisten geben zu, daß sie Hunger haben, und manche sagen ganz offen, daß sie ständig ans Essen denken. Für die jungen Männer ist es typisch, daß Phasen energischer Nahrungsverweigerung mit übermäßigen Freßorgien abwechseln, auf die dann das selbst herbeigeführte Erbrechen folgt. Der wichtigste Unterschied ist der, daß die Störung bei den Jungen früher eintritt, gewöhnlich in der Vorpubertät zwischen dem 9. und 13. Lebensjahr. Bei den davon Betroffenen findet keine sexuelle Entwicklung statt, bevor sie geheilt sind. Tatsächlich sind viele potentiell magersüchtige Jungen durch die Pubertät gerettet worden. Der Wachstumsanstieg und das Einströmen der Androgene überfluten den Jungen mit aggressiver Vitalität und genitalen Strebungen; sie verhelfen ihm zu der Selbstsicherheit, die er während der frühen und späteren Kindheit und in der Latenzphase nicht zu erreichen vermochte.

Statt den eigenen Körper anzugreifen, sind Jungen in der Vorpubertät eher geneigt, sich selbst beweisen zu wollen, indem sie ihre Umgebung mit übertriebener Männlichkeit attackieren. Sie riskieren etwas in der großen weiten Welt. Bei ihnen steigt die Rate schwerer krimineller Handlungen wie Vandalismus, Diebstahl, Überfall und Überfallsdrohung, Ladendiebstahl, bewaffneter Raub, Autofahren ohne Führerschein ab dem 11. Lebensjahr ziemlich kontinuierlich an, erreicht den Höhepunkt mit 15 Jahren, sinkt mit 18 Jahren etwas ab – ein Trend, der sich bis zum 23. Lebensjahr fortsetzt. In diesen Altersgruppen sind bei Mädchen, wo auch bei den 15jährigen die Rate am höchsten ist, schwerere kriminelle Vergehen weitaus seltener. So begehen beispielsweise 15jährige Mädchen sehr viel weniger schwere Vergehen als 11jährige Jungen oder 23jährige Männer. Selbst wenn man die sogenannten Regelverletzer in die Statistik einbezieht – die Ausreißer, Schulschwänzer, Alkohol- und Drogenabhängigen –, übertreffen die Jungen die Mädchen.

Wie viele Psychologen feststellen, agieren heranwachsende Jungen ihre persönlichen Schwierigkeiten im und am größeren sozialen Umfeld aus. Sie pflegen in Gruppen zu handeln, woher sie ein Großteil Anerkennung Gleichaltriger und narzißtische Verstärkung für ihre Aggressions- und Trotzhandlungen beziehen. Heranwachsende Mädchen bringen ihre Schwierigkeiten, wie wir gesehen haben, in ihren persönlichen Beziehungen zum Ausdruck; Mutter, Vater, Geschwister, Lehrer, Freunde sind von den Reaktionen des Mädchens am schwersten betroffen. Mädchen vergöttern irgend jemanden, stürzen sich in sexuelle Promiskuität, stehlen als Liebesersatz. Sie bewältigen die schwierige Entwicklung, Frau zu werden, durch Verherrlichung ihres Körpers. Sie geben sich heimlichen Vergehen hin – dem Klatsch, dem Aushecken romantischer Bündnisse, sie lügen, essen unbeherrscht und übergeben sich dann. Mädchen neigen eher dazu, in ihrer Einbildung und gegen sich selbst zu handeln und weniger zum Ausagieren im weiteren sozialen Umfeld.

Als Erwachsene gehen Männer dazu über, andere zu Opfern zu machen – als Mörder, Räuber, Einbrecher, Straßenräuber, Exhibitionisten, Voyeure, die wegen ihres antisozialen Verhaltens ins Gefängnis kommen. Andererseits sind die Frauen diejenigen, die zu Opfern gemacht werden – die sich selbst zerstören, von Männern sexuell benutzt werden, in Depressionen und Hysterie verfallen, statt mit nach außen gerichteter Aggression und Sexualität zu reagieren. Wenn Frauen stehlen, tun sie es lediglich als Komplizinnen von Männern oder als einsame Kleptomaninnen, die aus Liebe stehlen. Frauen, die sexuell promiskuös oder offen aggressiv sind, werden nicht als Kriminelle ins Gefängnis geworfen. In früheren Zeiten gab man einem solchen Verhalten eine religiöse Bedeutung, und solche Frauen wurden auf dem Scheiterhaufen verbrannt. Heutzutage werden sie von ihren verstörten Eltern und Ehepartnern in psychiatrische Krankenhäuser abgeschoben. Psychotische Männer sind gewalttätige Paranoiker, psychotische Frauen die albernen, selbstverstümmelten Hebephrenen. Man sagt, daß sich Männer und Frauen selbst bei ihrer Wahl der Selbstmordmethoden geschlechtsspezifisch verhalten. Männer sind gewalttätiger; sie erhängen sich, erschießen sich, stürzen sich von Hausdächern. Frauen bevorzugen passivere, sanftere Methoden: Sie nehmen Schlaftabletten, gehen ins Wasser, vergiften sich mit Gas. Bei den Formen der Neurosen sind die Männer die Zwangsneurotiker, die Frauen die Hysterikerinnen. Bei der Wahl ihrer Sexualpartner suchen sich die Frauen Spiegel ihrer narzißtischen Ambitionen. Männer wählen eher Geliebte, die »reale« Bedürfnisse und Wünsche befriedigen. Frauen leiden unter Scham, Männer unter Schuldgefühlen. Frauen sind Masochisten, Männer sind Sadisten.

In diesen weitverbreiteten Vorstellungen von Geschlechtsunterschieden bei der Kriminalität und bei den Emotionen mischen sich Fakten und Phantasie. Untersucht man Gruppen von Männern und Frauen unter statistischen Gesichtspunkten, werden diese Unterschiede zwischen den Geschlechtern scheinbar bestätigt. Untersucht man hingegen Einzelfälle, beginnen die Unterschiede zu verschwimmen, und es wird festgestellt, daß sich Männer und Frauen nicht ganz so stark unterscheiden. Auch Männer sind masochistisch, depressiv, hysterisch. Auch Frauen können sadistisch, zwanghaft, gewalttätig sein. Gleichwohl spricht manches für die Idee, daß Männer und Frauen dazu *neigen*, ihre Konflikte, Empfindlichkeiten, ihre Verzweiflung durch unterschiedliche emotionale Störungen, Persönlichkeitsmerkmale und Verhaltensweisen zum Ausdruck zu bringen. Kommentare zu diesen Unterschieden laden stets zu einer Vielzahl von Deutungen der relativen Einflüsse von Begabung und Schicksal ein. Manche Kommentatoren betonen, daß Männer und Frauen verschieden geschaffen sind; Hormone und die Anatomie bestimmen die Präferenzen für ein Handeln nach innen oder nach außen. Andere gehen davon aus, daß gesellschaftliche Konventionen den Frauen die passive, selbstzerstörerische Rolle des Opfers zuschreiben, während den Männern die Rolle der gewalttätigen und ausagierenden Täter zugeschrieben wird.

Nun gibt es einige Fakten. Wir wissen zum Beispiel, daß sich Eltern, sobald ihnen das Geschlecht des Neugeborenen bekannt ist, auf subtile Weise verschieden verhalten, je nachdem ob der Säugling ein Mädchen oder ein Junge ist. Durch den großen Umfang neonataler Temperamente, körperlicher Merkmale und mentaler Ausstattung werden die Eltern zu vielfältigen Phantasien und Verhaltensweisen angeregt. Doch bei aller Vielfältigkeit besteht stets eine Übereinstimmung zwischen dem Geschlecht des Babys und einem unbewußten elterlichen Drehbuch für Weiblichkeit und Männlichkeit. In jeder Gesellschaft gibt es zahlreiche Drehbücher für die Übereinstimmung von Geschlecht und Geschlechterrolle, auf denen die Phantasien eines Elternteils über sein Baby beruhen können. Selbst das am wenigsten traditionelle elterliche Drehbuch enthält noch ein gesellschaftlich geschätztes Ideal von Weiblichkeit oder Männlichkeit.

Jedes Kind spiegelt in einem gewissen Umfang die narzißtischen Ambitionen seiner Eltern wider. Und in der frühen Kindheit spiegelt es die Hoffnungen, Wünsche und Erwartungen der Mutter. Umgekehrt werden die Erwartungen, die die Mutter für dieses Kind hegt, durch dessen einzigartige Eigenschaften beeinflußt – sein Temperament, seine körperliche und geistige Ausstattung und sein *Geschlecht.* Ein kleines Mädchen wird seine Mutter, unabhängig von seinem Temperament, zu einem Drehbuch für Weiblichkeit anregen; ein Junge zu einem Drehbuch für Männlichkeit. Doch solange das Kind ein Säugling ist, beschränken sich die Phantasien der Mutter zwangsläufig auf infantile Ich-Ideale, und diese sind nicht einzig als Ausformung von Weiblichkeit oder Männlichkeit des Kindes gedacht.

Mit jeder Phase des Loslösungs- und Individuationsprozesses geht eine Modifizierung des Kind-Mutter-Dialoges einher, ebenso wie in jeder Phase das Drehbuch für Geschlecht und Geschlechterrolle einer Revision unterzogen wird. Von Anfang an bietet der Vater eine Alternative zum Kind-Mutter-Dialog, so daß auch seine Phantasien die geschlechtlichen Neigungen des Kindes beeinflussen. Die im Kinderzimmer erzählten Geschichten sollen dann jene höherentwickelten Ideale enthalten, die von den Eltern in ihrer Rolle als erste Repräsentanten der moralischen Autorität der umfassenden Gesellschaftsordnung vermittelt werden. Diese späteren Erweiterungen des Rahmens für Weiblichkeit und Männlichkeit sind mit den moralischen Errungenschaften der ödipalen wie der Latenzphase der Kindheit verknüpft. Geschlechtsleben und moralisches Leben entwickeln sich nacheinander.

Als Repräsentanten der Gesellschaft wird von den Eltern erwartet, daß sie den Dialog im Kinderzimmer unterbrechen. Daß der Vater im Leben der Mutter gegenwärtig ist und die Mutter im Leben des Vaters, sollte dem Kind klarmachen, daß zu Sexualität und Moral mehr gehört als die Abwesenheit eines Elternteils, Entwöhnung, Beherrschung der Körperfunktionen. Das Dreieck Mutter-Kind-Vater kündet von der intimen Beziehung zwischen den männlich-weiblichen anatomischen Geschlechtsunterschieden und von der Tatsache, daß es tiefgreifende und unabänderliche Unterschiede zwischen Kind und Eltern gibt: die Generationsunterschiede. Mutters und Vaters Genitalien haben etwas mit dem Machen von Babys zu tun; da gibt es diese heimlichen Vergnügungen, die Vater und Mutter miteinander teilen und für die das Kind keine anatomischen Voraussetzungen besitzt. Diese ödipale Niederlage vertreibt das Kind aus der Kinderstube mit ihrer einfachen Moral von Abwesenheit und Entwöhnung und führt es in die Gesetzmäßigkeit der Gesellschaftsordnung, wie sie nun vom Inzesttabu repräsentiert wird.

Indem sie das Inzesttabu verschärfen, wollen die Eltern das Kind vor vorzeitiger Verwicklung in das Sexualverhalten Erwachsener schützen. Das Kind hingegen empfindet diesen Schutz als einen Hinweis auf seine genitale Minderwertigkeit. Es führt seine Verbannung auf seine verschiedenen körperlichen, emotionalen und moralischen Unzulänglichkeiten zurück. Zu seinem moralischen Vergehen gehören seine genitalen Wünsche gegenüber Mutter und Vater. Obgleich es jede tatsächliche Verwirklichung seiner genitalen Wünsche in die Zukunft verlegen muß, entschädigt sich das Kind für die Demütigung, indem es sich mit der moralischen Autorität der Eltern identifiziert. Die moralischen Maßstäbe, die das Kind von den Eltern übernimmt, sind seinen eigenen rigiden Deutungen von Gut und

Böse unterworfen. Doch diese Maßstäbe haben insofern einen ungeheuren Vorteil gegenüber der Kinderstubenmoral, als sie relativ unabhängig von äußerer Autorität sind. Das Kind erlangt die moralische Würde, daß es sich selbst etwas verbieten, sich selbst beobachten kann. Es erwirbt auch Werte und Hoffnungen, die es ermutigen, sich auf die Zeit zu freuen, wenn es erwachsen sein wird, ausgestattet mit vollentwickelten Genitalien und den gesellschaftlichen und moralischen Privilegien der Erwachsenen.

Wenn die Drehbücher für eine Übereinstimmung zwischen Geschlecht und Geschlechterrolle sowohl von Kinderstubenidealen als auch von Kinderstubenmoral beherrscht werden, wird das Resultat sehr wahrscheinlich eine Art Karikatur von Weiblichkeit oder Männlichkeit sein – vor allem, wenn die herrschenden sozialen Werte solche Stereotypen begünstigen. Rein technisch gesehen ist die Magersucht eine Störung des Verlangens, eine schleichende Krankheit, die durch Freßlust und sexuelle Gelüste gekennzeichnet ist. Doch wie wir gesehen haben, ist sie auch eine Störung des moralischen Lebens, die auf Entbehrungen in den Liebesdialogen der frühen Kindheit zurückzuführen ist. Eine dieser Entbehrungen beruhte auf der überwältigenden narzißtischen Besetzung des weiblichen Kindes durch die Mutter, die andere auf der Abwesenheit des Vaters. Die *Primitivität* des Gewissens der Magersüchtigen ist der entscheidende Faktor für die Ätiologie der Störung. Und bis ihr die Adoleszenz Gelegenheit gibt, die Drehbücher zu revidieren, wird das Mädchen von einem Kinderstuben-Szenario für Weiblichkeit beherrscht, einer Karikatur, die auch bei ihrem unerbittlichen Hungern eine beachtliche Rolle spielt.

Es gibt eine weitere Störung, die während der Pubertät in Erscheinung tritt, eine Form von Kriminalität, die typisch männlich ist. Ätiologisch stehen bei dieser Störung eine Art spiegelnder Beziehung zur Mutter und ein abwesender oder emotional nicht verfügbarer Vater im Vordergrund. Während bei der Magersucht die auf Harmonie zielende Deutung von Geschlecht und Geschlechterrolle durch die Mutter für eine Karikatur von Weiblichkeit verantwortlich war, hat sie bei dieser Störung eine Karikatur von Männlichkeit vermittelt. Wir wollen nun über den Hochstapler sprechen, einen Menschen, der einzig und allein deshalb eine falsche Identität annimmt, weil er andere täuschen will. Von der seltenen Ausnahme der Päpstin Johanna abgesehen, die angeblich im 9. Jahrhundert als Pontifex maximus geherrscht hat, bis sie während einer religiösen Prozession ein Kind gebar, sind sämtliche »ausgewachsenen« Hochstapler Männer. Die Hochstapelei blüht und gedeiht in den Endphasen der Pubertät, wenn der junge Mann versucht, den unzureichenden Menschen, für den er sich hält, mit dem übersteigerten männlichen Ideal in Einklang zu bringen, das ihm in der Kindheit vermittelt wurde.

Obschon er mitunter andere manipuliert, um finanzielle oder gesellschaftliche Vorteile zu erlangen, ist der Hochstapler nicht einfach ein Krimineller. Er ist auch kein bloßer Angeber oder Poseur, dessen hochgestochene Art niemanden lange täuscht. Der Hochstapler bedient sich völlig falscher Identitäten, weil er vor sich und allen anderen die Unzulänglichkeiten seines wirklichen Selbst verbergen muß. Gewiß, er ist ein Lügner und Betrüger und ein Manipulator. Doch wie uns Phyllis Greenacre, eine der wenigen Psychoanalytikerinnen, die sich mit dem Charakter des Hochstaplers beschäftigt hat, mitteilt, ist er »ein ganz besonderer Typ von Lügner, der frei erfundene Errungenschaften, gesellschaftliche Stellung oder irdische Güter auf andere überträgt. Das kann er tun, indem er seine offizielle (statistische) Identität fälscht, indem er sich einen fiktiven Namen, Lebensgeschichte oder andere Merkmale persönlicher Identität zulegt, die er entweder von einer wirklichen Person ›geborgt‹ oder entsprechend irgendeiner eingebildeten Vorstellung von sich selbst fabriziert hat«.

Es gibt verschiedene Formen und wechselnde Grade von Hochstapelei, doch nur einige davon führen zum vollständig ausgeprägten Charakter des Hochstaplers. Der Erzhochstapler verfügt über ein umfassendes Repertoire von zusätzlichen Verhaltensweisen, hinsichtlich derer er anderen Männern ähnelt, die in bezug auf ihre Talente, Charakterstruktur oder sexuelle Orientierung ebenfalls über ein gewisses Maß hochstaplerischer Neigungen verfügen. Der echte Hochstapler kann fälschen, Plagiate begehen, simulieren und schwindeln, und insofern ähnelt er den Männern, die aus solchen Verhaltensweisen einen Beruf machen. Ähnlich wie Zauberer, Gurus, spiritistische Medien, okkulte Heiler, die ebenfalls ein beachtliches Talent zur Verstellung haben, genießt es der Hochstapler, daß der Erfolg seiner betrügerischen Handlungen auf der Spannung beruht, die von der Ungläubigkeit seines Publikums herrührt. Dieses Publikum – das heißt, die unbewußten Verschwörer, die ebenso begierig sind wie der Täter, der Illusion zu verfallen – ist sein Opfer. Der Hochstapler ist ein ungenierter Exhibitionist; er wechselt häufig das Kostüm und hat auch eine voyeuristische Beziehung zu seinem Publikum.

Einige dieser zusätzlichen Verhaltensweisen, etwa das Fälschen und Simulieren, sind Requisiten für die kunstvollen Täuschungsmanöver des Hochstaplers. Andere, etwa Exhibitionismus und Voyeurismus, dienen zwar ebenfalls der Täuschung, sind aber auch unmittelbarer Ausdruck seiner schwankenden maskulinen Identität. Die sexuelle Orientierung des Hochstaplers ist ebenso infantil wie seine moralische Existenz, und damit ist er für wirkliche Perversionen, z. B. Transvestismus, Fetischismus, Exhibitionismus, Voyeurismus prädestiniert. Hochstapler leiden auch unter Potenzproblemen, so daß sie bei heterosexuellen Vorhaben pseudogenital sind. Das heißt, daß sie sich zwar heterosexuell betätigen, dabei aber auf Erfolg, Leistung, Nachahmung phantasierter Idealmänner bedacht sind, und daß sie den Orgasmus der Partnerin nicht als Beweis des ihr vermittelten Lustgefühls ansehen, sondern meinen, sie besiegt, ihr eine Niederlage bereitet zu haben; die Erektion ist für sie mit Risiko, Feindschaft, Täuschung, Überleben verbunden. So kann ein

Hochstapler Frauen hofieren, verführen und heiraten – wobei es nicht unbedingt zur Scheidung kommen muß –, die viel älter oder viel jünger als er sind und daher nicht seiner Generation angehören.

Hinsichtlich seiner Pseudomännlichkeit ähnelt der Hochstapler dem Casanova, dem Bigamisten, dem Supermacho. Mit seiner ungeheuren Grandiosität und dem Einfallsreichtum, mit dem er seine Entdeckung verhindert, ähnelt er gewissen paranoiden Charakteren, wie etwa den Gründern religiöser Kulte oder den Mitgliedern geheimer Männerbünde. Männer, die unter diesen anderen Störungen leiden – den Perversionen, den pseudogenitalen Strebungen, den grandiosen Verfolgungsideen – haben einige Züge mit dem echten Hochstapler gemeinsam. Sie geben vor, sexuell erwachsen zu sein. Sie fühlen sich berechtigt, moralisch als Ausnahmen behandelt zu werden, und erlauben sich daher, durch Täuschungsmanöver Macht über andere auszuüben.

Bei manchen Menschen, Männern *und* Frauen, kann die Hochstapelei aus relativ geringfügigen, beschränkten Vorfällen bestehen, bei denen Identität oder Leistungen verfälscht werden. Bei solchen weniger durchdringenden Versionen entdecken wir unweigerlich, daß die Täuscher insofern sehr stark dem Erzhochstapler ähneln, als auch dessen sexuelle und moralische Unreife unter dem Deckmantel eines narzißtischen Anspruchs verborgen liegt. Und in ihrer Kindheitsgeschichte finden wir gewöhnlich die beiden ätiologischen Grundelemente des »ausgewachsenen« Hochstaplers: einen Menschen, von dem häufig erwartet wurde, daß er das übersteigerte Ideal eines Elternteils spiegelte, während der andere Elternteil emotional oder tatsächlich abwesend war.

Nach dem Zweiten Weltkrieg und besonders seit den frühen sechziger Jahren hat die Zahl der Männer und Frauen, die an der einen oder anderen narzißtischen Störung leiden, ständig zugenommen. Wenngleich jene, die unserer sogenannten »Kultur des Narzißmus« anhängen, keine professionellen Hochstapler sind und eine Vielzahl von Charaktertypen repräsentieren, zeigen sie sämtlich die Neigung, ihre Identität wie ihre Leistungen zu verfälschen, und weisen sexuelle und moralische Perversionen auf. Die Saat dieser heutzutage alltäglichen Störungen ist in der Säuglingszeit und frühen Kindheit gelegt worden, sie kommt aber erst zum Tragen, wenn der Mensch vor den sexuellen und moralischen Problemen der Adoleszenz steht.

Wenn wir in unsere Statistik das allzu bereitwillige Publikum einbeziehen, die große Armee der Helfershelfer, die nichts mehr wünschen, als im Widerschein des Glanzes des bezaubernden Narzißten zu erstrahlen, könnten wir zu dem Schluß gelangen, daß die meisten von uns mehr oder weniger dazu beitragen, das soziale Umfeld zu schaffen, in dem hochstaplerische Tendenzen gedeihen. Jahrhunderte hindurch haben sich Hochstapler verschiedener Art – Alchemisten, Kurpfuscher – auf ihr Publikum verlassen, um Erfolg zu haben. Heutzutage scheint sich das Publikum genauso nach magischer Erlösung zu sehnen wie irgendein Herr oder Knecht im Mittelalter.

Diejenigen, welche nur zur Hälfte Hochstapler sind – Gurus, Zauberer, Glaubensheiler, Schwindler, Fälscher, Plagiatoren, Exhibitionisten, Transvestiten, Casanovas, Bigamisten, grandiose Paranoiker und gelegentliche Täuscher, alle hinsichtlich ihrer Motive und ihres Verhaltens verschieden –, haben einige Merkmale mit den echten Hochstaplern gemeinsam. Sie stehen jedoch nicht unbedingt unter dem Zwang, eine falsche Identität, Leistungen oder soziale Stellung anderen vorzugaukeln, außer in Ausnahmefällen. Nur wenn ein solch verzweifelter Zwang als primäre Kraft hinter dem Täuschungsakt steht, können Zauberer, Plagiator, Bigamist als ausgewachsene Hochstapler gelten. Gleichwohl veranschaulicht das Schicksal des Hochstaplers das gemeinsame Schicksal all jener, die nur zur Hälfte Hochstapler sind, sowie all derer, die den übersteigerten Idealen der Kindheit zu entsprechen versuchen, statt sich den unvermeidlichen Tatsachen des alltäglichen Lebens zu stellen.

Der ausgewachsene Hochstapler leidet unter einer tiefgreifenden Beschädigung seines Identitätsgefühls. Er weiß, daß er nicht die Person ist, die zu sein er vorgibt, doch er geht davon aus, daß er eine größere und bedeutendere Person sein *muß* als die gewöhnlichen Sterblichen, die zu täuschen er sich anschickt. Sein Verhalten ist getrieben und zwanghaft. Seine ganze Existenz hängt vom Erfolg seiner Betrügereien ab. Ein ausgewachsener Hochstapler zu sein, ist eher eine Vollzeitbeschäftigung als ein trickreiches Streben nach sozialem oder materiellem Gewinn.

Ein Junge wird nicht über Nacht zum ausgewachsenen Hochstapler. Er ist zunächst der verwöhnte Liebling im Kinderzimmer, als älterer Junge wird er zum Lügner und Betrüger, und in der frühen Adoleszenz ist er dann ein Erzmanipulator. Der durchschnittliche Jugendliche empfindet sich selbst oft als Heuchler. Für einen Jungen, der an der Schwelle zum Mannsein steht, ist es keineswegs ungewöhnlich, sich durch grandiose Haltungen und Rollen zu beweisen. Jeder Heranwachsende und Erwachsene, ob männlich oder weiblich, manipuliert gelegentlich andere, um sich psychologische Vorteile zu verschaffen. Doch für den potentiellen und den schließlich ausgewachsenen Hochstapler sind Lügen, Betrügen und Manipulieren eine Lebensweise. Der Hochstapler lügt sogar dann, wenn kein unmittelbarer praktischer Gewinn damit verbunden ist. Seine schwankende Identität wird durch die falschen Bilder zusammengehalten, die er anderen vorgaukelt.

Hier ist es schwer, eine Statistik aufzustellen. Wenn der Junge nicht wegen irgendeines Deliktes, das mit seinen Manipulationen zusammenhängt – etwa Fälschungen oder Plagiaten – gefaßt wird, ist die Wahrscheinlichkeit gering, daß er mit der Justiz in Berührung kommt. Andererseits ist seine Störung so beschaffen, daß er kein Motiv hat, sich in psychologische Behandlung zu begeben. Tatsächlich fühlt sich der Hochstapler nur dann angstfrei, wenn er Täuschungshandlungen begeht. Die Eltern des potentiellen Hochstaplers werden ebenso eingewickelt wie alle anderen. Bewußt oder unbewußt unterstützen sie seine

Betrügereien. Viele Erwachsene bewundern den oberflächlichen Charme und die gekonnten Mätzchen des Jungen. Würde man aber zum Beispiel eine Lehrerin bitten, den Typ von heranwachsenden Jungen zu beschreiben, der sie am meisten verwirrt, dann würde sie nicht auf die Rowdys und Lehrerquäler, die Vandalen und Diebe, die Drogen- und Alkoholabhängigen verweisen, bei denen sämtlich die ernsten, aber erkennbaren Probleme heranwachsender Jungen zutage treten und von denen die meisten ihre kriminellen Handlungen in Gruppen und mit Billigung und Förderung der Gleichaltrigen ausführen. Nach einiger Überlegung würden die Lehrerinnen über die Manipulatoren, die Hochstapler, die Jungen zu sprechen beginnen, die allein operieren, jenseits aller Gruppenloyalitäten, sehr häufig aber auf subtile Weise andere Jungen und Mädchen zu kriminellen Handlungen verführen.

Der heranwachsende trickreiche Schwindler ist deshalb verwirrend, weil die Erwachsenen seiner Umgebung nie ganz sicher sein können, daß der Junge unehrlich ist. Ein solcher Junge lügt, betrügt, plagiiert, aber es ist äußerst schwierig, ihm sein delinquentes Verhalten eindeutig nachzuweisen. Sogar wenn die Tatsachen für sich sprechen – der zwanzigseitige Aufsatz, der Wort für Wort von einer alten, verstaubten Doktorarbeit abgeschrieben wurde –, spielt der Junge geschickt seine Trümpfe aus: Ohne mit der Wimper zu zucken, beteuert er seine Unschuld, beklagt er erlittene Ungerechtigkeit, bringt eine völlig vernünftige Erklärung vor, entschuldigt sich mit Krankheit in der Familie, oder wenn es gar nicht anders geht, gesteht er, bittet um Verzeihung, verspricht, es nie mehr wieder zu tun. Und da alle Beteiligten ihm glauben wollen, tun sie es auch.

Der wirklich raffinierte Manipulator verfälscht nicht einfach die Tatsachen; er findet Möglichkeiten, sein Handeln abzusichern. Er ist ein Muster der Tugend in allen Fächern, außer in einem. Er beschränkt seine Betrügereien auf diesen einen Bereich, so daß der Lehrer, der ihn dabei ertappt, vor allen anderen Angehörigen der Schule als Narr dasteht. Er stiehlt den

Schmuck seiner Mutter und das Bargeld seines Vaters, aber im Internat ist er jedermanns Liebling. Oder er verfährt umgekehrt: Zu Hause ist er ein Engel und in der Schule ein Lügner, nimmt Risiken auf sich, fälscht. Der Manipulator, wie raffiniert er auch sein mag, ist natürlich weder ein Heiliger noch ein wagemutiger Held, sondern ein wütender, verängstigter Junge, der täuschen muß, um den bemitleidenswerten Niemand zu verbergen, der er in seiner Phantasie ist. Seine Täuschungen sollen die Illusion verstärken, daß er ein mächtiger Mensch ist, so mächtig in der Tat, daß er die Erwachsenen, die über Autorität verfügen, zum Narren halten kann. Im weiteren Sinne versucht er die genitalen und Generationsunterschiede zu beseitigen, die bewirken, daß er sich so unzulänglich fühlt. Die Autoritäten zum Narren zu halten und dadurch ihre Schwächen und Verwundbarkeiten bloßzustellen, ist eines der zentralen Motive des hochstaplerisch veranlagten Jungen.

Der Lehrer, der die Täuschungen des Jungen durchschaut und Alarm schlägt, wird von ihm oder den anderen Erwachsenen nicht respektiert. Den Gefoppten, selbst wenn sie vermuten, hereingelegt zu werden, scheint es einen Heidenspaß zu bereiten, sich auf die Seite des Foppers zu schlagen. Sie lehnen die Fanatiker ab, die durch ihre Bloßstellung des Hochstaplers das Publikum des Reizes der Komplizenschaft berauben. Entgegen besserem Wissen glauben und verzeihen Eltern und Lehrer zum fünften, zehnten oder fünfzigsten Mal diesem quicklebendigen und recht faszinierenden Burschen. Wie Gurus, spiritistische Medien und okkulte Heiler sehr wohl wissen, ist die emotionale Empfänglichkeit des Publikums für ihre Darbietungen von wesentlicher Bedeutung. Wer emotionale Erlösung anbietet, hat mehr Sicherheit, größere Bankkonten und erheblich mehr lobhudelnde Anhänger als jene ehrlicheren Propheten, die die Blicke der Menschheit auf die unerfreulicheren Realitäten des Schicksals und der Notwendigkeit und alle damit verbundenen Schwierigkeiten lenken.

Der Hochstapler – Lügner, Betrüger, Manipulator – ist gerissen, so gerissen, daß seine Täuschungen selten aufgedeckt werden können. Er ist ein Einzelgänger, vollkommen absorbiert von der Rolle (den Rollen), die er spielt, unter der Herrschaft und dem Zwang seines Strebens nach Vollkommenheit stehend. Sein getriebenes Verhalten folgt einem Drehbuch, das eine von mehreren Versionen einer Familienroman-Phantasie ist, die ständig aufs neue inszeniert werden muß. Das zentrale Thema dieser universalen Kindheitsphantasie ist die Vorstellung, ein Findling in einer Familie mit vorläufigen Eltern zu sein. Die meisten kleinen Kinder entwickeln eine solche Phantasie als Abwehrmanöver, um Demütigungen zu mildern und durch das ödipale Drama erzeugte Ängste zu beschwichtigen. Das durchschnittliche Kind stellt sich lediglich vor, ein Findling zu sein, der von Adoptiveltern aufgezogen wird, die zeitweilig seine abwesenden biologischen Eltern ersetzen. Es stellt sich nur vor, daß es ein nicht erkannter Aristokrat in einer alltäglichen Welt sei. Sobald es die Pubertät erreicht, gibt es die Idealisierungen der frühen und späteren Kindheit auf und damit zugleich seinen Familienroman. Wenn aber der Lügner, Betrüger, Manipulator die Pubertät erreicht, ist er bereits von seiner Phantasie absorbiert. Er muß nun das Szenario des Familienromans seiner Kindheit ausleben. Er wird zum Hochstapler.

Die typischeren Szenarien eines Familienromans finden sich in den Märchen vom Froschkönig, Schneewittchen, Aschenputtel, in denen ein Kind vorübergehend herabgesetzt und erniedrigt wird. Doch wegen seiner Geduld und Ehrlichkeit, seines Fleißes und Gehorsams, seiner Freundlichkeit und Unschuld und seiner verborgenen, wenn nicht offenkundigen Schönheit wird es zuletzt gerettet und erhält seinen legitimen Status als König oder Königin, Prinz oder Prinzessin zurück. Bei diesen bekannten Prototypen des Familienromans gibt es oft Geschwister, die um die Gunst der Eltern buhlen, doch wegen ihrer Schlechtigkeit, Faulheit, Unehrlichkeit, Häßlichkeit oder Habgier zuletzt bestraft und aus dem Königreich verbannt werden – es sei denn, der humane, barmherzige Prinz verkündet eine allgemeine Amnestie und vergibt sowohl seinen weniger glücklichen Brüdern als auch der Hexe, die ihn einst mit so wenig Mitleid und Großzügigkeit behandelt haben.

Eine ganz andere Art von Märchen ist das Modell des Familienromans vom Hochstapler. Eins dieser Märchen ist »Der Meisterdieb«. Hier verkleidet sich ein junger Mann, dessen wirkliche Familie arm und bescheiden ist, als reicher Edelmann und kehrt in das Königreich, in dem er geboren wurde, zurück, nachdem er die Erde viele Jahre als Meisterdieb durchwandert hat. Er akzeptiert die drei Forderungen des Königs: erstens sein Lieblingsroß aus dem Stall zu stehlen, zweitens das Bettuch unter König und Königin wegzuziehen, während sie schlafen, und den Trauring von der Hand der Königin zu ziehen, und drittens den Pfarrer und den Küster aus der königlichen Kapelle zu entführen. Wenn es ihm nicht gelingt, den König seiner am meisten geschätzten irdischen, sexuellen und moralischen Güter zu berauben, dann droht ihm der Tod am Galgen. Ein Preis wird niemals genannt. Der Meisterdieb riskiert den Tod am Galgen, einfach um zu beweisen, daß er klüger ist als der mächtige König. Der Märchentradition entsprechend gelingt es ihm, den König mit drei unglaublichen, meisterhaften Täuschungen hinters Licht zu führen. Aber heiratet der Meisterdieb die Prinzessin? Wird ihm das Königreich, in dem er geboren wurde, wieder zugesprochen? Nein. Der König zollt seinen klugen Tricks Tribut, schickt ihn aber weise fort. »Du bist ein Erzdieb und hast gewonnen. Diesmal sollst du mit heiler Haut davonkommen, aber setze niemals wieder einen Fuß in mein Königreich. Wenn du es tust, ist dir dein Platz am Galgen sicher.« Der Erzdieb zieht wieder in die weite Welt hinaus, und nie mehr hört man etwas von ihm. Da Märchen die moralischen Legenden der Kindheit sind, Warnungen an die Bösen und die Habgierigen, kann man die Klugheit des Meisterdiebs bewundern, aber eine Belohnung darf ihm nicht zuteil werden.

Der andere Märchen-Prototyp für den Familienroman des Hochstaplers, der seinen Wünschen sogar noch näherkommt als

»Der Meisterdieb«, ist die bekannte Geschichte von »Jack und die Bohnenranke«. Hier ist der Dieb gut getarnt als unschuldiger, braver Junge, dessen Diebereien nicht nur moralisch sind, sondern auch ein Akt der Gerechtigkeit und der gerechten Vergeltung. Diese Version der Täuschung Erwachsener erfaßt das Wesentliche der Demütigungen, die der Hochstapler in der Kindheit erfahren hat, und des illusorischen Sieges, der sein Leben beherrscht. Jack, wir erinnern uns, lebt zusammen mit seiner armen, schwer arbeitenden Mutter in einer bescheidenen Hütte. Sein Vater ist tot und somit auf bequeme Weise als Mitbewerber um die Zuneigung der Mutter ausgeschaltet. Bald sind Jack und seine Mutter so mittellos, daß sie gezwungen sind, Milky White zu verkaufen, die Kuh, die ihnen zumindest ein tägliches Quantum Milch geliefert hat. Jacks Mutter schickt ihn vertrauensvoll in die Stadt, um die kostbare Kuh zu verkaufen, ihren letzten verbliebenen irdischen Besitz. Klein-Jack, der sich für einen fähigen und klugen Jungen hält, läßt sich nur zu leicht überreden, Milky White für eine bloße Handvoll »Zauberbohnen« einzutauschen. Er kehrt triumphierend zurück, um seiner Mutter den Beweis seines überlegenen Handelstalents zu zeigen, doch er erlebt nur die Demütigung, gesagt zu bekommen, daß er viel weniger klug ist, als er geglaubt hatte. Seine Mutter ist wütend. Sie wirft die Bohnen aus dem Fenster und schickt Jack ins Bett. In einer Stimmung tiefer Niedergeschlagenheit schläft er ein.

Siehe da! Als Jack später in der Nacht aus dem Fenster schaut, entdeckt er, daß er doch recht hatte. Die Bohnen waren wirklich Zauberbohnen. Vor seinem Fenster steht ein riesiger Bohnenstengel, der bis in den Himmel und in die Wolken reicht. Die Täuschung ist in einen Sieg verwandelt worden. Nun kann sich Jack wirklich des Vertrauens und der Bewunderung seiner Mutter würdig erweisen.

Zweiter Akt. Jack rächt sich an denen, die ihn getäuscht haben. Er beschließt, an der Bohnenranke hochzuklettern und ins Königreich des Riesen einzudringen. Indem er höher und höher klettert, erreicht er das Schloß des Bösen Riesen, der alle auffrißt, die es wagen, die Grenzen seines Reichs zu überschreiten. Besonders gut schmecken ihm kleine Jungen in Jacks Alter, die seine Frau auf immer neue und interessante Art zubereitet. Doch der kluge Jack überlistet den Riesen, der sich bei all seinem lauten, furchterregenden Grollen nur als fauler, närrischer, einfältiger Prahler erweist. Mit Hilfe der Frau des Riesen, die aus irgendeinem Grunde bei Jack eine Ausnahme macht (vielleicht der Reiz der Komplizenschaft) und die er auch hereinlegt, raubt Jack dem Riesen seine kostbarsten Besitztümer - nicht einmal, sondern dreimal. Zuerst stiehlt er ihm seinen Beutel Gold, dann die Gans, die die goldenen Eier legt, und schließlich seine singende Goldene Harfe. Die Goldene Harfe beginnt zu singen, um den Riesen zu warnen, aber es ist zu spät. Jack klettert mit seiner Beute am Bohnenstengel hinunter. Der Riese verfolgt ihn wütend. Um Haaresbreite gelingt es Jack, die Sicherheit seines Hauses zu gewinnen. Er nimmt sein Beil und hackt den Bohnenstengel um. Der mächtige Riese fällt krachend auf die Erde. Nachdem sie nun den Beutel Gold, die Gans, die die goldenen Eier legt, und die Goldene Harfe haben, brauchen sich Jack und seine Mutter nie mehr zu sorgen. Die Mutter schaut ihn wieder bewundernd an.

Jede Hochstapelei ist eine Inszenierung der Legende von »Jack und die Bohnenranke«, des Wiedergutmachungsaspekts des Familienromans. Der Hochstapler muß mit seiner falschen Persönlichkeit und seinen Leistungen immer wieder anderen imponieren, um die Illusion zu wahren, daß er nicht klein und unbedeutend ist, daß er der Bewunderung seiner Mutter würdig ist, daß er außerdem das Recht hat, den Vater zu überlisten, zu besiegen, ihn seiner Macht zu berauben. Zwar inszenieren viele Jugendliche infantile emotionale Szenarien neu, um die Kränkungen der Vergangenheit auszugleichen, doch das Rollenspiel des Hochstaplers soll einen illusorischen Sieg wirklich machen. Der Hochstapler ist der Meisterdieb, der sich selbst die moralische Erlaubnis erteilt hat, Unrecht zu tun, weil ihm Unrecht getan wurde.

Psychologie und Kindheitsgeschichte des Hochstaplers wurden aus einigen Dutzend Behandlungsfällen »ausgewachsener« Hochstapler, den weitaus zahlreicheren Fallgeschichten von gelegentlichen Hochstaplern oder solchen, die nur zur Hälfte Hochstapler waren, den Biographien notorischer Hochstapler und den fiktiven Darstellungen hochstaplerähnlicher Charaktere zusammengesetzt. Da viele kreative Künstler eine gewisse Affinität zur gespaltenen Seele des Hochstaplers empfinden, sind sie von seiner Persönlichkeit fasziniert. Was literarische Quellen angeht, ist Thomas Manns Roman *Bekenntnisse des Hochstaplers Felix Krull* die berühmteste, eindringlichste fiktive Darstellung des Hochstaplers. Mann hat von seinem Roman gesagt, er sei im wesentlichen die Geschichte eines Künstlers, in der das Element des Irrealen und Illusorischen ohne weiteres ins Kriminelle übergeht. Daß Thomas Mann – ein Schriftsteller, der sich von den Täuschungen in der Kunst, den kunstvollen Tarnungen in der Natur, der Anziehung, die Verdorbenheit und Anrüchigkeit auf den Künstler ausüben, dem heimtückischen Einfluß von Zauberern, Gurus, Glaubensheilern und politischen Erlösern auf ihr empfängliches Publikum außergewöhnlich stark angesprochen fühlte – die Mentalität des Hochstaplers so exakt erfaßt hat, ist schließlich nicht überraschend.

Ungeachtet offizieller psychologischer Theorien und hauptsächlich gestützt auf die skizzenhaften Memoiren des rumänischen Gauners Manolescu, schuf Mann ein Porträt der Kindheit, der Adoleszenz und der frühen Mannesjahre eines Hochstaplers, das eine bemerkenswerte Ähnlichkeit mit dem klinischen Bild aufweist, wie es von den wenigen Psychoanalytikern, die mit solchen Patienten gearbeitet haben, entworfen wurde. Der einzige Vorbehalt gegenüber der Erzählung Krulls (das Buch ist in der Ich-Form geschrieben) ist der, daß ein echter Hochstapler nicht über derart genaue Erkenntnisse hinsichtlich seiner eigenen psychischen Dynamik verfügt. Seine Unehrlichkeit und Oberflächlichkeit, sein Drang nach unaufhörlicher Wiederholung, seine geringe Frustrationstoleranz, sein schwankendes Realitätsbewußtsein würden jede Fähigkeit zunichte machen, die eigene Lebensgeschichte Revue passieren zu lassen und zu rekonstruieren. Der Verlust der emotionalen Beziehung zur wirklichen Vergangenheit ist eine *conditio sine qua non* der Mentalität des Hochstaplers. Natürlich ist man, liest man Krulls Bericht über seine Kindheit und seine Mannesjahre, nie ganz sicher, ob die Ereignisse tatsächlich stattgefunden haben oder ob es sich um einen phantasievollen Versuch handelt, aus einer Demütigung einen Sieg zu machen. Wie wir sehen werden, verdienen Krull und »Jack« den Titel eines »ausgewachsenen Hochstaplers« durchaus zu Recht.

Folgt man der psychoanalytischen Konstruktion, ergibt sich der Charakter des Hochstaplers aus einem von zwei prototypischen infantilen Szenarien, das, obzwar hinsichtlich der meisten äußeren Einzelheiten verschieden, schließlich zu den gleichen Beschädigungen der Identität und des Gewissens führt. Hochstapler, deren Kindheit einem dieser beiden Szenarios entspricht, haben eine Einstellung zum Leben, die besagt: »Die Natur hat mir schweres Unrecht getan. Das Leben schuldet mir eine Wiedergutmachung, und ich werde dafür sorgen, daß ich sie bekomme. Ich darf Unrecht tun, weil mir Unrecht getan wurde.« Eine derart rachsüchtige Einstellung ist von einem dieser Typen zu erwarten, von jenen Hochstaplern, die mit physischen oder psychischen Defekten geboren und von einem Elternteil oder beiden ignoriert, herabgesetzt, abgelehnt oder auf andere Weise ungerecht behandelt wurden. Einige der bekannteren Hochstapler haben eine solche Kindheitsgeschichte.

Ein berühmter Hochstapler, Titus Oates, einer der Anstifter der papistischen Verschwörung zur Zeit der Herrschaft von Charles II.*, der Mann, dem der Papst Weltruhm zusprach, wurde mißgestaltet geboren; ein Bein war kürzer als das andere, und er litt unter Krämpfen. Seine Mutter, eine Hebamme,

* Charles II. (Charles Stuart), 1600–1649, König von England, Schottland und Irland (1625–1649), wurde enthauptet. Anm. d. Übers.

hielt die Geburt ihres eigenen Kindes für die schlimmste, die sie je erlebt hatte, und der Vater, ein »Geistlicher mit schurkischen Neigungen«, fand Titus so häßlich, daß er sich weigerte, ihn anzusehen. Ein anderer Hochstapler, ein ungebildeter junger Mann aus Australien, der im 19. Jahrhundert zu Ruhm und Reichtum gelangte und schließlich im Zuchthaus landete, weil er vorgegeben hatte, der langvermißte Erbe des Tichborne-Vermögens zu sein, war das jüngste Kind eines armen, »gewalttätigen« Metzgers und einer »anständigen« Mutter. Er kam mit einer genitalen Mißbildung zur Welt, dem Pseudohermaphroditismus.

Ohne weiter auf Theorien über Gewissensentwicklung und männliche Geschlechtsidentität zurückzugreifen, sagt uns der gesunde Menschenverstand, daß so frühe und anhaltende Verletzungen der körperlichen Integrität und Allmacht einen Jungen motivieren können, nach Wiedergutmachung zu streben und sich über seine schmählichen Anfänge hinwegzusetzen, indem er zu einer anderen als jener elenden Person wird, die ihm das Schicksal zugeteilt hat. Sogar sein Verlangen nach Rache könnte unser Mitleid erregen. Fühlen wir nicht mit Jack, wenn er den Riesen bestiehlt? Denn wer von uns hat nicht hin und wieder die Natur oder das Schicksal angeklagt, uns keine größeren Vorzüge gewährt zu haben? Wir halten uns für berechtigt, das Unrecht, das uns angetan wurde, zurechtzurücken. Daher fühlen wir mit Gloucester, aus dem bald der Bösewicht Richard III. wird, wenn er sein Geschick beklagt: »Ich, um dies schöne Ebenmaß verkürzt, von der Natur um Bildung falsch betrogen, entstellt, verwahrlost, vor der Zeit gesandt in diese Welt des Atmens, halb kaum fertiggemacht, und zwar so lahm und ungeziemend, daß Hunde bellen, hink ich wo vorbei.«

Doch sehr viel öfter ähneln die Fälle von Hochstaplern jenem von Felix Krull, der uns von einer privilegierten Kindheit berichtet. »Oft hörte ich aus dem Munde der Meinen«, sagt Krull, »daß ich ein Sonntagskind sei, und obgleich ich fern von allem Aberglauben erzogen worden bin, habe ich doch dieser Tatsache, in Verbindung mit meinem Vornamen Felix . . . sowie mit meiner körperlichen Feinheit und Wohlgefälligkeit, immer eine geheimnisvolle Bedeutung beigemessen. Ja, der Glaube an mein Glück und daß ich ein Vorzugskind des Himmels sei, ist in meinem Innersten stets lebendig gewesen, und ich kann sagen, daß er im ganzen nicht Lügen gestraft worden ist« (S. 9).

Der Hochstaplertyp, von dem wir am meisten wissen, ist, wie Felix, das bevorzugte Glückskind, der Schöne, der verlorene Sohn, der Knabe, dem die uneingeschränkte Anbetung seiner Mutter gilt. Der einzige äußere Umstand, den er mit den äußerlich weniger begünstigten Hochstaplern gemeinsam zu haben scheint, ist die tatsächliche oder gefühlsmäßige Distanz zwischen ihm und seinem Vater. Weshalb sollte ein Knabe, den die Natur mit jedem körperlichen und geistigen Vorzug ausgestattet hat, der verwöhnte Liebling seiner Mutter, während der Adoleszenz und später wünschen, die Identität eines anderen anzunehmen? Welche Umstände seiner offensichtlich bemerkenswert glücklichen Lage könnten ihn zu der Äußerung veranlaßt haben: »Mir ist Unrecht geschehen, und deshalb habe ich das Recht, Unrecht zu tun!«?

Bei diesem zweiten, häufigeren Prototyp wird der Charakter des Jungen anfänglich durch eine übermäßig enge Bindung an eine verhätschelnde Mutter geformt, die mit ihrer verführerischen, besitzergreifenden Liebe zu diesem wundervollen, begabten Kind seine Fähigkeit schwächt, ein klares Bewußtsein des Getrenntseins zu erwerben. Es bleibt nicht so sehr eine Erweiterung seiner Mutter, sondern eher ein Widerschein ihres übersteigerten Männlichkeitsideals. Zur Schwierigkeit des Jungen, sich von der Mutter zu lösen, trägt ein abwesender oder emotional untauglicher Vater bei. Manche Hochstapler werden kurz nach dem Tode des Vaters geboren. In anderen Fällen war der Vater gestorben, als der Junge noch ein Kind war, oder er hatte die Familie verlassen, war ständig auf Geschäftsreisen, oder er bevorzugte seine älteren Söhne, wurde von der Mutter herabgesetzt oder war selbst ein schäbiger Heuchler, der sich als gesellschaftlich und finanziell bedeutend gebärdete. Wenn der Junge die Kindheit hinter sich hat, steht ihm der Vater noch immer nicht als Objekt der Zuneigung und Identifizierung zur Verfügung. Aus dem einen oder anderen Grunde verbringt der Junge demnach seine Säuglingszeit und frühe Kindheit in einer emotional »vaterlosen« Häuslichkeit. Niemand ist da, der sich zwischen Mutter und Kind drängt und die gesellschaftlichen Prinzipien von Gesetz und Ordnung geltend macht. Die »Stimme des Vaters« ist bestenfalls verschwommen zu vernehmen. Wenn weder Vater noch Mutter dem Kind gegenüber die moralischen Grundsätze der Gesellschaftsordnung vertreten, steht zu erwarten, daß sein moralisches Empfinden weiterhin von den konkreten Verboten und Erlaubnissen der Kinderstube beherrscht wird. Diese Kinderstubenmoral ist, wenn sie nicht durch umfassendere Identifizierungen des Kindes mit elterlicher Autorität, elterlichen Werten, Einstellungen und Interessen abgelöst wird, leicht und unvermeidlich korrumpierbar. Zudem können wir vermuten, daß das korrupte moralische Empfinden des Hochstaplers beherrschender und den korrigierenden Einflüssen der Pubertät sogar noch unzugänglicher ist als das Gewissen der Magersüchtigen. Für den Knaben hat die »Abwesenheit des Vaters« im allgemeinen noch katastrophalere Folgen als für das Mädchen. Obschon das Weiblichkeitsideal der Magersüchtigen ein Zerrbild der weiblichen Ideale, Verbote, Erlaubnisse der Mutter ist, genießt es zumindest den Vorteil einer emotional sinnvollen Beziehung zum Elternteil des eigenen Geschlechts. Es besitzt eine gewisse Grundlage für einen Vergleich zwischen der realen Mutter und dem Ideal, das die Mutter vermittelt hat. Doch wenn ein Junge nur ein zusammengestoppeltes Bild seines Vaters besitzt, kann er auch nur ein zusammengestoppeltes Bild eines männlichen Selbst entwickeln; ohne einen Vater in seinem Leben, mit dem er sich identifizieren kann, muß er seine ganze Geschlechtsidentität auf ein von der Mutter vermitteltes männliches Ideal gründen.

Es kommt hier nicht darauf an, daß es so etwas wie ein *bona fide*-Ideal der Männlichkeit gibt, das nur vom Vater vermittelt werden kann. Es geht vielmehr darum, daß es dem Jungen schwerfällt, ein Gefühl für den Geschlechtsunterschied zu erwerben, wenn der Vater abwesend und der Männlichkeitsbegriff der Mutter problematisch ist. Ein Männlichkeitsbewußtsein, das von demselben Elternteil (der Mutter) vermittelt wird, der das Weiblichkeitsbewußtsein vermittelt, muß zwangsläufig dazu führen, daß Männlichkeit auf eine andere Art erworben wird als die vom Vater vermittelte. Wird beispielsweise die allgemeine Vorstellung, daß die Übertretung von Vorschriften etwas Männliches sei – ein Junge sein, heißt ungezogen sein –, von einem Vater vermittelt, so wird sich das Kind einer Gruppe Gleichaltriger zuwenden, deren Ideal es ist, Straftaten zu begehen. So fragwürdig dies sein mag, fördert es doch die Beteiligung des Jungen am sozialen Geschehen. Wird ein solches Männlichkeitsideal hingegen von einer Mutter vermittelt, so führt es zu kriminellen Aktivitäten eines Einzelgängers, wie etwa der Hochstapelei und damit einhergehendem Stillstand der Sozialisation.

Es ist wahrscheinlich, daß sich viele perverse, kriminelle und grandiose Männer in Abwesenheit einer Vaterfigur auch mit einem übersteigerten mütterlichen Männlichkeitsideal identifiziert haben. Doch beim künftigen Hochstapler, dessen männliche Identität von vornherein zerbrechlich ist, kommt ein weiteres Merkmal hinzu, das am unmittelbarsten die spezifische Neigung zur Hochstapelei vorausahnen läßt. Vor allem die Mutter – mitunter aber auch Großeltern, Geschwister, Kindermädchen – bestärkt den kleinen Jungen in dem Glauben, das bezauberndste Geschöpf der Welt zu sein. Diesem Wunderkind wird ständig Beifall für sein Talent zur Verstellung und Nachahmung gezollt – Fähigkeiten, die die meisten Zwei- und Dreijährigen von Natur aus besitzen. Der kleine Charmeur entzückt sein empfängliches Publikum mit seinen »niedlichen« Karikaturen mächtiger Erwachsener, Soldaten, Polizisten, Fürstlichkeiten, Filmstars und anderen großartigen Persönlichkeiten. Felix Krull beschreibt sich selbst als phantasievolles Kind, dessen Verstellungsgabe seiner Familie viel Unterhaltung und Vergnügen bereiteten:

> »In einem kleinen Stuhlwagen sitzend, worin meine Magd mich über die Gartenwege oder auf dem Hausflur umherschob, zog ich aus irgendeinem Grunde meinen Mund so weit wie möglich nach unten, so daß meine Oberlippe sich übermäßig verlängerte, und blinzelte langsam mit den Augen, die sich nicht nur infolge der Verzerrung, sondern auch vermöge meiner inneren Rührung röteten und mit Tränen füllten. Still und ergriffen von meiner Betagtheit und hohen Würde, saß ich im Wägelchen; aber meine Magd war gehalten, jeden Begegnenden von dem Tatbestande zu unterrichten, da eine Nichtachtung meiner Schrulle mich aufs äußerste erbittert haben würde. ›Ich fahre hier den Kaiser spazieren,‹ meldete sie, indem sie auf unbelehrte Weise die flache Hand salutierend an die Schläfe legte, und jeder erwies mir Reverenz« (S. 7f.).

Die anderen Fähigkeiten, deren Vervollkommnung Kleinkinder mit ungeheurer Befriedigung erfüllt – etwa selbständiges Essen oder Ankleiden –, werden hingegen nicht gefördert. Seine Lordschaft wird verzärtelt und verwöhnt, als wunderbares Spielzeug behandelt, von dem man nicht mehr erwartet, als daß es den Mund öffnet, um gefüttert zu werden, und seinen anbetungswürdigen Körper reinigen und schmücken läßt. Die Mutter und alle anderen ahnen seine körperlichen Bedürfnisse und Wünsche voraus und sorgen dafür, daß sie befriedigt werden, bevor der Junge auch nur einen Augenblick lang Unzufriedenheit oder Verlangen empfinden kann. Er braucht weder einen Muskel zu bewegen noch irgendeine Initiative oder Selbständigkeit zu zeigen. In dieser Atmosphäre sklavischer Hingabe, in der alles bedingungslos gewährt und keinerlei Gegenleistung erwartet wird, müssen Narzißmus und Passivität blühen.

Im Vergleich mit seinem abwesenden Vater läßt man den Jungen glauben, daß er glanzvoller, mächtiger, aufregender, anbetungs- und bewunderungswürdiger sei. Allmählich akzeptiert er die allgemeine Vorstellung, daß er die emotionalen und sexuellen

Bedürfnisse der Mutter besser zu befriedigen vermöge als der Vater. Ohne sich mit Realitätsprüfungen aufzuhalten, bildet sich der Junge ein, er habe den Vater besiegt. Es gibt keine Kontroverse, keine Rivalität, keinen Wettstreit. Ohne ein Glied zu rühren, hat der Junge einfach durch seine Existenz und weil er sich entsprechend dem Bild, das seine Mutter von ihm hat, verhält, den Vater auf magische Weise und in Wirklichkeit seiner Kräfte beraubt. Die Realität sieht natürlich so aus, daß sich der Junge, wenn es um die Genitalität geht, als gänzlich unzulänglich erweist. Auch wenn der kleine Junge mehr bewundert und geschätzt wird als sein Vater, er besitzt einfach nicht die anatomischen Voraussetzungen, um zum Sexualpartner der Mutter zu werden.

Diese Niederlage wird von unserem kleinen Kaiser nicht leichtgenommen. Es ist ein rauhes Erwachen, eine vernichtende Abwertung seiner hochfliegenden narzißtischen Ambitionen. Ein gewöhnlicher Junge erlebt einen weitaus weniger dramatischen Abstieg, und er kann sich dadurch entschädigen, daß er sich zumindest einen Teil der Autorität und der Werte seines Vaters zu eigen macht. Die Feindseligkeit des künftigen Hochstaplers gegenüber seinem Vater (sei er tot oder lebendig, abwesend oder anwesend) wird dadurch verschlimmert, daß es ihm unmöglich ist, sich positiv mit ihm zu identifizieren. Nach manchen Fallberichten ist der Junge in der Lage, ausgewählte Aspekte seines Vaters zu imitieren – nicht seine Autoritätsprinzipien, sondern die äußerlichen, oberflächlichen Manifestationen seiner Macht: seine laute, tyrannische Stimme, seine angebliche Größe, seine Verachtung für die gewöhnliche Menschheit, seine überlegene Geschäftstüchtigkeit, seine Erheiterung, weil er die Kunden hereingelegt hat, seine prahlerische Selbsterhöhung –, das heißt, eben jene Merkmale, die der späteren Hochstapelei des Jungen zugute kommen.

Durch seine Identifizierung mit dem Aggressor (oder, richtiger, dessen Nachahmung) gelingt es dem Jungen, die ungeheure Angst etwas zu mildern, die durch die illusorische Aneignung der väterlichen Macht unweigerlich erzeugt wird. Doch im

Grunde muß er seine Misere durch außergewöhnlichere Mittel beheben. Sein Narzißmus hängt davon ab, wie er seine Überlegenheit aufrechterhalten kann, doch sein Wunsch, den Vater zu ersetzen, der wegen seiner emotionalen Abwesenheit als grausamer, verschlingender Riese erscheint, vermehrt die Trennungs- und Kastrationsängste, die für dieses Alter typisch sind, und läßt sie nicht zu bewältigende Ausmaße annehmen. Dem zweifelhaften Helden bleibt nur die Wahl, in der Phantasie die Allmacht seiner Kindertage zu neuem Leben zu erwecken, als er der unangefochtene Sieger, die spiegelnde Erweiterung der überspannten Ideale seiner Mutter war. Auf diese Weise stellt er keine wirkliche Herausforderung für seinen Vater dar, während er gleichzeitig die Illusion aufrechterhalten kann, immer noch ein kleiner König zu sein.

So rettet der Familienroman, der sein Dasein nun beherrschen wird, den Narzißmus des Jungen und schützt ihn in der Phantasie vor den Ängsten, die andernfalls jede wirkliche Rivalität oder Konkurrenz mit dem Vater begleiten würden. Durch seinen pseudoheroischen Sieg über den Riesen kehrt der Hochstapler immer wieder zu dem Zustand vor dem ödipalen Erwachen zurück, als die Mutter eine Göttin war und der Junge ihre besonderen Privilegien teilte und ihre bedingungslose Liebe genoß. Als Heranwachsender fühlt er sich nur dann ganz, intakt, vollendet und sicher, wenn es ihm gelingt, die Welt zu veranlassen, auf ihn zu reagieren – nicht wegen irgendwelcher realen Leistungen, die er nicht zu vollbringen beabsichtigt, sondern wegen seines überspannten Ich-Ideals. Er ist ein heimlicher Rivale, der sich den wirklichen Herausforderungen des Mannestums niemals stellen muß; er kann ewig mit dem Leben spielen und braucht es niemals wirklich zu leben.

Den späteren Manipulationen und Hochstapeleien des Jungen liegt ein außergewöhnliches Ungleichgewicht der drei Stränge des Narzißmus zugrunde. Vor allem die Allmacht erleidet ein katastrophales Schicksal. Omnipotentes Gebaren und Handeln, das die Ambitionen des Jungen, seine wirklichen Fähigkeiten in einer wirklichen Welt zu vervollkommnen, angefeuert hätte, wurden von seiner in ihn vernarrten Mutter aktiv unterbunden. Andererseits wurden die magischen Gesten der Verstellung und Nachahmung, sein Talent, alles und jedes darzustellen, was die Mutter wünschte, stimuliert und verstärkt. Gewöhnlich fallen die Omnipotenz des Kindes und die spiegelnde Verzückung der Mutter angesichts seiner wunderbaren Macht nicht nahtlos zusammen. Obgleich jedes Kind bis zu einem gewissen Grade eine spiegelnde Erweiterung der Mutter ist, erkennen die meisten Mütter und Väter die Gefahren narzißtischer Selbstbezogenheit. Sie warnen ihre Kinder davor, sich selbst zu sehr zu lieben. Sie warnen vor Stolz, halten Illusionen in Grenzen, fordern Gehorsam gegenüber den moralischen Werten der realen Welt. Nur in den ersten Lebensmonaten kann die Mutter ein Spiegel des außerordentlichen Narzißmus des Kindes sein. Und selbst dann ist ihre Liebe nicht bedingungslos. Der Spiegel kommt und geht.

Wenn aber der Spiegel, in dem die eigene übersteigerte Allmacht reflektiert wird, alles ist, was man hat, wenn die ganze Existenz und Sicherheit von der Verschmelzung mit dem allmächtigen anderen abhängen, dann erzeugt die Gefahr, vom spiegelnden anderen getrennt zu werden, heftige Ängste. Diese erschreckenden Gefühle der Hilflosigkeit halten jene Aspekte der Selbsterfahrung in Schach, die auf die Betätigung der angeborenen Initiative und Autonomie zurückzuführen sind. Es ist besser, auf Nummer Sicher zu gehen, sich zur spiegelnden Erweiterung des anderen zu machen. Die infantile Omnipotenz des Hochstaplers hatte also niemals viel Gelegenheit, von den Forderungen der harten Realität zurechtgerückt zu werden.

Was körperliche Liebe und sein Selbstwertgefühl angeht, so wird er durch das verführerische Hätscheln der Mutter, ihr Kokettieren und ihre Schmeicheleien auf immer größere Höhen des Exhibitionismus getrieben. Sein Körper ist ein köstliches Bonbon (von eben der Art, die die Riesen gern haben), ein wunderbarer Gipfel der Vollkommenheit, einzig dazu bestimmt, gefüttert, bewundert und geschmückt zu werden. Wie soll ein kleiner Junge, der früher oder später entdecken muß, daß sein Körper im Vergleich mit dem erwachsener Männer klein, unbedeutend und verletzlich ist, mit dieser phantastischen Ermutigung seiner Omnipotenz und der Bewunderung fertigwerden?

Die Diskrepanz zwischen der Person, die er sein soll, und der Person, die er tatsächlich ist, wird zu groß, um sie überbrücken zu können. Er betrachtet seinen Miniatur-Penis, der angeblich entzückender und großartiger als der seines Vaters ist, und er fühlt sich gedemütigt, weil er in Wirklichkeit so klein und kümmerlich ist. Ob er tatsächlich körperlich mißgestaltet ist oder nicht, der potentielle Hochstapler wächst mit der feststehenden Überzeugung auf, daß sein Körper, insbesondere seine Genitalien, minderwertig und mangelhaft sind. Doch wieder kommt die Phantasie dem kleinen Kaiser zu Hilfe: »Jedenfalls konnte mir nicht verborgen bleiben, daß ich aus edlerem Stoffe gebildet oder, wie man zu sagen pflegt, aus feinerem Holz geschnitzt war als meinesgleichen, und ich fürchte dabei durchaus nicht den Vorwurf der Selbstgefälligkeit. Das ist mir ganz einerlei, ob dieser oder jener mich der Selbstgefälligkeit anklagt, denn ich müßte ein Dummkopf oder Heuchler sein, wollte ich mich für Dutzendware ausgeben, und der Wahrheit gemäß wiederhole ich, daß ich aus dem feinsten Holz geschnitzt bin« (S. 11).

In seiner Rolle als erhabene Erweiterung seiner Mutter ermutigt, merkt der kleine Junge bald, daß Wahrheit und Tatsachen, die realen Erscheinungen der Dinge, ignoriert und durch Phantasien und Illusionen ersetzt werden können, ja, ersetzt werden sollten. Um in der Welt voranzukommen, muß man die Leute täuschen, das Publikum zum Narren halten, das in Hochstimmung gerät, weil man es hinters Licht führt. Wenn man als ein Selbst bewundert wird, das man nicht ist, geht das Selbst, das man hätte sein können, im Gedränge verloren und hat niemals eine Chance, erwachsen zu werden. Der Hochstapler geht mit zwei unvereinbaren Selbstbildern durchs Leben: dem schäbigen, schlecht gewirkten realen Selbst und dem illusorischen

Selbst, das dieses umhüllt. Die Erfahrung, daß die ganze Existenz von der Fähigkeit abhängt, sich selbst etwas vorzumachen, schafft ungeheure Feindseligkeit und Groll gegenüber der spiegelnden Mutter. So sehr der Junge seinen Vater haßt, weil er ihn seiner rechtmäßigen Position beraubt hat, noch mehr verabscheut er die anbetende Mutter, die ihn so grausam getäuscht hat. Es dauert nicht lange, bis die Botschaft »Narre das Publikum« übersetzt wird in »Betrüge das Publikum«.

Künstler und Hochstapler haben einige Eigenschaften gemeinsam: ein besonderes Talent zur Nachahmung, die Spannungen zwischen dem realen, gewöhnlichen Selbst und dem magisch beschwörenden Selbst, die Faszination durch Täuschung. Doch was ihre Beachtung der Realität und ihre Einstellung dem Publikum gegenüber angeht, unterscheiden sie sich sehr voneinander. Der Künstler ist in hervorragender Weise auf Anblicke, Laute, Bewegungen in der natürlichen Welt eingestellt, und er benutzt sie als Medium seiner künstlerischen Leistungen. Der Hochstapler verachtet das Reale. Er imitiert es lediglich, um zu täuschen, und hat kein Interesse an der Darstellung des Realen. Nach einer Kindheit, die von Täuschung und Illusion bestimmt war, versteht er kaum die Regeln, die die Realität beherrschen. Wie Jack, der den Riesen getötet hat, geht er Risiken ein, denen sich ein vernünftiger, gewöhnlicher Junge gar nicht erst aussetzt.

Das Realitätsbewußtsein des Hochstaplers ist ebenso defekt wie seine Identität. Im Hinblick auf das Publikum betrachtet der Künstler seine wundervollen Vorspiegelungen als eine Liebesgabe an die Welt; den Hochstapler indessen verlangt es einzig nach dem narzißtischen Vergnügen, jemanden hereinzulegen. Der Hochstapler, dessen Haß und Verachtung gegenüber seinem Publikum nur schwach verschleiert ist, wird einzig und allein von dem Wunsch getrieben, die ihm rechtmäßig zustehende Position wiederzuerlangen, seinen Vater immer wieder zu stürzen und ihm seinen Platz streitig zu machen. So wie ihm einst seine Natur – jener der Olympier ähnlich – geraubt wurde, beraubt er nun die Olympier ihrer Macht, aber nicht dadurch, daß er sich auf den gefährlichen und potentiell demütigenden Pfad echter Leistung oder echter Fähigkeiten begibt.

Unglücklicherweise bestehen die Täuschungen der Kinderzeit beim künftigen Hochstapler, dessen Lebensumstände sich selten in Richtung auf einen engeren Kontakt mit einer verläßlichen, achtunggebietenden Vaterfigur verändern, während der Latenzphase unvermindert fort. Die Rolle des entzückenden Lieblings der Mutter wird verewigt. Seine Verachtung für sie ist ganz unbewußt. Er spricht von ihr als einem wundervollen, wunderschönen Geschöpf. Er tut alles, was er kann, um ihr zu gefallen. Unter Umständen imitiert er sogar ihre Kleidung und ihre Frisuren. Doch sobald er die Gelegenheit hat, täuscht er sie. Er trägt ihren Schmuck ins Leihhaus, um sich teure Jacken, Stiefel, Skier, Tennisschläger, Baseballhandschuhe zu kaufen – lauter Kinkerlitzchen und Besitztümer, die bei den anderen Jungen den Eindruck phantastischen Reichtums und hoher sozialer Stellung erwecken. Er hat keine echten oder festen Freunde, ist nur von wechselnden Gruppen empfänglicher Bewunderer umgeben. Er entschädigt sich für seine außerordentliche Einsamkeit dadurch, daß er von seiner Überlegenheit überzeugt ist:

> »Wie dumm und benachteiligt erscheinen mir die anderen Knaben des Städtchens, denen dies Vermögen offenbar nicht zuteil geworden und die also unteilhaft der verschwiegenen Freuden waren, welche ich mühelos und ohne jede äußere Vorkehrung, durch einen einfachen Willensentschluß daraus zog! Jenen freilich, die gewöhnliche Burschen mit hartem Haar und roten Händen waren, hätte es sauer werden und lächerlich zu Gesicht stehen mögen, hätten sie sich einreden wollen, Prinzen zu sein« (S. 10f.).

Wenn er zur Schule gehen muß, ist er darauf vorbereitet, nahezu jede Rolle zu übernehmen, die seinen Lehrern gefallen oder sie beeindrucken könnte, ausgenommen die eines Jungen, der wirklich arbeitet. Er ist unruhig, muß sich aufspielen, ist gänzlich unfähig, sich den Regeln der Klasse zu fügen. Statt sich bei Schularbeiten und Prüfungen dem Wettbewerb zu stellen, täuscht er Krankheit vor und drückt sich zu Hause herum, wo er sicher sein kann, Anerkennung und Bewunderung zu finden. Die Mutter drückt angesichts seiner hervorragenden Imitation von Magen- oder Halsschmerzen verschwörerisch ein Auge zu. Der Hausarzt, möglicherweise gezwungen einzugestehen, daß er die geheimnisvollen Leiden des Jungen nicht zu erkennen vermag, beteiligt sich bereitwillig an den Täuschungen. Sehr oft erhält ein solcher Junge seine grundlegende Ausbildung durch einen gutbezahlten Hauslehrer oder seine nachgiebige Mutter. Durch die Grundschule schwindelt er sich hindurch, indem er andere Kinder besticht, damit sie seine Hausaufgaben machen, indem er sich bei den Lehrern beliebt macht, die Schule schwänzt und Eintragungen über sein Fehlen fälscht. Alle seine Fehler und Versäumnisse werden ihm verziehen. Obwohl er ein schlechter Schüler ist und keine Anstrengungen macht, sich zu bessern, wird er gelobt und bewundert. Er benutzt seinen Intellekt, seine Vorstellungsgabe und seine oft beachtlichen Talente dazu, seine Fälschungen und Täuschungen zu vervollkommnen.

Mit dem Einsetzen der Pubertät hängt die Aussicht, sich als wirklicher Mann beweisen zu müssen, wie eine düstere Wolke über ihm. Während die meisten heranwachsenden Jungen zumindest teilweise durch die Anzeichen ihrer kommenden Männlichkeit beruhigt werden, widerstrebt es dem Manipulator, dem potentiellen Hochstapler, verständlicherweise, auf die Phantasien und Tagträume zu verzichten, die seinen Narzißmus bisher so hervorragend gestützt und sein schwankendes Identitätsbewußtsein zusammengehalten haben. Während der durchschnittliche Adoleszent auf den Familienroman zu verzichten beginnt, der die Enttäuschung über seine wirklichen Eltern milderte und ihm die Demütigung der ödipalen Niederlage ertragen half, klammert sich der potentielle Hochstapler mit dem Beginn der Pubertät nicht nur noch verzweifelter an diese Phantasie, sondern er erweitert und verfeinert sie. Er fängt an, das Szenario in seinem Alltagsleben zu inszenieren.

Der Lügner und Betrüger, der Manipulator ist auf dem Wege, zum Hochstapler zu werden. Seine Kennzeichen sind das Fortbestehen der Familienroman-Phantasie und die Art und Weise, wie sie die Lösungen der Adoleszenz durchdringt. Die Pubertät zwingt zur irreversiblen Neugestaltung des sexuellen Verlangens, bei der die Eltern als Objekte aufgegeben werden müssen. Die infantilen Idealisierungen, die ihrer Macht als Schrein dienten, müssen ebenfalls aufgegeben werden. Mit dem Beginn der Pubertät wird auch der Hochstapler auf die Botschaften des Inzesttabus aufmerksam. Sie werden ihm zwangsläufig im körperlichen Bereich zum Bewußtsein gebracht. Der wachsende Körper mit seinem Schamhaar, mit Hoden und Penis, die sich vergrößern, die Samenergüsse künden erwachsene Sexualität und Zeugungsfähigkeit an. Das hormonale Erwachen bestärkt reife genitale Wünsche und genitale erotische Phantasien. Die Gesellschaftsordnung proklamiert in subtiler, aber entscheidender Weise, daß sie Verletzungen des Tabus nicht duldet. Beim gewöhnlichen Verlauf der Dinge gewinnt die Realität für den durchschnittlichen Jugendlichen langsam aber sicher die Oberhand. Doch der Hochstapler, der den Botschaften der Realität nie viel Beachtung geschenkt hat, denkt nicht daran, auf die Vergangenheit zu verzichten, wenngleich auch er einen Weg finden muß, dem Inzesttabu zu gehorchen.

Mit ein paar Farbtupfern hier und dort und einigen geringfügigen Änderungen der Fabel wird die Familienroman-Phantasie, die ihn einst in der frühen Kindheit rettete, zur wichtigsten Strategie des Hochstaplers, das Problem der Ablösung zu bewältigen. Üblicherweise ist der Roman Ausdruck des Verlangens des Kindes nach den entschwundenen glücklichen Tagen, als sein Vater ihm als der edelste und stärkste aller Männer, seine Mutter ihm als liebste und lieblichste aller Frauen erschien, und er dient auch als eleganter Kompromiß zwischen den Inzeststrebungen des Kindes und dem Inzesttabu. Daß das Kind die Eltern als sexuelle Wesen wahrnimmt, wird durch den desexualisierten Adelsstand verschleiert, in den er seine »legitimen« Eltern erhebt. Gleichzeitig bewahrt der Junge, indem er ein Fremder in seiner eigenen Familie wird, den Vater vor seiner aggressiven Rivalität und sich selbst vor der Vergeltung des Vaters, während er den unbewußten sexuellen Wünschen gegenüber der Mutter das Fortbestehen ermöglicht.

Zweifellos wurde auch eine Art Kompromiß durch die Kindheitsphantasie des Hochstaplers erreicht. Aber seine Phantasie diente einer regressiveren Lösung. Der Hochstapler mußte eine vorzeitige, aber verfehlte ödipale Phase durchlaufen und sich rasch den emotionalen Herausforderungen jeder wirklichen ödipalen Beziehung entziehen – eine Art geschickten Ausweichens vor dem Inzesttabu. Durch den Kompromiß gelingt es ihm, daß er zum Fremden in seiner realen Familie wird: »Im ganzen jedoch mußte ich mich überzeugen, daß ich meiner Herkunft nicht viel verdankte; und wenn ich nicht annehmen wollte, daß an einem unbestimmbaren Punkte der Geschichte meines Geschlechts geheime Unregelmäßigkeiten unterlaufen seien, so daß ich irgendeinen Kavalier und großen Herrn unter meine natürlichen Stammväter zu zählen gehabt hätte: so war ich, um den Ursprung meiner Vorzüge zu ergründen, genötigt, in mein eigenes Innere hinabzusteigen« (S. 52).

Die Phantasie des Hochstaplers erlaubt es ihm, auf jede tatsächliche Rivalität oder Konkurrenz mit seinem Vater zugunsten einer Rückkehr zu seiner ursprünglichen Position als unbestrittener kleiner Kaiser im Königreich ohne Vater zu verzichten. Die Phantasie verbannt auch den Wunsch, die Mutter sexuell zu beanspruchen, indem dieser Wunsch durch den harmlosen, desexualisierten Wunsch nach Verschmelzung mit ihrem übersteigerten männlichen Ideal ersetzt wird. Diese Phantasie besteht nicht darin, den Vater als Sexualpartner der Mutter zu ersetzen, sondern lediglich darin, ihn zu besiegen und ihn seiner Schätze zu berauben, das heißt also, ihm symbolisch seine genitale Überlegenheit zu nehmen. Aber der Hochstapler hat für die Überreste keine Verwendung mehr; das bloße Erringen des Zieles genügt ihm schon.

Mit dem Ausagieren der Phantasie in der Adoleszenz fährt der Hochstapler fort, das Inzesttabu zu umgehen und die emotionalen Herausforderungen der Ablösung zu vermeiden. Jede Hochstapelei verkündet: »Ich bin ein Fremder in meiner Familie.« Mit jeder Hochstapelei gelangt er wieder an seinen rechtmäßigen Platz, beraubt den Vater seiner Kräfte und formt sich selbst nach dem Bilde, das er am meisten liebt: dem übersteigerten Ideal, das ihm die Mutter vermittelt hat. Die symbolische Flucht vor seiner realen Familie löscht das inzestuöse Verlangen nicht aus, sondern umgeht es nur.

Gleichgültig wie weit er schweift, wie oft er eine andere Identität annimmt, eine Leistung vortäuscht, wie viele Frauen oder Männer er verführt, wie oft er sein Publikum entzückt und überwältigt, wie oft er seine Lehrer und Vorgesetzten ihrer Kräfte beraubt, er kann der Unschuldsengel aus der Kinderstube bleiben, der auf keinerlei reale Weise mit den Geschlechtsunterschieden oder den Unterschieden zwischen seiner eigenen Generation und der der Eltern rechnen muß.

Der durchschnittliche Jugendliche sehnt sich zurück nach dem Land der verlorenen Zufriedenheit – den Straßen des Glücks, die er einst bereiste und nicht wieder befahren kann –, aber das Leben des Hochstaplers ist selbst eine endlose Reise auf den Straßen des Glücks seiner Kindheit. Er braucht niemals Traurigkeit, Kummer, Angst, Nostalgie zu erleben, noch muß er erkennen, daß der Verlust seiner kindlichen Vergangenheit nicht rückgängig zu machen ist. Da es durch das Ausagieren seiner Phantasie gelingt, genitales Verlangen durch narzißtische Überhöhung zu ersetzen und die wirklichen Eltern als Objekte des Verlangens symbolisch zu beseitigen, hat der Hochstapler, technisch gesprochen, den Inzest vermieden. Doch er hat auch auf die Möglichkeit verzichtet, das Liebesverlangen auf ein anderes Objekt zu richten. Seine zahlreichen Liebesaffären mit Frauen oder Männern sind Neuinszenierungen seines Familienromans und nichts weiter. Und sein Publikum bestätigt seine Phantasie nur allzu bereitwillig. Eine von Krulls flüchtigen Liebhaberinnen in Thomas Manns Roman fleht ihn an, ihr den Schmuck zu stehlen, den sie von ihrem reichen, aber verachteten Mann – Monsieur Houpflé, Hersteller von Straßburger Klosettschüsseln – geschenkt bekam. »Ach«, sagt sie, »wieviel kostbarer ist mir der Dieb als das Gestohlene!« (S. 142).

Für den Hochstapler gibt es keine Möglichkeit einer dauerhaften Liebesbeziehung. Sein Leben erhält nur dadurch Bewegung und Richtung, daß er das Publikum immer wieder täuscht und zum Narren hält. In dieser Hinsicht gleicht er sehr jenen anderen unglücklichen Seelen, den Paranoikern, die Angst und Kummer der Ablösung fahren ließen, indem sie das Liebesverlangen in Haß und Verachtung verkehrten. Der Hochstapler kann Bankier, General, Manager, Richter, Psychologieprofessor, Politiker, Philosoph (vielleicht alle zusammen) sein. Seiner Hochstaplerrolle entkleidet, würde er jedoch als das gedemütigte, zornige, macht- und kraftlose Kind dastehen – als das gequälte Selbst, das niemals eine Chance hatte, erwachsen zu werden. Abgesehen von seinen Tagträumen und wiederholten Augenblicken der Erheiterung und des Triumphs, wenn er sein übersteigertes Männlichkeitsideal auslebt, ist der Hochstapler gefühlsmäßig ein Einsiedler und von den Vorzügen des alltäglichen Lebens völlig isoliert. Es ist wahr, daß er frei ist von jenen zahllosen Bindungen, die uns an andere fesseln und uns beschweren. Er gleitet über die Welt realer Ambitionen und realer Macht hinweg. Er muß sich nicht herumschlagen mit »Unbequemlichkeiten wie der Sorge für andere, Opfer bringen, mit Rabbis streiten, zu Hochzeiten und Begräbnissen gehen, etwas beginnen und an einem bestimmten Punkt feststellen, daß es zu Ende ist«. Doch seine Last, die überlebensgroß werden kann, muß er allein tragen, ohne Hilfe oder Trost von anderen, denn eben diese Last ist sein Geheimnis.

Während der Adoleszenz ist der Hochstapler ein Einzelgänger. Er gehört keiner Gruppe an, die *Ars erotica* einer jungen

Frau löst keine erregenden Reaktionen aus, soziale Ideale interessieren ihn nicht, für andere empfindet er weder Anteilnahme noch Mitgefühl. Krull findet natürlich einen Weg, aus seiner Einsamkeit eine Tugend zu machen: »Denn eine innere Stimme hatte mir früh verkündigt, daß Anschluß, Freundschaft und wärmende Gemeinschaft mein Teil nicht seien, sondern daß ich allein, auf mich selbst gestellt und streng verschlossen meinen besonderen Weg zu machen unnachsichtig gehalten sei ...« (S. 85).

Der außergewöhnliche Narzißmus des Hochstaplers läßt die narzißtischen Strategien, die der durchschnittliche Jugendliche bei seinem Trachten nach Männlichkeit einsetzt, scharf hervortreten. Während er auf die Idealisierung des Vaters zu verzichten beginnt, erwählt er eine Vielzahl neuer Idole, die sein Selbstwertgefühl stützen – reine, heilige Typen ebenso wie rücksichtslose und verführerische. Wenn er nun Maßstäbe und Autorität seines Vaters verwirft, überschätzt und übertreibt er die Kräfte seiner gegenwärtigen Idole. Wenn ein gewöhnlicher junger Mann zu ihrer Musik tanzt, ihren Predigten lauscht und ihre Gedichte liest, ihre Triumphe auf dem Sportplatz oder dem Fernsehschirm beobachtet, verschmilzt sein Selbst mit diesen überragenden Persönlichkeiten und stellt damit die Allmacht und Selbstliebe wieder her, die ihm verlorengingen, als er die Unvollkommenheit seines Vaters wahrzunehmen begann. Er identifiziert sich mit diesen verführerischen, aufregenden, glanzvollen, mächtigen Idolen und fühlt sich vorübergehend etwas besser im Hinblick auf die unzulängliche Person, für die er sich selbst hält. Schließlich akzeptiert er seinen Vater, so wie er wirklich ist, und er empfindet allmählich Mitleid für sich selbst und andere. Das übersteigerte Ich-Ideal der Kindheit ist gezähmt, gewissermaßen auf menschliche Maße zugeschnitten worden.

Der Hochstapler hingegen kann sein Ich-Ideal niemals zähmen, weil seine ganze Existenz davon abhängt, daß er seine Ansprüche agiert. Mitunter idealisiert er andere, doch getrieben wird er von dem Ehrgeiz, sie zu überlisten und zu übertölpeln. Jedesmal wenn er sein Publikum hereinlegt, verschmelzen sein

Ehrgeiz und der seiner Mutter in einer einzigen Gebärde. Der Vater des Hochstaplers darf niemals entidealisiert werden, weil er für immer in der Rolle des furchteinflößenden, aber einfältigen Riesen der Kinderstube verbleiben muß.

Weil der Jugendliche weich, sensibel, dünnhäutig und überaus verletzlich ist, investiert er seine Energien in Ruhmesträume und Allmachtsphantasien. Diese Träume und Phantasien lassen ihn glauben, daß nichts unmöglich ist, daß er alles erreichen, jedes Problem lösen kann, daß er sich selbst und seine Umwelt vollkommen unter Kontrolle hat. Seine hochfliegenden Pläne und Spekulationen erreichen zeitweise dasselbe Ausmaß wie seine Unfähigkeit, irgend etwas zu vollbringen. Sein Anspruch auf absolute Macht ist ebenso groß wie sein Gefühl der Ohnmacht und Unzulänglichkeit. Das Einströmen genitaler Vitalität veranlaßt den Jungen, jede Rolle in der menschlichen Komödie zu übernehmen. Da er alles sein kann, was er sein möchte, beschränkt er seine Vision von sich selbst nicht auf die verletzliche, eingeengte Person, für die er sich hält. In mancher Hinsicht erhebt demnach der durchschnittliche Jugendliche ebensoviel Anspruch auf Ruhm und Ehre wie ein Hochstapler.

Bei den meisten Jungen sind diese narzißtischen Strategien jedoch nur vorübergehender Art und sie befähigen sie, dem emotionalen Druck standzuhalten, den der Abschied von der Kindheit ausübt. Gewiß, diese Strategien sind Beschwörungen der Kindheit, der Zeit im Paradies. Doch diese jugendlichen Beschwörungen enthalten auch die Zukunftsvisionen des Jungen. Der typische Jugendliche freut sich darauf, erwachsen zu werden. Seine Nostalgie gilt all dem, was er auf seinem Weg zum Mannestum zurücklassen muß. Er sehnt sich nach der Vergangenheit, weil er zu erkennen beginnt, daß Zeit unwiederbringlich, daß die Vergangenheit für immer vergangen ist. Diese Sehnsucht nach einem verlorenen Zustand der Vollkommenheit stärkt oft das soziale Bewußtsein des Heranwachsenden und läßt ihn darüber nachdenken, wie das Los des Menschen zu bessern sei. Zwar ringen Vergangenheit und Zukunft um die Herrschaft, aber im großen und ganzen siegt die Zukunft. Die Idealisierungen der Kindheit sind nicht mehr an Personen gebunden, sondern sie werden in soziale Ideale umgewandelt.

Für den Hochstapler und seinesgleichen gibt es keine Wahl. Der Kampf zwischen Vergangenheit und Zukunft findet einfach nicht statt. Das imaginäre Leben ist greifbarer als das reale. Nichts, was die wirkliche Welt zu bieten hat, wird jemals das ihm in der Kindheit vermittelte männliche Ideal übertreffen. Außerdem sind realer Wettstreit und reale Leistung zu riskant, viel riskanter als Schwindel, Fälschung, Betrug, Diebstahl, Übertölpeln des mächtigen Riesen. Man müßte womöglich ganz klein anfangen. Vielleicht würde man nur Zweiter oder Dritter werden oder gar ab und zu versagen. Und nach all dieser Schwerarbeit und trotz allem Fleiß gewinnt man vielleicht doch nicht den Nobelpreis oder wird Präsident.

Obschon er kein Hochstapler wird, wird so mancher junge Mann durch seinen Nobelpreis-Komplex in seinem Streben nach Männlichkeit aufgehalten. Diese jungen Männer waren ebenfalls die Lieblinge in der Kinderstube. Die Erwartungen, die eine Mutter in ihren Sohn setzt, können seine emotionalen Kräfte steigern, seinen Geist und seine Kreativität inspirieren. Doch allzu oft kann die Überzeugung eines kleinen Jungen, das ausschließliche Liebesobjekt seiner Mutter, das Emblem ihrer eigenen unerfüllten »männlichen« Ambitionen, der Mittelpunkt ihres Daseins zu sein, dazu führen, daß er kein Bündnis mit dem Vater einzugehen vermag. Ob der Vater emotional abwesend ist oder nicht, ob die Mutter den Vater tatsächlich herabsetzt oder nicht, in der Vorstellung des kleinen Jungen kann er einfach deshalb zu einer bedeutungslosen Figur werden, weil sich die Mutter dem Jungen in allzu übertriebener Weise zugewandt hat.

Der Junge wächst in der Ablehnung des Vaters heran, weil dieser ihn nicht aus den Abhängigkeiten der Kindheit befreit hat. Später dann, in der Adoleszenz, führt die Entwertung und Ablehnung des Vaters zur Ablehnung der Gesellschaft insgesamt. Die Welt des Mannes, die Welt seines Vaters, wird zurückgewiesen, um weiterhin die übersteigerten Ambitionen der Mutter ausleben zu können – Ambitionen, die reale Leistung ausschließen. Der junge Mann läßt sich treiben, wird zum ziellosen Genie, ein Raskolnikoff, ein Nihilist, dessen Verachtung für Konventionen und soziale Verantwortlichkeit ihn hindert, seine wirklichen Talente, seine intellektuellen Möglichkeiten zu entfalten. Er entscheidet sich negativ.

Diese Formen des Stillstands auf dem Weg zum Mannestum werden verstärkt, wenn die gegenwärtig vorherrschenden sozialen Werte denen entsprechen, die dem Jungen in der Kindheit vermittelt wurden. Der Gehalt der elterlichen Ideale ist bis zu einem gewissen Grade immer gesellschaftlich vermittelt. Die Phantasien einer Mutter und eines Vaters über ihr Kind entsprechen stets den verschiedenen von der Gesellschaft gelieferten Drehbüchern über das geschlechtsspezifische Verhalten, sowohl im biologischen als auch im psychologischen Sinne.

Soziale Einrichtungen lenken narzißtische Strömungen jederzeit in die Richtung allgemeiner Ideale. Wenn aber die Gesellschaft die exaltierten Ideale der Kinderstube beinahe dupliziert, indem sie Ruhm, Ansehen, Macht, Selbstverwirklichung, persönlichen Aufstieg über wirkliche Leistung und die Verfolgung allgemeiner Ideale stellt, haben junge Leute wenig Veranlassung, ihre Ruhmesträume zu modifizieren. Doch um Ernährer und Gesetzgeber der nächsten Generation zu werden, muß jeder Jugendliche als erstes das persönliche Problem lösen, wie er aus einem Leben der unbegrenzten Möglichkeiten zu einem Leben realer Möglichkeiten gelangt. Einige Probleme des Mann- und Frauwerdens sind persönlicher Art, sind Probleme, die im Zusammenhang mit den verschiedenen Liebesdialogen des Familienlebens von der Kindheit bis zur Adoleszenz entstanden sind. Die anderen Probleme, mit denen sich die Jugend auseinandersetzen muß, erwachsen aus den Werten und Idealen der Gesellschaftsordnung, die jenem Gebilde, das wir als unser wahres Selbst bezeichnen, vielleicht ebensowenig entsprechen wie die Täuschungen der Kinderstube.

12 Die Vermächtnisse der Adoleszenz

Die Magersüchtige und der Hochstapler sind Einzelgänger. Sie bilden sich ein, Ausnahmen und deshalb berechtigt zu sein, außerhalb der moralischen Autorität der Gesellschaft zu agieren, in der sie leben. Ihre Mission ist nicht antisozial, sie ist lediglich persönlich. In ihrem Leben ist kein Platz für Gefühle, die sie an andere Menschen binden könnten. Sie gleiten über die gewöhnliche Welt hinweg, verloren im Reich unbegrenzter Möglichkeiten, wo sie sich um die Ungewißheiten, die mit dem Engagement für die reale Welt verbunden sind, nicht zu kümmern brauchen. Sie können mit dem Leben zeitlebens spielen. Sie brauchen nicht erwachsen zu werden, um die sexuellen und moralischen Verpflichtungen der Erwachsenen auf sich zu nehmen. Betrachtet man ihre persönliche Lebensgeschichte, so ist ihr einsames Geschick weitgehend eine Sache der Eigenliebe, der Eitelkeit der neidischen Seele. Die ihnen in der Kindheit vermittelten übersteigerten Ideale wurden nie gezähmt, niemals auf menschliches Maß zugeschnitten und mit einem Leben in der Realität in Einklang gebracht.

Doch zu gleicher Zeit erklären uns die Magersüchtige und der Hochstapler, daß sie echte menschliche Qualitäten hätten. In ihrer ich-bezogenen Grandiosität verkünden sie, daß sie sich von den Tieren, die in der Rangordnung der Natur unter ihnen stehen, unterscheiden. Denn was haben sie anderes getan, als jene beiden ureigenen Fähigkeiten des menschlichen Geistes – Einbildungskraft und Drang nach Vervollkommnung – zu bestätigen: eben jene Dynamik der Zivilisation, die schaffend zerstören, verbessernd korrumpieren, kultivierend ruinieren kann?

Nach Rousseau sind alle Arten außer dem Menschen vor den

Gefahren der Phantasie gefeit und daher den Befehlen der Natur unterworfen. Die Vorstellungsgabe ist das Licht der menschlichen Vernunft. Es führt uns aus der Dunkelheit, mit der die Natur uns umgeben hat. Andererseits kann die Vorstellungsgabe ein ungeheurer Widersacher des menschlichen Glücks sein. Sie steigert unsere Gelüste zu unersättlichem Verlangen. Sie stattet die Objekte, die wir begehren, mit Reizen aus, die weit stärker sind als die von der Natur entworfenen. Indem sie Verlangen weckt, zwingt uns die Einbildungskraft, uns mit anderen zu vergleichen. Wir finden es demütigend, daß anderen gewisse Freuden und Güter zuteil werden und uns nicht. Und die Ungleichheit zwischen der wirklichen Welt mit ihren praktischen Voraussetzungen und der Welt der Phantasie, die grenzenlos ist, steigert unser Unbehagen und unseren Widerwillen gegen Verpflichtungen für andere.

Im intimen Reich der Phantasie können wir Leidenschaften empfinden, ohne deren Konsequenzen zu tragen; wir können mit dem Leben spielen, ohne ein Risiko einzugehen; wir können in Gefühlen schwelgen, ohne uns festzulegen. Die Phantasie erspart uns die unmittelbare Erfahrung; sie wird zum Surrogat des Handelns. Schließlich kann die Phantasie unser Verlangen nach Vollkommenheit so entflammen, daß wir in Verfolgung unserer Ambitionen und Ideale unserer Seele verlustig gehen: »In dem Maß, in dem unsere Wissenschaften und Künste zur Vollkommenheit fortschritten, sind unsere Seelen verderbt worden. Soll das etwa nur ein besonderes Übel unserer Zeit sein? Nein, meine Herren, die durch unsere eitele Neugier verursachten Übel sind so alt wie die Welt ... Man sah die Tugend in dem Maß verschwinden, wie deren Licht über dem Horizont emporstieg. Und das gleiche Phänomen läßt sich zu allen Zeiten und an allen Orten beobachten.«

Rousseau bezog sich hier auf den Verlust der sozialen Anteilnahme bei jenen erleuchteten Geistern, die für die Fortschritte der Zivilisation verantwortlich waren. »Wir haben Physiker, Geometer, Chemiker, Astronomen, Poeten, Musiker, Maler, aber wir haben keine Bürger mehr.« Zu allen Zeiten und an allen Orten ist das einseitige Streben nach Vollkommenheit mit der Entfremdung des Selbst verbunden, nicht nur der Entfremdung von seiner eigenen Natur, sondern auch von den Gefühlen, die Individuen an eine Gemeinschaft anderer binden. Zur Zeit der Aufklärung, als Künstler, Wissenschaftler, Philosophen gerade nach den Ideen und Visionen zu greifen begannen, die die gewaltige Umwälzung einschließen konnten, welche fast vor ihnen lag, war Rousseau der erste, der die Entfremdung als allgemeine Misere der Menschheit erkannte. Er sagte voraus, daß die europäische Zivilisation am Rande eines politischen, sozialen und technologischen Aufruhrs stehe, der die ganze Menschheit an den »Rand des Abgrunds« führen könne, und in dem Zusammenhang gebrauchte er das Wort »modernistisch« in dem Sinne, wie es dann im 20. Jahrhundert verstanden werden sollte. Die chronische Misere der Entfremdung würde akut werden. Die Frage, wie das Selbst den Schock der Modernisierung überleben könnte, würde zum zentralen moralischen Dilemma der modernen Welt werden. Die Perversionen der Einbildungskraft und der Selbstvervollkommnung, die Rousseau darstellte, würden sich vervielfältigen und zu den prototypischen Krankheiten der modernen Welt werden.

Vom sozialgeschichtlichen Standpunkt aus sind demnach die Magersüchtige und der Hochstapler keine Ausnahmeerscheinungen. Sie versinnbildlichen all jene »Menschen mit zwei Seelen, die an andere zu denken scheinen, in Wirklichkeit aber nur an sich denken«. Sie sind mehr oder weniger so wie jedes Opfer der Modernisierung: »Bestürmt und schwankend verbringen und beschließen wir unser Leben, ohne mit uns selbst eins geworden zu sein und uns und anderen geholfen zu haben.«

Mensch sein heißt, dem verheerenden Wirken der Phantasie zum Opfer fallen. Mensch sein heißt nach Vervollkommnung streben. Das Dilemma der modernen Welt besteht darin, wie diese Fähigkeiten des menschlichen Geistes dem Gemeinwohl nutzbar zu machen sind. Die Phantasie kann Eigennutz in soziale Tugend verwandeln. Die Ideale, nach denen wir streben, können mit moralischer Würde in Einklang gebracht werden. Rousseau wußte es und drückte es folgendermaßen aus: »Er [der Mensch] erhebt sich über sich selbst, schwingt sich durch seinen Geist bis in die himmlischen Regionen empor, durchmißt mit Riesenschritten sonnengleich die ungeheure Ausdehnung des Universums, kehrt – was noch größer und schwerer ist – in sich selbst zurück, um hier den Menschen zu studieren und seine Natur, seine Pflichten und seine Bestimmung zu erkennen.«

Das Mitgefühl, aus dem all unsere sozialen Tugenden hervorgehen – Großzügigkeit, Gnade, Gerechtigkeit –, ist ohne Phantasie unvorstellbar. Die bedeutendste Leistung der Phantasie ist unsere Fähigkeit zu empfinden, was andere empfinden. Nur die Menschen können sich unter allen Geschöpfen in die Lage anderer versetzen, fühlen, was andere fühlen, leiden, was andere leiden, und sogar die Bedeutung dieses Leidens erfassen. Dieser Phantasiesprung vom Selbsterleben zum Erleben dessen, was dem anderen widerfährt, hat zu jener paradigmatischen Goldenen Regel inspiriert, die uns lehrt, das Leiden anderer als unser eigenes Leiden zu spiegeln. »Man beklagt bei anderen die Leiden, vor denen man selbst nicht sicher zu sein glaubt.«

Mensch sein heißt, von anderen abhängig sein. Die Liebe zum anderen ist das Sicherheitsnetz der menschlichen Existenz. Bald nach der Geburt wird der Liebesdialog wichtiger für uns als die Befriedigung körperlicher Bedürfnisse. »Jede Anhänglichkeit ist ein Zeichen der Schwäche, denn wenn keiner den anderen brauchte, so dächte er nicht daran, sich mit ihm zu vereinen. So entspringt aus unserer Schwäche unser zerbrechliches Glück.« Solche Abhängigkeit kann als Demütigung, als sklavische Unterwürfigkeit erlebt werden, die an der Seele nagt und uns von der menschlichen Gemeinschaft entfernt. Doch die Phantasie entschädigt uns für den Verlust absoluter Freiheit. Indem sie unsere Gefühle, Leidenschaften und unsere Vernunft in die Richtung der allgemeinen menschlichen Misere lenkt, garantiert sie uns die Vorzüge einer moralischen Existenz. Was wir an unschuldiger Selbstliebe hingeben, wird gegen die Sicherheiten und Freuden eingetauscht, zu einem größeren Ganzen zu gehören. Wir werden abhängig geboren, doch nur die Phantasie kann unsere Leidenschaften an andere Menschen binden.

Die Phantasie garantiert uns auch moralische Würde. Immer wenn demütiger Verzicht zu schwer zu ertragen ist, befähigt sie uns, eine Welt heraufzubeschwören, die unserer Selbstliebe besser gerecht wird. Sie hebt uns in jene Bereiche jenseits der Realität, jenseits der Lust, wo Brücken überschritten und Widersprüche in der Schwebe gehalten werden. Wir erblicken in der enttäuschenden Welt einen besseren und harmonischeren Ort, als sie in Wirklichkeit ist. Ohne Phantasie und die von ihr genährten Ideale der Vervollkommnung würden wir nicht bereitwillig die Opfer auf uns nehmen, die mit der Zugehörigkeit zur Welt anderer verbunden sind. Wir täten es nur widerwillig. Wenn das Leben nichts weiter bietet als Sexualität, Arbeit, Zeugung, moralischen Gehorsam, nichts außer den Realitäten und Vergnügungen des Augenblicks, keinen vergangenen Ruhm, den man heraufbeschwören kann, keine künftigen Ideale, denen wir entgegenstreben können, werden die unvermeidlichen Zwiespältigkeiten, die zwischen dem individuellen menschlichen Geist und den Forderungen der Zivilisation bestehen, zu unversöhnlichen Antagonismen.

Wie es Rousseau vorausgesagt hat, ist die zwiespältige Beziehung zwischen dem Individuum und der Zivilisation zum zentralen Dilemma der modernen Welt und die Entfremdung zur universalen Krankheit moderner Männer und Frauen geworden. Viele neuzeitliche Autoren – Kant und Nietzsche, Marx und Kierkegaard, Trilling und Lévi-Strauss – haben sich mit dieser heiklen Situation auseinandergesetzt. In *Das Unbehagen in der Kultur* (1929) hat Freud die Hindernisse benannt, die dem menschlichen Glück im Wege stehen. Er führte drei unvermeidliche Ursachen unserer Nöte an: die Hinfälligkeit unseres Körpers, der zum Verfall verurteilt ist, die Übermacht der Natur, welche mit überwältigenden und gnadenlosen Kräften der Zerstörung gegen uns wüten kann, und die Zwänge, die uns als Angehörige einer Familie und des Staates und als Teil der Gesellschaftsordnung binden. Die meisten von uns akzeptieren die Unvermeidlichkeit der ersten beiden Ursachen. Wir wissen es zu schätzen, daß unsere körperlichen Leiden durch die Fortschritte der Zivilisation verringert worden sind und daß diese es uns ermöglicht haben, jene Leiden zu bekämpfen, die uns von einer gleichgültigen Außenwelt zugefügt werden. Verwirrt werden wir durch die dritte Ursache unseres Elends – die Beziehungen, die uns an andere binden. Der Preis, den wir für diese wechselseitigen Beziehungen zahlen, scheint für die Vorteile, die sie bieten, bei weitem zu hoch. Unsere Freiheiten werden beschnitten, unsere Leidenschaften und Wünsche eingeschränkt, und auf manche muß man vollkommen verzichten.

Wir sind mit der Vorstellung einverstanden, daß wir für unsere Verzichtleistungen entschädigt werden, wenn wir unser tägliches Leben entsprechend den geltenden Regeln führen. Wir hoffen, durch Familienleben und Arbeit einige der vermeintlichen Möglichkeiten zurückzugewinnen, die wir für die Vorteile der Zugehörigkeit zur Welt der anderen hingegeben haben. Zumindest erwarten wir, daß uns die Zivilisation vor den unpersönlichen Gewalten der Natur und den selbstsüchtigen Brutalitäten unserer Nachbarn schützt. Doch derzeit lautet die allgemeine Klage, daß die Zivilisation selbst die Ursache unseres ganzen Elends sei, daß wir alle viel glücklicher wären, wenn wir uns den unpersönlichen Naturgesetzen anvertrauten.

Die Geschichte der modernen Welt bezeugt die zunehmende Feindseligkeit des Individuums gegenüber der Zivilisation. Die Klagen sind mittlerweile bekannt genug. Mit jedem Schritt zur Verbesserung des Loses der Menschheit hat uns die Zivilisation in einen größeren Gegensatz zur Natur gestürzt. In unserem Jahrhundert scheinen uns die großen wissenschaftlichen Entdeckungen, die die Modernisierungsprozesse in Gang setzten, endlich unserer eigenen menschlichen Natur entfremdet zu haben. Die Entdeckungen Darwins und Einsteins haben unsere

Beziehung zum Kosmos radikal verändert. Alles was vorher heilig war, wurde nun profan. Wir können uns nicht der demütigenden Tatsache verschließen, daß wir für immer vom Universum getrennt sind.

Die Industrialisierung der Produktion hat wissenschaftliche Erkenntnisse in die Augenblickswährung der Technologie umgemünzt. Die Naturgesetze werden benutzt, um uns von unserer irdischen Umwelt zu lösen. Neue städtische Ansiedlungen werden in atemberaubendem Tempo geschaffen, während ganze Stämme, Volksgruppen und Nationen aus ihrer angestammten Heimat gerissen und in fremde Länder zerstreut werden. Das Tempo des Lebens ist rasend schnell geworden. Die Rhythmen der Jahreszeiten und der Generationen sind uns verlorengegangen. Die Geschichte wird in Jahrzehnte gepreßt. Wir messen unser Leben am Tag, an der Stunde, der Minute. Selbst der kontinuierliche Verlauf des täglichen Lebens wird durch ständigen Aufruhr in den persönlichen Beziehungen unterbrochen. Alles ist Ungewißheit und Erregung. Marx erkannte schon im 19. Jahrhundert, daß all unsere Erfindungen und Fortschritte dazu zu führen scheinen, daß materiellen Kräften ein geistiges Leben zugesprochen und das menschliche Leben durch materielle Kraft nutzlos gemacht wird.

An die Stelle der Leiden unserer Physis hat die Zivilisation die psychische Bedrängnis ihrer eigenen Entwürfe gesetzt. Medikamente und medizinische Technologie haben Leiden gemildert und geheilt, die Säuglingssterblichkeit und die perinatalen Infektionen bei Frauen erheblich verringert, die Lebenserwartung erhöht. Doch gäbe es nicht die überfeinerten Eßgewohnheiten, enge städtische Behausungen, sitzende und verblödende Beschäftigungen, unersättliches Konsumverhalten und die narkotisierende Muße des modernen Lebens, brauchten wir weniger Ärzte und Medikamente. Wie Rousseau im 18. Jahrhundert bemerkte, haben wir uns mehr Krankheiten zugelegt, als die Medizin zu heilen vermag.

Die Werkzeuge, die zu erfinden die Einbildungskraft uns

inspiriert hat, dienen der Verbesserung unserer begrenzten natürlichen Sinne und Muskelkraft: Brillen, Hörgeräte, Teleskop, Mikroskop, Telefon, Automobil, Flugzeug. Das veranlaßte Freud zu der Erklärung: »Der Mensch ist sozusagen eine Art Prothesengott geworden.« Und er bemerkte, daß solche mechanischen Hilfsmittel eher neue Formen des Leidens mit sich bringen statt der Besserung, die wir uns erhofften.

Die Zivilisation hat sich durch die hektische Ausbeutung der Ressourcen der natürlichen Welt – Kultivierung des Bodens, Errichtung von Städten, Herstellung von Geräten aus den Erzen, die im Boden lagern, Ausrottung wilder Tiere und Züchtung von Haustieren – als das erwiesen, was Lévi-Strauss als »eine Maschine ..., die an der Auflösung einer ursprünglichen Ordnung arbeitet und eine in höchstem Maße organisierte Materie in einen Zustand der Trägheit jagt, die immer größer und eines Tages endgültig sein wird«, beschreibt.

Die Ausbeutung der Natur hat uns zu Herren der Erde gemacht und gleichzeitig zur Ausrottung des großen Alk, des Bisons, des Wildesels, des Mammuts, des wolligen Rhinozeros, des irischen Elchs und auch der Völker der Jäger und Sammler unserer eigenen Spezies geführt.

Es liegt auf der Hand, daß bloßes Mitleid, dem kein Recht zur Seite steht, den Schwachen nicht vor der rohen Kraft des Mächtigen schützen kann. Um sicherzustellen, daß die Beziehungen der Menschen auf Gegenseitigkeit beruhen und Individuen an andere Mitglieder der Spezies gebunden werden, schafft die Zivilisation Sitten, Gesetze und festgelegte Rechtssysteme. Damit kein Mensch der Gnade eines anderen ausgeliefert ist, opfern wir alle teilweise unsere persönlichen Freiheiten. Doch mehr noch als die unpersönliche Natur oder menschlicher Egoismus können Sitten und Gesetze ebenso oft dazu dienen, die Macht der Mächtigen zu vergrößern wie die Ungleichheiten unter den Individuen zu verringern. Allzu oft können auch die gesetzlich verankerten Ungleichheiten zu absurder Ungerechtigkeit führen, etwa wenn es dem Reichen wie dem Armen verboten ist, unter Brücken zu schlafen. Rousseau beschrieb diese Widersprüche der Justiz folgendermaßen: »Man würde sehen, wie die Menge im Innern als eine Folge ebenderselben Vorsichtsmaßnahmen unterdrückt wird, die sie gegen das ergriffen hatte, was sie von außen bedrohte.«

Im Austausch für den Schutz vor der Natur und die Regelung der sozialen Beziehungen fordert die Zivilisation demnach ungeheure Verzichtleistungen, Opfer und Einschränkungen der persönlichen Freiheit, die ihrerseits offenbar lediglich zu weiteren Beschneidungen unserer bereits kümmerlichen Glücksmöglichkeiten führen. Wir hassen unsere Fesseln. Unser Groll macht uns geneigt, die Übel und Ungerechtigkeiten der Zivilisation wahrzunehmen und ihre Wohltaten geringzuschätzen.

Wir fordern von der Zivilisation eine Entschädigung, die über ihre Nützlichkeitsmodelle hinausgeht. Schönheit, Sauberkeit und Ordnung beispielsweise sind keine wesentlichen Voraussetzungen einer zivilisierten Existenz. Dennoch haben alle menschlichen Gesellschaften Sitten und Gebräuche geschaffen, um sicherzustellen, daß diese ästhetischen Annehmlichkeiten weiterentwickelt werden, wie unschön, unsauber und unordentlich sie unseren »zivilisierteren« Vorstellungen auch erscheinen mögen. Wir fordern von der Zivilisation, daß das Leben unseren höheren geistigen Bestrebungen – intellektuellen, wissenschaftlichen, künstlerischen – Raum biete, insbesondere unserem Streben nach »einer möglichen Vollkommenheit der einzelnen Person, des Volkes, der ganzen Menschheit«.

Obschon er den kompensatorischen Gaben der Zivilisation seinen Tribut zollte, war Freud nicht bereit, diesen kulturellen Bestrebungen einen höheren Wert zuzuschreiben. »... ich verschmähe es«, sagte er, »Kultur und Zivilisation zu trennen.« Vielleicht hätte er sogar Rousseaus Kommentar zur Kultur zugestimmt: »Während die Regierungen und die Gesetze für die Sicherheit und das Wohlergehen der zusammenwohnenden Menschen sorgen, bereiten die weniger despotischen und vielleicht mächtigeren Wissenschaften, Schriften und Künste Blumengirlanden über die Eisenketten, die sie beschweren. Sie ersticken in ihnen das Gefühl jener ursprünglichen Freiheit, für die sie geboren zu sein schienen, lassen sie ihre Knechtschaft lieben ...«

Schließlich hätte jedoch Freud ebenso wie Rousseau die Behauptung zurückgewiesen, daß die Zivilisation und ihre kulturellen Kompensationen dem individuellen Geist von Grund auf feindlich gegenüberstünden. Sie hätten darin übereingestimmt, daß wir nicht leiden, weil wir zivilisiert, sondern weil wir Menschen sind. Und beide erforschten die menschlichen Leidenschaften, um darin die Ursachen unseres Untergangs – und unserer Erlösung – zu finden.

Die tragischen Dimensionen der menschlichen Zivilisation veranlaßten Freud anzunehmen, daß es im Menschen eine Seite gebe, die in der Lage wäre, das ganze zivilisierte menschliche Leben auszulöschen. Gemessen an dieser bedrohlichen Kraft, mochte das liebliche Antlitz der Zivilisation – nebst ihren kulturellen Ambitionen – herzlich wenig bedeuten. Freud beschwor den Geist des Todestriebes, der einzig und allein auf Trägheit, Verfall, Uneinigkeit, Vereinfachung, Fragmentierung, Entropie abzielt. Angesichts dieser zerstörerischen Kraft schmilzt die Feindschaft zwischen dem Drang nach persönlichem Glück (Egoismus) und dem Drang nach Vereinigung mit anderen (Altruismus) dahin. Freud hält es für möglich, daß sich das Individuum mit der Zivilisation versöhnt und vielleicht sogar die Zivilisation mit dem Individuum, da sie schließlich ihr Werk in einer persönliche Freiheit und Lust weniger unterdrückenden Weise verrichten könnte. Der Feind der Menschheit ist weder der Eigennutz noch ist es die Zivilisation – die beide Manifestationen der bindenden und einenden Kraft des Eros sind –, sondern der Aggressions- und Selbstzerstörungstrieb, der in jedem lebenden Organismus von der einzelnen Zelle bis zur Familie und zum Staat zu finden ist.

Der letzte Absatz von *Das Unbehagen in der Kultur* beginnt mit der Frage an die menschliche Spezies, »ob und in welchem Maße es ihrer Kulturentwicklung gelingen wird, der Störung des Zusammenlebens durch den menschlichen Aggressions- und Selbstvernichtungstrieb Herr zu werden«. In der ursprünglichen Fassung beantwortet Freud die Frage im letzten Satz in der verhaltenen Hoffnung, daß sich der ewige Eros im Kampf mit seinem gleichermaßen unsterblichen Widersacher, dem Todestrieb, behaupten möge. Zwei Jahre später, als Hitler drohend in Erscheinung getreten war, fügte Freud noch einen weiteren Satz hinzu: »Aber wer kann den Erfolg und Ausgang voraussehen?«

Für unser Verständnis der Adoleszenz in der modernen Welt bedarf es keiner Untersuchung des Zerstörungstriebs, einem viel diskutierten theoretischen Problem. Gleichwohl wissen wir – unabhängig davon, ob irgendeine zerstörerische Kraft im menschlichen Geist, in der Zivilisation oder der Natur selbst am Werke ist –, daß die menschliche Aggression in ihrer rohen, ungezähmten Form das Leben des einzelnen und die Zivilisation in elementarer Weise bedroht. Wir wissen außerdem, daß immer dann, wenn etwas zugunsten von etwas anderem aufgegeben wird, wenn Leidenschaft einer anderen Person, einem anderen Bereich, einer anderen Lebensordnung zugewendet wird, dieses Ereignis mit einer Variante von Gewalt beginnt.

Die Gefahr besteht darin, daß die Gewalt, einmal entfesselt, ihre eigene Schwungkraft entwickelt, außer Kontrolle gerät, bis zur endgültigen Erschöpfung ihren Lauf nimmt, bevor unsere sexuellen und moralischen Passionen ihren bindenden und einigenden Einfluß geltend machen können. Immer wenn sich eine dramatische Veränderung ankündigt, sei es im menschlichen Leben oder in der Gesellschaft, »zeigt sich nebeneinander und oft ineinander verwickelt und verstrickt ein herrliches, vielfaches, urwaldhaftes Heraufwachsen und Emporstreben, eine Art *tropisches* Tempo im Wetteifer des Wachstums und ein ungeheures Zugrundegehen und Sichzugrunderichten, dank den wild gegeneinander gewendeten, gleichsam explodierenden Egoismen, welche ›um Sonne und Licht‹ miteinander ringen und keine Grenze, keine Zügelung, keine Schonung mehr aus der bisherigen Moral zu entnehmen wissen«. Hier spricht Nietzsche, der Prophet des Neuen Menschen, der die bemerkenswerte Fülle unserer Möglichkeiten rühmt und vor dem Fehlen und der Leere der moralischen Werte warnt, in denen sie enthalten sein könnten.

Die Adoleszenz selbst beginnt mit Roheiten, Vereinfachungen, primitiven Formen von Aggression und Narzißmus – einem Zusammenbruch von Kontrollen, einem Ausbruch ungebärdiger Leidenschaften und Wünsche, der Auflösung zivilisierender Neigungen der Kindheit. Einen Maßstab für jede Umwälzung, sei sie individueller oder gesellschaftlicher Art, bietet das, was bewahrt, und das, was zerstört wird. In der Tat entscheidet eben diese Überlegung darüber, ob eine Revolution eine neue Idee befördert oder ob sie lediglich die Tyranneien der Vergangenheit in neuem Gewande wiederherstellt. Die Adoleszenz erschüttert die etablierte Ordnung, um neue und noch unerprobte Ideale aufzustellen.

Aber die Adoleszenz ist auch eine Geschichte über die einigenden Tendenzen des Eros. Wir lernen aus ihr, daß neue Möglichkeiten des Denkens, Fühlens, Phantasierens nicht über Nacht erworben werden können. Der Jugendliche gibt die Vergangenheit nicht kampflos, unbekümmert und angstfrei auf. Der Zweck der Adoleszenz ist es, die Vergangenheit zu revidieren, nicht sie auszulöschen. Und durch diese Revision – wenn Vergangenheit und Zukunft in Einklang gebracht sind – erlangt die moralische Existenz eine Kraft und Bedeutung, die den Narzißmus vor isoliertem Eigennutz und Aggression vor bloßer Zerstörung bewahren. Die Adoleszenz bringt die Umverteilung der Familienleidenschaften auf die Leidenschaften und Ideale mit sich, die die Individuen an neue Familieneinheiten, an ihre Gemeinde, an die Spezies, die Natur, den Kosmos binden. Daher wird die Umwälzung, um die es sich in der Adoleszenz handelt, wenn es nur halbwegs gut geht, zu einer Revolution der Umwandlung, nicht der Vernichtung.

Zu Beginn der Adoleszenz verschärfen sich die Gegensätze

zwischen individuellen Leidenschaften und der Zivilisation. Ein überschwengliches Wachstum steigert jedes Gelüst und Interesse, eine Woge frischer Vitalität erregt die Phantasie, verstärkt die Selbstbezogenheit, belebt das erotische Verlangen. Dann steht der Jugendliche vor dem Inzesttabu. Er muß seine sexuellen Leidenschaften und narzißtischen Ambitionen der Familie entziehen und sie den größeren gesellschaftlichen Einheiten zuwenden. In der Kindheit stehen Verlangen und Selbstliebe nicht im Widerspruch zu den Absichten der Zivilisation. Das Verlangen nach dem Dialog führt uns in die erste menschliche Gemeinschaft hinein, und die Phantasie weckt in uns einen erotischen Hunger nach der Person, die uns als erste versorgt. Die Liebe zu einem anderen Menschen ist an Bedingungen geknüpft, und weil wir hilflos und abhängig sind, akzeptieren wir diese Bedingungen. Schritt für Schritt unterwerfen wir uns den Geboten der Kinderstubenmoral. Dem Drang zu saugen, zu schlucken, gehalten, liebkost, gewiegt zu werden, wird entsprochen, doch nur im Sinne von »so und soviel«, »an dieser Stelle«, »zu dieser Zeit«. Wir beugen uns dem Aufschub, der Frustration und der Rationierung der Lust. Schließlich gebieten Gesetz und Ordnung des Familienlebens, daß das Kind, wenn es um genitale Befriedigung geht, ein Außenseiter ist. Das Verlangen wird nicht rationiert oder dosiert, es ist ganz und gar verboten.

Als Entschädigung für die ödipale Niederlage erwerben wir das Recht, unsere Wünsche selbst zu regeln. Zwar wurden wir aus dem Garten Eden verbannt, doch unsere Verbannung befreit uns von der demütigenden moralischen Abhängigkeit der Kinderstube. Wir sind bereit, willig und fähig, unsere Position in der größeren Gemeinschaft einzunehmen. Wir gehen zur Schule, lernen lesen und schreiben, Computer zu programmieren, und wir bemühen uns, gehorsame, zivilisierte Menschen zu werden. Und dabei halten wir ständig an der Vorstellung fest, daß eines Tages – wenn wir brav genug, schön genug und schließlich erwachsen sind – die Demütigungen der Kindheit aufgehoben werden. Wir werden wieder im Garten Eden wohnen.

Doch unsere Kindheitsphantasien werden nicht wahr. Mit der Adoleszenz wird die Beziehung zwischen den Leidenschaften des Familienlebens und der Zivilisation äußerst doppeldeutig: »Sie kommt zunächst im Konflikt zwischen der Familie und der größeren Gemeinschaft zum Ausdruck, zu der das Individuum gehört. Wir haben bereits erfahren, daß es eine der Hauptbestrebungen der Zivilisation ist, Menschen in größeren Einheiten zusammenzufassen. Doch die Familie verzichtet nicht auf das Individuum. Je enger die Familienmitglieder miteinander verbunden sind, desto häufiger neigen sie dazu, sich von anderen abzusondern, und desto schwerer fällt es ihnen, in den weiteren Umkreis des Lebens einzutreten.«

Wieder stehen wir vor einem Paradox – einem der wenigen, die Rousseau nicht angeführt hat. Gäbe es nicht die starken erotischen Bindungen der Kindheit, brauchten wir in der Adoleszenz nicht so verzweifelt um den Verzicht auf sie zu kämpfen. Und ebensowenig gäbe es Motive für die perversen Einbildungen und Selbsterhöhungen, die die Magersüchtige und den Hochstapler hervorbringen. Wenn Familienleidenschaften in die Irre gehen, kann die Phantasie die schlimmsten Resultate zeitigen. Wir erblicken dann nicht die bindenden und einigenden Tendenzen, sondern eine ungeheure Zerstörung und Selbstzerstörung ohne Grenzen, Hemmungen oder moralische Überlegungen. Andererseits untergräbt die Schwächung der familiären Bindungen die emotionale Basis jener sozialen und moralischen Passionen, die uns an andere binden, und läßt oft schlimmeren Formen von Selbstzerstörung und Tyrannei freien Lauf.

Eine der wichtigsten Strömungen der Modernisierung war die zunehmende Privatisierung der Familie. Der Kokon, der das Individuum vor der Erniedrigung durch die Maschine bewahren sollte, wurde zum eisernen Käfig, der die Familie von den Realitäten der größeren sozialen Gemeinschaft isolierte. Die Aversion der Familie gegen das Gemeinschaftsleben ist natürlich kein neues Phänomen. Utopische Visionäre waren immer der Meinung, daß es sich als notwendig erweisen könnte, familiäre Bindungen zu schwächen, ja, vielleicht sogar ganz aufzuheben, um die unbedingte Anerkennung gemeinschaftlicher Werte sicherzustellen. Was das Bild in den letzten drei Jahrhunderten verändert hat, ist die allmähliche Unterminierung des Gemeinsinns durch die Perversionen des Narzißmus, der im Schoße der Familie bestens gedeiht. Um die Mitte des 20. Jahrhunderts wurden Selbstverwirklichung und Individualität zu den beherrschenden Werten im Familienleben. Die Familie wurde zum Spiegel der Maschine.

Schließlich führte die Kernfamilie ihren eigenen Untergang herbei, indem sie sich gegen alle Interessen wandte, die den Eigennutz ihrer Mitglieder beeinträchtigen konnten. Sie zerfiel in das, was die prototypische Familie der sechziger und siebziger Jahre ausmachte – in ein Gebilde, das sich den Notwendigkeiten zeitweilig anpaßte, durch die umherschweifenden Leidenschaften ihrer erwachsenen Mitglieder kaum verbunden; in dem allen zustand, nach persönlicher Befreiung zu streben, jedes Familienmitglied, das Kind einbegriffen, mehr oder weniger auf sich selbst angewiesen war. Es schien, als seien wir entschlossen, zu jenem vorsintflutlichen Ideal zurückzukehren, wonach wir, wie der Kleine Prinz, vom Gewicht der menschlichen Beziehungen, den zahllosen Banden befreit wären, die uns an andere binden und uns belasten. Doch diese moderne Unverbindlichkeit bietet kaum kulturelle Entschädigungen für unser ungebundenes Dasein. Das Individuum ist wirklich allein. In den dunkelsten Zeiten, die der Aufklärung vorausgingen, gab es zumindest ein Gefühl der Gemeinschaft, Magie und Spiritualität, die das Individuum, wenngleich lose und diffus, mit Gott, Heiligen, Eltern, Kindern, Freunden, Pferden, Hunden, Obst- und Blumengärten verband.

Es ist spät geworden, aber immer noch zu früh, um genau zu wissen, wohin es die moderne Familie treiben wird. Gerade als alle bereit waren, den Tod der Familie zu akzeptieren, begann sie sich wieder zu rühren. Der heftige Egoismus der letzten Jahrzehnte war vielleicht eine Revolution, die zur Umwandlung, nicht zur Vernichtung führte. Im Jahre 1979 berief die *National Organization for Women* landesweit eine Versammlung ein, die unter dem Motto »Die Zukunft der Familie« stand. Dort wurde verkündet, daß die Feministinnen der achtziger Jahre neuen Zielen zustrebten – der Familie. Eine bekannte Feministin äußerte sich folgendermaßen: »Ich glaube in der Tat, daß die Frauenbewegung nun so weit gekommen ist, wie wir es als Frauen allein können. Wir stellen fest, daß es nicht so leicht ist, mit Männern und Kindern – oder ohne – einzig auf der Grundlage des ersten feministischen Programms zu leben.«

Die Mitglieder des Panels waren übereinstimmend der Ansicht, daß Frauen Kinder und Männer und Männer Frauen brauchen – ja, daß in Wahrheit jeder jeden braucht. Auch darin bestand Übereinstimmung, daß die Teilnahme am Familienleben das beste Bollwerk gegen das moderne Arbeitsethos sei, das Männer und Frauen in entmenschlichte Automaten der Gesellschaft verwandelte. Die Konferenz machte deutlich, daß es ein dringliches Verlangen nach Intimität und nach der Wiederherstellung der bindenden Verpflichtungen des Familienlebens gab. Man wurde an die unschuldige, zuversichtliche Stimme des Psychoanalytikers J. C. Flugel erinnert, der 1921 behauptet hatte, daß alle philosophischen Systeme seit Platos Zeiten, die die Zerstörung der familiären Bindungen zum Ziel hatten, gescheitert und weiterhin dazu verurteilt seien, »in der Praxis zu versagen, weil diese Gefühle zu stark, zu innig und ein zu wichtiger Bestandteil der menschlichen Natur sind, um erfolgreich und auf Dauer durch eine veränderte Umwelt gehemmt zu werden und moralisch zu versagen, weil die Entwicklung gewisser, äußerst bedeutender Aspekte des menschlichen Charakters ihrem Ursprung nach und von ihrem ersten Erscheinen an mit familialen Gefühlen verknüpft ist und wahrscheinlich keine Reife erlangt würde, wollte man diese Gefühle abschaffen«.

Eine der führenden Persönlichkeiten des neuen Feminismus führte auf der Konferenz von 1979 aus: »Die größte Herausforderung besteht heute vielleicht darin, einen Weg zur Wahrung unserer Unabhängigkeit zu finden und gleichzeitig jene Bindungen einzugehen, die Menschen, Familien und letztlich Gesellschaften zusammenhalten.«

Wenn wir uns nun der nächsten Generation von Ernährern und Gesetzgebern zuwenden – was können wir von ihr erwarten? Ist es wahr, daß die Sehnsucht nach Verbundenheit und Vereinigung mit anderen zu mächtig ist, um für immer ausgelöscht zu werden? Wird Eros sich gegen die Kräfte des Verfalls und der Zerstörung erheben? Wäre es angesichts der ungeheuren Probleme, vor denen die Jugend in der modernen Welt steht, eine Selbsttäuschung, auch nur ein geringes Maß an Hoffnung zu bewahren? Denn es hat wirklich den Anschein, als habe sich das Tempo des Fortschritts so beschleunigt, daß er sich mit rasender Geschwindigkeit der Apokalypse nähert. Wagen wir den herrschenden Werten der Moderne – der wahnsinnigen Selbsterhöhung und zügellosen Phantasie – die Vermächtnisse der Adoleszenz gegenüberzustellen? Könnten wir aus jenem Kraftausbruch, jener Woge frischer Vitalität das Maß an Hoffnung schöpfen, das die Strukturen der Vergangenheit offenlegt und uns Gelegenheit gibt, die Drehbücher neu zu schreiben?

Zu allen Zeiten und an allen Orten ist die Adoleszenz jener Lebensabschnitt, in dem sich, wie Erikson treffend bemerkte, die persönliche Lebensgeschichte mit der Geschichte überschneidet: Die Individuen werden in ihrer Identität bestätigt, die Gesellschaften regenerieren ihren Lebensstil. Dieser Prozeß impliziert auch ein schicksalhaftes Überleben jugendlicher Denkweisen in den historischen und ideologischen Perspektiven des Menschen. Die vitalen Kräfte des Wachstums, die ein Kind in ein machtvolles, sexuelles, zeugungsfähiges, moralisch verantwortliches Wesen verwandeln, sind stets zum allgemeinen Blühen und Gedeihen der Gesellschaft, der Natur, des Kosmos in Beziehung gesetzt worden. Eine der nachdrücklichsten Herausforderungen der Jugend in der modernen Welt ist die obskure Beziehung zwischen dem historischen Augenblick, in dem sie lebt, und der sozialen oder kosmischen Geschichte.

In den Gemeinschaften von Jägern und Sammlern wie in traditionellen Gesellschaften konnte ein Jugendlicher die weiterreichende Bedeutung seines Übergangs ins Erwachsenenleben erkennen, indem er sich in einen größeren zeitlichen Rhythmus einordnete. Was er persönlich durchlebte, fiel automatisch mit einem kosmischen Plan zusammen, mit dem Schicksal des Menschen, mit der Geschichte eines Volkes, Stammes, einer militärischen oder religiösen Ordnung, der Sippe. Die Verbindung zwischen persönlicher Zeit und natürlicher oder sozialer Zeit war mehr oder weniger klar. Nunmehr ist die Verkettung zwischen gegenwärtiger Jugend und den größeren Zeiteinheiten ungewiß. Die Zwiespältigkeit fordert die neuerwachten Empfindsamkeiten, die intellektuellen Kräfte und die Phantasie des Jugendlichen heraus.

Es sollte uns nicht überraschen, daß eine Herausforderung von solchem Umfang bei manchen jungen Menschen ein Gefühl der Fragmentierung und Hoffnungslosigkeit hervorruft, insbesondere wenn sie im sozialen Umfeld keine geschichtlichen Einheiten ausmachen können, die über die Gegenwart hinausreichen – über das Jahrzehnt, die Stunde, die Minute. Die entmutigenden historischen Perspektiven der modernen Welt können oft zu einer Verschärfung der feindseligen Einstellung der Jugendlichen zur Zivilisation führen und ihre solipsistische Grandiosität steigern.

Doch trotz all ihrer Unsicherheit und Unruhe, ihrem unaufhörlichen Wachsen und Streben fördert die moderne Zivilisation auf Grund der Tatsache, daß es relativ wenige fixierte Strukturen und endgültig festgelegte Lösungen gibt, gewisse Gegenströmungen, die die volle Entfaltung einer moralischen Existenz ermöglichen. So hat beispielsweise der Wert, der Neuerungen beigemessen wird – wenngleich sie auch zu opportunistischer Ausbeutung oder gar Zerstörung führen können – eine potentiell konstruktive Seite. Neuerung impliziert die Möglichkeit von Abhilfe, Reparatur, korrigierender Änderung: statt die Nöte des Daseins zu ertragen, kann man sie besiegen. Soziale

Reformation – eine weitere herausragende Kraft der letzten drei Jahrhunderte – spornt die Jugend an, rhetorische Verbesserungen in universale Praxis umzuwandeln. Und indem er Alternativen zur Erfahrung von Isolation aufgrund abweichenden Verhaltens bietet, verstärkt der Pluralismus das Gemeinschaftserlebnis und setzt die Fähigkeit frei, Selbstbezogenheit und Egozentrik zu überwinden. Damit ist die Möglichkeit zu größerer Rollenvielfalt gegeben und die Lebensfähigkeit alternativer Anpassungsbedingungen gesichert. Solche modernen Kraftquellen stärken die einigenden, konstruktiven Aspekte der Phantasie und ermutigen Jugendliche, das Persönliche und Unmittelbare zu transzendieren, geistige Höhenflüge zu unternehmen, in sich selbst den weiten Bereich menschlicher Möglichkeiten zu erforschen und dann mit frischen Kräften ins Alltagsleben zurückzukehren, bereit, die Schwierigkeiten des Daseins anzupacken, die menschliche Natur, unsere Pflichten, unser Ziel zu erkennen.

Jugendliche stellen sich unterschiedliche Fragen – auch wenn ihnen die richtigen Worte fehlen mögen: »Wie können meine persönlichen Ambitionen in der Gesellschaft zum Tragen kommen?«, »Wie wird sich meine persönliche Zukunft mit der Zukunft der Welt, in der ich lebe, verbinden?«, »Gibt es etwas außerhalb oder jenseits meines persönlichen Alltags, an das ich glauben kann?«, »Sind diese Überzeugungen von Wert?«, »Kann ich mich auf sie verlassen?« Wenn wir zuhören, vernehmen wir junge Menschen, die auf der Suche nach etwas Größerem als der gewöhnlichen, alltäglichen Existenz sind – nach Idealen oder Werten, die sie vertreten können. Und wie wir wissen, wohnt selbst jenen Stammesriten, die dem Trachten des Jugendlichen nach Sinn in vollem Umfang Rechnung tragen, die Gefahr inne, daß die Jugendlichen die Grenzen des Erlaubten überschreiten und nie mehr zurückfinden.

Die Gefährdungen der Jugend nehmen zu. Manche, die sich den Prüfungen des Erwachsenwerdens ganz oder teilweise entziehen – die Selbstmörder, Geisteskranken, Süchtigen, jene, die sich einer pervertierten Phantasie anheimgeben wie die Magersüchtigen und die Hochstapler –, sind ebenso Opfer der Verirrungen des modernen Familienlebens, wie sie die entfremdenden narzißtischen Ideale der modernen Welt widerspiegeln.

Andere Nöte, die unsere Jugend bedrängen, mögen zwar für das Individuum nicht unbedingt zerstörerisch sein, sind aber im moralischen Sinne ebenso vernichtend. Sie ergeben sich unmittelbar aus der leichten Verführbarkeit der Jugendlichen, die von Demagogen verschiedener politischer oder religiöser Richtungen – seien sie Nazis, Anhänger des Reverend Moon oder Maoisten – so leicht für ihre eigenen grandiosen Absichten eingespannt werden können. Ein zynischer, rücksichtsloser Narzißt wird nicht zögern, die Neigung Jugendlicher, die Idealisierung der Eltern aufzugeben und sich heißhungrig anderen, aufregenderen und romantischeren Idolen anzuschließen, auszunutzen. Den Jugendlichen wird erzählt, daß sie die »wahren Führer« der Zukunft, die »Auserwählten des Schicksals« seien, daß sie das Recht hätten, über die dekadente Erwachsenengeneration zu herrschen, daß sie in Wahrheit moralisch verpflichtet seien, die Vergehen ihrer Eltern anzuzeigen und wenn nötig an ihrer tatsächlichen oder spirituellen Exekution teilzunehmen. Eine derart pervertierte Phantasie kann dazu führen, daß die Jugendlichen ihren neuen Idolen gegenüber gehorsamer und unterwürfiger werden, als sie es als hilflose, verwundbare Kleinkinder den Eltern gegenüber waren, und daß sie diese Idole sklavisch verehren. Ein Jugendlicher, der verzweifelt an etwas oder jemand glauben will, ist für die Verheißungen falscher Propheten äußerst empfänglich. Und in jenen düsteren Zeiten, wenn Menschen ihre Bindungen an die Vergangenheit verlieren und die Zukunft keinen Sinn zu haben scheint, findet der falsche Prophet sein bereitwilligstes Publikum.

Manche Erscheinungsformen jugendlicher Entgleisungen sind so alltäglich, daß sie unserer Aufmerksamkeit entgehen. Diese Resultate irregeleiteter jugendlicher Einbildungskraft sind die Legionen »alberner Typen«, die Jugendlichen, die zu Kopien der Zerrbilder werden, die wir für sie entwerfen. Aber selbst ein solcher scheinbar »geistloser Teenager«, der vor dem Kino Schlange steht, um einen Superman-Film zu sehen, der Dionysos des Tanzbodens, der Computersüchtige, der Punker sucht etwas oder jemanden, dem er sich hingeben kann. Und wenn die Adoleszenz vorüber ist, dann sind manche von ihnen wie Ikarus dazu bestimmt, aus allen Wolken oder irgendeinem engen oder weiten Phantasiereich, in den sie sich gewagt haben, direkt in die Gleichförmigkeit des Alltagslebens zu stürzen, ohne die geringste Spur zu hinterlassen.

Es ist wahrscheinlicher, daß die Suche des jungen Menschen nach einem Sinn erfolglos bleibt, wenn die kollektiven Werte einer Gesellschaft *ausschließlich* durch Gegenwartsziele bestimmt werden. Weil sie alles durchdringt und weitaus heimtükkischer ist als offensichtliche Korruption oder die Versuchungen durch einen falschen Propheten, ist die Bürokratisierung des modernen Lebens mit ihrer Armut an Werten und ihrer eingeschränkten historischen Perspektive vielleicht zur größten Gefahr für die Jugend geworden. Wenn die Zukunft ihre Dimension als sinnvolle Zeiteinheit verliert und die Vergangenheit wirksam dem Vergessen anheimgegeben wird, erlangt der gegenwärtige Augenblick eine Dringlichkeit, die dem Jugendlichen die volle Entfaltung einer moralischen Existenz verwehrt. Diese Entfaltung ist der Zweck der Adoleszenz.

Der Kult der direkten Befriedigung, bei dem das Schwergewicht auf Sensation, Unmittelbarkeit und starken Eindrücken liegt, schwächt die vitalen Kräfte der Jugend, treibt ihre sexuellen Leidenschaften zu frühreifer Erfüllung, stumpft ihren Geist ab, trivialisiert ihre Phantasien. Sie können nur glauben, daß für das, was sie als Individuum anstreben, in einem umfassenderen Plan kein Platz ist. Sie nehmen an, daß die Gesellschaft sie nicht wirklich braucht, daß sie keine Zukunft haben. Sie toben sich aus und legen dann rasch ihr unbeholfenes, lästiges Gehabe ab, um zu Erwachsenen zu werden, die keine andere Wahl haben, als sich der freundlichen Tyrannei des Bürokraten zu unterwerfen. Bald bleibt ihnen nichts anderes übrig als der von der Zivilisation geforderte Verzicht. Die wenigen Entschädigungen, die ihnen geboten werden – Ordnung und Sauberkeit, ein paar schöne Augenblicke, eine Scheinreligion –, sind wirklich kümmerlich. Je tiefer sie sich unterwerfen, desto mehr verabscheuen sie die Fesseln der Zivilisation und desto unwilliger sind sie, den Eigennutz dem Gemeinwohl zu opfern. Warum sollten sie auch? Sie klammern sich an die Sicherheiten des täglichen Lebens und gönnen sich ab und zu etwas prickelnde Abwechslung.

Diese letzte Variante jugendlichen Unglücks ist gewiß kein einzigartiges Merkmal der modernen Welt. Daß sie aber gegenwärtig so sehr im Vordergrund steht, sollte die Frage aufwerfen, ob wir nicht begonnen haben, eine Mythologie der Adoleszenz zu erfinden, die sich einer neuen Version der Zivilisation anpaßt. Jede Gesellschaft sucht sich selbst zu erhalten, indem sie die Adoleszenz erfindet, die sie braucht. Vor vier Jahrzehnten verkündeten bereits einige Schriftsteller und Künstler den Niedergang der Moderne. Man erklärte uns, daß wir nunmehr in die Postmoderne einträten. Bis jetzt weiß allerdings niemand genau, was Postmoderne ist. Doch was es auch sein mag, es scheint mit einer beträchtlichen Ernüchterung hinsichtlich der hoffnungsfrohen, visionären Aspekte der Moderne verbunden zu sein. Die alten Dialoge gehen zu Ende und neue, die sie ersetzen könnten, sind nicht vorhanden. Die lebenssprühende Dialektik der Moderne – ihre feurigen Ekstasen, ihre heftigen Egoismen auf der Suche nach einer Moral, die sie zügeln könnte, ihr Geist der Erneuerung, die herausfordernden Doppeldeutigkeiten, spekulativen Möglichkeiten und generösen Verschiedenheiten – ist einer entmutigenden Stimmung der Vergeblichkeit und Endgültigkeit gewichen; man findet sich resigniert mit dem Fehlen oder der Nichtigkeit von Werten ab.

Wenn alles, was heilig war, profaniert ist, wenn Gott tot und der Kaiser verbannt ist, wenn nichts mehr da ist, woran man glauben kann, dann könnte die Revolution mit einem Komplott enden, das lediglich die alten Tyranneien in neuem Gewande wiederherstellt. Aggression und Narzißmus mögen dann unterdrückt, aber nicht ausgelöscht sein. Wir werden eine Armee gehorsamer Bürger sehen, insgeheim von Romantik durchdrungen, die die Flamme des Verlangens ständig anfacht. Die »Big Brothers« und die Wohltäter der Menschheit werden genau wissen, wovor sie sich hüten müssen. Sie werden die Bürger ständig überwachen, ihre sexuellen Gelüste programmieren, und sie werden die Inspirationen und all die schönen Dinge, die ihre Herzen erwecken könnten, trivial erscheinen lassen.

Wir haben diese unheilvolle Utopie noch nicht erreicht. Auch wenn Fehlentwicklungen in der Adoleszenz zuzunehmen scheinen, bestehen doch immer noch viele die Prüfungen des Erwachsenwerdens. Sie stellen sich der Herausforderung, in einer Welt enger werdender historischer Perspektiven ein Bewußtsein persönlicher Kontinuität zu erlangen. Sie triumphieren sogar über die kleinen und großen Enttäuschungen des modernen Lebens.

Sie halten ihre Herzen im Zaum. Sie sind imstande, sich selbst Gesetze zu geben und mit jener moralischen Freiheit zu handeln, die die Grenzen des menschlichen Geistes erweitert. Es ist bemerkenswert, daß sie diese folgenreichen Veränderungen ihres Innenlebens ohne die Hilfe ritueller oder formalisierter Konventionen vornehmen konnten und allzu oft auch ohne Führung oder Unterstützung seitens der Erwachsenen, die sie versorgen und erziehen. Wenn man ihnen nur halbwegs die Möglichkeit dazu gibt, werden die Jungen weiterhin Träger der kulturellen Erneuerung sein. Sie werden sicherstellen, daß jugendliche Denkweisen in unseren historischen und ideologischen Perspektiven erhalten bleiben. Sie werden weiterhin Vermächtnisse hinterlassen, die uns auf dem Weg zu einer aufgeklärten Menschheit ein wenig voranbringen werden. Beklagenswert ist, daß man zuläßt, daß so viele junge Menschen vom rechten Wege abkommen. Zu hoffen ist, daß wir den Vermächtnissen der Adoleszenz Beachtung schenken und mehr jungen Leuten das Privileg moralischer Verantwortung einräumen.

Das wichtigste Vermächtnis der Adoleszenz ist die Umwandlung der Familienleidenschaften in jene sublimen Leidenschaften, die uns an unsere Spezies binden. Wir Menschen werden nicht mit einem moralischen Bewußtsein geboren. Ohne die Umwandlungen in der Adoleszenz wäre keiner von uns bereit, auf privates Verlangen zugunsten der Pflichten für die Allgemeinheit zu verzichten. Die Verbindung von Verlangen und Pflicht, die Kant als wahre Kultur bezeichnet hat, ist kein Naturereignis, aber die Natur stellt die Mittel zur Vollendung unserer moralischen Erziehung bereit.

Beim Menschen können die Teile des Gehirns, die für eine fortgeschrittene Geistestätigkeit verantwortlich sind, wachsen und sich entwickeln, bevor die Teile, die die Vorpubertät einleiten, das »Signal« erhalten haben, mit dem Funktionieren auf der Erwachsenenebene zu beginnen. Menschen haben die Möglichkeit zu lernen, wie man in der Familie und in Gruppen kooperiert, bevor sie gezwungen sind, sich den komplexen Forderungen der Genitalität und den ausgedehnten Elternpflichten zu widmen, die von unserer Spezies verlangt werden. Die Pubertät ist die zweite Geburt, die bis dahin verborgene Talente, Emotionen und geistige Fähigkeiten ans Licht bringt, während viele kindliche Fähigkeiten neu belebt und erweitert werden. Nun da die genitalen Leidenschaften erwachen, braucht sich die Moral nicht mehr unabdingbar den Gesetzen der Vernunft zu unterwerfen. Die Moral bedarf der Kraft einer Leidenschaft, um zur vollen Entfaltung zu gelangen. Die Genitalität liefert diese Leidenschaft, und die Phantasie vereint privates Verlangen mit den Pflichten für die Allgemeinheit.

Durch die reziproke Beziehung zwischen Zivilisation und freier Entfaltung der Sexualität kann die genitale Sexualität niemals auf jene höchste Befriedigung verzichten, nach der wir uns sehnen und derer wir uns aus der Kindheit erinnern. In der Adoleszenz stellt sich dem Verlangen nach der Wiederherstellung der Liebesdialoge der Kindheit das Inzesttabu entgegen. Das Inzesttabu ist kein Naturgesetz, doch die Natur hat den Menschen mit jenen geistigen Fähigkeiten ausgestattet, die es ermöglichen, Leidenschaften aus einem Erfahrungsbereich in einen anderen zu übertragen. Indem sie uns mit Phantasie ausstattete, hat uns die Natur das Mittel in die Hand gegeben, den Naturgesetzen unterworfene Handlungen in kulturelle Ambitionen umzuwandeln. Alle Tiere sind vor den Gefahren der Phantasie sicher und deshalb völlig den Befehlen der Natur unterworfen.

Im Gegensatz zu anderen Lebewesen, bei denen der Geschlechtsakt ein rein physischer Vorgang ist, spielt sich die menschliche Sexualität weitgehend in der Phantasie ab. Deshalb sind die erotischen Bindungen beim Menschen um so vieles hartnäckiger als bei jeder anderen Spezies. Deshalb kann die Phantasie in der Pubertät die sexuelle Leidenschaft zu jenen moralischen Leidenschaften sublimieren, die der höchste Ausdruck menschlichen Daseins sind. Deshalb kann die sexuelle und moralische Revolution, die in der Adoleszenz stattfindet, zu einer Revolution der Umwandlung, nicht der Vernichtung werden. Während der Adoleszenz werden Vergangenheit, Gegenwart und Zukunft mit den Strängen der Phantasie verflochten.

Ein weiteres Vermächtnis der Adoleszenz ist demnach die Fähigkeit, aus unserer persönlichen Lebensgeschichte eine Legende zu machen. Nicht die Sprache oder die Werkzeugherstellung unterscheidet uns von anderen Tieren, sondern die Phantasie. So wie die Phantasie die erotischen Leidenschaften entflammt, die uns an andere Menschen binden, inspiriert sie uns auch, eine Zukunft zu entwerfen, die besser sein könnte als die enttäuschende Gegenwart. Was nützen Sprachlaute und Werkzeuge ohne Inspiration zur Vervollkommnung, ohne das Gefühl, daß wir eine Zukunft zu erschaffen, eine Geschichte zu konstruieren vermögen?

Wir sind die einzige Spezies, die eine persönliche und gesellschaftliche Geschichte besitzt und von ihr besessen wird. Wenn in der Adoleszenz die Vergangenheit mit der Zukunft in Einklang gebracht werden muß, werden wir dazu inspiriert, eine persönliche Geschichte zu schaffen. Wir vermögen nun zu erkennen, daß wirkliche Zeit unwiederbringlich ist, daß unser Lebensfaden vom endlichen Augenblick der Geburt bis zum endlichen

Augenblick des Todes reicht. Wenn der Heranwachsende in der Jugend in vollem Umfang erkannt hat, was er hinter sich läßt, beginnt er zu begreifen, daß die Vergangenheit, nach der er sich zurücksehnt, niemals wiederkehren wird. Das bittersüße Gefühl der Nostalgie ist geboren. Die Sehnsucht nach den goldenen Zeiten der Kindheit weckt bei uns Zukunftsvisionen. Die Phantasie verwandelt unsere Idealisierungen der Vergangenheit in soziale Ideale, die zu einem späteren Zeitpunkt verwirklicht werden können.

Nun hat Melpomene das Wort. Während sich die Adoleszenz ihrem Ende nähert, schließen sich die Epiphysen der langen Knochen, Möglichkeiten verengen sich. Wir beginnen die historischen Kontinuitäten des Selbst, zu dem wir geworden sind, und die unvermeidlichen Einschränkungen dessen, was wir werden könnten, zu verstehen. Nun gehen uns die Augen auf für die historischen Realitäten und die tragischen Dimensionen des Lebens unserer Eltern. Die mächtigen Eltern, die allmächtigen Gottheiten unserer Kindheit, sind entstellt, durch eben jene Merkmale zugrunde gerichtet, die einstmals als heilig und heroisch angesehen wurden. Die Idealisierungen, mit denen früher die Eltern ausgestattet wurden, können nun entpersönlicht und humanisiert werden; sie können freigesetzt und in soziale Ideale investiert werden. Gleichzeitig verstärkt der junge Mensch seine liebevollen, zärtlichen Bindungen an die Eltern. Er verzeiht ihnen, daß sie nicht ganz so vollkommen sind, wie er sie sich einst vorgestellt hat. Kinder, sogar Säuglinge, sind der Sympathie fähig. Aber erst nach der Adoleszenz vermögen wir Mitgefühl zu empfinden.

In der Adoleszenz überschneidet sich die Geschichte des Individuums mit der Geschichte des Stammes, der Nation, der Spezies. Die jugendlichen Formen des Denkens, Fühlens, Handelns, der Phantasie und der Geschichtsgestaltung werden von einer Generation an die nächste weitergegeben – nicht auf Grund der Vererbungsgesetze, sondern wiederum durch die Mittel, die die Natur uns verliehen hat. Unsere irdische menschliche

Existenz beginnt mit angeborener Selbstliebe, mit primärem Narzißmus, den wir auch dann aufrechtzuerhalten versuchen, wenn wir unser Verlangen der Gesellschaftsordnung anpassen müssen, in der wir leben. Die Urleidenschaft, Quelle und Prinzip aller anderen Leidenschaften, schließt in sich unsere Hoffnungen, Erwartungen, Ambitionen. Bevor ein Kind mit den Frustrationen konfrontiert wird, die mit den Beziehungen zu anderen verbunden sind, besitzt es bereits eine Methode, persönliche Macht auszuüben. Vor allem anderen sind wir wunscherfüllende Beschwörer, Possenreißer und Dichter, die vergangenen Glanz, das Leben vor dem Widerspruch erschaffen können. Ebenso wie die halluzinatorischen Wünsche und Schmusedecken des Kleinkindes – sein imaginärer Gefährte oder der Familienroman des älteren Kindes – es befähigen, mit den unvermeidlichen Frustrationen und Verzichtleistungen eines machtlosen, abhängigen Geschöpfs fertigzuwerden, befähigen die moralischen Ambitionen und kulturellen Ideale den Erwachsenen, sich mit den tragischen Dimensionen einer zivilisierten Existenz abzufinden.

In der Adoleszenz wird das, was dem niedrigsten Teil des Seelenlebens angehörte, in das verwandelt, was nach unserem Wertmaßstab das Höchste des menschlichen Geistes darstellt. Die Methode – omnipotente Gestik, Selbstliebe, primärer Narzißmus – ist von Geburt an vorhanden. Doch erst in der Adoleszenz werden unsere persönlichen Ambitionen, unsere Ruhmesträume in jene Ambitionen transponiert, die der ganzen Menschheit nützlich sein können. Wenn unsere persongebundenen Ruhmesträume von der Person losgelöst werden, wecken sie in uns den Wunsch, die menschliche Spezies zu erhalten, so wie wir einst die Liebe zu unserem Selbst erhielten. Adoleszenten sind die Träger kultureller Erneuerung, jener Generations- und Regenerationszyklen, die unser begrenztes individuelles Geschick mit dem Geschick der Art verknüpfen.

Die Adoleszenz hat – mehr als Geburt, Heirat oder Tod – das dramatische Schauspiel des Übergangs von einem Lebensbereich in einen anderen zur Folge. Das Individuum entfernt sich aus dem Umkreis der Familie und wird Bestandteil des kulturellen Lebens. Die Pubertätsriten der Völker der Jäger und Sammler waren Dramatisierungen dieses Übergangs. Ein junger Mensch wurde zum verantwortlichen Mitglied der sozialen und moralischen Ordnung, indem er aktiv am Drama des Übergangs ins Erwachsenenleben teilnahm. Ja mehr noch, die ihm von nun an zugeteilte Rolle – so alltäglich und begrenzt sie sein mochte – war Vorahnung von etwas Überlebensgroßem. Und jene, die den Erzählungen lauschten und mit ihm Lieder sangen, erinnerten sich an alles, was sie einst gekannt und dann vergessen hatten. In einer Vorstellung, die eine Woche, einen Monat, eine Jahreszeit hindurch oder mehrere Jahre gedauert haben mag, wurden die Metaphern der menschlichen Existenz ins Spiel gebracht – Musik, Tanz, Gesang, die Rezitation geheiligter Texte und Stammesbräuche, Masken, Schmuck, Verzierungen des Körpers, symbolische Darstellungen, Hautritzungen und Verstümmelungen, die das Kind zum Erwachsenen reifen lassen, die Legenden vom Verlust früherer Dialoge, das Entdecken neuer und das Wiederfinden alter Dialoge.

Auch in unserer Zeit ist die Adoleszenz, wenn sie nicht durch ein deformiertes Familienleben oder gesellschaftliche Konventionen banalisiert oder irregeleitet wird, ein inneres Drama, dessen metaphorische Reichweite nicht weniger umfassend ist. Indem er vorübergehend den Formen der gewöhnlichen Existenz entsagt, betritt der junge Mensch eine geheiligte Zone, in der die Zeit ewig und grenzenlos, Erfahrung reversibel und wiederherstellbar ist. Zeit wird regeneriert; die Vergangenheit wird aktualisiert und in Zukunft umgewandelt; die Formung einer persönlichen Existenz verbindet sich mit den Möglichkeiten einer neuen Gesellschaft, einer neuen Menschheit. In modernen Gesellschaften endet das Schauspiel nicht damit, daß alles an den Anfang zurückkehrt. Wir können nicht mehr erwarten, daß junge Menschen ihre persönlichen Prüfungen durchstehen und dann zu uns zurückkehren und die Dinge widerspruchslos akzeptieren, wie sie nun einmal sind. Wenn etwas faul ist, werden die Jungen bald den Geruch von Verfall und Korruption wahrnehmen. Die moderne Jugend wehrt sich gegen die Vorstellung, daß sie oder die Gesellschaftsordnung hoffnungslos durch die Vergangenheit determiniert seien. Die Jugendlichen begegnen unseren konservativen, reduktionistischen Tendenzen mit ihren Inspirationen – Erforschung, Erneuerung, Erwartung. Indem sie herausfinden, wer sie sind und wer nicht, mobilisieren sie die Energien der archaischen Vergangenheit und nutzen sie, um die kulturellen Dimensionen der Zukunft auszudehnen.

Die geheiligte Welt, die sie durchwandern, die sich außerhalb der Zeit, der Ordnung und des Schutzes des zivilisierten Lebens befindet, kann ein einsamer und erschreckender Ort sein. Die Dämonen, denen sie begegnen, sind keine maskierten Repräsentanten von Übel und Gewalt oder roher Sexualität, sondern ihre eigenen inneren Dämonen – ihre ungebärdigen Wünsche, ihr ungezähmtes Gewissen, das sie mit Schändung, Kastration, Verstümmelung, Verhungern, Exil bedroht. Jugendliche begegnen in ihrem Innern elementaren Leidenschaften in ihrer rohen, simplifizierten Form. Diese Begegnungen, so erschreckend und schmerzhaft sie im Augenblick sein mögen, ermöglichen später eine großzügigere, humanere Beurteilung der menschlichen Misere.

In dem Intervall zwischen dem Verzicht auf die alten und dem Auffinden neuer Dialoge gibt es lange Zeitspannen ohne Liebesdialog. Die Furcht vor dem Verlust des Dialogs – ein Verlust, der wie ein Hineinstürzen ins ewige Nichts ist, in dem man niemals mehr gehalten wird – kann unterwürfige Feige aus uns allen machen. Aber Jugendliche wagen es. Sie wagen auch die Einsamkeit und die Furcht, von einem Lebensbereich Abschied zu nehmen und in einen neuen, noch unbekannten Bereich einzutreten. Sie lernen innerlich die Hoffnungslosigkeit kennen, wenn das Verlangen nicht weiß, wohin es sich wenden soll, wenn niemand da ist, den man lieben kann, sexueller Hunger sich nicht auf Freundschaft und Aktivität umleiten läßt. Sie lernen, was es bedeutet, die Vergangenheit zu verlieren und zu erkennen, daß sie nie wiederkehren wird.

Die meisten Erwachsenen erinnern sich nicht gern an diese angstvollen Gemütszustände. In der späten Adoleszenz und als junge Erwachsene haben manche sie noch nicht vergessen; sie sind diesen Erfahrungen noch nahe genug, um Mitleid für jene zu empfinden, die so leiden, wie sie es einst taten. Sie sehen ihre geliebten, einst kraftvollen, schöpferischen Großeltern nun altern, schwächer werden; sie sehen, wie sie sich auf jenen endlichen Augenblick des Todes zu bewegen. »Ist das das ganze Leben?« fragen sie. »Ein wahnsinniges Wettrennen mit der Zeit und dann ein langes, ereignisloses Ende?« Junge Menschen, die sich an die Einsamkeit und die Kümmernisse ihrer gerade vergangenen Jahre erinnern, empfinden mehr Mitleid und Zärtlichkeit für die Alten als die meisten Erwachsenen in mittleren Jahren. Nichts bereitet den Jungen so große Enttäuschung über ihre Eltern – nicht deren Geiz oder Stolz, nicht ihr überängstliches oder impulsives Wesen – wie die scheinbar unmenschliche Art, wie die Eltern die Großeltern behandeln.

Man hat gesagt, daß sich unsere spezifisch menschliche Moral mit am rührendsten in der Sorge der Kinder um die alten, einsamen oder kranken Eltern kundtut. Doch in der modernen Welt laufen wir Erwachsenen vor den Alten davon wie vor der Pest. Ihre bloße Anwesenheit ist eine bohrende Mahnung an die Verzweiflung und Stagnation, die uns möglicherweise erwarten. Unsere Furcht vor der Endlichkeit der Zeit ist stärker als unser Mitleid. Wir überlassen die ganze Angelegenheit der zuständigen Stelle, die die Sozialhilfe auszahlt und sich um ordentliche Unterbringung kümmert. Die Alten – vielleicht mit Ausnahme der reichen und mächtigen – werden wie Verstoßene behandelt, wie Überbleibsel, die wir im günstigsten Falle in ihre Pensionärssiedlungen verweisen.

Die Jugend kann, da sie einem neuen Lebensabschnitt entgegensieht, ertragen, was es heißt, alt zu werden. Sie erinnert sich noch an den gewaltigen geistigen Aufruhr, den Kummer, die

Einsamkeit, den Verlust des Dialogs, wenn ein Mensch einen Lebensbereich verlassen und in einen anderen eintreten muß. Sie besitzt einen gefühlsmäßigen Zugang zum Dialog mit den Alten. Die Jungen schätzen zum Beispiel sicherlich mehr als wir die weitschweifigen Erzählungen der Großeltern. Und oft entdekken sie in diesen Berichten aus der Vergangenheit eine Weisheit, die wir häufig ignorieren. Die Bereitschaft des jungen Menschen zum Zuhören hält die Erinnerung an schönere Tage am Leben. Sein Mitgefühl bannt die Furcht vor dem Verlust des Dialogs. Der Abstieg ins Nichts wird aufgehalten. Obschon sie bald für immer aus der Welt scheiden werden, werden die Alten an Regeneration und Erneuerung gemahnt. In Gegenwart eines jungen Menschen fühlen sie sich gehalten. Zumindest für den Augenblick ahnen sie, daß das Leben nicht nur ein sinnloses Vergehen von Zeit ist, sondern daß ihr individuelles Geschick mit einem größeren, ewigen Menschheitsschicksal verbunden ist.

Darin sehen wir ein weiteres Vermächtnis der Adoleszenz: in dem Gefühl, daß der Übergang von einem Bereich in den anderen nicht die Auflösung von Bindungen bedeuten muß, sondern daß er zur Erweiterung und Erneuerung unseres Menschseins beitragen kann.

Bald nachdem das Neugeborene den Mutterleib verlassen hat, tritt es in seinen ersten menschlichen Dialog ein – einen Dialog, der es an die Mutter, die einst Fötus, Plazenta und Fruchtwasser umfaßte, erinnert. Um ein Mensch mit eigenem, einzigartigem Selbst zu werden, muß es diesen Bereich menschlichen Einsseins verlassen und in einen neuen eintreten. Das Kind durchläuft nun Loslösung und Individuation in seinen drei ersten Lebensjahren. Dabei vergrößert es den Umfang seiner emotionalen Fähigkeiten, befreit sich selbst aus der demütigenden Abhängigkeit von der Kinderstubenmoral und wächst hinein in Gesetz und Ordnung des Familienlebens. Loslösung und Individuation heben die Bindung an seine Mutter nicht auf – sie erhöhen die Bedeutung dieser Bindung. In ähnlicher Weise führt die zweite psychische Geburt des Adoleszenten zu größerer emotionaler und intellektueller Reichweite, zur Belebung seiner zärtlichen, liebevollen Bindung an die Eltern, zur umfassenden Humanisierung seiner sexuellen und moralischen Leidenschaften.

Dennoch sind wir zu der Ansicht gelangt, daß sich der Jugendliche durch das Erwachsenwerden und den Erwerb eines neuen Identitätsniveaus dem Zeitpunkt nähert, in dem er die Familienbande zerreißt. Selbst die Experten sind Opfer dieser Version geworden. Tatsächlich läßt sich die Intensität des Widerstands des Jugendlichen gegen das Erwachsenwerden daran messen, wie verzweifelt er tatsächlich oder emotional vor der Intimität des Familienlebens fliehen muß, um sein Selbstwertgefühl zu bewahren.

Das kleine Kind entzieht sich der Sklaverei der Kinderstubenleidenschaften, indem es verinnerlicht, was es zu diesem Zeitpunkt für elterliche Verbote, Autorität und Ideale hält. Diese frühen Verinnerlichungen der Eltern ermöglichen dem Kind, zu einem relativ zivilisierten Menschen zu werden, der seine Wünsche regulieren und beherrschen kann. Das Kind hat dann zumindest ein gewisses Maß an Unabhängigkeit von äußerer Autorität erlangt. Doch seine neuen inneren Herren sind äußerst streng und anspruchsvoll. Damit das Kind zum verantwortungsvollen Erwachsenen werden kann, muß die übertrieben idealisierte Betrachtung der Eltern einer gewissen Revision unterzogen werden. Und die infantilen Wünsche, die an die Idealisierungen der Eltern geknupft sind, müssen ebenfalls revidiert werden, damit sie von der Familie auf die Außenwelt übertragen werden können.

Wie wir wissen, ist es stets ein mit Gewalt verbundenes Ereignis, wenn Leidenschaften einer anderen Person, einem anderen Bereich, einer anderen Lebensordnung zugeteilt werden sollen. Der Jugendliche versucht jedoch nicht, sich der Eltern zu entledigen oder die bestehende Ordnung der Dinge zu zerstören. Er mag wie ein wildes, ungezähmtes Geschöpf aussehen, doch seine jugendliche Tollheit ist ein Zeichen seines Kampfes gegen das Verlangen und seiner Versuche, die infantilen Idealisierungen von einst in etwas Humaneres und weniger Exaltiertes umzuwandeln. Auf diese Weise verstärkt er seine Leidenschaften und kann sie in neue Beziehungen zu Gleichaltrigen, Geliebten, Kindern, Großeltern und seinen Eltern einbringen, denen nun verziehen werden kann, daß sie weniger vollkommen sind, als man sie sich einstmals vorgestellt hatte.

Wenn der Jugendliche daraus die Erlaubnis ableitet, nach Werten und Idealen zu streben, die über die Realitäten des Alltags hinausgehen, so ist dies das Ergebnis eines persönlichen inneren Kampfes, eines Kampfes, der von keiner Gesellschaftsordnung verfügt werden kann. Doch die Bildung dieser geistigen Struktur, die wir als reifes Ich-Ideal bezeichnen, kann nur durch eine Gesellschaftsordnung gefördert werden, die das Ineinandergreifen der Generationen bestätigt – eine Gesellschaft, die die Verknüpfungen zwischen sexuellem Dialog und moralischem Dialog in jeder Phase des Lebenszyklus unterstützt.

So wie die Dinge jetzt stehen, wird den Interessen der Zivilisation gedient, wenn der Mensch die Familieneinheit der Kindheit einfach verläßt, um eine neue Familie zu gründen, die ihm zugeteilte Arbeit zu verrichten und einigen einfachen Moralgesetzen zu gehorchen. Wenn die Liebesbindungen zwischen Kindern und Eltern als zum Erhalt der Gesellschaft notwendig erachtet werden, tun manche Gesellschaften alles, was sie können, um die Familie zu schützen. Doch selbst in den modernen westlichen Gesellschaften mit ihren engen historischen Perspektiven und trivialisierten moralischen Werten werden manche Jugendliche zu Erwachsenen, denen es mehr darum zu tun ist, die Grenzen der menschlichen Existenz zu erweitern, als die Gesellschaftsordnung genauso zu erhalten, wie sie ist. Sie können uns vielleicht ein wenig weiterbringen.

Die Gestaltung individuellen Daseins in einer persönlichen Umwelt ist wie ein Kaleidoskop mit zahllosen farbigen Glassplittern, die man millionenmal drehen kann und die dennoch nicht alle vorstellbaren Muster gebildet haben. Das moralische Potential des retardierten Primaten ist nicht unendlich, doch es ist erheblich größer, als wir uns bisher vorzustellen wagten. Dieser außerordentliche Anthropoid, der nicht aufhören muß zu suchen, der nicht zu den Anfängen zurückkehren und die Vergangenheit ständig wiederholen muß, der flexibler Reaktionen und erfindungsreicher Lösungen fähig und von grenzenloser Neugier erfüllt ist, muß stets jene Formen der Zivilisation in Betracht ziehen, die das Sicherheitsnetz seiner Existenz darstellen. Er mag imstande sein, die Natur zu beherrschen, die Erde aufzuwühlen, die er bewohnt, alle Tiere, die in der Hierarchie der Natur unter ihm stehen, zu beherrschen oder gar auszurotten, er mag Macht über die Hilflosen und Machtlosen erringen, zu fernen Milchstraßen fliegen, aber dennoch muß er die Zivilisation erhalten, oder seine Spezies wird aussterben. Gleichzeitig muß er, um das Leben auf diesem harten, verwirrenden Planeten erträglicher zu machen, eine Möglichkeit finden, Stätten der Ruhe jenseits der Gesellschaft, der Lust oder der Realität zu erhalten. Organisierte menschliche Gesellschaften konnten eine Zeitlang ohne kulturelle Ambitionen bestehen, doch keine Gesellschaft hat ohne sie lange überlebt.

Die Zivilisation kann bewahrt und unverändert von einer Generation an die nächste weitergegeben werden. Trotzdem gibt es daneben auch immer Metaphern, Rituale, Tempel und Stammesbräuche, die die Vorstellung wachrufen, daß Veränderung nicht möglich sei. Die Adoleszenz kann ein großes Drama der Leidenschaft und des Aufruhrs sein, bei dem zuletzt alles an den Anfang zurückkehrt. Trotzdem lockt die freie Wildbahn. Wir sind mit dem unwiderstehlichen Drang geboren, vorwärtszustreben, neuen Raum zu gewinnen. Wenn uns der Gehorsam gegenüber der Autorität der Gesellschaftsordnung hindert, persönliche Macht zu entfalten oder ein Gefühl moralischer Würde zu entwickeln, schätzen wir uns geringer ein, als wir sein könnten – wir haben das Gefühl, uns selbst untreu zu sein.

Die wirkliche Geschichte des Menschen ist begrenzt und endlich. Wir führen nur *ein* Dasein, lassen andere Lebensmöglichkeiten beiseite, an die wir uns verschwommen erinnern und die nun durch unser wirkliches Leben spuken. Manchmal stellen wir uns vor, daß »das wahre Leben so oft das Leben ist, das man nicht führt«, oder »namenlose Gefühle ziehen durch unser Herz«. Es gibt einen Bereich unserer Existenz, in dem die Geschichte der unendlichen Möglichkeiten fortgesetzt wird. Wir nennen ihn den Ort der Ruhe, die Übergangszone, das Zwischenreich, Kultur, Metapher, Illusion. Hier wird die Ahnung des Endlichen schwächer, wir atmen freier, der Fluß des Lebens wird uns bewußt, wir vernehmen sein träges Murmeln. Und obschon aus dem Jugendlichen ein Erwachsener wird, der nur ein endliches Leben lebt, hat er doch eine Zeitlang im Reich der unendlichen Möglichkeiten gelebt. Ein weiteres Vermächtnis, das dem Erwachsenen aus seinen Jugendjahren bleibt, ist die Empfindung, daß er einmal alle Rollen in der menschlichen Komödie hätte spielen können, daß er einmal sich selbst und seinen Kräften treu war.

Wenn die Adoleszenz vorüber ist, ist der Charakter der jungen Erwachsenen von den inneren Kämpfen geprägt, die sie durchgemacht haben. Die sich wandelnde Frau hat nicht passiv ihre Kindheit wiederholt, sie hat sie aktiv revidiert. Ihre Strategien, ihre Verluste, ihre Niederlagen, ihre Triumphe, ihre neuen Lösungen haben der erwachsenen Frau ihren Stempel aufgedrückt. Im späteren Leben kann sie ihr Gewissen weiter humanisieren, sie kann reifere Formen der Liebe und Fürsorge für andere finden, sie kann sogar die Kräfte wiederentdecken, die sie sich in der Adoleszenz nur eingebildet hat. Es ist Teil ihres artspezifischen Erbes, daß – gleichgültig wie festgelegt oder rigid ihr Charakter ist – stets eine gewisse Flexibilität bestehen bleibt, eine gewisse Neugier, die wiedererweckt werden kann. Für eine Erwachsene bedeutet es jedoch eine ungeheure Anstrengung, ein Risiko und einen großen Aufwand an Geisteskräften, wenn sie ihr Verhalten ändern soll. In der Adoleszenz sind die Wachstumskräfte ein Ansporn zu Innovation und moralischer Erneuerung. Die Adoleszenz fügt die Aspekte eines humanen

Lebens zusammen. Wenn sie vorüber ist, ist das, was wir sind und werden könnten, einer Veränderung nicht mehr so zugänglich. Wir sind nie wieder so flexibel.

Manche Jugendliche beenden ihre Reise, indem sie zu den vertrauten Gewohnheiten der Zivilisation zurückkehren. Sie stellen die erstarrte Kindheitsroutine wieder her, wenngleich ein paar Schnörkel und geringfügige Veränderungen hinzukommen. Sie werden wieder vom unbeugsamen Diktat des »Du sollst« und »Du mußt« regiert und vom Suchen und Finden sexueller Befriedigung – aber nur in einer ganz bestimmten festgelegten Weise. Sie versuchen ihre Angst zu mildern, indem sie in die Sicherheit des Schulhofs zurückkehren. Sie verzichten niemals ganz auf den Wunsch, von irgendeinem allmächtigen Idol vollkommen versorgt und beschützt zu werden, selbst wenn sich herausstellen sollte, daß dieses Idol ein Tyrann ist. Sie bleiben ewig jung, aber ihre Jugendlichkeit haben sie verloren.

Die Zahl der Erwachsenen, die auf dieser Reise aus der Kindheit versagt haben, ist außerordentlich groß. Doch dies ist nur dann der Fall, wenn wir das, was wir geworden sind, an den Möglichkeiten messen, die vorhanden waren. Das ist eine grobe, einfache Weise, ein Menschenleben zu bewerten. Hin und wieder gibt es Ruhepunkte: wenn eine Frau schwanger ist, wenn ein Neugeborenes aus dem Mutterleib in die Welt tritt, wenn ein Kind die Pubertät erreicht, wenn jemand heiratet oder jemand stirbt. Wir gehen zu Hochzeiten, wir gehen zu Begräbnissen. Wir beginnen etwas und stellen fest, daß es zu Ende ist. Wir schauen auf unsere Jugendjahre zurück, die hoffnungsvolle Zeit, als es möglich schien, den Verlauf unseres persönlichen Schicksals radikal zu verändern. Wir vergessen die Einsamkeit, die schmerzlichen Verluste, die narzißtische Angst, das Ringen mit dem Verlangen, die Qualen unseres ungebärdigen, unschönen, ungehorsamen Körpers. Wir erinnern uns verschwommen an die Wiederkehr der heftigen Leidenschaft, der Sehnsucht, die uns aus der einengenden Sicherheit der Kindheit herausführte.

Anmerkungen

Einleitung

Die Formulierung ». . . eine Phase, in der Vergangenheit, Gegenwart und Zukunft neu gewebt und verflochten werden« bezieht sich auf Freuds Äußerung ». . . Vergangenes, Gegenwärtiges, Zukünftiges wie an der Schnur des durchlaufenden Wunsches aneinandergereiht« in »Der Dichter und das Phantasieren« (G. W., 7. Band, S. 218). Die Phantasie schafft eine Situation in der Gegenwart, die auf die Zukunft gerichtet ist, in der sich dann der Wunsch erfüllen wird. Und sie schafft diese Situation, indem sie die Erinnerung an eine frühe Erfahrung wachruft, die mit der Wunscherfüllung verbunden war.

Die Deutung der Hautritzungsmuster bezieht sich auf die Tiv in Nigeria und ist Bruce Lincolns Buch *Emerging from the Chrysalis* (Cambridge, Mass., und London, 1981), S. 98, entnommen: »Die Hautritzungen der Tiv postulieren Gegensätze wie Linie/Kreis, Familie/Gleichaltrige, Ahnen/Nachkommen und – was am wichtigsten ist – Vergangenheit/Zukunft. Der letzte dieser Gegensätze wird durch das Zutagetreten eines gegenwärtigen Augenblickes aufgelöst, der von der Vergangenheit zu zehren vermag, während er die Zukunft erschafft. Die so verstandene Gegenwart ist nicht nur eine haarfeine Linie zwischen dem, was ›war‹, und dem, ›was noch kommt‹, sondern ein mit Ereignissen und Entwicklungsmöglichkeiten prall gefüllter Lebensraum, und in einer solchen totalen Gegenwart befindet sich der Initiand.« – Die Hautritzungen der Tiv werden in meiner zusammenfassenden Darstellung von Pubertätsriten im 1. Kapitel behandelt.

Die Arbeit von Ernest Jones erschien in seinen *Papers on Psychoanalysis* (Boston, 1961), S. 389–412. Eine weitere Erörterung seiner Position findet sich im 3. Kapitel.

Einige Psychoanalytiker haben versucht, mit dem Wiederholungsmythos aufzuräumen, vor allem im Hinblick auf die Adoleszenz. Ein bemerkenswerter Beitrag ist Leo A. Spiegels Arbeit »A Review of Contributions to a Psychoanalytic Theory of Adolescence« in *The Psychoanalytic Study of the Child, 6* (1951), S. 375–393. Spiegel sagt zu dem Thema folgendes: »Die Adoleszenz ist keine einfache Wiederholung der ödipalen oder postödipalen Phase. Zum ersten Mal steht dem psychischen Apparat die genitale Sexualität mit einer adäquaten Abfuhr sexueller Spannung zur Verfügung. Die volle Bedeutung dieser Veränderung ist bekannt, aber sie genügt, die Adoleszenz zu etwas Neuem zu stempeln; sie ist kein Abbild einer früheren Altersstufe« (S. 375f.)

Spiegel beschreibt die sexuellen Veränderungen der Adoleszenz. Erik Erikson rückt in *Der junge Mann Luther* (1958) die damit einhergehenden moralischen Fortschritte in den Vordergrund, insbesondere jenen Aspekt des Überichs – das Ideal –, welcher in die Zukunft weist. In diesem Zusammenhang erörtert er das Fortbestehen des Wiederholungsdenkens in der Psychoanalyse. »In ihrer Entschlossenheit, mit teleologischen Annahmen zu sparen, ist die Psychoanalyse in das gegenteilige Extrem umgeschlagen und hat eine Art von Originologie entwickelt . . . Ich meine damit eine Denkmethode, die jede menschliche Situation auf eine ähnliche, frühere und schließlich auf die einfachste, im frühen Kindesalter entstandene zurückführt, die als ihr Ursprung (origo) anzunehmen ist« (S. 19).

Für vollständige Hinweise auf die Schriften von Rousseau und Hall verweise ich Sie auf die Anmerkungen zum 2. Kapitel.

Freuds Feststellungen über das Seelenleben findet sich in *Das Ich und das Es*, G. W., 13. Band, S. 264.

1. Kapitel: Adoleszenz: Banalisierungen und Glorifizierungen

Pubertätsriten: Die Abschnitte über Pubertätsriten stützen sich hauptsächlich auf Arnold van Genneps klassischem Werk *Les Rites de Passage* (1908), Monika Vizedoms Monographie *Rites and Relationships* (Beverly Hills, Kalif., 1976), Victor Turner, *The Ritual Process* (Chicago, 1969) und *The Forest of Symbols* (Ithaca, 1967), Audrey Richards, *Chisungu: A Girl's Initiation Ceremony Among the Bembo of Zambia* (erstmals publiziert in London, 1956) mit einer Einleitung von Lean La Fontaine (London und New York, 1982) und Bruce Lincoln, *Emerging from the Chrysalis*. Dies waren auch die Hauptquellen der Beschreibungen und Deutungen männlicher und weiblicher Pubertätsriten.

Die Beschreibungen und Deutungen körperlicher Verstümmelungen stammen vorwiegend von van Gennep, der beispielsweise anführt: »... der menschliche Körper wurde wie ein einfaches Stück Holz behandelt, das jeder so zurechtschnitzte, wie es ihm gefiel: was herausragte, wurde weggeschnitten, Trennwände durchbrochen, flache Flächen mit Schnitzereien versehen ...«

Die Deutung der Hautritzungen stammt von Lincoln; vgl. die Anmerkungen zur Einleitung, an die ich mich hier angelehnt habe. Wie Lincoln ausführt, wird auf die Bedeutung der Ritzungen bei den Tiv nicht hingewiesen, die den Akt nicht als Ritus betrachten. Sie beharren darauf, daß der einzige Zweck der Narben darin bestehe, die Frau anziehender zu machen. Die Ritzungen werden nach der Menarche vorgenommen, und sie werden während der ganzen Lebenszeit der Frau immer wieder vergrößert und ausgestaltet.

Turner gibt an, worauf sich rituelle Symbole beziehen, die sich um entgegengesetzte semantische Pole zu bilden pflegen: die *normativen* oder moralischen Normen und Prinzipien, die die gesellschaftliche Struktur bestimmen, und die *orektischen* oder grob physiologischen. In *The Ritual Process* sagt er: »Diese Symbole vereinen demnach die organische mit der gesellschaftlich-moralischen Ordnung, indem sie ihre letztlich religiöse Einheit über alle Konflikte hinweg zwischen diesen Ordnungen und innerhalb der einzelnen verkünden. Mächtige Triebe und Emotionen, die der menschlichen Physiologie innewohnen, insbesondere die Fortpflanzung, werden im rituellen Prozeß ihrer antisozialen Eigenschaften entkleidet und Teilen der normativen Ordnung zugeführt. Damit wird diese durch eine geborgte Vitalität mit Energie erfüllt und so das Durkheimsche ›Obligatorische‹ wünschenswert gemacht« (S. 53). Seine Erkenntnisse verdankt er in erster Linie den Ndembu im Nordwesten Sambias. In *Forest of Symbols* spricht Turner über die Beziehung zwischen dem Physiologischen und dem Moralischen: »Normen und Werte werden einerseits von Emotionen durchzogen, während die groben, ursprünglichen Emotionen durch den Kontakt mit sozialen Werten veredelt werden. Die Lästigkeit moralischen Zwanges wird in ›Liebe zur Tugend‹ umgewandelt« (S. 30).

Die hier stark zusammengefaßt beschriebenen Zeremonien für die Knaben sind im einzelnen bei van Gennep, Vizedom und Turner dargestellt, jene für die Mädchen sind den Ausführungen Lincolns, Vizedoms und Richards' entnommen.

Van Gennep betont, daß die Initiation nicht immer mit der Pubertät zusammenfällt und daß der Junge nicht immer auf Dauer von seiner Mutter getrennt wird. Doch für Knaben und Mädchen sind es »Riten der Loslösung von der asexuellen Welt, und auf sie folgen Riten der Einverleibung in die Welt der Sexualität und – in allen Gesellschaften und Gesellschaftsschichten – Einverleibung in eine Gruppe, die auf das eine oder das andere Geschlecht beschränkt ist«.

Van Gennep leitet die Vorstellung einer Probezeit von der Initiation von Zauberern und religiösen Novizen bei den Kariben und den Barundi in Tanganjika (Tansania) ab und wendet den Begriff dann auf alle Initianden an. Turner beschreibt den Status des Neophyten auf S. 96 bis 110 von *Forest of Symbols*.

Auf die Vorstellung, daß die Frau mit einem Kind gleichgesetzt und durch ihre Pubertät an einen Heimatort gebunden wird, verweisen Lincoln und Vizedom.

Die Beschreibung, wie Nesseln und Gras in die Vagina eingeführt werden, um Blutungen zu »verursachen«, findet sich in: Vizedom, S. 38 und 41, der sich auf die Arapesch in Neu-Guinea bezieht.

Reiben der Brüste des Mädchens: B. Bettelheim, *Die symbolischen Wunden* (München/Kindler, 1975). Diese Sitte findet sich bei den Arunta und den Cewa in Zentral-Afrika.

Das Mädchen zur Frau formen: Lincoln, S. 20 und 94f. Erscheint in seiner Beschreibung der Kinaaldá-Zeremonie der Navajo-Indianer.

Ziehen eines Kreises um die Brustwarzen: Bettelheim, op. cit., S. 180. Er bezieht sich auf die Arunta.

Verlängerung der Schamlippen und die Interpretation der Bedeutung großer Schamlippen: Bettelheim, op. cit., S. 188f. Er bezieht sich auf den Dahomey-Stamm und beschreibt ähnliche Riten bei den Bagandi und den Suaheli-Völkern. Vizedom weist auf die Verlängerung der kleinen Schamlippen bei den Yao in Zentral-Afrika hin (S. 41).

Das Mädchen wächst in die Frauenrolle hinein: Richards, S. 121. »Die *chisungu* wird getanzt, so sagen sie, damit das Mädchen wächst (*ukumukushya*), um es zu lehren (*ukumufunda*) und um es ›zu einer Frau zu machen, wie wir es sind‹ ... Was bedeutet das Wort *Ukumukushya*? Es ist die kausative Form des Wortes ›wachsen‹. Mit anderen Worten: Wir vollziehen den Ritus, um das Mädchen wachsen zu lassen« (S. 121).

Richards (und die meisten Anthropologen) unterscheiden zwischen dem eigentlichen Pubertätsritual – das heißt, Handlungen, die unmittelbar nach den ersten Anzeichen der Pubertät stattfinden – und den Mannbarkeits- oder Fruchtbarkeitsriten, die das Vorspiel einer Heiratszeremonie sind. Diese Riten können in jedem Alter stattfinden. Mitunter können die Fruchtbarkeitsriten – wie bei den Tiyyar im indischen Nord-Kerala (von Lincoln beschrieben) – vollzogen werden, wenn ein Mädchen acht oder neun Jahre alt ist. Bei den Bemba geht einem individuellen Heiratsritus eine kurze Pubertätszeremonie im eigentlichen Sinne voraus. Dies geschieht, wenn ein Mädchen weiß, daß seine erste Periode gekommen ist: Richards, S. 54.

Das Mädchen wird in einer abgelegenen Kammer eingeschlossen: Das Bemba-Mädchen wird unter einer Decke in einer Initiationshütte (Richards) verborgen. Nach Lincoln findet der Kinaaldá-Ritus (erste Menstruation oder »im Haus sitzen«) nach der ersten Menstruation des Mädchens statt. Das Mädchen wird zuerst im Familien-Hogan rituell verwandelt. Während des Ritus wird der Familien-Hogan durch die angestimmten Gesänge zum geheiligten Ort (S. 18). Bei den Tukuna im nordwestlichen Amazonasgebiet ist die Zeremonie, die für die Mädchen anläßlich der Menarche veranstaltet wird, spektakulär. Die Vorbereitungen für die offizielle Zeremonie dauern drei Monate oder länger. In dieser Zeit wird die Initiandin (*Voreki*) in einer Kammer der Familienbehausung isoliert. Die Kammer hat einen Durchmesser von zwei Metern, und es befindet sich in ihr lediglich die Hängematte, in der das Mädchen schläft (S. 53). Wenn es aus der Isolation heraustritt, werden folgende Worte gesungen: »Wie eine Raupe haben wir unsere *Voreki* in Abgeschiedenheit gehalten.« »Die Kammer«, sagt Lincoln, »wird so mit einem Kokon verglichen, in den das Mädchen als Raupe hineinschlüpft, unreif, unansehnlich und irdisch, und aus dem es wie ein Schmetterling hervortritt, reif, schön und himmlisch.« Während der Zeit der Abgeschiedenheit wähnt man die *Voreki* in der Unterwelt (S. 55).

Identifizierung mit einer mythischen Heldin: Lincoln verweist auf den Kinaaldá-Ritus der Navajo, bei dem das Mädchen zur »Frau, die sich wandelt« (»Changing Woman«) wird (S. 17–33); siehe seine Deutung auf S. 95–97. »Wenn jede Initiandin die Rolle dieser Figuren übernimmt, werden die mythischen Ereignisse wiederholt und die Gaben der Zivilisation aufs neue angeeignet. Die Initiation soll demnach nicht nur der einzelnen Initiandin zugute kommen, sondern der Gesellschaft insgesamt und darüber hinaus dem ganzen Kosmos . . . Das

Mädchen *wird* zur Göttin oder Heldin der Kultur, und von nun an hat sein Leben für immer Anteil am Göttlichen« (S. 96).

Kosmische Reise: Lincoln beruft sich auf die Moca-Nova-Zeremonie der Tukuna (S. 50–70) und auch die eleusinischen Mysterien, die er als vom Persephone-Mythos (S. 71–90) abgeleitete weibliche Initiationsriten deutet. »Die kosmische Reise macht das unreife Mädchen zur Frau, deren eigentlicher Tätigkeitsbereich der Kosmos ist, die die Grenzen ihrer weltlichen Existenz überschritten hat und ein wahrhaft kosmisches Wesen geworden ist, hinausgestoßen aus ihrer unmittelbaren Umwelt und hineingeführt ins Universum« (S. 97).

Der Neophyt als leere Schiefertafel: Turner, *Ritual Process*, S. 96–110: »Der Neophyt in seiner Schwellensituation muß eine *Tabula rasa* sein, eine leere Schiefertafel, auf die das Wissen und die Weisheit der Gruppe geschrieben wird ... Es muß ihnen gezeigt werden, daß sie als solche Ton oder Staub sind, bloße Materie, denen ihre Form von der Gesellschaft aufgeprägt wird« (S. 103).

Behandlung des Neophyten: van Gennep, S. 81, und Turner, »Betwixt and Between: The Liminal Period in Rites de Passage«, in *Forest of Symbols*, S. 93–110. »Sie sind gleichzeitig nicht mehr klassifiziert und noch nicht klassifiziert. Insoweit die Neophyten nicht mehr klassifiziert sind, werden Symbole, die sie repräsentieren, in vielen Gesellschaften der Biologie des Todes, des Zerfalls, des Katabolismus entliehen ... Der andere Aspekt, d. h., daß sie noch nicht klassifiziert sind, wird häufig durch Symbole zum Ausdruck gebracht, die Vorgänge wie der Schwangerschaft und dem Gebären nachgebildet sind. Die Neophyten werden Embryos, Neugeborenen oder Säuglingen gleichgesetzt oder wie sie behandelt« (S. 95).

Zwei Arten von Trennungen: van Gennep. »Kurzum, es gibt zwei Arten von Trennungen: Riten der Loslösung von der gewohnten Umgebung, Riten der Einverleibung in die geheiligte Umwelt; eine Übergangsphase; Riten der Loslösung von der örtlichen geheiligten Umwelt, Riten der Einverleibung in die gewöhnliche Umwelt. Doch als Ergebnis dieses Durchlaufens der geheiligten Welt behält der Initiand einen besonderen magisch-religiösen Charakter« (S. 82).

Übergänge, Schwellen, Tore, Randbezirke: van Gennep im Kapitel »The Territorial Passage«, S. 15–25.

Kanalisierung emotionaler Energien: Yehudi A. Cohen, *The Transition from Childhood to Adolescence* (Chicago, 1962), S. 110.

Anspruch der Gesellschaft, die natürlichen Vorgänge zu kontrollieren: Vizedom, S. 38. Sie bezieht sich hier auf Lévi-Strauss, *Das wilde Denken.* Frankfurt (Suhrkamp) 1968.

Sequenzen und Deutungen von Pubertätsriten wurden auch in der Arbeit »Archetypal Patterns of Youth« von S. N. Eisenstadt (*Daedalus*, Cambridge, Mass. Journal of the American Academy of Arts and Sciences [Winter 1962], S. 30–33) dargestellt.

Tugend: »zu allen Zeiten und allen Orten«: Rousseau, *Über Kunst und Wissenschaft*, S. 15. Die Abfolge der Gesellschaftsformen wurde absichtlich nicht chronologisch behandelt. Ich habe Gesellschaften von Jägern und Sammlern gewählt, die noch 1960 existierten, und »zivilisierte« Gesellschaften, die zu diesem Zeitpunkt nicht mehr existierten. Die Universalität beruht nicht auf Dokumentationen über diese Gesellschaften; der Satz ist vielmehr im Sinne von Rousseaus Diskurs *Über Kunst und Wissenschaft* zu verstehen.

Definition und Interpretationen von Tugend: Die *New Columbia Encyclopedia* (New York und London, 1975) enthält bemerkenswert prägnante und präzise Erläuterungen der Begriffe Tugend und Ethik. Meine Quellen waren ferner die *Ethik* des Aristoteles und Dantes *Göttliche Komödie.*

Jugendbewegungen: Die Verbindung des Begriffs der Jugend mit der Befreiung der Arbeiterklasse entstammt Annie Kriegels Artikel »Generational Difference: The History of an Idea«, *Daedalus* (Herbst 1978), S. 23–28.

Bilder von Jugendlichen: In seinem Aufsatz »The Reactions of Parents to Adolescents and to Their Behavior«, in *Parenthood: Its Psychology and Psychopathology*, hrsg. von E. J. Anthony und Th. Benedek (Boston 1970), S. 311, zeigt E. J. Anthony Jugendliche abwechselnd in der Rolle der Opfer und derer, die andere zu Opfern machen.

Banalisierungen von Jugendlichen: Sie sind häufig genug, um keiner Dokumentierung zu bedürfen. Ich habe an gewisse Filme gedacht, in denen Jugendliche, obschon anziehend und interessant dargestellt, zuletzt als Zerrbilder erscheinen. Meine Vorstellungen wurden auch durch Reuel Denneys Essay, »American Youth Today: A Bigger Cast, A Wider Screen«, in *Daedalus* (Winter 1962), beeinflußt.

Identifizierung mit dem Aggressor: Die Dynamik dieses Abwehrmechanismus beschreibt Anna Freud in *Das Ich und die Abwehrmechanismen.* In: *Die Schriften der Anna Freud*, Bd. I, S. 293–304.

Ein neues Bild der Adoleszenz: »The Offer Report«, in *The New York Times* vom 9. Juli 1981; »Goodbye, Holden Caulfield«, *The New York Times* vom 13. Juli 1981, S. 30: »Ein durchschnittlicher amerikanischer Jugendlicher geht die Straße entlang, lutscht ein Eis, hat ein Frisbee* bei sich, komplettes Gebiß, üppiger Haarschopf, genau das richtige Körpergewicht – so steuert er darauf los, ein zweiter Superman zu werden.« Der Ton des Artikels ist zweideutig. Macht er sich über das Offer-Portrait lustig? Vgl. Daniel Offer, Eric Ostrov und Kenneth I. Howard, *The Adolescent, A Psychological Self-Portrait* (New York, 1981).

In ihrer Besprechung »The Awkward Age«, in *New Republic* vom 28. Oktober 1980, S. 36–39, kritisiert Ann Hulbert den Offer-Bericht; die »Klon«-Idee stammt aus dieser Besprechung, ebenso wie die Vorstellung von Jugendlichen als Heiligen, Ungeheuern und Helden am Ende dieses Kapitels.

Das frühere Buch Offers ist *The Psychological World of the Teenager* (New York, 1969). Hier beklagt Offer »den Stand der Dinge in der Gesellschaft, der zur Rebellion zu ermutigen scheint ... Wir Sozialwissenschaftler verherrlichen ebenfalls die Rebellionen, die uns Abwechslung versprechen« (S. 188f.). Angesichts des Aufruhrs der sechziger Jahre versuchte Offer wie viele andere Sozialwissenschaftler, das stereotype Bild einer »rebellischen Jugend« zurechtzurükken. Doch seine Bemühungen, den »anderen« Jugendlichen gerecht zu werden – denen, die nicht in offenem Konflikt mit der älteren Generation lebten –, führten ebenso wie die anderer Sozialwissenschaftler dazu, daß die Bedeutung der psychischen Realitäten von Adoleszenten herabgesetzt wurde.

»Erfindungs«theorie: Jene Forscher, die wie Offer die Stereotypen des rebellischen Jugendlichen beseitigen wollten, haben in erheblicher Weise dazu beigetragen, daß wir unsere Anschauungen über die Adoleszenz korrigiert haben. Doch ihre Fragebögen und Interviews vermochten die inneren dynamischen Veränderungen nicht zu erschlie-

* Handelsname einer Plastikscheibe, die nach dem Bumerangprinzip funktioniert. Die Bezeichnung geht darauf zurück, daß Studenten der Princeton-Universität ein Spiel erfanden, das sie mit den Deckeln von »Mother Frisbie's«-Keksdosen spielten. Anm. d. Übers.

ßen, die, so stürmisch und belastend sie sein mögen, lautlos vor sich gehen können. Wenn andererseits, wie manche dieser Forscher behaupten, das manifeste Bild den inneren Zustand exakt widerspiegelt, erhebt sich die Frage: Sind diese »emotional angepaßten«, unauffälligen, ausgeglichenen, »gewöhnlichen« jungen Leute nicht der Möglichkeit beraubt worden, die Vergangenheit zu revidieren? Ich zitiere unten einige wichtige und wertvolle Beiträge zu unseren revidierten Versionen über die Adoleszenz. Ich stelle nicht die Beobachtungen dieser Forscher in Frage, sondern lediglich ihre Interpretationen. Aus ihren Beobachtungen folgt nicht, daß die Adoleszenz, wie wir sie kennen, ein Mythos oder eine willkürliche gesellschaftliche Erfindung ist.

William A. Westley und Nathan B. Epstein, *The Silent Majority: Families of Emotionally Healthy College Students* (San Francisco 1969). »Sie waren, moralisch gesehen, gute, anständige Leute, die ein konventionelles Leben führten, ihre Probleme zu lösen versuchten und niemandem Ärger machten. Wir wissen im allgemeinen wenig über solche Menschen, und zwar gerade deshalb, weil sie wenig Probleme bieten und sich um ihre eigenen Angelegenheiten kümmern« (S. 17).

Elizabeth Douvan und Joseph Adelson, *The Adolescent Experience* (New York, 1966; die Angaben wurden in den fünfziger Jahren gesammelt). »Die meisten derzeitigen Kommentare über die Adoleszenz konzentrieren sich auf zwei auffällige, aber atypische Subkulturen von Jugendlichen, die an extremen und entgegengesetzten Enden des gesellschaftlichen Kontinuums stehen und außergewöhnliche Lösungen der Krise der Adoleszenz bieten . . . Die Extreme ähneln sich insofern, als sie ein ungewöhnliches Maß an Unabhängigkeit von der Familie aufweisen; sie ähneln sich in ihrer politischen Unzuverlässigkeit, ihrem Ausagieren oder ihrer eingebildeten Unzufriedenheit mit der Gesellschaftsordnung, und sie ähneln sich vor allem insofern, als sie der Aufgabe des Jugendlichen, zur Ich-Synthese zu gelangen, mit radikalen Lösungen begegnen. Wir möchten darauf hinweisen, daß man diese Feststellungen nicht allgemein auf die gesamte jugendliche Bevölkerung anwenden kann . . . Der große Vorteil unserer Untersuchungsmethode besteht darin, daß sie uns erlaubt, jene Jugendlichen zu studieren, welche die Mehrheit in der Mitte ausmachen, die weder Ärger noch Verwunderung auslösen und allzu oft von uns nicht beachtet werden« (S. 350 f.).

F. Musgrove, *Youth and the Social Order* (Bloomington, Indiana, 1964). Weitere Kommentare zur Adoleszenz mit ähnlichen Perspektiven bieten Joseph Adelson, »The Political Imagination of the Young Adolescent« und David Bakan, »Adolescence in America: From Idea to Social Fact«, *Daedalus* (Herbst 1971), S. 1013–1050 und 979–995. Der Aufsatz von Bakan, eine außergewöhnlich gedankenreiche Darstellung der sozialen Realitäten, die unsere Mythen über die Adoleszenz umgeben, war der Protoyp meiner Erörterung der »Erfindungstheorie«. Wiederum stimme ich vielem, was Bakan sagt, zu, hingegen nicht seiner Deutung der Adoleszenz. Ebenso wie andere Autoren beruft er sich auf Lexika sowie auf Musgrove und Mead, um seine Argumente zu untermauern.

Margaret Mead, *Kindheit und Jugend in Samoa* (1928). München (DTV) 1970. 1983, fünfundfünfzig Jahre danach, veröffentlichte Derek Freeman sein Buch *Margaret Mead and Samoa – The Making and Unmaking of an Anthropological Myth* (Cambridge, Mass., und London, 1983), in dem er Margaret Meads bukolischer Vision vom Erwachsenwerden in Samoa widersprach. Die durch Freemans Buch ausgelösten Kontroversen wurden von Bradd Shore, Professor für Anthropologie an der Emory-Universität, folgendermaßen zusammengefaßt: »Wenn sie die dunklen Elemente unterdrückte, so malte Freeman sie sämtlich in seinem Buch aus. Sie schuf einen Mythos aus Opposition zur Rassenhygiene, er schuf ein verzerrtes Bild aus Opposition zu Margaret Mead«, *The New York Times*, 31. Januar 1983, C: 21.

David Bakan ist der soziale Idealist, den ich meine. Sein obengenannter Artikel hat mich dazu angeregt, die Diskrepanz zwischen unserem erklärten Ziel, Kinder zu schützen, und ihrer hinterhältigen Unterdrückung durch uns aufzuzeigen. Eine optimistischere Auffassung der Beziehung zwischen Adoleszenz und sozialpolitischer Reform findet sich in den folgenden Arbeiten in der Winter-Ausgabe 1962 des *Daedalus*, die unter dem Titel *Youth: Change and Challenge* zusammengefaßt sind: Reuel Denney, »American Youth Today: A Bigger Cast, A Wider Screen«, S. N. Eisenstadt, »Archetypal Patterns of Youth«, Kenneth Keniston, »Social Change and Youth in America«, Kaspar D. Naegele, »Youth and Society: Some Observations«, Talcott Parsons, »Youth in the Context of American Society«. Und obgleich das Pendel der Meinungen in den siebziger Jahren zurückzuschwingen begann, betonen Psychologen wie Peter Blos, Robert Coles, Jerome Kagan und Lawrence Kohlberg in der Herbstausgabe des *Daedalus* von 1971 weiterhin die positiven und einzigartigen Beiträge des Lebensabschnitts der Adoleszenz.

Ariès und *Die Geschichte der Kindheit*: Obschon ich einigen Behauptungen Ariès' über das Leben von Kindern und Jugendlichen im Mittelalter kritisch gegenüberstehe, bietet *Die Geschichte der Kindheit*, München/Wien (Hanser, 1975), eine hervorragende historische Interpretation. Ariès' Deutungen bereiten mir deshalb Schwierigkeiten, weil sie wörtlich von jenen übernommen wurden, die dokumentieren wollten, daß die Adoleszenz lediglich eine Erfindung der Gesellschaft sei. Meine wichtigsten Quellen für Beschreibungen des Lebens im Mittelalter sind: Barbara W. Tuchman, *A Distant Mirror: The Calamitous Fourteenth Century* (New York, 1978) und Frederick B. Artz, *The Mind of the Middle Ages A. D. 200–1500: An Historical Survey*, 3., revidierte Auflage (New York, 1958).

Ariès' Essay »The Family and the City« erschien in *Daedalus* (Frühling 1977), S. 227–237.

Geschichte der Kindheit seit dem 17. Jahrhundert: Das viktorianisch-calvinistische Kind aus P. Covey, »The Image of the Child in English Literature«, in A. Skolnick, Hrsg., *Rethinking Childhood* (Boston, 1976), S. 62–67. Die Überidealisierung kindlicher Ehrfurcht und die späteren Änderungen der Gewissensbildung finden sich bei P. Muller, *The Tasks of Childhood* (New York, 1969), S. 15. Das Zitat von Christopher Lasch und seine Vorstellungen vom Familienleben im 20. Jahrhundert sind dem Buch *Heaven in a Heartless World* (New York, 1977), S. 35, entnommen.

Der Gegensatz zwischen Natur/Begabung und Umwelt in der politischen Auseinandersetzung: Der unechte Charakter politischer Kategorien wie Rechts und Links, die Rolle, die das westliche Bild der Kindheit in den Rechts-Links-Kontroversen spielt, sind Ideen von Joseph Featherstone, »Rousseau and Modernity«, *Daedalus* (Sommer 1978). Zu Links-Rechts-Allianцen und -Mesalliancen siehe *Daedalus*, Winter 1962 und Herbst 1971.

2. Kapitel:
Die »Erfinder« der Adoleszenz:
Jean-Jacques Rousseau und G. Stanley Hall

Jean-Jacqes Rousseau:

I *Emil oder Über die Erziehung.* UTB 115, Schöningh, Paderborn, 1985.

II *Über Kunst und Wissenschaft.* Felix Meiner Verlag, Hamburg, 1955.

III *Diskurs über die Ungleichheit.* UTB 725, Schöningh, Paderborn, 1984.

IV *Bekenntnisse.* Insel-Taschenbuch 823, Frankfurt/M., 1985.

Kommentare zu Rousseau:

Roger D. Masters, *The Political Philosophy of Rousseau* (Princeton, N. J., 1968).

Frederick B. Artz, *The Enlightenment in France* (Oberlin, Ohio, 1986).

Peter Gay, *The Party of Humanity* (New York, 1964).

Thomas Davidson, *Rousseau and Education According to Nature* (New York, 1898; wiederveröff. St. Clair Shores, Mich., 1970).

Joseph Featherstone, »Rousseau and Modernity«, *Daedalus* (Sommer 1978).

Bronislaw Baczko, »Rousseau and Social Marginality«, in *Daedalus* (Sommer 1978). Diese Ausgabe heißt *Rousseau for Our Time.*

Benjamin R. Barber, »Rousseau and the Paradoxes of the Dramatic Imagination«, *Daedalus* (Sommer 1978).

Bemerkungen von Madame de Staël: Artz, S. 29.

Rousseau als Opfer der Moderne: Baczko, S. 27–29.

»... paradox ist nicht, daß Rousseau glaubte, die Phantasie sei ein Widersacher der Unschuld und Selbstvervollkommnung und sie ließe sich nicht mit Einfachheit vereinen, als handle es sich hier um widerstreitende Veranlagungen der menschlichen Natur, die miteinander um die Herrschaft wetteifern. Es ist vielmehr so, daß Phantasie und Selbstvervollkommnung als unerläßliche Facetten der menschlichen Natur und damit der Geschichte des Menschen zerstörten, während sie erschufen, korrumpierten, während sie verbesserten, und ruinierten, während sie zivilisierten«: Barber, S. 81.

Rousseaus Stellung unter den Philosophen der französischen Aufklärung: Artz, S. 130–150, und Gay, S. 211–225.

Rousseaus Inspiration: Artz, S. 136.
Voltaires Angriff auf den *Diskurs über die Ungleichheit*: Artz, S. 139f.
»Italien hatte eine Renaissance«: Artz, S. 66.
Voltaire: Gay, S. 7–32; Voltaires Verdammung Rousseaus: Gay, S. 78 (Gays Darstellung Voltaires ist generöser als meine Interpretation).
Die Interpretationen der Beziehung zwischen *Emil* und dem *Gesellschaftsvertrag* sind der Einleitung von Masters und Bloom zu *Emil* und Madeleine B. Ellis, *Rousseau's Socratic Aemilian Myths* (Columbus, Ohio, 1977) entnommen.

G. Stanley Hall:
Adolescence. 2 Bände (New York, 1904).
Life and Confessions of a Psychologist (New York, 1923).
Biographie:
Lorine Pruette, *A Biography of a Mind* (New York and London, 1926).
Louis N. Wilson, *G. Stanley Hall* (New York, 1914).
Die Besteigung des Mount Owen: »Es war ein Entschluß . . .«, Wilson (S. 23f.) gibt Halls Bericht über das Erlebnis in »Note on Early Memories« (1899) wieder.
Der Tod von Cornelia und Julia: Pruette, S. 95; heidnische und puritanische Züge in Halls Charakter, ibid., S. 29–78; Halls Lieblingsworte, ibid., S. 75.
Meinungen über Hall und Reaktionen auf sein Werk: Pruette, S. 187–204; »Darwin der Seele«: Pruette, S. 208, und *Life and Confessions of a Psychologist*, S. 357.

3. Kapitel: Adoleszenz – Stiefkind der Psychoanalyse Der Mythos von der Wiederholung

Die Beschreibungen der Rationalisierungen von Therapeuten finden sich bei E. James Anthony, »The Reactions of Parents to Adolescents and Their Behavoir«, in *Parenthood: Its Psychology and Psychopathology*, op. cit., S. 313.
Die Adoleszenz als Stiefkind: Jeanne Lampl-de Groot, »On Adolescence«, in *The Development of the Mind* (New York, 1965), S. 308.
Freud als »Darwin der Seele«: Ernest Jones, *Leben und Werk von Sigmund Freud*, Bd. III, S. 357. Bern/Stuttgart (Huber) 1962.

Die Darstellung Freuds über die Vererbung erworbener Eigenschaften findet sich in: »Das Ich und das Es«, G. W., 13. Band, S. 266.

»Was im einzelnen Seelenleben dem Tiefsten angehört hat«, Freud, G. W., 13. Band, S. 265.

Die Analyse des Haeckelschen Einflusses stammt von Stephen J. Gould, *Ontogeny and Phylogeny* (Cambridge, Mass., 1977). S. 115–166. Die drei Zitate auf S. 97 werden von Gould angeführt. Sie stammen aus Havelock Ellis, *The Criminal* (New York, 1910), (Gould, S. 124), C. Lombroso, *Crime: Its Causes and Remedies* (Boston, 1911), (Gould, S. 123), und E. D. Cope, *The Origin of the Fittest* (New York, 1887), (Gould, S. 130).

Die pauschale Anerkennung der Evolutionsbiologie durch Psychoanalytiker habe ich bei Gould gefunden (S. 156), der W. M. Wheeler zitiert, einen Biologen, der soziale Triebe untersucht hat.

Aus Ernest Jones, »Some Problems of Adolescence« (1922), in *Papers on Psychoanalysis* (Boston, 1961), S. 389–412.

Über den Status der Adoleszenz in der Psychoanalyse äußern sich Richard A. Isey, »The Influence of the Primal Scene on the Sexual Behavior of an Early Adolescent«, *Journal of the American Psychoanalytic Association* (1975), *25*, S. 535–554, und Charles I. Feigelson, »Reconstruction of Adolescence and Early Latency in the Analysis of an Adult Woman«, *Psychoanalytic Study of the Child* (1976), *31*, S. 225–236.

Ausführliche Darstellungen des Loslösungs- und Individuationsprozesses finden sich bei Margaret S. Mahler, Fred Pine und Anni Bergman, *Die psychische Geburt des Menschen* (Frankfurt/M., 1978), und Louise J. Kaplan, *Die zweite Geburt* (München, 1982).

Die Zitate, die die Analogie Kind-Jugendlicher betreffen, habe ich bewußt den Arbeiten von zwei hochangesehenen Psychologen entnommen, deren Schriften eine hohe Wertschätzung der Adoleszenz erkennen lassen. Die Formulierungen »Strukturbildung« und »zweites Stadium der Omnipotenz« stammen von Ruthellen Josselson, »Ego Development in Adolescence«, in *Handbook of Adolescent Psychology*, Hrsg. Joseph Adelson (New York, 1980), S. 193 und 194; »Stimmungsabfall« und »Natürlich müssen wir zugeben . . .« stammen von Aaron H. Esman, »Adolescent Psychopathology and the Rapprochement Process«, in *Rapprochement*, Hrsg. Ruth F. Lax, Sheldon Bach und J. Alexis Burland (New York und London, 1980), S. 286. Esman, ein persönlicher Freund und Kollege, ist mir in den Anfangsstadien des vorliegenden Buches außerordentlich hilfreich gewesen. Den Analogie-Disput haben er und ich vorher ausgetragen.

Peter Blos, »The Second Individuation Process of Adolescence«, *The Adolescent Passage* (New York, 1979). In einer Fußnote sagt Blos: »Wenn man von der zweiten Individuation der Adoleszenz spricht, meint man, daß die Loslösungsphase der Kindheit (im Sinne Margaret Mahlers) mit diesem psychischen Differenzierungsprozeß auf einer höheren Ebene nichts zu tun hat« (S. 412, Fußnote).

Lévi-Strauss' Ansichten über Rousseau und dessen moderne Evolutionsauffassung finden sich bei Robert Wokler, »Perfectible Apes in Decadent Cultures: Rousseau's Anthropology Revisited«, in *Daedalus* (Sommer 1978). »Er [Lévi-Strauss] hat seine Ansicht über Rousseaus Beitrag nicht nur in einem dem Gegenstand speziell gewidmeten Artikel und in dem hier zitierten Abschnitt aus *Le Totémisme aujourd'hui* erläutert, sondern in ähnlicher Weise an bestimmten Stellen seiner Hauptwerke von *Traurige Tropen* bis *Der Ursprung der Tischsitten*, wo er – im letzteren Fall – glänzende Zitate aus *Emil* zur Einführung in das Thema nahezu jeden Kapitels benutzt« (S. 107).

Freuds Ansichten über die spezifischen Beiträge zur Pubertät sind in »Die Umgestaltungen der Pubertät«, dem III. Kapitel von *Drei Abhandlungen zur Sexualtheorie*, G. W., 5. Band, S. 108–131, enthalten. Die Beziehung zwischen Zivilisation und Sexualität wird in »Über die allgemeinste Erniedrigung des Liebeslebens«, G. W., 8. Band, S. 89–91, behandelt: »Die nämliche Unfähigkeit des Sexualtriebes, volle Befriedigung zu ergeben, sobald er den ersten Anforderungen der Kultur unterlegen ist, wird aber zur Quelle der großartigsten Kulturleistungen, welche durch immer weitergehende Sublimierung seiner Triebkomponenten bewerkstelligt werden ... Erstens ist infolge des zweimaligen Ansatzes zur Objektwahl mit Dazwischenkunft der Inzestschranke das endgültige Objekt des Sexualtriebes nie mehr das ursprüngliche, sondern nur ein Surrogat dafür.«

Das Infantile und das Primitive: Ich verdanke diese sehr wichtigen und oft vernachlässigten Unterscheidungen den Diskussionen mit meinem Mann, Donald M. Kaplan, der mich auf Freuds Aufsatz »Das Interesse an der Psychoanalyse«, G. W., Bd. 8, hingewiesen hat. Das

Zitat stammt aus »Zeitgemäßes über Krieg und Tod«, G. W., Bd. 10, S. 337.

Die Beschreibungen der regressiven und progressiven Tendenzen der Entwicklung sind dem Kapitel »Die Regression als psychischer Entwicklungsfaktor« der Arbeit *Wege und Irrwege in der Kinderentwicklung*, in: *Die Schriften der Anna Freud*, op. cit., S. 2212ff., entnommen.

Die Unterschiede zwischen den prospektiven und retrospektiven Inhalten einer Lebensgeschichte: Louise J. Kaplan, »The Developmental and Genetic Perspectives of a Life History«, *Contemporary Psychoanalysis, 16*, Nr. 1 (Oktober 1980), S. 565–580.

4. Kapitel: Der retardierte Primat

Der Begriff des retardierten Primaten benutzt Stephen Jay Gould in: »Retardation and Neoteny in Human Evolution«, *Ontogeny and Phylogeny*. Die Neotenie, d. h. die Beibehaltung jugendlicher Charakterzüge bei Erwachsenen, die synergistisch mit vorgezogener Reifung einhergeht, bewirkt Entwicklungs- und Evolutionsprozesse, die den Rekapitulationsprozessen – der Wiederholung reifer Phasen der Vorfahren in embryonalen oder jugendlichen Stadien der Nachkommen – nahezu diametral entgegengesetzt sind.

Gould (S. 401) zitiert W. M. Krogman, *Child Growth* (Ann Arbor, Mich., 1972), S. 2: »Diese weitausgedehnte Wachstumsperiode ist entschieden menschlich; sie macht aus dem Menschen eher ein lernendes als ein reines Instinktwesen. Der Mensch ist so programmiert, daß er sich zu verhalten lernt, statt mittels eines vorgeprägten bestimmenden Instinktkodex zu reagieren.« Gould vertritt auch die Ansicht (die er »Schelling, dem philosophischen Mentor der deutschen Biologie der Romantik« zuschreibt), daß »höhere Organismen den Beginn der Geschlechtsreife so lange wie möglich hinauszuschieben suchen... Niedrigeren Organismen gelingt dies nicht, und sie nehmen daher auf der *Scala naturae* niedrige Positionen ein. Höhere Organismen schieben das unvermeidliche Schicksal hinaus und erreichen höhere Ebenen der Organisation« (S. 401).

Der Beginn der Vorpubertät: Herant A. Katchadourian, »Medical Perspectives on Adulthood«, *Daedalus* (Frühling 1976); M. M. Grumbach, »Onset of Puberty« und J. C. Job *et al.*, »Effect of Synthetic Luteinizing Hormone-Releasing Hormone (LH-RH) on the Release of Gonadotropins (LH and FSH) in Children and Adolescents. Relation to Age, Sex and Puberty«, in *Puberty*, Hrsg. S. R. Berenberg, Protokolle einer Konferenz der Josiah Macy Jr. Foundation und des International Children's Center Paris. 9.–11. Dezember 1974 (Leiden, 1975).

Fußnote zum Melatonin-»Auslöser« des Beginns der Vorpubertät: Gina Kolata, »Puberty Mystery Solved«, *Science*, 20. Januar 1984, S. 223–272.

Biologen sind hinsichtlich des genauen Zeitpunktes des Einsetzens der Vorpubertät und des Erreichens der Pubertät verschiedener Meinung. Natürlich ist dieser Zeitpunkt von Kind zu Kind verschieden. Die von mir gewählten Altersstufen beruhen auf einem Konsens nach westlichen Schätzungen.

Hypothalamus, Gonaden, Hypophyse: Grumbach, Job et al., op. cit., und *Nuovo Atlante del Corpo Umano*, Hrsg. V. Vannini und G. Pogliani (Mailand, 1979).

Einige Einzelheiten im 4. Kapitel und den nachfolgenden biologischen Zwischenspielen stammen aus Henry Grays klassischem Werk *Anatomy Descriptive and Surgical* (1901), Hrsg. T. Pickering Pick und Robert Howden. Mit einer neuen Einführung von John A. Crocco, revidierte amerikanische Ausgabe nach der 15. englischen Auflage.

Unterschiede zwischen Kindheit und Adoleszenz: »The Floodgates of Heredity«: Hall, *Adolescence*, op. cit., Bd. I. S. 308.

Das Zitat aus Ricoeur, *Die Interpretation. Ein Versuch über Freud*, Frankfurt (Suhrkamp) 1969, lautet: ». . . der Traum blickt zurück, in die Kindheit, in die Vergangenheit; das Kunstwerk ist dem Künstler selbst voraus: es ist mehr ein prospektives Symbol der persönlichen Synthese und der Zukunft des Menschen als ein regressives Symptom seiner ungelösten Konflikte. Doch vielleicht ist dieser Gegensatz zwischen Regression und Progression nur in erster Annäherung wahr; vielleicht muß man ihn überwinden, trotz seiner offenkundigen Stärke; das Kunstwerk bringt uns gerade auf die Spur neuer Entdeckungen hinsichtlich der symbolischen Funktion und der Sublimierung selbst. Könnte der wahre Sinn der Sublimierung nicht darin bestehen, neue Bedeutungen aufzustellen, indem sie alte, zuerst in archaische Gestalten investierte Energien mobilisiert?« (S. 184).

Das Rousseau-Zitat stammt aus *Emil oder Über die Erziehung*, S. 212.

Der große Disput zwischen Verlangen und Autorität wird von Paul

Ricoeur vorgestellt in: *Die Interpretation. Ein Versuch über Freud.* Ricoeur sagt, daß jede Geschichte oder jede Erzählung »der Geschichte des Verlangens in seinem großen Disput mit der Autorität« untergeordnet sei. Er spielt insbesondere auf die Resonanz des Ödipusmythos an, aber auch auf das frühere Verlieren und Wiederfinden des Liebesobjekts.

5. Kapitel: Liebesdialoge I: Der große Disput des Verlangens mit der Autorität

Verlangen: Der Vorgang, durch den sich Libido in Verbindung mit der Aufnahme von Objektbeziehungen entwickelt, wird in dem Buch *Vom Säugling zum Kleinkind* von René Spitz (unter Mitarbeit von Godfrey Cobliner) (Stuttgart, [8]1985) dargestellt. Spitz weist häufig darauf hin, daß die Libido geweckt werden müsse. Er bezeichnet diesen Prozeß als »Konstituierung des Objekts«.

Die Funktionen des Über-Ichs: Sigmund Freud, »Die Zerlegung der psychischen Persönlichkeit«, in *Neue Folge der Vorlesungen zur Einführung in die Psychoanalyse*, G. W., 15. Band, S. 73. Die Deutung der Freudschen Passage findet sich bei Ricoeur, *Die Interpretation. Ein Versuch über Freud*, S. 192f.

Meine Angaben über die Inhalte des kindlichen Über-Ichs entstammen Freuds »Die Zerlegung der psychischen Persönlichkeit«, a. a. O., S. 73. Freud schreibt: »So wird das Über-Ich des Kindes eigentlich nicht nach dem Vorbild der Eltern, sondern des elterlichen Über-Ichs aufgebaut; es erfüllt sich mit dem gleichen Inhalt, es wird zum Träger der Tradition, all der zeitbeständigen Wertungen, die sich auf diesem Wege über Generationen fortgepflanzt haben.« In dieser Passage spielt Freud zweifellos auf die Vererbung erworbener Eigenschaften an. Meine Absicht ist es, die Bedeutung der unvergänglichen Vergangenheit und das *primitive Funktionieren* des unbewußten Seelenlebens besonders hervorzuheben.

Utopia: Die Vorstellung, daß erdachte Länder wie Utopia übersteigerte Versionen aus der Latenzphase sind, stammt von Martha Wolfenstein, »Looking Backward from *A Clockwork Orange*, in *Psychoanalytic Study of the Child* (1976), *31*, S. 535–553. Wenngleich Wolfensteins Deutung unseren vernünftigen Vorstellungen von einem Utopia ins Gesicht schlägt, war ich doch immer wieder von der Genauigkeit ihrer Interpretation der Latenzphase in westeuropäischen Gesellschaften und des utopischen Genres beeindruckt. Fast alle Beispiele, Daten und Deutungen beruhen auf Wolfensteins Arbeit.

Die Verbindungen zwischen der utopischen Vision von Thomas More und dem geistigen Klima des 16. Jahrhunderts stammen von J. Bronowski und Bruce Mazlich, *The Western Intellectual Tradition* (New York, 1960): »fiktive Zahlen«, S. 54f.; Vergleich mit dem Benediktinerorden, S. 51.

Rousseaus utopische Visionen: Utopias sind Schimären: Frank E. Manuel, »A Dream of Eupsychia«, *Daedalus* (Sommer 1978). Manuel bezeichnet die inneren Spannungen Rousseaus als Spannungen zwischen dem *moi* und dem *moi commune.*

Schulhofspiele: Lili E. Peller, »Libidinal Phases, Ego Development and Play«, *Psychoanalytic Study of the Child* (1954), *9*, S. 178–199.

Familienroman: Das Szenario entstammt Freuds Arbeit »Der Familienroman der Neurotiker«, G. W., 7. Band, S. 227–231. (Vgl. auch Anmerkungen zum 11. Kapitel »Der Hochstapler«.)

Vorpubertät: Das biologische Zwischenspiel zur Vorpubertät, insbesondere die Abschnitte über die Entwicklung der Brust, das Wachstum der Schamhaare, beruhen auf J. M. Tanner, *Growth at Adolescence* (Springfield, Ill., 1962) und William A. Schonfield, »Adolescent Development: Biological, Psychological and Sociological Determinants«, *Adolescent Psychiatry,* Bd. I, Hrsg. S. Feinstein, P. Giovacchini und A. Miller (New York, 1971). Folgende Definitionen erscheinen in den Anmerkungen zur Arbeit von Schonfield: »Pubertät: aus dem mittelenglischen *puberte,* abgeleitet von *pubertas,* Hauptwort von *puber,* ›einer, der zeugen kann‹, und *pubertas* ›Zeugungsfähigkeit‹, da drin die Wurzel *pu* = zeugen enthalten ist. *Puber* und *pubes* werden jedoch auch als ›die Zeichen der Männlichkeit, d. h. Behaartheit‹ definiert, und *puberty* als die ›Zeit der Behaarung‹.«

Die Trauer um die Vergangenheit: Aufgeben der Vergangenheit, Botschaften der Realität finden sich bei Sigmund Freud in »Trauer und Melancholie« (1915), G. W., 10. Band, S. 430: »Die Realitätsprüfung hat gezeigt, daß das geliebte Objekt nicht mehr besteht, und erläßt nun die Aufforderung, alle Libido aus ihren Verknüpfungen mit diesem Objekt abzuziehen. Dagegen erhebt sich ein begreifliches Sträuben ... Das Normale ist, daß der Respekt vor der Realität den Sieg behält. Doch kann ihr Auftrag nicht sofort erfüllt werden. Er wird nun im einzelnen unter großem Aufwand von Zeit und Besetzungsenergie durchgeführt und unterdes die Existenz des verlorenen Objekts psychisch fortgesetzt. Jede einzelne der Erinnerungen und Erwartungen, in denen die Libido an das Objekt geknüpft war, wird eingestellt, überbesetzt und an ihr die Lösung der Libido vollzogen.«

6. Kapitel: Liebesdialoge II: Trauer um die Vergangenheit

»Wegverlegen«: Die Bezeichnung »Wegverlegen« und die damit verbundenen spezifischen Verschiebungen wurden erstmals von Anny Katan in ihrer Arbeit »Die Rolle der ›Verschiebung‹ bei der Straßenangst«, *Internationale Zeitschrift für Psychoanalyse* (1937), *23*, S. 379, diskutiert. Sie versteht unter »Wegverlegen« nicht die Ablösung von den wirklichen Eltern, sondern den Abzug der Libido von ihren Imagines.

Die Strategien Jugendlicher: Anna Freud, »Probleme der Pubertät«, *Die Schriften der Anna Freud*, op. cit., S. 1739–1769. Ich habe diese Strategien oder Abwehrmechanismen so vorzutragen versucht, wie sie in Anna Freuds Text erscheinen, doch um der Klarheit willen waren einige Veränderungen und Streichungen erforderlich. Einen wichtigen Abwehrmechanismus, »Abwehr durch Rückwendung der Libido auf die eigene Person« (S. 1763), behandle ich in den folgenden Kapiteln über den Narzißmus, aber auch dort habe ich nicht die gesamte Pathologie, wie sie sie darstellt, berücksichtigt. »Wo Angst und Hemmung den Weg zu den Objekten der Außenwelt verlegen, bleibt die Libido im Rahmen der eigenen Person, wo sie verschiedene Verwendung finden kann. Sie kann Ich und Über-Ich besetzen, die dadurch exzessive Proportionen annehmen. Klinisch bedeutet das das Auftreten von Größenideen, Machtphantasien und übertriebenen Vorstellungen vom eigenen Können. Wo die Verherrlichung des Leidens im Vordergrund steht, entstehen Christus- und Erlöserphantasien« (S. 1763).

Drei Achsen einer verfehlten Lösung: Katan, S. 378f.

Die Trauer Jugendlicher: Das Trauern des Jugendlichen entspricht nicht genau der Trauer um ein verlorenes Liebesobjekt, aber ich habe einige Formulierungen Freuds aus »Trauer und Melancholie« übernommen; vgl. den in den Anmerkungen zum 5. Kapitel zitierten Abschnitt. Beschreibungen der Trauer Jugendlicher: Martha Wolfenstein, »How is Mourning Possible?«, *Psychoanalytic Study of the Child* (1966), *21*, S. 93–126. Vgl. auch Anmerkungen zum 3. Kapitel und G. Stanley Hall, *Adolescence*.

Nostalgie: Der Vergleich mit dem Gefühl des Kindes für die Vergangenheit und der Abschnitt über die Nostalgie finden sich bei Wolfenstein, »How ist Mourning Possible?«, S. 109–115. Die Dichter, auf die sie sich bezieht, sind Wordsworth und A. E. Housman (S. 115).

Neuinszenierung: Die Beschreibungen der Neuinszenierungen in der Adoleszenz beruhen auf Peter Blos' »The Split Parental Imago«, in *The Adolescent Passage*. Die persönliche Umwelt, die Blos als »autoplastisches Milieu« bezeichnet (im Gegensatz zu einem alloplastischen Milieu, in dem das Individuum Veränderungen in einer tatsächlichen äußeren Umwelt vornimmt), wird auf S. 83–86 beschrieben, die Unterschiede zwischen Spaltung und den üblichen Dichotomien von Gut und Böse in der Adoleszenz auf S. 76, die fehlende Erinnerung an die Quasi-Beziehungen auf S. 85. Dieses bemerkenswerte Kapitel enthält eine der besten Darstellungen, wie die infantile Vergangenheit die adoleszente Gegenwart (und später mitunter sogar die Gegenwart des Erwachsenen) zu durchdringen vermag, und zwar nicht als Wiederholung, sondern indem eine *primitive Funktionsweise* neu eingesetzt wird. Spaltung beim Kind ist das Ergebnis normaler und erwartbarer Entwicklungsprobleme, wobei in gewissem Umfang *primitive Funktionen* heraufbeschworen werden.

Einige Beschreibungen der infantilen Spaltungen finden sich bei Louise J. Kaplan, *Die zweite Geburt*.

Die unsterbliche Vergangenheit: Kindliche Liebesdialoge gehen niemals ganz verloren: Roy Schafer, *Aspects of Internalization*, New York (International Universities Press) 1968, S. 221 f.: »... das Objekt verliert oder gewinnt an Bedeutung, es wird feindseliger oder liebevoller oder aber neutraler ... es scheint sich dennoch in einem elementaren Sinn gleichzubleiben; dieses Gleichbleiben spiegelt die unwandelbare fundamentale sehnsüchtige Bindung des Subjekts an das Objekt wider.« (Schafer spricht hier nur über den Primärprozeß. Die beiden anderen Möglichkeiten, das Objekt unsterblich zu machen, sind die Identifizierung und die Veränderungen der Selbstrepräsentanz.)

7. Kapitel: Die Brücke zwischen Liebesdialogen und Narzißmus: Die Liebe zum gleichgeschlechtlichen Elternteil

Die Bildung des reifen Ich-Ideals in der Adoleszenz: In seiner Arbeit »Zur Einführung des Narzißmus« (1914) schrieb Freud: »Große Beträge von wesentlich homosexueller Libido wurden so zur Bildung des narzißtischen Ich-Ideals herangezogen und finden in der Erhaltung desselben Ableitung und Befriedigung« (G. W., 10. Band, S. 163).

Ich bin Peter Blos für seine kreative Ausgestaltung der Freudschen These von 1914 ebenso zu Dank verpflichtet wie für seine Konzeptualisierungen der Rolle der Adoleszenz bei der Bildung des reifen Ich-Ideals, jener psychischen Struktur, die die menschlichsten und vorausschauendsten Aspekte des Über-Ichs repräsentiert. Blos' Ausführungen in seinen Büchern *Adoleszenz* und *The Adolescent Passage* sind die wichtigsten Quellen dieses Kapitels. In der Tat war es Blos, der mich vor vielen Jahren dazu anregte, die einzigartigen Beiträge des Lebensabschnitts der Adoleszenz zu den moralischen Dimensionen der menschlichen Existenz zu untersuchen. In diesem Zusammenhang ist es bemerkenswert, daß die beiden Psychoanalytiker, die als die Repräsentanten der psychoanalytischen Theorie der Adoleszenz gelten, Blos und Erik Erikson, die zentrale Bedeutung der moralischen Entwicklung hervorheben – Blos das ethische Ideal, Erikson die Tugend. Auch andere Autoren, etwa Robert Coles, Lawrence Kohlberg, Kenneth Keniston, Rousseau und G. Stanley Hall, haben die moralischen Dimensionen der Adoleszenz unterstrichen. Blos hat jedoch als erster die Aufmerksamkeit auf die Bedeutung der Beziehung zum gleichgeschlechtlichen Elternteil für die Humanisierung des Gewissens gelenkt.

Meine Überlegungen wurden am stärksten durch folgende Kapitel aus *The Adolescent Passage* beeinflußt: »The Initial Stage of Male Adolescence«, »The Child Analyst Looks at the Young Adolescent», »Preoedipal Factors in the Etiology of Female Delinquency«, »When and How Does Adolescence End?« und vor allem »The Genealogy of the Ego Ideal«. In *Adoleszenz. Eine psychoanalytische Interpretation* (Stuttgart, [3]1983) haben mich die Kapitel »Die Phasen der Adoleszenz« und »Das Ich in der Adoleszenz« am meisten beeindruckt.

Weiterhin waren folgende Arbeiten, auf die ich nicht direkt hinweise, für dieses Kapitel von besonderer Bedeutung: »Ego Ideal and Superego«, in *The Development of the Mind* (New York, 1965) von Jeanne Lampl-de Groot, »Narcissism and the Ego Ideal«, *Journal of the American Psychoanalytic Association* (1964), *12*, S. 477–511, von John M. Muray und *Das Selbst und die Welt der Objekte* (1964) (Frankfurt/M., 1973) von Edith Jacobson.

Überlegungen zur frühen Adoleszenz bei Knaben habe ich gefunden in: »The Initial Stage of Male Adolescence«, in Blos, *The Adolescent Passage*; die Beziehung des Jungen zur versorgenden Mutter, seine Gefühle in bezug auf Frauen in: »Die Phasen der Adoleszenz«, in Blos, *Adoleszenz*, S. 78ff. Die Beziehung des Mädchens zur versorgenden Mutter, ibid., S. 81f., und »Preoedipal Factors in the Etiology of Female Delinquency«, in Blos, *The Adolescent Passage*, S. 104–108. Die Reaktionen des Jungen auf das Hodenwachstum: Anita Bell in »Scientific Proceedings: Prepuberty and Child Analysis«, worüber Eleanor Galenson im *Journal of the American Psychoanalytic Association* (1954), *12*, S. 601f., berichtet. Der Vergleich zwischen Mädchen und Jungen im Anfangsstadium der Adoleszenz: »The Child Analyst Looks at the Young Adolescent«,in Blos, *The Adolescent Passage*, S. 196–202.

Meine Angaben zu den Unterschieden zwischen Mädchen und Jungen bei der Bildung des reifen Ich-Ideals finden sich bei: »The Genealogy of the Ego Ideal«, in Blos, *The Adolescent Passage*, S. 329–335. In stärkerem Maße als ich selbst betont Blos die geschlechtsbezogenen Schwierigkeiten des Mädchens bei der Bildung eines abstrakten, unpersönlichen Gewissens. Obgleich ich die Bedeutung des Penisneides für die weibliche Entwicklung nicht verkleinern möchte, glaube ich doch nicht, daß er die ethische Sensibilität in einer so direkten, geschlechtsspezifischen Weise beeinflußt, wie Blos meint. Nach meiner Erfahrung sowohl mit männlichen als auch mit weiblichen Patienten ist das Hauptproblem die Eigenliebe, d. h. die Eitelkeit und die selbsterhöhenden Tendenzen, die beiden Geschlechtern gemeinsam sind. Daß Frauen ihre Ideale häufig eher an Individuen als an Gruppen knüpfen, ist sicherlich richtig, aber ich habe festgestellt, daß diese Neigung eher mit Konfliktsituationen zusammenhängt, die in jedem Entwicklungsstudium auftreten, als mit dem Penisneid *per se*.

Weibliche Schwärmerei: Das Material entstammt hauptsächlich meiner klinischen Arbeit mit Jugendlichen und Erwachsenen. Ich wurde auf die Wirkung und Bedeutung der jugendlichen Schwärmerei für die weibliche Entwicklung durch Peter Blos' »Die Phasen der Adoleszenz« in *Adoleszenz* aufmerksam. Er benutzt Thomas Manns Novelle *Tonio Kröger* als Beispiel für eine männliche Schwärmerei (S. 95ff.). Ein klassisches Beispiel für den Verrat jugendlicher Ideale ist Doras Schwärmerei für Frau K. (vgl. Freud, »Bruchstück einer Hysterie-Analyse«, G. W., 5. Band, S. 163–286). Die entscheidende Dynamik des Falles beruht auf Doras früher Beziehung zu ihrer Mutter und der späteren zu Frau K.

Die Darstellung der Rolle männlicher Gesellschaften findet sich in: Judith Kestenberg, »Phases of Adolescence, III«, *Journal of the American Academy of Child Psychiatry* (1968), *7*, S. 108–151.

Zitat aus J. C. Flugel: *The Psychoanalytic Study of the Family* (London, 1921), S. 140. Flugel verweist auf S. 239 auf Darwins Voraussagen.

Die generationstypische Liebe des jungen Erwachsenen: Zärtliche Beziehung zum gleichgeschlechtlichen Elternteil: »Die Phasen der Adoleszenz«, S. 128–148, die Übertreibung negativer Züge der Mutter nimmt in der späten Adoleszenz überhand: Kestenberg, S. 136; Beziehung des jungen Erwachsenen zu Eltern und Gesellschaft: Blos, *Adoleszenz*, S. 149–158; autobiographisch bedingte Empfindlichkeiten des älteren Adoleszenten: Kestenberg, S. 136; Erkenntnis der Endlichkeit der Zeit durch die junge Erwachsene, ihr Gefühl für die tragischen Dimensionen ihrer Eltern: »The Genealogy of the Ego Ideal«, Blos, *The Adolescent Passage*, S. 365–369, und »Das Ich in der Adoleszenz«, in Blos, *Adoleszenz*, S. 194–223. In »When and How Does Adolescence End?« (*The Adolescent Passage*, S. 415), sagt Blos: »Zu dieser Zeit bildet er seine eigene Ansicht über Vergangenheit, Gegenwart und Zukunft. Die Vergangenheit wird im nachhinein einer Art historischer Realitätsprüfung unterworfen. Hier werden wir Zeuge des Emporkommens des selbstbewußten Menschen, der wie nie zuvor seines einzigartigen, wenngleich gewöhnlichen Lebens gewahr geworden ist, das zwischen Geburt und Tod liegt. Sogenannte existentielle Angst kann vor der Adoleszenz nicht empfunden werden; das gleiche gilt für das Gefühl des Tragischen.«

8. Kapitel:
Narzißmus I:
Die autoerotische Exkursion

Die Darstellung der narzißtischen Regression habe ich aus Peter Blos, »The Second Individuation«, in *The Adolescent Passage*, und Edith Jacobson, *Das Selbst und die Welt der Objekte*, S. 182–205, entnommen.

Allmachtsphantasien: Eugene Pumpian-Mindlin, »Vicissitudes of Infantile Omnipotence«, *Psychoanalytic Study of the Child* (1969), *24*, S. 214–226.

Zur Anbetung auserwählte Idole: Jacobson, S. 190ff.

Die Plakate werden entfernt: Blos, »The Second Individuation«: »Es sollte uns nicht überraschen, daß die Plakate kollektiver Idole von den Zimmerwänden verschwinden, sobald die Objektlibido in echte Beziehungen eingebracht wird« (S. 156).

Drei Stränge des Narzißmus: Vann Spruiell, »Three Strands of Narcissism«, *Psychoanalytic Quarterly* (1975), *XLIV*, S. 577–595. Spruiell identifizierte die drei Stränge als Selbstliebe, Selbstwertgefühl und Omnipotenz.

Erreichen der Pubertät: J. M. Tanner, *Growth at Adolescence*, Judith Kestenberg, »Phases of Adolescence, III«, *Journal of the American Academy of Child Psychiatry, 7*, S. 108–151, und William A. Schonfeld, »Adolescent Development: Biological, Psychological and Sociological Determinants«, *Adolescent Psychiatry.* Beschreibungen der Genitalien: W. H. Masters und Virginia Johnson, *Die sexuelle Reaktion* (Frankfurt, 1967).

Masturbation: ». . . der eher aktive als passive Typ«: Jeanne Lampl-de Groot, »On Masturbation and Its Influences on General Development«, *Psychoanalytic Study of the Child* (1950), *5*, S. 153–174: »Es ist das Mädchen mit starker bisexueller Veranlagung, das im Kampf gegen die Masturbation unterliegt« (S. 172) und: »Es ist demnach das aktive Mädchen, dem es wie dem Jungen schwerfällt, auf die Masturbation zu verzichten« (S. 175). Auch Jacobson bemerkt, daß bewußte Masturbationskonflikte bei Mädchen nicht so sehr im Vordergrund stehen (S. 175). Jacobson hat wahrscheinlich recht damit, daß die Konflikte beim Mädchen weniger *bewußt* sind.

Unterschiede zwischen Jungen und Mädchen: Ich danke Dr. Irving

Steingart für die Durchsicht des Materials über die Masturbation und für seine Vorschläge.

Masturbation from Infancy to Senescence, Hrsg. Irvin Marcus und John Francis (New York, 1975). Virginia Lawson Clowers Aufsatz in diesem Band, »Masturbation in Women«, war mir eine besondere Hilfe: »Alle erwachsenen Frauen masturbieren gelegentlich, wenn sie nicht durch kulturelle Tabus oder eine Neurose ernstlich daran gehindert werden« (S. 640).

A. Kinsey, W. B. Pomeroy und S. I. Martin, *Das sexuelle Verhalten des Mannes* (Berlin/Frankfurt, 1955); *Das sexuelle Verhalten der Frau* (Berlin/Frankfurt, 1954).

»Die Onanie«, 14 Beiträge zu einer Diskussion der Wiener Psychoanalytischen Vereinigung (Wiesbaden, 1912). Die Protokolle dieser Konferenz wurden in Band II des *Zentralblatts für Psychoanalyse* (1911–1912) abgedruckt. Vierzehn Mitglieder hatten sich an neun Abenden vom 22. November 1911 bis zum 24. April 1912 versammelt. Vgl. Freud, »Zur Einleitung der Onanie-Diskussion. Schlußwort«, G. W., 8. Band, S. 33–345. Freud bemerkt in seinem Diskussionsbeitrag und in seiner Zusammenfassung, daß er mit Stekel und anderen nicht übereinstimme, die glaubten, daß die Masturbation nicht toxisch sei. Freud ermahnte die Mitglieder, zwischen infantiler, jugendlicher und erwachsener Masturbation zu unterscheiden. Er brachte die Toxizität der Masturbation mit den sogenannten Aktualneurosen in Verbindung.

In dem Kapitel »Masturbation« in *Adoleszenz* faßt Peter Blos die schädlichen und die positiven Aspekte der Masturbation zusammen. Viele der sich daraus ergebenden Einzelheiten stammen aus diesem Kapitel (S. 183–193).

Stanley G. Hall zur Masturbation: Zeitungsanzeigen um die Jahrhundertwende, abschreckende Literatur und empfohlene Kuren beschreibt Hall in seinem zweibändigen Werk *Adolescence*.

Ansichten eines Psychoanalytikers über die Masturbation: Die als klassisch betrachtete Arbeit von Viktor Tausk, »Die Onanie«, war sein Beitrag zur Wiener Konferenz von 1912. Er sagte: »Das Individuum hat keinen Anlaß, sich in den Kampf um ein Sexualobjekt zu begeben, da es alle Lustquellen bequem in sich findet«, in: *Gesammelte psychoanalytische und literarische Schriften*. Wien/Berlin (Medusa) 1983.

Annie Reich, »The Discussion of 1912 on Masturbation and Our Present

Day Views«, *Psychoanalytic Study of the Child* (1951), *6*, S. 80–94. Reich diskutiert Tausks Arbeit und beschreibt die Meinungsänderung, die sich von 1912 bis 1950 hinsichtlich der psychoanalytischen Bewertung der Gefahren jugendlicher Masturbation vollzogen hat.

Moses Laufer ist einer der Psychoanalytiker, den viele Jahre intensiver psychoanalytischer Arbeit mit Adoleszenten (an der Hampstead Therapy Clinic und in privater Praxis in London) befähigt haben, den potentiell positiven Beitrag der Masturbation zur Entwicklung in der Adoleszenz zu beurteilen und zu beschreiben. »The Central Masturbation Fantasy, the Final Sexual Organization, and Adolescence«, *Psychoanalytic Study of the Child* (1976), *312*, S. 297–316: die Entwicklung der zentralen Masturbationsphantasie, S. 300; »In der Adoleszenz werden ödipale Wünsche im Hinblick auf die reifen Genitalien geprüft ... ein Kompromiß zwischen dem, was ersehnt wird, und dem, was erlaubt ist« (S. 298).

Laufer, »The Body Image, the Function of Masturbation and Adolescence«, *Psychoanalytic Study of the Child* (1968), *23*, S. 114–137: Bei normalem Verlauf der Adoleszenz sind perverse Phantasien unbewußt, und es dominiert eine heterosexuelle Phantasie. Gestörte Jugendliche erleben die Masturbation nicht als Probehandeln, die perverse Phantasie herrscht im allgemeinen vor und wird als real und gefährlich erlebt (S. 134).

Laufer, »The Psychoanalyst and the Adolescent's Sexual Development«, *Psychoanalytic Study of the Child* (1981), *36*, S. 181 bis 193: die Phantasie, der Mutter einen Körper ohne reife Genitalien anzubieten (S. 185). Laufer sieht in dieser Phantasie »die hoffnungslose Kapitulation vor einer Mutter, von der sie glauben, sie habe ihnen ihre Genitalien zerstört und geraubt«.

Tausk äußerte in seinem Diskussionbeitrag von 1912 eine ähnliche Vorstellung in bezug auf den Vater: »In diesen Fällen habe ich gefunden, daß die Onanie der *Ausdruck der unbewußten Auflehnung gegen den Vater ist*« (op. cit., S. 60); »Der Onanist bringt das Genitale zur Domination, er verliert die Beziehung zur Totalität des Weibes« (S. 56).

Die Vorstellung, daß es ein schlechtes prognostisches Zeichen sei, wenn während der Adoleszenz nicht masturbiert wird, findet sich in der zeitgenössischen Literatur über die Adoleszenz häufig, selbst in den eher konservativen Arbeiten. K. R. Eissler, »Notes on Problems of Technique in the Psychoanalytic Treatment of Adolescents: With

Some Remarks on Perversions«, *Psychoanalytic Study of the Child* (1958), *13*, S. 223–254. Eissler erkennt zwar an, daß es ein bedenkliches Zeichen sei, wenn Jungen nicht masturbieren, vermutet aber, daß Mädchen vielleicht anders reagieren (S. 243).

Masturbationsphantasien: Beschreibungen masturbatorischer Aktivitäten und ihrer Phantasiedeutungen erscheinen in: »Masturbation: Panel Report«, John J. Francis, Berichterstatter, *Journal of the American Psychoanalytic Association* (1968), *16*, S. 95–112.

In diesem Abschnitt beziehe ich mich primär auf Kestenberg, »Phases of Adolescence, III«: masturbatorische Aktivitäten von Mädchen, S. 125–129; masturbatorische Aktivitäten von Jungen, S. 126–128; die Unstetigkeit heterosexueller Beziehungen in der frühen Pubertät, S. 130f.

Vann Spruiell, »Narcissistic Transformations in Adolescence«, *International Journal of Psychoanalytic Psychotherapy* (1975), *4*, S. 518–536; früher Erfolg scheint die reichen Möglichkeiten für ein erfülltes Liebesleben zu schmälern, S. 535; das liebenswerte Selbst, S. 527; ein einsamer, mutiger Versuch, sich selbst zu lieben oder zu hassen, S. 527.

9. Kapitel: Narzißmus II: Ars erotica und Ruhmesträume

Die Beschreibung des Alters, in dem die volle sexuelle Reife erreicht wird, findet sich bei: Judith Kestenberg, »Phases of Adolescence, III«, *Journal of the American Academy of Child Psychiatry, 7*, S. 134.

Ars Erotica: G. Stanley Hall, *Adolescence*: »Das Leben fließt über von frischen Farben« – das Reich der Pflanzen und Tiere, II. Band, S. 110. Beschreibungen sekundärer Geschlechtsmerkmale, Schmuck des Körpers, Gesichtsausdruck, Kleidung, S. 113–115.

»In dem Lenze«: Alfred Lord Tennyson, »Locksley Hall«, *Tennysons ausgewählte Dichtungen* (Leipzig/Wien, o. J.), S. 93.

Beziehungen zwischen den Geschlechtern in der frühen Pubertät und Vorspiele in der späten Pubertät: Kestenberg, S. 138–140, und Edith Jacobson, *Das Selbst und die Welt der Objekte*, S. 177–179. Vorspiel als Gewährleistung von Männlichkeit und Weiblichkeit: Kestenberg, S. 138f.

Petting: A. Kinsey, W. B. Pomeroy und S. I. Martin, *Das sexuelle Verhalten der Frau,* a. a. O. Man sollte sich klarmachen, daß Untersuchungsergebnisse über sexuelle Praktiken Jugendlicher, insbesondere jene in den Kinsey-Berichten, die auf Gruppenstatistiken und Interviews mit Frauen und Männern beruhen, welche zwischen 1930 und 1950 erwachsen wurden und vielfach nachträgliche Berichte über ihre Jugendjahre lieferten, keine völlig verläßliche, gültige Darstellung gegenwärtiger Praktiken Jugendlicher bieten können. Ich habe nur jene Angaben aus den Kinsey-Berichten aufgenommen, die mit meinen eigenen Eindrücken und denen meiner Kollegen über jugendliches Sexualverhalten in modernen westeuropäischen Gesellschaften übereinstimmen.

Robert E. Sorenson, *Adolescent Sexuality in Contemporary America* (Cleveland, 1973), berichtet, daß 59 Prozent aller Jungen und 45 Prozent aller Mädchen von dreizehn bis neunzehn Jahren Geschlechtsverkehr hatten. Andererseits sagt Kenneth Keniston, »Youth, A ›New‹ Stage of Life«, *American Scholar, 39,* Nr. 4 (Herbst 1970): »In modernen westlichen Gesellschaften wie in vielen anderen wird die Aufnahme tatsächlicher sexueller Beziehungen im allgemeinen von Jugendlichen des Mittelstands hinausgeschoben, bis sie achtzehn oder neunzehn Jahre alt oder Anfang zwanzig sind: das häufigste Alter des ersten Geschlechtsverkehrs liegt beim amerikanischen Collegestudenten heute etwa bei zwanzig, bei Studentinnen bei einundzwanzig Jahren. Trotz der ungeheuren Bedeutung der Sexualität und sexuellen Entwicklung in der Adoleszenz wird demnach der tatsächliche Geschlechtsverkehr in das darauffolgende Jugendalter verlegt. In der Jugend kann es zu einer größeren Verschiebung von Masturbation und sexuellen Phantasien auf die intime Beziehung zu einer realen Person kommen, bei der schließlich und allmählich sexuelle Gefühle integriert werden.«

Ruth Bell et al., *Changing Bodies, Changing Lives: A Book for Teens on Sex and Relationships* (New York, 1980), geben eine nach meinem Dafürhalten realistische Beurteilung gegenwärtiger sexueller Einstellungen und Praktiken von amerikanischen Jugendlichen des Mittelstandes wieder. Man erfährt aus diesem Buch, das Interviews mit Jugendlichen im Alter von dreizehn bis neunzehn Jahren wiedergibt, daß sexuelle Aktivitäten und Praktiken eine weitaus größere Streuung haben, als üblicherweise berichtet wird. Dennoch waren sich die von

Bell und ihren Kollegen befragten Jugendlichen in manchen Punkten einig. Sie unterschieden beispielsweise sorgfältig zwischen »making out«, einer Aktivität, die über einfaches Küssen und Umarmen hinausgeht, und »petting« oder »fooling around«, das das manuelle Erforschen der Genitalien einschließt – des Penis und der Klitoris. Und offensichtlich ist in dieser Altersgruppe orale Sexualität und »bis zum äußersten gehen« nicht so häufig verbreitet, wie manche Erwachsenen (und manche Jugendlichen) meinen. Gewiß, viele der von Bell befragten Jungen und Mädchen fühlten sich durch den Kodex sexueller Freizügigkeit unter Druck gesetzt. Vor allem die Jungen waren besorgt, daß ihre »Jungfräulichkeit« ein Zeichen von Anormalität sein könnte.

Sorenson kommentiert seine Resultate und ist hinsichtlich der Interpretation seiner Statistik keineswegs zuversichtlich: »Die meisten Adoleszenten lassen sich wenig Zeit, um mit anderen sexuellen Aktivitäten zu beginnen, sondern üben sofort den Geschlechtsverkehr aus. Ein Grund dafür liegt darin, daß der Geschlechtsverkehr in unserer Gesellschaft weithin als einzig gültiger Ausdruck geschlechtlicher Liebe verstanden wird. Ein weiterer Grund könnte die mangelnde Bereitschaft vieler Eltern sein, einen Unterschied zwischen sexuellen Anfangsaktivitäten und Geschlechtsverkehr zu machen« (S. 375).

Zwischen den Experten und den Jugendlichen selbst scheint eine gewisse Übereinstimmung zu bestehen, daß Jungen und Mädchen sich in der Vorpubertät und frühen Pubertät bei dem wohler zu fühlen scheinen, was Sorenson »sexuelle Anfangsaktivitäten« nennt und was Adoleszenten als »fooling around« bezeichnen, als beim Geschlechtsverkehr. In meinem Bericht über sexuelle Aktivitäten des Jugendalters (von neunzehn bis zu dreiundzwanzig Jahren und darüber hinaus) habe ich die Betonung eher auf die *Qualität* der sexuellen Beziehung als auf die jeweilige *Praktik* zu legen versucht.

Der narzißtische Charakter dieser frühen Liebesverhältnisse ist von vielen Autoren hervorgehoben worden. Vann Spruiell, »Narcissistic Transformations in Adolescence«, hat insbesondere auf die wechselseitige Ausbeutung junger Liebender hingewiesen (S. 528).

Deckerinnerungen: Die hier berichtete Deckerinnerung ist eine Variante der von Freud in »Über Deckerinnerungen«, G. W., 1. Band, S. 531–554, beschriebenen Erinnerung. Man geht allgemein davon aus, daß es sich um eine Kindheitserinnerung Freuds handelt und daß sie sich während seiner Adoleszenz herausbildete, um die Enttäuschung einer Jugendliebe zu verdecken. In Freuds Arbeit werden die spezifischen Details der Erinnerung - die gelben Blumen, das schwarze Brot - verschieden gedeutet. Das Hauptgewicht liegt darauf, daß ein junger Mann sein alltägliches Leben aufgibt, um Karriere zu machen. In Freuds Deutung kommt ein Gefühl der Sehnsucht nach dem alltäglichen Leben zum Ausdruck, das er hätte führen können, wäre er nicht seiner Berufung gefolgt.

Sören Kierkegaard, *Furcht und Zittern*, Fischer Bücherei 267 (Frankfurt/M., 1959). Die Deutung findet sich bei Paul Ricoeur, *Symbolik des Bösen*, Freiburg (Alber) 1971.

Ruhmesträume: Die Beispiele für die Goldene Regel stammen aus Erik Erikson, *Einsicht und Verantwortung* (Stuttgart, 1966).

Narzißmus und Ich-Ideal: »die Quelle unserer Leidenschaften«: *Emil*, S. 212; »Was im einzelnen Seelenleben dem Tiefsten angehört hat«, Freud, G. W., 13. Band, S. 265; Peter Blos, »The Genealogy of the Ego Ideal«, *The Adolescent Passage*, S. 368; »Zur Einführung des Narzißmus«, Freud, G. W., 10. Band, S. 161; Simon Legree - Mona Lisa: John M. Murray, »Narcissism and the Ego Ideal«, *Journal of the American Psychoanalytic Association* (1964), *3*, S. 478; Erleichterung des Triebverzichts: Meine Überlegungen zur Beziehung zwischen Ich-Ideal und kultureller Erwartung wurden durch Paul Ricoeurs Unterscheidungen zwischen Kultur und Zivilisation in *Die Interpretation. Ein Versuch über Freud* beeinflußt. Ricoeur sagt, die drei Aufgaben der Kultur bestünden darin, die Bürde des Triebverzichts zu mildern, das Individuum mit unausweichlichen Verzichtsleistungen zu versöhnen und Entschädigungen für diese Opfer anzubieten.

Die Anmerkung zu dem Rat, den Polonius dem Laertes erteilt, stammt von Lionel Trilling in *Sincerity and Authenticity*, S. 3.

Vergleiche zwischen Ich-Ideal und Über-Ich: Murray, »Narcissism and the Ego Ideal«, und Jeanne Lampl-de Groot, »Ego Ideal and Superego«, in *The Development of the Mind*.

Kultur, infantile Prototypen: das wohlwollende Antlitz: Ricoeur, *Die Interpretation. Ein Versuch über Freud*.

Umwelt und primäre Liebe: Michael Balint, *Therapeutische Aspekte der Regression* (1968) (Stuttgart, 1970): ». . . ist sie [die Umwelt] kaum strukturiert. Vor allem gibt es zwischen ihr und dem Individuum keine scharfen Grenzen. Umwelt und Individuum durchdringen sich gegenseitig« (S. 81).

Das *post hoc ergo propter hoc* erscheint erstmals bei Sandor Ferenczi, »Stages in the Development of the Sense of Reality«, in *Sex in Psychoanalysis* (New York, 1950). René Spitz bezieht sich in *Vom Säugling zum Kleinkind* auf Ferenczis Vorstellung von der infantilen Omnipotenz, die er zu Kausalität und Illusion in Verbindung setzt: »Bei dieser Leistung, daß er nämlich durch Schreien die Hilfe der Mutter für seine Bedürfnisse gewinnen kann, erlebt der Mensch zum ersten Mal das *post hoc ergo propter hoc* im Zusammenhang mit seinem eigenen Handeln. Dies ist natürlich nur ein Vorläufer des Prinzips der Kausalität im eigentlichen Sinn und nicht dieses selbst.« Das Prinzip spaltet sich später in zwei Richtungen auf: »Die eine wird in ihrer primitiven Form als eine Grundfunktionsweise des Primärvorgangs erhalten bleiben. Die andere wird allmählich verfeinert, bis sie in Form des Determinismus eines der mächtigsten Denkwerkzeuge des Menschen wird« (S. 170).

»In der Placenta verschränken sich Fötus und Umwelt-Mutter auf eine so komplizierte und sich gegenseitig durchdringende Weise«, in Balint, *Therapeutische Aspekte der Regression*, S. 82; die Darstellung der Gefahr, vom Liebesobjekt getrennt zu werden, auf S. 84ff.

Wir schaffen eine freundlichere Welt: »Letzterer [der Bereich des Schöpferischen] beginnt vielleicht mit einem *regressiven Rückzug von den* als zu streng und versagend erlebten *Objekten* zu der harmonischen Verschränkung früherer Zustände, worauf der Versuch folgt, *etwas Besseres, Freundlicheres*, besser Verstehbares, Schöneres, und vor allem Beständigeres und Harmonischeres zu schaffen, als es die wirklichen Objekte sind.« Balint, S. 84.

[Schmuse] Decke: Donald W. Winnicott, »Übergangsobjekte und Übergangsphänomene«, *Psyche, 23* (1969), S. 668: »Dieser dritte Bereich des menschlichen Lebens, den wir nicht außer acht lassen dürfen, ist ein Zwischenbereich von Erfahrungen, zu denen innere Realität und Außenwelt gleicherweise ihren Beitrag leisten. Es ist dies ein Bereich, der kaum in Frage gestellt wird, weil wir uns zumeist damit begnügen, ihn als eine Sphäre zu betrachten, in welcher das Individuum ausruhen darf von der lebenslänglichen menschlichen Aufgabe, innere und äußere Realität voneinander getrennt und doch in wechselseitiger Verbindung zu halten.«

Moralische Abhängigkeit als Demütigung: Anna Freud, *Normality and Pathology in Childhood* (New York, 1965): »To have the fulfillment of one's drives and wishes, their acceptance and rejection, lodged in external authority equals moral dependency and, as such, is the hallmark of the immature« (S. 170). (In der deutschen Übersetzung erscheint dieser Passus in stark abgewandelter Form. Anm. d. Übers.)

Anna Freud brachte das Mittel nicht mit der Erschaffung eines imaginären Gefährten in Verbindung.

Imaginärer Gefährte: Variationen und Funktionen des imaginären Gefährten habe ich dem Aufsatz von Humberto Nagera, »The Imaginary Companion«, *Psychoanalytic Study of the Child* (1969), *24*, S. 165–196, entnommen.

Das Davdon-Szenario ist eine Adaption des von Otto E. Sperling beschriebenen Rudyman, »An Imaginary Companion, Representing a Prestage of the Superego«, *Psychoanalytic Study of the Child, 9*, S. 252–258.

Das Szenario Adam und Elizabeth ist Sheldon Bach, »Notes on Some Imaginary Companions«, *Psychoanalytic Study of the Child* (1971), *26*, S. 159–171, entnommen.

Adoleszente Transformationen: Der Adoleszent, der »nein« sagt: Aus einem Interview mit Peter Blos am 18. Oktober 1981.

Kinaaldá- und Kore-Riten: Bruce Lincoln, *Emerging from the Chrysalis*; Riten der nordamerikanischen Prärieindianer: Claude Lévi-Strauss, *Traurige Tropen* (Frankfurt/M., 1979), S. 34.

Die wirkliche Welt begrenzter Möglichkeiten: ein Ort »aller möglichen Ungelegenheiten, wenn man sich ins Zeug legen muß«: Trilling, S. 174; »Das Blut gärt und wallt«, Rousseau, *Emil*, S. 221.

10. Kapitel: Magersucht: Eine Form weiblichen Strebens nach Vollkommenheit

Bei der Darstellung der Magersüchtigen handelt es sich um eine Mischung, einen Prototyp, der den Rahmen von Persönlichkeitsstörungen, in dem das Symptom auftreten kann, nicht in Betracht zieht. So ist beispielsweise die Prognose bei den eher neurotischen Magersüchtigen günstiger, und die zugrunde liegende Familiendynamik ist gewöhnlich anomal. Der Vater spielt in der Familie eine aktivere Rolle.

Die wichtigsten Quellen sind:

Hilde Bruch, *Eating Disorders: Obesity, Anorexia Nervosa and the Person Within* (New York, 1973) und *Der goldene Käfig* (Frankfurt, Fischer TB, 1982).
John Sours, *Starving to Death in a Sea of Objects* (New York, 1980).
Mara Selvini Palazzoli, *Magersucht. Von der Behandlung einzelner zur Familientherapie* (Stuttgart, [4]1988).
Center for the Study of Anorexia and Bulimia, »The Eating Disorder Bulimia« and »Anorexia Nervosa« (New York, 1982).
Jack L. Ross, »Anorexia Nervosa – an Overview«, *Bulletin of the Menninger Clinic* (1977), *41*, Nr. 5, S. 418–438.
Charles Chediak, »The So-Called Anorexia Nervosa«, *Bulletin of the Menninger Clinic* (1977), *41*, Nr. 5, S. 453–474.
Rosemary Dinnage, »The Starved Self«, *The New York Review of Books, 26*, Nr. 2, 22. 2. 1979, S. 6–9.
Joyce McDougall, *Plädoyer für eine gewisse Anormalität* (Frankfurt/M., 1985).
Medizinische Hinweise und Laborbefunde: Sours, S. 295–305.
Historischer Bericht: Sours, S. 207–217; Bruch, *Eating Disorders*, S. 211–215; Ross, S. 418 f.
Lasègue, *De l'anorexie hystérique* (1873), zitiert von Selvini Palazzoli, S. 20.
Wirkungen oraler Deutungen: Ross, S. 424–426; Bruch, *Der goldene Käfig*, S. 146 ff.
Vorkommen in westlichen Gesellschaften: Sours, S. 280–286.
Statistiken über Oberschülerinnen und Collegestudentinnen: Center for the Study of Anorexia and Bulimia; Sours, S. 280–286.
Dünn-dicke Menschen: Formulierung Heckels, von Bruch zitiert, *Eating Disorders*, S. 195.
Symbiotische Deutung »solange beide am Leben sind«: Sanford Gifford et al., »Anorexia Nervosa in One of Identical Twins«, in *Anorexia Nervosa and Obesity*, Hrsg. C. V. Rowland, *International Psychiatric Clinics* (Boston, 1970), *7*, Nr. 1, S. 139–228 (S. 153); Wiederannäherungsdeutung: Chediak, S. 461. Sours betont Loslösungs- und Individuationsprobleme für seine Kategorien I und II (S. 338–347), betrachtet aber auch die Adoleszenz als auslösenden Faktor.
Bruchs Formulierung: *Eating Disorders*, S. 251–253.
Freuds Feststellung: *Aus den Anfängen der Psychoanalyse.* London (Imago), S. 111 f.

Alter beim Krankheitsausbruch bei Mädchen: Center for the Study of Anorexia and Bulimia; Sours, S. 336–338, und Bruch, *Eating Disorders*, S. 255–261.

Auslösende Ereignisse: Bruch, *Der goldene Käfig*, S. 77f., und *Eating Disorders*, S. 255–261.

»das andere Selbst«: Bruch, *Der goldene Käfig*, S. 75.

»genug heißt, wenn man zusammenbricht«: Bruch, *Der goldene Käfig*, S. 173.

Watson-Zitat: *Psychological Care of Infant and Child* (New York, 1928), S. 70.

Eltern sind Heuchler: Sours, S. 326.

Beschreibung der perfekten Kindheit, S. 57–76; »In meinem Innern war überhaupt keine Person zu spüren«, S. 68, und »Nach meinem Gefühl kann ich nicht auf dem gewöhnlichen Niveau menschlicher Anstrengungen leben«, S. 72; alles aus Bruch, *Der goldene Käfig.*

Bei den angeführten Äußerungen von Lehrern handelt es sich um Zusammenstellungen und Paraphrasierungen von Abschnitten aus Bruch, *Eating Disorders* und *Der goldene Käfig*, Sours and Center for the Study of Anorexia and Bulimia.

Die physischen Veränderungen überfallen den Körper wie ein Vergewaltiger: Selvini Palazzoli, S. 89.

Behandlungsmethoden im Krankenhaus und die Reaktionen der Magersüchtigen: Sours, S. 360–377; Bruch, *Der goldene Käfig*, S. 116–120.

»Seitdem ich in der Freßlust«, Binswanger, »Der Fall Ellen West«, in *Schizophrenie*, Pfullingen (Neske) 1957, S. 77. Ellen West war als multiple Persönlichkeit diagnostiziert worden und litt wahrscheinlich unter einer schizophrenen Störung, bei der die Magersucht ein sekundäres Symptom war. Binswanger hat ihren Fall weitgehend nach ihren Tagebüchern und Schriften rekonstruiert.

Bulimische Symptome und Persönlichkeitsmerkmale: Center for the Study of Anorexia and Bulimia, »The Eating Disorder Bulimia«. Sours bezeichnet die Bulimie als einen Anorexietyp der Kategorie IV (S. 349f.). Die meisten Autoren sind sich nicht sicher, ob Bulimie und Magersucht unterschiedliche Störungen darstellen, oder ob die meisten Magersüchtigen nicht in Wahrheit auch sporadische Bulimiker sind.

Die Magersüchtige spricht: »ich gehe zugrunde«: Ellen West, S. 89; »Ständig war ich hungrig«, Bruch, *Der goldene Käfig*, S. 37; »Ich lernte den Trick«: ibid., S. 39; »Es war, als müßte ich meinen Körper bestrafen«: Bruch, *Eating Disorders* (New York, 1973), S. 279; »Ich sehe die Menschen durch eine Glaswand«: ibid., S. 80; »Ich hatte das Gefühl, ein Sklaventreiber peitschte mich«: Bruch, *Der goldene Käfig*, S. 39; »wie ein Skelett beim Festmahl«: Gifford *et al.*, »Anorexia Nervosa in One of Identical Twins«, S. 153; »Sie wollten, daß ich zunähme« und »Sie sehen, wie gehorsam ich bin«: nach klinischen und literarischen Quellen; »Sie ist ich, ich bin sie«: nach Bruch, »Transformation of Oral Impulses in Eating Disorders: A Conceptual Approach«, *Psychiatric Quarterly* (1961), *35*, S. 458–481 (S. 477); »die große Täuschung«: Bruch, *Der goldene Käfig* (S. 74); »drittes Geschlecht«: nach Bruch, *Eating Disorders*, S. 98; »... man hat das Gefühl, außerhalb seines Körpers zu stehen«: Bruch, *Der goldene Käfig*, S. 37.

»Es wächst das Bewußtsein der geistigen Macht«, Selvini Palazzoli, *Magersucht*, S. 96. – Selvini Palazzoli zitiert hier aus dem Buch *Der Herr* (Würzburg, Werkbund Verlag), 1937, von Romano Guardini. Anm. d. Übers.

Schilderung der sterbenden Magersüchtigen: Sours, S. 308.

11. Kapitel: Der Hochstapler: Eine Form männlichen Strebens nach Vollkommenheit

Die Hauptquellen sind:

Karl Abraham, »The History of an Impostor in the Light of Psychoanalytic Knowledge«, *Psychoanalytic Quarterly* (1935), *4*, S. 570–587.

Helene Deutsch, »The Impostor. Contribution to Ego Psychology of a Type of Psychopath«, *Psychoanalytic Quarterly* (1955), *24*, S. 483–505.

Phyllis Greenacre, »The Impostor«, in *Emotional Growth I*, und »The Relation of the Impostor to the Artist« und »The Family Romance of the Artist«, in *Emotional Growth II* (New York, International Universities Press, 1971).

Phyllis Greenacre, »Conscience in the Psychopath«, in *Trauma, Growth and Personality* (London, 1953).

Thomas Mann, *Bekenntnisse des Hochstaplers Felix Krull* (Frankfurt/M., Fischer Bücherei), 1965.

Sigmund Freud, »Einige Charaktertypen aus der psychoanalytischen

Arbeit«, G. W., 10. Band, S. 365–370; »Der Familienroman der Neurotiker«, G. W., 7. Band, S. 227–231; »Der Mann Moses und die monotheistische Religion«, G. W., 16. Band, S. 103–246.

Lionel Finkelstein, »The Impostor: Aspects of his Development«, *Psychoanalytic Quarterly* (1974), *43*, S. 85–114.

Edith Jacobson, »The Exceptions«, *Psychoanalytic Study of the Child* (1959), *14*, S. 135–154.

Joyce McDougall, *Plädoyer für eine gewisse Anormalität* (Frankfurt/M., 1985).

Obgleich ich auf das Leben Thomas Chattertons, der mehr Künstler als Hochstapler war, nicht unmittelbar Bezug nehme, haben folgende Bücher über sein Werk und seine Lebensgeschichte meine Formulierungen beeinflußt:

W. Macneile Dixon, »Chatterton«, Wharton Lecture on English Poetry, British Academy (London, 1930).

John Cranstown Nevill, *Thomas Chatterton* (London, 1948).

Beschreibungen männlicher Magersüchtiger: Hilde Bruch, *Eating Disorders*, S. 285–305; John Sours, *Starving to Death in a Sea of Objects*, S. 269–273.

Alle Zitate aus Thomas Mann, *Bekenntnisse des Hochstaplers Felix Krull* sind der Taschenbuchausgabe (Fischer, 1965) entnommen.

Das »Niedliche« der Nachahmungen des Hochstaplers, das Lob, das er für seine Leistungen wie Laufen und Sprechen erntet, der Vergleich mit anderen Zwei- oder Dreijährigen: Greenacre, »The Impostor«, S. 103.

Die Beziehung des Hochstaplers zu seinem Vater: Greenacre, »The Impostor«, Finkelstein, »The Impostor: Aspects of His Development« und Deutsch, »The Impostor. Contribution to Ego Psychology«.

Die genitale Demütigung des Hochstaplers in der Kindheit: Greenacre, »The Impostor«, S. 102.

Das schäbige, armselige wahre Selbst und das illusorische Selbst: Greenacre, »The Impostor«, S. 98.

Vergleich des Künstlers mit dem Hochstapler: Greenacre, »The Relation of the Impostor to the Artist« und »The Family Romance of the Artist«.

Die Beziehung des Hochstaplers zu seiner Mutter in der Kindheit und der frühen Adoleszenz: Finkelstein, »The Impostor: Aspects of His Development«, passim.

»Unbequemlichkeiten wie Interventionen für andere«: Lionel Trilling, *Sincerity and Authenticity* (1972).

Nobelpreis-Komplex: Helen A. Tartakoff, »The Normal Personality in Our Culture and the Nobel Prize Complex«, *Psychoanalysis. A General Psychology*, Hrsg. R. Lowenstein, L. Newman, M. Schur und A. Solnit (New York, 1966), S. 236–249.

Ablehnung der Welt des Mannes, des Vaters: Helene Deutsch, *Selected Problems of Adolescence* (New York, 1967), S. 61; der junge Mann läßt sich treiben, S. 63.

Soziale Einrichtungen lenken narzißtische Neigungen in die Richtung allgemeiner Ideale: nach Peter Blos, »Genealogy of the Ego Ideal«, in *The Adolescent Passage*, S. 364.

12. Kapitel: Die Vermächtnisse der Adoleszenz

Analyse der Phantasie: Benjamin R. Barber, »Rousseau and the Paradoxes of the Dramatic Imagination«, *Daedalus* (Sommer 1978). Barbers Interpretationen stützen sich vorwiegend auf seine eigenen Übersetzungen von Rousseaus Abhandlung *Über Kunst und Wissenschaft*, den *Diskurs über die Ungleichheit* und *Emil oder Über die Erziehung*.

»sind unsere Seelen verderbt geworden«, *Über Kunst und Wissenschaft*, S. 15.

»Wir haben Physiker«, *Über Kunst und Wissenschaft*, S. 47.

Rousseau als Vorläufer der Moderne: Marshall Berman, *All That Is Solid Melts into Air* (New York, 1982); Joseph Featherstone, »Rousseau and Modernity« und Robert Wokler, »Perfectible Apes in Decadent Cultures«, *Daedalus* (Sommer 1978).

»Menschen mit zwei Seelen« und »Bestürmt und schwankend«, *Emil oder Über die Erziehung*, S. 13 und 14.

»Er erhebt sich über sich selbst«, *Über Kunst und Wissenschaft*, S. 14.

»Man beklagt bei anderen die Leiden« und »Jede Anhänglichkeit ist ein Zeichen«, *Emil*, S. 225 und 222.

Freud, *Das Unbehagen in der Kultur*, G. W., 14. Band, S. 444–458.

Folgen von Industrialisierung und Urbanisierung: Berman, Einleitung.

»eine Art Prothesengott«: Freud, *Die Zukunft einer Illusion*, G. W., 14. Band, S. 451.

Claude Lévi-Strauss, *Traurige Tropen*, S. 411. Frankfurt/M. (Suhrkamp, stw 240); »die Ausrottung des großen Alk«: G. Stanley Hall, *Adolescence*, Band II, S. 650.

»die Menge im Innern«, Rousseau, *Diskurs über die Ungleichheit*, S. 259.

»einer möglichen Vollkommenheit«, Freud, *Das Unbehagen in der Kultur*, G. W., 14. Band, S. 453.

Freud über Kultur und Zivilisation in *Die Zukunft einer Illusion*: »Die menschliche Kultur – ich meine all das, worin sich das menschliche Leben über seine animalischen Bedingungen erhoben hat und worin es sich vom Leben der Tiere unterscheidet – und ich verschmähe es, Kultur und Zivilisation zu trennen – zeigt dem Beobachter bekanntlich zwei Seiten« (S. 326). Diese beiden Seiten sind das Wissen und die wechselseitigen Beziehungen der Menschen.

»Während die Regierungen und die Gesetze«: Rousseau, *Über Kunst und Wissenschaft*, S. 9.

Todestrieb: Die letzten Abschnitte von *Das Unbehagen in der Kultur* (Kap. V–VII) enthalten Freuds Begründung für die Annahme eines Todestriebes. Der letzte Absatz findet sich auf S. 506. Die Vorstellung, daß der Disput hinsichtlich der Ökonomie der Libido (persönliches Glück – Narzißmus) und der Verbundenheit mit anderen (Objektbeziehungen) nicht unversöhnlich sei, erscheint auf S. 501.

Friedrich Nietzsche, *Jenseits von Gut und Böse* (Leipzig, 1901).

Konferenz der *National Organization for Women* im Jahre 1979: Beschreibung und Zitate sind der *New York Times* (»Women's Movement Sets Its Sights for the Future of the Family«) vom 20. November 1979, B: 11, entnommen.

J. C. Flugel, *The Psychoanalytic Study of the Family* (London, 1921), S. 220.

Persönliche und soziale Zeit: Erik H. Erikson, »Youth, Fidelity and Diversity«, *Daedalus* (Winter 1962), S. 23. Bei meinen Erörterungen der obskuren Beziehung zwischen persönlicher und sozialer Zeit habe ich mich auch auf S. N. Eisenstadts »Archetypal Patterns of Youth« in derselben Ausgabe von *Daedalus* gestützt; Kult der Unmittelbarkeit: David Riesman, *Die einsame Masse*. Hamburg (Rowohlt) 1958.

Die Einheit von Verlangen und Pflicht wird von Allan Bloom in »The Education of Democratic Man«, *Daedalus* (Sommer 1965), S. 213, Kant zugeschrieben. Die Vorstellung, daß die Natur die Mittel (Leidenschaften) liefere, um das Persönliche ins Soziale umzuwandeln, steht im Mittelpunkt einiger Abschnitte der Arbeit Blooms. Die Richtung, die ich eingeschlagen habe, beruht gleichwohl vornehmlich auf Begriffen, die ich in vorangegangenen Kapiteln des vorliegenden Buches ausgearbeitet habe.

Einige meiner Ideen über die Beziehung zwischen dem Drama und Pubertätsriten verdanke ich Richard Schechner, der es für möglich hält, daß Pubertätsriten die erste Form von Theater gewesen sein könnten.

»Das wahre Leben ist so oft das Leben, das man nicht führt«, Oscar Wilde, »L'Envoi to Rose-leaf and Apple-leaf« (1882), in *Oxford Book of Aphorisms* (Oxford, 1883), S. 57.

»namenlose Gefühle ziehen durch unser Herz«: Matthew Arnold (1852), *The Buried Life* (London, 1945), S. 170f.

Wir gehen zu Hochzeiten, wir gehen zu Begräbnissen: nach Lionel Trilling, *Sincerity and Authenticity*, S. 174; das vollständige Zitat findet sich im 10. Kapitel des vorliegenden Buches.

Verlagsgemeinschaft Ernst Klett Verlag –
J. G. Cotta'sche Buchhandlung
Die Originalausgabe erschien unter dem Titel
»Adolescence: The Farewell to Childhood« bei
Simon & Schuster, Inc., New York

Printed in Germany 1988
Umschlag: Klett-Cotta-Design
Satz: Hans Janß, Pfungstadt
Druck und Binden: Wilhelm Röck,
Weinsberg

CIP-Titelaufnahme der Deutschen Bibliothek
Kaplan, Louise J.:
Abschied von der Kindheit : eine Studie über
die Adoleszenz / Louise J. Kaplan.
Aus dem Amerikan. übers. von Hilde Weller. –
Stuttgart : Klett-Cotta, 1988
Einheitssacht.: Adolescence – the farewell
to childhood ⟨dt.⟩
ISBN 3-608-95439-2